»Richtig reisen«

DIE SCHWEIZ
UND IHRE STÄDTE

»Richtig reisen«

DIE SCHWEIZ

UND IHRE STÄDTE

Basel Zürich Luzern Bern Lausanne Genf Lugano

Antje Ziehr

Fotos von Urs Bütler u. a.

DuMont Buchverlag Köln

Im Gelben Info-Teil

Umschlagvorderseite: Bern mit Zeitglockenturm

Umschlagrückseite: Fassade am «Gasthaus zur Sonne», Stein am Rhein

Frontispiz: Männliturm, Museggmauer, Luzern

Fotonachweis

Schweizerische Verkehrszentrale, Zürich: Umschlagvorderseite; S. 17; S. 18 (2, 3, 4); S. 19 (6); S. 22 (8, 10, 11); S. 23 (13, 14); S. 24/25; S. 26 (18, 20); S. 39 (48); S. 40.
Verkehrsbüro, Luzern: S. 34 (38, 39); S. 35 (41).

CIP-Kurztitelaufnahme der Deutschen Bibliothek

Ziehr, Antje:
Die Schweiz und ihre Städte: Basel, Zürich, Luzern, Bern, Lausanne, Genf, Lugano/Antje Ziehr.
Fotos von Urs Bütler u. a. — Köln: DuMont, 1982.
(Richtig reisen)
ISBN 3-7701-1154-0
NE: Bütler, Urs [Ill.]

Druck: Offset Mengis, Visp
Buchbinderische Verarbeitung:
Mayer & Soutter S.A., Renens

Printed in Switzerland ISBN 3-7701-1154-0

Schweiz - Information

Damit Sie sich wirklich zurechtfinden können:
Viele interessante Tips, nützliche Hinweise und wichtige Informationen zu **jeder** der sieben Städte im GELBEN INFO - TEIL!

Inhalt:

Bern

Lausanne

Genf

Lugano

Grüezi mitenand

»Es giebt zuverläßig kein Land, keinen Theil unseres Erdbodens, der in so vielen Rücksichten merkwürdig und interessant wäre als die Schweitz. Der Mensch und der Philosoph in dem weitesten Sinn dieser Wörter finden nirgends so einen Reichtum des Stoffes zu Untersuchungen, zu Beobachtungen und zu reinem Lebensgenuß als hier«, schrieb J. Gottfried Ebel 1793 voller Überzeugung nieder. Wenn auch inzwischen fast 200 Jahre vergangen sind, bleibt an diesem Urteil vor allem eines wahr, nämlich die ›Merkwürdigkeit‹ der Schweiz!

Jeder, der schon einmal in der Schweiz war, urteilt anders. Und jeder hat recht. Jeder, der die Schweiz zu kennen glaubt, erlebt sie jedesmal neu. Jeder, der sagt, er kenne die Schweiz, übertreibt. Denn: Die Schweiz, das sind Millionen Wahrheiten. Darum entdecken Sie eine *neue* Schweiz, entdecken Sie den Reiz der Schweizer Städte! Ob Basel, Bern, Zürich, Luzern, Genf, Lausanne oder Lugano, jede Stadt ist ohnegleichen. Jede hat ihre unverwechselbare Eigenart, ihren kantonalen Charme!

Paradiesische Ferienziele liegen nicht nur in fernen Kontinenten, sondern beginnen — man muß sie nur kennen — an der Schweizer Grenze. Früher, als man noch nicht alles nach Franken, DM und Dollar bemaß, dachte man bei dem Wort *Schweiz* in ganz besonderem Maße an landschaftliche Schönheit. Daher legten sich einige landschaftlich reizvolle Regionen Europas bewußt das schmückende und touristisch adelnde Prädikat ›Schweiz‹ zu: Sächsische Schweiz, Fränkische Schweiz, Holsteinische Schweiz, Pommersche und Böhmische Schweiz, Kaschubische Schweiz, kleine Luxemburgische Schweiz und Neuseeland, die Schweiz des Pazifik! Wo wirtschaftliche Stabilität, Ruhe und

Frieden herrschen, auch da spricht man gern von Schweiz. Schweiz oder schweizerisch gilt als Gütesiegel für Währung, Banken, Waren, Prosperität, Sicherheit, Wohlhabenheit, innere Ausgeglichenheit und einen gewissen Konservatismus. Und das, obwohl die Schweiz noch vor etwa hundert Jahren ein bescheiden lebender europäischer Kleinstaat war, zwar mit beispielhafter demokratischer Ordnung, aber arm, eines der klassischen europäischen Auswandererländer. Zwischen 1815 und 1920 wanderten allein 260 000 Schweizer Bürger in überseeische Länder aus, der größte Teil in die USA.

Zu den ›Merkwürdigkeiten‹ der Schweiz gehört aber auch die Berichterstattung über die Schweiz. Weil die Schweiz offiziell dreisprachig sei, so informierte jüngst die amerikanische Zeitung *Indianapolis Star* ihre Leser, hätten fast alle größeren Orte auch drei Namen: »Das bekannteste Beispiel ist Luzern. Französisch heißt dieser Ort Lausanne, italienisch Lugano«. Eine Luzerner Tageszeitung ergänzte leicht ironisch: »Nicht wissen konnte natürlich unser lieber Amerikaner, daß die Schweiz sogar viersprachig ist und Luzern auf Rätoromanisch Lugnez heißt . . .« So besteht die Schweiz selbst aus vielen ›Schweizen‹, einer deutschen, einer französischen, einer italienischen und einer rätoromanischen. In der deutschen Schweiz mit Standquartier Basel, Bern,

Zürich oder Luzern kann man Großstädte, Landstädte, reizvolle Dörfer, abgeschiedene Täler, Flachland, Bergland, Hochgebirge, Seen und Auen erleben. In der französischen Schweiz, von Lausanne oder Genf aus, lassen sich alte Abteien sowie sonnenüberflutete Weinlandschaften, alte Fischerdörfer und mondäne Kurorte am Lac Léman (Genfer See) oder die Waadtländer Alpenwelt entdecken, und Genf selbst wirkt wie ein Klein-Paris. Auch die italienische Schweiz (Ticino) bildet eine Kulturlandschaft für sich. Südliche Gestade und eine stellenweise mediterrane Vegetation sowie schlanke Campanili erwecken den Eindruck tiefen Südens. Doch darf man nicht die Taktlosigkeit begehen, einen Ticinesen als Italiener zu bezeichnen. Denn Tessiner fühlen sich heute wie damals als »Liberi e Svizzeri« — freie Leute und Schweizer. Aber auch die Bündner, ob deutschsprachig oder ihren beiden rätoromanischen Sprachen treu geblieben, bewahren ihren eigenen Stolz.

Den Schweizer schlechthin gibt es dagegen nicht, ebensowenig wie es *den* Italiener, Franzosen, Deutschen gibt. Kaum werden Sie je erleben, daß ein Schweizer, den Sie in New York, Singapur oder Stockholm nach seiner Herkunft fragen, zur Antwort gibt, er sei Schweizer, sondern er wird sich stets zu seinem Kanton bekennen. Ein Schweizer ist also zuallererst und ganz wesentlich Basler, Zürcher, Berner, Appenzeller, Urner usw. Damit werden Sie über die verschiedenen ›Schweizen‹ hinaus auch noch mit einer Vielzahl von ›Kantönlern‹ konfrontiert. Die Schweiz ist nämlich ein Bundesstaat, der aus 26 souveränen Kantonen besteht, die — den deutschen Bundesländern vergleichbar — ihre eigene Kulturhoheit und ihre eigene Identität besitzen. Die Beziehungen der Kantone untereinander belasten mitunter längst vergangene historische Ereignisse. So stritten dereinst die Urner und Glarner um Bergtäler und Höhenzüge, die Berner und Luzerner rangelten um das Entlebuch, die katholischen Luzerner sind auf die reformierten Zürcher nicht gut zu sprechen, Basler fühlen sich wiederum in ausgesprochener Rivalität zu Zürich, die Tessiner wurden jahrhundertelang von den Vögten aus Uri, Schwyz und Unterwalden in Abhängigkeit gehalten, im Aargau wechselten sich u. a. Vögte aus Bern und Solothurn in der Herrschaft ab, und die Berner hielten über Jahrhunderte Waadt und Jura nieder. Das Wallis kam überhaupt erst 1814 an die Eidgenossenschaft und hat auch manchen Strauß mit den Bernern ausgefochten. Im Wallis gibt es noch Ober- und Unterwallis zu unterscheiden. Die deutsche Minderheit des Oberwallis hielt die französischsprachige Mehrheit des Unterwallis jahrhundertelang in politischer Unmündigkeit.

Wer um diese historischen Vorgänge weiß, der ahnt, wie schwer es fällt, von einem ausgesprochenen Nationalcharakter der Schweizer zu sprechen. Immer wieder zitiert werden daher »Einheit und Vielfalt« der Schweiz. Somit bietet sich dem Reisenden nicht nur eine vielgestaltige Landschaft, sondern auch eine Fülle verschiedenartiger Kantone mit ihren markanten Kantonshauptstädten und deren typischen Bewohnern. Darüber hinaus besteht die Möglichkeit, in eine historische Schweiz zu reisen, die zum Römerreich gehörte, die keltisch besiedelt war, die selbst beeindruckende Denkmäler aus vorindogermanischer

Zeit zu bieten hat und die Kirchen ihr eigen nennt, die auf Karl den Großen zurückgehen. So sind Landschaft, Geschichte und Kunst untrennbar miteinander verbunden und bieten ein Gesamterlebnis von fast unerschöpflicher Mannigfaltigkeit. Wenn die Schweiz sich auch von jeher den verschiedensten Einflüssen gegenüber öffnete, so vermochte sie erstaunlicherweise eine Eigenständigkeit von bemerkenswerter Kraft und Würde zu bewahren. Diese Eigenständigkeit in Stadt und Landschaft und im Charakterbild der Menschen, ihren Sitten, Bräuchen und ihren starken religiösen Bindungen aufzuzeigen, macht die Schweiz dem Besucher erst richtig lebendig, läßt den Fuß bisweilen über manche hohe oder flache Schwelle der Eigenart setzen, weckt Verständnis für noch immer wache Traditionen. Eine gewisse Provinzialität und Bedächtigkeit, die vor allem Besucher aus dem Norden leichtfertig feststellen, erklärt Denk- und Ausdrucksweisen, hilft Amüsantes schmunzelnd zu beobachten und zunächst Unbegreifliches zu verstehen. Zu ahnen, geschweige denn zu erfassen, was es auf diesem — zugegebenermaßen vergleichsweise winzigen Flecken Erde — alles zu sehen und zu erleben gibt, wird individueller Entdeckerfreude überlassen bleiben.

Trotz ihrer Berge, Seen, Gletscher und Täler entwickelte sich die Schweiz zu einem ausgesprochenen Industriestaat, der sich weitgehend hinter der Kulisse reizvoller Städte und einer bezaubernden Natur verbirgt. Das will aber nicht heißen, daß der Reisende nun ein liebevoll hergerichtetes Freilichtmuseum vorfindet. Vermutlich wirkt die Schweiz deshalb noch so ›heil‹, weil ihre Traditionen noch überaus lebendig sind und dem Besucher nicht als volkskundliche Unterhaltungs- und Gratiszugabe geboten werden.

So stehen denn auch im ›Schweizer Knigge‹ zwei wichtige Begriffe an erster Stelle: Wahrhaftigkeit und Redlichkeit. Machen wir uns das an einem Beispiel klar. An Ihrem Auto wacht ein Polizist. Von lauterer Gesinnung fragt er: »Waren Sie so lange in einem Restaurant?« Natürlich waren Sie, aber da Sie förmlich fühlen, daß einer ehrlichen Antwort auch ein entsprechendes Strafmandat folgen wird, kommt schlagfertig die Antwort: »Aber nein! In der Apotheke!« Dazu ein gekonntes Krächzen in der Stimme und ein schier fieberkranker Blick — natürlich steckt der Ordnungshüter betroffen seinen Block zurück. Ein solches Benehmen wäre — glauben Sie mir, — nicht Schweizer Manier. Oder bezüglich der Gleichberechtigung der Schweizer Frau: Eine Arbeitnehmerin sitzt im kantonalen Steuerrevier. Ganz behutsam versucht sie, dem Beamten ihre Steuern als ›viel zu hoch‹ nahezubringen. Der Mann begreift: »Als Frau bliebet sie lieber daheim« — und, noch nicht fertig, fährt er vorwurfsvoll hoch: »Wer lueget überhaupt zu ihrem Maa . . . ?«

Die Stellung der Schweizer Frau ist trotz hier und da aufklingender Emanzipationsgelüste eindeutig und keinesfalls umstritten. Die Schweizerin bleibt, ob Beruf oder nicht, eine nicht zu übertreffende, peinlich genaue Sauberkeitsfanatikerin. »Allerdings«, hört man bisweilen Schweizer Ehemänner sagen, »es hat schon gebessert!« Und was ihre politische Reife betrifft, so hängt diese fast immer von der des eigenen Mannes ab.

Sollten Sie innerhalb der Schweiz mit den Schweizerischen Bundesbahnen — kurz SBB genannt — reisen, so ist unbedingte Pünktlichkeit am Platz. Damit zu rechnen, daß der Zug nicht auf die Minute pünktlich kommt und abfährt, wäre vermessen. Denn auf nichts in der Schweiz ist so sehr Verlaß wie auf die SBB. Außerdem rufen keine Warnsignale und Trillerpfeifen von den Türen zurück, vornehm leise wie er gekommen gleitet der Zug auch wieder davon. Sollte es vorkommen, daß Sie an oder in ihm peinlichste Sauberkeit vermissen, so haben Sie keinen Schweizer Zug oder keine Schweizer Putz-Equipe getrof-

fen. Sollten Sie des weiteren Lektüre vermissen, so greifen Sie rückwärts über sich. Dort hängt ein imponierend gut gemachtes Heft, viersprachig: *Schweiz, Suisse, Svizzera, Switzerland,* das offizielle Monatsmagazin der Schweizerischen und vieler anderer Bahnen und sehr begehrt. Aber lassen Sie die Zuglektüre hängen und sich nicht verleiten, das Heft stillschweigend in Ihrem Aktenkoffer verschwinden zu lassen.

Auf die Vorbildlichkeit der SBB folgt sogleich die der PTT, so heißen die Schweizerischen Post-, Telefon- und Telegrafenbetriebe. Sollte Ihnen irgendeine Frankierungsgebühr entfallen sein, so werfen Sie ihr Postgut dennoch ein. Eine freundliche Karte wird Sie bald belehren, daß man Ihren Auftrag ausgeführt hat. Zum Schluß werden Sie höflich gebeten, den genannten Fehlbetrag fein säuberlich aufzukleben und der Post zu retournieren.

Namen sind keineswegs nur Schall und Rauch. Schweizer pflegen diesbezüglich einen geradezu phänomenalen Brauch. Sie grüßen stets mit vollem Namen Herrn oder Frau Soundso, und zwar richtig! Bei mehreren Personen pauschalisiert man dann und hängt an das »Grüezi« ein »mitenand« oder »z'sämme« an. Ganz im Gegensatz zu manchem anderen Land schüttelt allerdings der ›**Herr Doktor**‹ auch dem ›**Herrn Doktor** Soundso‹ die Hand.

In manchen Ländern kennt man das ›zweite Gesicht‹. Doch hierzulande fragt man die Frau nach dem ›zweiten Geschlecht‹. Was das ist? Nun, der Mädchenname. Ihn hängt der Mann für gewöhnlich an seinen Familiennamen an. So wird aus Herrn Segesser, ist er verheiratet, ein Herr Segesser-Amden.

Im Umgang mit Sprachen fühlt man sich nicht irritiert und ist keineswegs auf die amtlich verbriefte Viersprachigkeit limitiert. In den touristischen Gebirgsregionen kommt neben Englisch vor allem Japanisch hinzu. Letzteres wird jedoch weniger gesprochen, umso häufiger aber geschrieben.

Wen es dürstet, bestelle sich einen Kaffee *mit* oder *ohne* Rahm (Milch), auf Schwyzerdütsch: »Kafi creme« oder »Kafi natür«. Diese Wünsche erfüllt nicht etwa eine ›Bedienung‹, sondern die ›Saal-‹ oder ›Serviertochter‹. Sie ›bedient‹ nicht, sondern ›serviert‹. Daher fragt Sie auch höflich, ehe sie abräumt: »Sind Sie serviert«.

Wie man sich bettet, so liegt man. In der Schweiz liegt man ebenfalls, bettet aber anders. Man schiebt sich zwischen Ober- und Unterleintuch und erträgt, weil man hierzulande nichts anderes kennt, das Bettzeug arg eingeklemmt.

Wie sich nun einen Schweizer zum Freunde machen? Das ist viel einfacher als Sie gedacht haben. Nähern Sie sich einem Schweizer, sprechen Sie ihn mit einigen Brocken Schwyzerdütsch an, denn es ist gar nicht so schwer, diesen alemannischen Dialekt nachzuahmen. Bemühen Sie sich dabei, etwas langsamer zu reden, die ›R‹ deutlich und das Ganze kehliger, mit verschobenen Umlauten an den Mann, bzw. die Frau zu bringen. Wenn Sie dann gar vom Kegeln oder vom Jassen, ein dem deutschen Skat vergleichbares Kartenspiel, sprechen und sich um diese allgemein verbreiteten Schweizer Hobbys ehrlich bemühen und darüber hinaus noch etwas für die Schweizer Politik übrig haben, so ist ein freundschaftliches Gespräch schnell herbeigeführt.

Ein dankbares Thema bietet vor allem auch der Sport. Daß Sie diesbezüglich nicht gerade mit den Erfolgen der Bundesliga prahlen, liegt auf der Hand. Sprechen Sie vielmehr von den Welterfolgen, vom Skifahrer Bernhard Russi oder von Clay Regazzoni, dem Autorennfahrer aus dem Tessin, oder von den Glanzzeiten der beiden Velofahrer K + K (Ferdinand Kübler und Hugo Koblet), die jahrelang (1950—1960) alle Radrennen der Welt spielend gewannen, oder vom Turnweltmeister Sepp Stalder oder von den alten Erfolgen der Schützen mit Lienhard und Zimmermann oder auch über die neuen Schweizer Sportgrößen wie Bobfahrer Schärer, die in Lake Placid Gold errangen, von Erika Hess und Zoë Haas.

Ein bei allen Schweizern beliebtes Thema heißt Militärdienst. Vermutlich wissen Sie, daß er für jeden Schweizer obligatorisch ist und zu den 17 Wochen Rekrutenschule jedes Jahr ein ›Wiederholiger‹ gehört, bis man 50 Jahre alt ist. Locken Sie Ihren Gesprächspartner ruhig aus der Reserve, aber geben Sie sich nicht den Anschein, als wollten Sie militärische Spionage treiben, diesbezüglich

versteht der Schweizer keinen Spaß, denn er nimmt seinen ›Dienst‹ sehr ernst und schwört auf echte Stubenkameradschaft.

Wenn es Ihnen gelingt — und Sie auch einige Schweizer Sachkenntnisse besitzen —, sich offen und unbelastet eine zeitlang über Schweizer Probleme zu unterhalten, dabei auch den anderen zu Wort kommen lassen und sich zugleich darum bemühen, Schweizer Eigenart Verständnis entgegenzubringen, dann werden Sie bald aufrichtige Freunde unter den Schweizern finden. Apropos: Kein Schweizer gebraucht je das Wort ›Staat‹, wenn er ihn meint, spricht er von ›Bund‹ oder von ›Eidgenossenschaft‹ und kaum je von ›Schweiz‹.

Bezüglich anderer Ausdrücke ist er großzügig. So pflegt ein Deutschschweizer deutsche, schwyzerdütsche und französische Ausdrücke bunt durcheinander zu mischen: Die Schweizerin geht nicht einkaufen, sondern »poschten« oder »Kommissionen machen«, sie kauft keinen Rock, sondern den »Jupe«, sie geht nicht zum Friseur, sondern zum »Coiffeur«. Die Schweizer Kinder rennen nicht, sondern »springen«, sie haben keinen Spielkameraden, sondern »s'Gspänli«, und sie essen auch kein Eis, sondern »die Glace«. Man putzt nicht mit dem Lappen, sondern dem »Lumpen«, er raucht keine Zigarre, sondern den »Stumpen«. Er zieht nicht das Jakett, sondern »legt« sein Kleid an, trägt keinen Schnurrbart, sondern den »Schnauz«.

Man nimmt das »Velo« (Fahrrad) oder das »Töffli« (Moped). Man parkt nicht, sondern »parkiert«, man zahlt keine Geldstrafe, sondern die »Buße«, man wird nicht angezeigt, sondern »verzeigt«. Man benutzt nicht den Bürgersteig, sondern das »Trottoir«. Wer es eilig hat, »ist brisant« oder sagt: »Mir pressiert's«. Stößt man aneinander, so heißt es: »Ägscüsi« (excusez).

Verlangt eine Verkäuferin ihr Geld, so fügt sie, fast entschuldigend, hinzu: »Wenn Sie wänd so guet si!« Reicht sie Ihnen Papiergeld zurück, so faltet sie sorgfältig Schein für Schein zu einem kleinen Rechtecklein. Erst mit einem »Danke, merci, merci vielmals« ist der Handel abgeschlossen.

Hat man eine interessante, amüsante, kurz gelungene Veranstaltung genossen, so ist es rundweg »e glatti Sach gsi!« Will man jedoch bezüglich einer Sache oder Person vom Maximum sprechen, so zieht man unter allen Tieren zum Vergleich immer nur die Sau heran und weiß nun, daß es »sauglatt«, »saulustig« oder »sauschön« gewesen sein kann.

Und noch etwas sollten Sie wissen. Die Schweizer Herren begrüßen Schweizer und andere Damen, sofern man verwandt oder gut bekannt ist, mit Küssen. Eines rechts, eines links. Frauen untereinander verhalten sich jedoch wesentlich zurückhaltender, bleiben aber den Herrenküssen gegenüber stets aufgeschlossen. Darum darf auch ein ›Usländer‹ eine Schweizerin küssend begrüßen oder verabschieden.

So können Sie denn beruhigt Ihre Reise antreten, wenn Sie wissen, daß »die Schweiz ein Land ist, das vorwärts geht, aber mit der Weisheit jener, die das Spektakuläre meiden und sich gemessenen Schrittes — langsam — beeilen« *(Le Monde,* Paris); wenn Sie wissen, daß das Image von der ›teuren‹ Schweiz im Verhältnis zum Gebotenen nicht mehr zutrifft; wenn Sie wissen, daß die Schweiz stolz ist auf ihre Hotellerie und diese ihrerseits mit Recht von ihren Leistungen und Qualitäten spricht; wenn Sie wissen, daß Ihnen Berty Meyer, Kabinenwärterin des Luzerner Strandbades Lido, bei kühlem Wetter mit einer heißen Bettflasche Ihre Füße wärmt — selbst wenn es der 5. August ist! Und es kann Ihnen schließlich überhaupt nichts mehr passieren, wenn Sie wissen, dass es in der Verordnung über die Straßenprostitution in der Stadt Zürich heißt: »Das Anlocken zur Unzucht ist erst ab 20 Uhr erlaubt.«

Nun dürfen Sie — endlich! — auf Ihre große Schweizertournee gehen, die — möglicherweise — zu einer Mini-Weltreise werden kann: Denn bei Hohentannen steht das Schloß Heidelberg, bei Menzingen liegt Hamburg, Brüssel bei Krummenau, der Weiler Paris bei Veyrier und Versailles im Broyetal. Auf Mailand stoßen Sie bei Murten, Turin gibt es bei Sion, Verona treffen Sie auf einem Gipfel der Berninagruppe, Roma bei Amden, Algier bei Bremgarten, Tripolis bei Olten, Heidelberg bei Bischofszell, Jerusalem bei Chaux-de-Fonds, Moskau bei Stein am Rhein und New York bei Rüti!

Und nun — Gute Reise!

BASEL

DAS GOLDENE TOR DER SCHWEIZ

Nach Basel reisen bedeutet schon deshalb ein Vergnügen, weil man zwischen Schienenstrang, Rheinschiffahrt, Luftweg, Landstraße und Autobahn wählen kann. Und jeder einzelne Verbindungsweg bietet seinerseits wieder eine Fülle verschiedener Möglichkeiten an.

Nehmen wir die Eisenbahn: Basel ist die einzige Stadt der Schweiz, die drei **internationale** Bahnhöfe aufweisen kann: **Badischer Bahnhof** (Endstation der Deutschen Bundesbahn, DB und Umsteigebahnhof), **Bahnhof SBB** (Schweizerische Bundesbahnen) und der **Französische Bahnhof** (Société nationale des chemins de fer français SNCF, im Bahnhof SBB). Basel-Stadt ist der einzige Kanton der Schweiz, der zwei Rheinhäfen besitzt: St. Johann (linksrheinisch) und Kleinhüningen (rechtsrheinisch).

Kommt man per Flugzeug an, so muss man sich allerdings mit *einem* Air Terminal, dem **Flughafen Basel-Mulhouse** begnügen. Weil Basel mit Raumnot zu kämpfen hat, liegt er auf französischem Staatsgebiet. Doch dank des schweizerisch-französischen Staatsvertrages kann der Luftpassagier sowohl von französischer als auch von Schweizer Seite ab und nach Basel fliegen. Das ist vor allem preisgünstig, wenn man von Basel aus ein beliebiges französisches

Ziel — oder umgekehrt — anvisiert. Von Basel aus gelangt man mit dem eigenen Wagen zum Flughafen über die **Internationale Expreßstraße** und folgt den blauen Wegweisern. Ab Air-Terminal Bahnhof SBB verkehrt ein Swissair-Bus hin und zurück, oder man fährt ab Kannenfeldplatz mit Bus Nr. 50 der BVB (Basler Verkehrsbetriebe).

Wer will, kann, was durchaus zu empfehlen wäre, den Weg nach Basel auch über den Rhein wählen. Er geht dann beispielsweise schon in Rotterdam über die Gangway und verläßt erst in Basel wieder das Schiff. Auch als unbescholtener Fußgänger kann man nach Südbaden über die Grenze gehen: Schlipf, Chrischonatal, Lenzenweg, Eiserne Hand, Hohe Straße, Ausserberg, Weihersteg.

Der Pkw-Fahrer benutzt meistens die bequeme, 1981 dem Verkehr übergebene Autobahn und rollt direkt in Basels City ein. Die Zollkontrolle erfolgt (auf der Autobahn) an der neuen Gemeinschaftszollanlage Basel/Weil. In Richtung Schweiz nahmen die Nebenbetriebe (Tankstelle, Restaurant, Wechselstelle) bereits ihre Tätigkeit auf — das Informationszentrum des Basler Verkehrsvereins blieb jedoch noch unbesetzt. (Die Nebenbetriebe in Richtung Norden sollen voraussichtlich 1983 eröffnet werden.)

Von deutscher Seite kommend ist die Ausschilderung ins Zentrum von Basel nicht eindeutig. Folgen Sie zunächst den blauen Hinweisschildern ›Wettstein-Brücke‹ (die grüne Ausschilderung betrifft nur die Autobahn) bis Sie auf die Tafel ›City‹ stoßen.

Basels Innenstadt erscheint dem Fremden zunächst verwirrend und nur aus einem Labyrinth von Einbahnstraßen zu bestehen, daher empfiehlt sich, so bald als möglich dem Hinweis ›P‹ in eines der Parkhäuser zu folgen. Damit lassen Sie den Eindruck der modernen, betonreichen und smoggefärbten Industrie-Szene Basel hinter sich und haben nun ein farbenfrohes, mittelalterliches und barockes, lebensvolles Basel vor sich!

Daß eine Stadt, die derart viele Zu- und Ausgänge hat, von regem Personen- und starkem Handelsverkehr geprägt wird, leuchtet ein, weshalb man Basel schon seit alter Zeit das ›Goldene Tor‹ Helvetiens nennt. Bedenkt man allein schon seine geografische Lage: Ein Pfahl, am ›Dreiländereck‹ (im Rheinhafen) eingerammt, bekundet die kosmopolitische Begegnung der Stadt mit den drei unmittelbar angrenzenden Staaten, der Bundesrepublik Deutschland, Frankreich und der Schweiz. Den Anspruch, Grenzfluß zu sein, erfüllt nicht nur der Rhein, sondern auch seine Zuflüsse Birsig und Wiese. Da Basel nur 277 m ü. M. liegt, verstellt der Jura den Baslern die Alpensicht.

Mit den beiden Landgemeinden **Riehen** und **Bettingen** erstreckt sich der Stadtkanton Basel nur auf 37 Quadratkilometer, auf denen rund 182 143 (1980) Einwohner (etwa 52,5% sind protestantisch und 40,5% römisch-katholisch) leben, so daß Basel-Stadt der flächenmäßig kleinste Kanton der Schweiz ist (Basel-Land zählte 1980 221 266 Einwohner). Doch in Wirklichkeit scheint Basel viel größer, denn auch die nächstgelegenen Gemeinden tragen Vorortcharakter, zudem haben Wirtschaft und Verkehr so stark übergegriffen, daß Kantonsgrenzen nicht sicht- oder spürbar werden.

Basels annähernd 130000 Arbeitnehmer verteilen sich auf 9000 Betriebe, wovon 27000 Personen allein auf 60 chemische Industrieunternehmen, 11 000 auf 450 Transportbetriebe, 9000 auf 500 Metall- und Maschinenbetriebe entfallen, 9000 Arbeitnehmer leben allein von 200 Banken und Versicherungen, 8000 von mehr als 400 Bauunternehmen, 6000 von 550 Restaurant- und Hotelbetrieben. Selbst wenn man nur diese Zahlen kennt, vermitteln sie eine gute Vorstellung von der Aktivität der Basler Stadtbevölkerung. In Basel verdienen dürfen außerdem noch 8000 ausländische Arbeitnehmer und 1500 Saisonarbeiter.

Eines aber ist Basel ganz allein, und zwar ein Dreiländereck-Grenzgängerparadiesgärtlein. Hier dürfen täglich 14 000 ausländische Arbeitnehmer ihre Fränkli mit über die Grenze nehmen. Und damit hätten wir abermals eine Bestätigung vom ›Goldenen Tor‹ Helvetiens.

In keiner anderen Stadt der Schweiz werden heute so viele Millionen Tonnen an Gütern umgeschlagen wie in Basel. Im Basler Zollkreis allein nimmt die Eidgenossenschaft die Hälfte ihrer gesamten Zollerträge ein.

Schon Kelten tauschten auf dem Rhein römische Waren ein. Und wie die Rheinschiffahrt sich rasant weiterentwickelt hat, erfährt man in der spannenden, ständigen Ausstellung ›Unser Weg zum Meer‹ (Rheinhafen Kleinhüningen). Plötzlich weiß man dann, daß die Schweiz als Binnenstaat an 41. Stelle der seefahrenden Nationen steht und begreift die Bedeutung der schweizerischen Hochsee- und Binnenschiffahrt innerhalb der landeseigenen Wirtschaft. Man erfährt, daß die Tonnage der Schweizer Hochseeschiffe zusammen etwas mehr als 300 000 Tonnen beträgt und die Schweiz innerhalb der gesamten Welttonnage 0,9% Anteil behauptet. Mehr als 400 Schiffe sind in Basel registriert. Unter den ausländischen Schiffen, die Basels zwei internationale Häfen anlaufen, halten die deutschen und die holländischen die Spitze. Beinahe ein Drittel aller Einfuhren erreicht die Schweiz über den Rhein, und Basels Hafenanlagen liegen im Vergleich mit den Binnenhäfen des Rheins an sage und schreibe dritter Stelle.

Der Bischofshof auf dem Münsterhügel ▷

»Hie Basel, hie Schweizer Boden«

Dies waren die Begrüßungsworte, mit denen die Basler bewußt und stolz die eidgenössischen Delegierten in ihrer 1501 der Eidgenossenschaft beigetretenen Stadt empfingen. Doch die Stadtgründung verdankten sie den Römern. Unmittelbar nachdem Augst (Colonia Augusta Raurica, 12 km östlich von Basel) 44 v. Chr. als römische Niederlassung aus dem Boden gestampft worden war, legten die Römer auch auf Basels Münsterhügel einen Stützpunkt an.

Die Herleitung der Bezeichnung ›Basilia‹ für Basel — königliche Stadt — blieb jedoch ein Rätsel. Vielleicht leitet sich der Name von der erhabenen Lage, vielleicht aber auch von ›Wasal‹ — Stadt am Wasser — ab. 374 n. Chr. aber erscheint ›Basilia‹ bereits in den Akten als christliche Bischofsstadt, dessen Bischof Justinian schon 346 am Konzil zu Köln teilnahm. Basel wurde zum mächtigen Bischofssitz. An die einstige geistliche Herrschaft erinnert noch heute der schwarze Baselstab (stilisierter Bischofsstab) im weißen Stadtwappen. 1025 gelangte die Stadt mit Burgund ans mittelalterliche deutsche Reich. Kaiser Heinrich II., der Basel schon 1006 als Pfand übernommen hatte, stiftete das Münster und war bei seiner Einweihung 1019 persönlich anwesend. Der Kaiser wurde nicht zuletzt wegen seiner reichen Schenkung (die von ihm gestiftete goldene Altartafel befindet sich heute im Musée Cluny in Paris) als Schutzpatron und Erneuerer der Stadt verehrt.

Bischof Heinrich von Thun, damaliger Stadtherr, war weitblickend genug, 1225 die Brücke über den Rhein als letzten festen Übergang zwischen Konstanz und der Nordsee schlagen zu lassen. Er finanzierte ihren Bau, indem er den Kirchenschatz verpfändete. Damit gelang es ihm, den Ruf Basels als spätere Welthandelsmetropole zu begründen. Die Brücke, erst 1905 durch die Mittlere Rheinbrücke ersetzt, bedeutete damals eine städtepolitische Großtat und, wie wir heute sagen dürfen, eine Weltsensation. Denn erst fünf Jahre zuvor war der Verkehr über den Gotthard möglich geworden.

1356 traf Basel ein verheerendes Erdbeben, das den größten Teil der Stadt in Schutt und Asche legte.

Rund hundert Jahre später, 1431 bis 1448, aber fand schon wieder ein bedeutendes Kirchenkonzil in Basel statt. 1501 trat die Stadt, der Auseinandersetzungen mit den Habsburgern überdrüssig, der Eidgenossenschaft bei, und 1529 nahm Basel die Reformation an — der Bischofssitz war bereits nach Pruntrut (Porrentruy) verlegt. Basel wurde zum Zufluchtsort vieler Glaubensflüchtlinge, denen der erste wirtschaftliche Aufstieg zu danken blieb (Seidenweberei, Spinnerei, Färberei, Papierfabriken).

1648 reiste Bürgermeister Johann Rudolf Wettstein zum Westfälischen Friedenskongreß, auf dem er schließlich die Freiheit und anerkannte Unabhängigkeit aller Eidgenossen vom Reich im voraus erwirkte. 1798 erfolgte die unblutige Auflösung des ›Ancien Régime‹.

In der Folgezeit wuchs Basels wirtschaftlicher Wohlstand. 1832 tuckerte das erste Dampfschiff über den Rhein, bald mit Anschlüssen bis nach London. 1833 vollzog sich die Trennung der Kantone Basel-Stadt und Basel-Land (die Bezeichnung ›Basel-Stadt‹ wurde jedoch erst durch die Bundesverfassung 1848 eingeführt). 1844 wurde die erste Eisenbahnlinie der Schweiz, Straßburg—Basel, eingeweiht. Die Bundesverfassung von 1848 brachte den Übergang vom Staatenbund zum Bundesstaat, und 1911 trennten sich Kirche und Staat.

Basels wirtschaftliche Bedeutung stieg kontinuierlich: Um 1920 Bau des Kleinhüninger Rheinhafens (seit 1904 Großschiffahrt), 1926 Sendebeginn von Radio Basel, 1946 Eröffnung des Flughafens Basel-Mulhouse. Basels Frauen erhielten 1966 das kantonale und 1971 auch das eidgenössische Stimmrecht.

Ansicht Basels mit Rheinbrücke nach Emanuel Büchel, 1759.

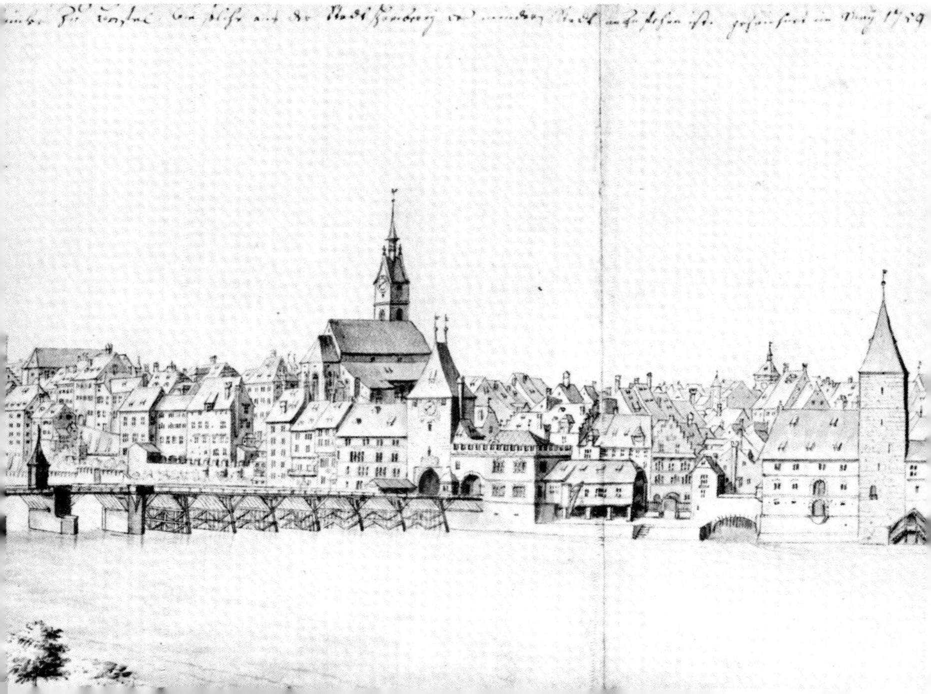

Der Basler: Homo Oeconomicus und Homo Urbanus

Zunächst kennt der Fremde Basel in erster Linie als Stadt der Chemie. Daher wird man nicht gleich zu Beginn seines Aufenthaltes, sondern erst nach einiger Zeit spüren, wie sehr der Charakter Basels vom gut funktionierenden Zusammenspiel wirtschaftlicher, wissenschaftlicher und kultureller Kräfte getragen wird. Das bedeutet, daß die Geschichte Basels auch ganz wesentlich Geistes- und Kulturgeschichte ist. So prägten florierender Handel, verkehrsgünstige Lage und die 1460 gegründete Universität einen wohlhabenden, selbstbewußten, aufgeschlossenen und geschäftstüchtigen Bürgerstand.

Basels Universität ist nicht nur die älteste der Schweiz, sondern auch eine der wenigen in Europa, die von Bürgern ins Leben gerufen wurde und bis auf den heutigen Tag von ihnen getragen wird. Sie machte Basel seinerzeit zum Mittelpunkt des christlichen Humanismus und der frühen Buchdruckerkunst. An der Universität wirkten so berühmte Gelehrte wie der Humanist Erasmus von Rotterdam, der Arzt Paracelsus, die Mathematiker Jacob und Johann Bernoulli und nicht zuletzt Leonhard Euler. Der Geist, der damals an dieser Bildungsstätte herrschte, war erstaunlich fortschrittlich: Die ›Universitas magistrorum et studentium‹ bestand aus der gesamten Körperschaft aller Universitätsangehörigen, und ursprünglich waren auch die Studenten als gleichberechtigte Korporationsmitglieder im Rate — der heutigen Regenz — vertreten, einmal stellten sie sogar den Rektor. Das geistige Leben im 19. Jahrhundert prägten Johann Jacob Bachofen und der Kulturhistoriker Jacob Burckhardt. In Basel lasen so berühmte Philosophen wie Friedrich Nietzsche, Karl Jaspers, Karl Barth, der Zoologe Adolf Portmann und der Psychoanalytiker C. G. Jung.

Dank weitsichtigen Bürgersinns wurde Basel auch *die* Stadt der Schweiz, die sich rühmen durfte, die erste öffentliche Kunstsammlung der Welt zu besitzen, denn schon im Jahre 1662 kaufte der Basler Rat das berühmte Kabinett des Basilius Amerbach, um zu verhindern, daß diese Sammlung nach Amsterdam ging. 1777 war es der Ratsschreiber Isaak Iselin, der die ›Gesellschaft zur Beförderung des Guten und Gemeinnützigen‹ (GGG) ins Leben rief, die noch heute von Einfluß ist.

Dieser geistig-kulturellen Aufgeschlossenheit ihrer Ahnen blieb die Basler Bürgerschaft bis in die Gegenwart treu, und dank ihres fundierten Wohlstandes fällten die Bürger den Entscheid, einen Millionenkredit für den Ankauf zweier Picassos zu bewilligen (Basler Kunstmuseum). 1975 öffnete das ›modernste Theater Europas‹ in Basel seine Pforten, und auf dem Vorplatz stellte Jean Tinguely 1977 seine faszinierende Brunnenmaschinerie auf.

Für Basels Kunstsinn sprechen nicht zuletzt die beiden großen Jahresveranstaltungen, die Schweizerische Kunst- und Antiquitätenmesse und die ART (Internationale Kunstmesse), die 1981 allein 50 000 Besucher anzog. Sie sind zwar einerseits Beweis dafür, daß die Stadt geographischer Mittelpunkt einer der kaufkräftigsten Großregionen der Welt ist, andererseits bezeugen sie aber auch die Präsenz eines einheimischen Publikums, das nicht nur als ›Homo Oeconomicus‹, sondern auch als ›Homo Urbanus‹ mit seiner durch den Humanismus geprägten Bildungs- und Denkungsart verstanden werden muß.

Innenhof des Kunstmuseums Basels
Theateranschläge vor der Barfüßerkirche

Basel auf eigene Faust

Erasmus-Rundgang

Die Stadt auch ohne Baedecker allein für sich zu entdecken, empfiehlt sich für Individualisten. Basel scheint nicht nur, sondern ist in der Tat zum Spazieren und Flanieren wie geschaffen: sauber, gepflegt und eingeteilt wie der wohlgeordnete Wäscheschrank einer mustergültigen Hausfrau. Aber damit nicht genug, die gastfreundlichen Basler kommen außerdem Alleingängern vorbildlich entgegen. Sie entwarfen zwei Signets, die dem Fremden überall in der Stadt begegnen. Einmal sind das kleine quadratische Plaketten berühmter Männer Basels: Erasmus, Jacob Burckhardt, Thomas Platter, Paracelsus und Holbein. Diese Persönlichkeiten liehen Kopf und Namen fünf verschiedenen Altstadt-Rundgängen, an deren sehenswertesten Punkten jeweils diese kleinen, dezenten Hinweise (an Hauswänden, Mauern usw.) erscheinen. Erwirbt man den kleinen *Führer zu den offiziellen Rundgängen* (Fr. 3.—), so kann man getrost und wissenschaftlich untermauert auf individuelle Entdeckungsreise gehen.

Die zweite touristische Orientierungshilfe besteht aus schmal-rechteckigen, dunkelblauen Schildern mit weißen Pfeilen in Richtung auf die nächstgelegene Sehenswürdigkeit Basels. Auch das ist ein echter Dienst am Fremden und unter Kindern oft Grund genug zu begeisterten Wettläufen zum nächsten Schild, ganz abgesehen davon, daß sie wissen wollen, wer Holbein oder Thomas Platter waren.

Doch die Atmosphäre, die Seele einer Stadt läßt sich nicht mit kleinen Schildern und nur schwer durch das geschriebene Wort erklären. Am ehesten erspürt der Gast das unverwechselbare Fluidum einer Stadt durch seine individuelle Begegnung mit ihren Menschen, durch das unprogrammierte Erlebnis, durch eine spontane Geste, eine Beobachtung, durch Gebärden und Gesichter, Geräusche und Gerüche. Und weil er dazu Zeit braucht, gibt es an Basels Rheinufer genügend Bänke.

Zum Beispiel auf der Kleinbasler Seite (Unterer Rheinweg). Da sitzen sie am hellichten Tage im Schatten der Bäume: Rentner, Mütter mit Kindern, Marktfrauen, Studenten und Besitzer von Hunden. Apropos Hunde! Sie lieben diese Gegend besonders und ärgern durch ihre Exkremente zahlreiche Nichthunde-

besitzer so sehr, daß sich regelrechte Antihunde-Attacken in der *Basler Zeitung* verfolgen lassen. Sie führten bislang jedoch zu keinem befriedigenden Ergebnis oder etwa zu Hundetoiletten, sondern nur zu vollen Zeitungsspalten.

Nicht auf Bänken, aber etwas tiefer, auf der abfallenden Rheinufer-Böschung hocken Jugendliche und Studenten. Sie lesen, flirten oder spielen auf mitgebrachten Instrumenten. Ein üppiges Mädchen, ›oben ohne‹, rollt sich in die Sonne. Nur wenige Meter weiter, zwei männliche Wesen ›unten ohne‹, öffentlich? Aber nein, das sollte nur eine topmodische Badekreation sein! Schließlich hält der Basler auf seine sprichwörtliche Aufgeschlossenheit.

Doch andererseits stößt der Besucher am gegenüberliegenden Großbasler Ufer auf bewährte Tradition: Dort fallen dunkelbraune kleine Holzhäuschen auf. Sie kleben, gestützt auf Pfähle, an den gepflasterten Rheinuferhängen. Ungefähr zwanzig zählt man an beiden Seiten des Basler Rheins. Von ihren Balkonen ragen Galgen über den Strom, an denen viereckige Korbnetze hängen. Eine Handkurbel bewegt das Seil vom Galgen hinab und taucht die Netze in das Naß. Vom Fang an Hecht, Zander und Forellen darf jeder Fischer drei Stück pro Tag für sich behalten. Die Frage nach dem Mehrfang erübrigt sich, denn mehr fängt ein Rheinfischer in Basel nicht.

Seit Generationen sind die Fischergalgen in Familienbesitz, neue dürfen nicht mehr erstellt, aber baufällige erneuert werden. Entdecken Sie einen Fischer, so rufen Sie einfach von der Uferbefestigung hinab. Er freut sich und zeigt Ihnen gern, wie so ein Häuschen von innen aussieht. Dabei schwärmt er von Brachsmen und Nasen, den Fischen, die er am meisten fängt; doch zum Verkauf reicht es nicht — das Ganze also ein liebenswertes Hobby von Alt-Basel!

Wahrzeichen Basels

SEIN MÜNSTER

Am höchsten Punkt über Stadt und Rhein, dort, wo schon die Römer ihr Lager aufgerichtet hatten, erhebt sich das Münster mit stolzem Turmpaar. Zwei Vorgängerbauten gingen der ehemaligen Bischofskirche voraus. Die erste entstand vermutlich zu Beginn des 9. Jahrhunderts, die zweite weihte Kaiser Heinrich II. 1019 persönlich ein. Der einmal gefundene Grundriß wurde maßgebend für den spätromanischen Folgebau (1175—1200) mit angefügtem Querhaus und Chorumgang. Seine Weihe erfolgte 1202 (Inschrift im Chor). Ab 1280 wurde gotisch weitergebaut (Hauptportal, äußere Seitenschiffe). Das Erdbeben von 1356 setzte einen traurigen Schlußstein: Die Kronen der vier Ecktürme, Vierungsturm, Chor und andere Gewölbe, selbst die Krypten stürzten ein. Der Wiederaufbau dauerte schließlich bis in die Zeit um 1500, und die letzte Restaurierung war erst 1975 beendet. Seit der Reformation dient das Münster als Hauptpfarrkirche.

An der **Westfassade** klingen romanische und gotische Stilelemente harmonisch zusammen. Als Zeugen einer romanischen Doppelturmfassade blieben die beiden Untergeschosse des Nordturmes (schöne Blendarkaden) erhalten. Die Archivolten und das Stifterpaar Heinrich II. und Kunigunde, der Verführer und eine törichte Jungfrau sind Reste einer ehemals reich skulptierten Fassade. Der Straßburger Münsterbaumeister Ulrich von Ensingen entwarf die Obergeschosse des Nordturmes (1414).

Fast rein romanisch hat sich die Fassade des nördlichen Querhauses mit der berühmten **Galluspforte** erhalten. Das Rundfenster darüber wurde als Glücksrad gestaltet. An die Südfassade schließt der Kreuzgang an. Der Kircheninnenraum besitzt noch herrliche romanische Kapitelle und Reliefs. Im Chor liegen Anna von Habsburg (1281), Gemahlin König Rudolfs I., sowie Karl von Habsburg begraben. Im Münster selbst wurde Erasmus von Rotterdam (Grabdenkmal) beigesetzt. (Die Originalskulpturen des Münsters befinden sich im Stadt-und Münstermuseum, Kleinbasler Klosterkomplex).

Wie man sein Herz für die Basler entdeckt

Treffen wir uns am Eingang zum Basler **Münsterturm** (geöffnet 10—18 Uhr) und klettern, möglichst behend, die vielen hundert steilen Stufen empor. Oben, in luftiger Höhe, überrascht die herrliche weite Aussicht über Stadt und Rhein; unten ducken sich eng und klein die Marktplatzhäuser aneinander, und weiter zum Horizont sieht man die nüchternen Hochhausgiganten längs des Rheins, die je neuer umso höher wachsen. Wieder auf Pflastergestein, schauen wir von der **Münsterterrasse** (Pfalz) zum anderen reizvollen Ufer hinüber. Eine Treppe führt hinab zum Strom und zur Münsterfähre. Mit diesem Bötchen kann man zur Kleinbasler Seite übersetzen, doch das Vergnügen heben wir uns für später auf. Statt dessen biegen wir in die **Augustiner-** und **Rheinsprung-Gäßlein** ein und werden von einem anmutigen, intimen Basel empfangen. Unser Weg führt vorbei am **Weißen** und am **Blauen Haus** von 1762 sowie der **Alten Universität.** Auf dem Rheinsprung folgen wir der Trasse der alten Römerstraße, die über den Münsterhügel verlief. Auf der Terrasse des *Hotels Drei Könige,* älteste Herrenherberge Europas (auch Napoleon hat hier geschlafen), nehmen wir, sozusagen als Lockerungsübung, erst einmal einen kleinen Aperitif. Über den **Blumenrain** zum **Totentanz** hinauf entdecken wir das Geburtshaus von Johann

Uferpromenade auf der Basler Kleinseite

Die Basler Altstadt mit Treppengasse, Spalentor und Rheinsprung

Peter Hebel, dem Schöpfer der ›Basler Nationalhymne‹, die da beginnt »Z Basel an mim Rhi . . .«. Dann machen wir kehrt und biegen in den **Petersgraben** ein. Spätestens hier wird es Zeit, ein wenig Stadtgeschichte zu betreiben, denn Basels städtebaulichen Grundriß begreift nur, wer weiß, daß sich die Stadt nach dem 11. Jahrhundert aus einzelnen, ummauerten Siedlungskernen zusammengefügt hat: Da war einmal die Burg von Bischof und Domkapitel auf dem **Münsterhügel,** dann die **Talstadt** mit Schifflände (Schiffanlegestelle) und handeltreibendem Gewerbe, **das Petersstift,** sodann die Höfe des Stadtadels am **Nadelberg** — er war der Adelsberg — sowie das **Leonhardsstift.** Rheinaufwärts lagen sich auf der Großbasler Seite **St. Alban,** Sitz der Benediktiner, und auf der Kleinbasler Seite das Dorf **Niederbasel** gegenüber. Um 1200 wurde Großbasel mit einem mächtigen, doch keineswegs dem ersten Stadtring ummauert. Er zog sich vom **St. Albangraben** über **Kohlenberg** und **Leonhardsgraben** zum **Petersgraben.** 50 Jahre später gründete man Kleinbasel und begann es ebenfalls zu ummauern. Um 1400 waren Basels Vorstädte somit fest abgesichert. Der innere Mauerring verschwand erst wieder im 19. Jahrhundert, so daß Basel erst nach 1850 zur offenen Stadt wurde.

Auf dem Weg zum Marktplatz wird, wer gut zu Fuß ist, einen Abstecher zum **Heuberg** nicht bereuen. Am Obern Heuberg (Nr. 22) behauptet sich nämlich eines der schönsten alten Basler Bürgerhäuser, *Haus Waldshut.* Es steht, wie seine Nachbarn, unter Denkmalschutz. Sein gotischer Charakter tritt vor allem in dem hohen Spitzbogentor und in der niedrigen dreiteiligen Fensterreihe deutlich zutage.

Den Übergang von der Gotik zum Barock verkörpert das von einem mächtigen, gut erhaltenen Dachhimmel überhöhte *›Haus zum Möersberg‹* in derselben Straße (Nr. 24). Hier zog Nicolaus Bernoulli-Birr ein, nachdem er seine Professur für Mathematik in Padua aufgegeben hatte und in seine Vaterstadt Basel zurückgekehrt war.

Nun stoßen wir zum großzügigen **Marktplatz** vor. Er wird beherrscht von dem mächtigen gotischen **Rathaus,** das nach gründlicher Restaurierung wieder in glänzendem Gewand erstrahlt. Hans Holbein war es, der 1521/22 und 1530 den Großratssaal mit Fresken ausmalte, die das Rathaus dann beim Umbau im 19. Jahrhundert, als man Turm und Nordflügel anbaute, bis auf wenige Fragmente wieder verlor, die heute im Kunstmuseum zu bewundern sind.

Jeden Vormittag ab 7 Uhr 30 erwacht hier die lebhafte Betriebsamkeit bunten Blumen- und Gemüsemarktlebens. Die Mittwochmärkte (Neuwaren- und Flohmärkte) finden auf dem Barfüßerplatz statt. Zusätzlich gibt es jeden Samstag einen Flohmarkt auf dem Petersplatz. Hier, auf dem Rathausplatz, ist es eigentlich immer turbulent und, Achtung, das Tram (Strassenbahn) kommt! In Basel ist sie grün, während es in Zürich nur blaue Wagen gibt. Auf diese feinen kleinen Unterschiede hält man — als Zürcher und als Basler. Dazu muß ich Ihnen etwas verraten: Ich liebe Zürich, bin aber ebenso gern in Basel. Doch wenn ich eine der beiden Städte besuche, spreche ich niemals über die andere, denn beide mögen sich nicht besonders, schließlich konkurrieren sie im stillen miteinander. Aber im Grunde steht jede auf ihre Weise über der anderen, und doch prägen sie beide miteinander das Bild Helvetiens.

Wenn Sie sonst noch etwas Baslerisches erfahren möchten, dann kaufen Sie irgendeine Kleinigkeit in Hermine Haeglis *Sigare-Lädeli* ein, dann wissen Sie's! Achso, Pardon, in Basel wird ja Baseldytsch gesprochen. Das tönt befremdlich, um nicht zu sagen unverständlich an Ihr Ohr, denn das Baseldytsch ist mit keiner anderen alemannischen Mundart zu vergleichen. Kommen Sie aber mit einem Basler ins Gespräch, so wird er sich seines gepflegten Schriftdeutsch bedienen, um Ihnen den leisesten Anflug von Verständigungsangst zu nehmen.

Überraschungen ganz anderer Art erleben Sie im **Totengäßlein.** Dort werden Sie zunächst einmal *eine* der vielen Basler Treppen kennenlernen. Sie können sogar einen wunderhübschen Basler-Treppen-Bummel unternehmen (Treppe Totengäßlein, Treppe Imbergäßlein, Treppe Trillengäßlein, Treppe zum Gerbergäßlein, Treppe Fahnengäßlein, Treppe Schlüsselberg, Treppe Stapfelberg, Treppe Elftausendjungfern-Gäßlein, Treppe Martinsgäßlein — Marktplatz). Doch wer das nicht will bleibt lieber hier beim ›Haus zum vorderen Sessel‹, dem Schweizerischen **Pharmazie-Historischen Museum.** Wagen wir uns in diese echte Alchimistenküche mit einzigartigen Sammlerstücken. Dabei ist es noch gar nicht so lange her, daß ein drogensüchtiger Jüngling hier lange Finger machte. Ein ausgestelltes kleines Päckchen — Persisches Opium — hatte es ihm angetan. Doch noch ehe er es ausprobieren konnte, hatte man es ihm schon wieder abverlangt.

Den Nadelberg entlang erreicht man den **Petersplatz.** Hier kommt man vor allem zum samstäglichen Flohmarkt zusammen. Nicht weit ist es dann bis zum **Botanischen Garten.** Er verfügt — man höre und staune — was wir sonst nur vom Londoner Hyde Park kennen, über einen ›Speakers Corner‹! Nur leider hat in Basel niemand Lust, von dieser Möglichkeit Gebrauch zu machen.

Das nächste Ziel heißt **Spalentor.** Es gilt »als das schönste Tor der Schweiz« und stand schon im 14. Jahrhundert hier — als Durchgang des mittelalterlichen Mauerrings. Hier beginnt Basels ›Quartier latin‹, das Universitätsviertel. Wer Lust hat trinkt vielleicht hier unter Studenten ein Bier. Wäre es schon Abend, würde ich Sie zu Roli Rassers *Fauteuil* oder *Tabourettli* überreden, denn in beiden wird gutes Theater geboten.

Doch noch haben wir einiges anderes vor. War es in der Alchimistenküche mitunter etwas schauerlich, so geht es in des Teufels Küche (im *Café Teufel,* Andreasplatz) bisweilen etwas hitzig zu. Hier trifft sich junges Theaterpublikum — im Sommer auf einfachen Stühlen vor der Tür; das Ganze wirkt wie der Innenhof eines kleinen idyllischen Quartiers. Dort wird nicht nur engagiert debattiert, sondern auch avantgardistischer Musik gelauscht oder still zugehört, wenn sich ein junger Dichter produziert.

Turbulent ist es auch manchmal (um die Ecke) am berüchtigten ›Bermuda-Dreieck‹, das seinen Namen dem *Gifthüttli,* der *Hasenburg* und dem *Grünen Heinrich* verdankt. Bei Nacht eine Gegend, nur für ganz gefestigte Gemüter!

Wohlbehalten aber biegen wir in die **Gerbergasse** ein. In Nr. 81 befindet sich das *Teehaus Menger,* das älteste der Schweiz. Angesichts der Gerbergasse 57, dem *Läckerli-Huus,* fällt mir jedoch ein, daß ein Besuch in Basels Confiserien (Konditoreien) für Basler wie für Nichtbasler unbedingt dazugehört. Schon aus einem ganz bestimmten Grund: Basels Cafés sind in erster Linie eine Domäne der Männer, und das will man schließlich mit eigenen Augen sehen!

›Basler Leckerli‹ sind Ihnen sicher ein Begriff, aber ›Basler Lälle‹ oder die Sommerspezialität ›Orange-Plätzli‹? Nehmen Sie eine Kostprobe bei *Schiesser* auf dem Marktplatz. Als Basler stillt man seine süßen Lüste ebenso gern am Großbasler Rheinufer im ehemaligen *Café Spillmann* oder bei *Frey* (gegenüber Bahnhof SBB) oder bei *Gaiser* im Gundeldingerquartier. Die saftigsten ›Wähen‹ (Obstkuchen) gibt's noch immer bei *Gfeller* (Eisengasse 9), und wenn Sie wollen, läßt es sich zeitweise bei echter Kaffeehausmusik im *Café Huguenin* (Barfüßerplatz) bestens schmausen. Der ganzen Basler Zuckerbäckerei aber setzt, so heißt's, *Reto Büchelis* winzige Confiserie (Steinenberg 25) die (Basler) Krone auf.

Rein beobachtungshalber aber sollte man auch einmal im *Café Pellmont* (Freiestraße 82) gewesen sein und sich unter die vornehmen, eingefleischten Baslerinnen mischen, denn sie stellen *ihr* Pellmont über alle Kaffeehauseinrichtungen.

Blick vom Münster auf den Münsterplatz

Basels Einkaufsparadies

Die **Freiestraße** ist für die Basler, was den Zürchern ihre Bahnhofstraße bedeutet, allerdings wirkt dieser Einkaufskorso mehr baslerisch und nicht so zürcherisch demonstrativ exclusiv. Auch die Freiestraße lebt von ihrem Rundumangebot: verführerisch schönen Textilien, begehrenswerten Pelzen, Ballys neuesten Kreationen — tausenderlei Mitbringseln und Souvenirs, angefangen von blitzenden Bijouterien bis zur holzgeschnitzten Maske und verblüffendsten Brotgebilden bei *Zoller,* Basels berühmten Brotspezialisten.

Ob Sie bei *Zoller* beginnen oder enden wollen, in der Freiestraße auf Shoppingkurs zu gehen ist deshalb so angenehm, weil man sie zur Fußgängerzone erklärt hat. Wem es Basels Gourmet-Läden angetan haben, braucht auch nicht weit, nur zur **Streitgasse** zu gehen und kann sich hier auf ein fürstliches (nicht ganz billiges) Picknick vorbereiten.

In welcher Gegend oder welchem Quartier man gerade Lust verspürt, die Zuhausegebliebenen mit einer Gabe zu beschenken, in Basel gibt es zahlreiche ›Zentren‹, zum Beispiel die **Aeschenvorstadt.** Oder nehmen wir den **Spalenberg.** Ein buntgemischtes Wohnpublikum — namhafte Prominente, Edelbohemiens, sorglos in den Tag lebende Jugendliche, Zugezogene und Individualisten beiderlei Geschlechts — verleiht Cachet. Alle sind hier zufrieden, und vieles ist erlaubt: In eleganten Boutiquen oder in Antiquariaten zu stöbern, nur *eine* Rose zu erstehen, ins Café oder mal schnell auf einen Sprung ins Kleintheater zu gehen.

Setzen Sie Ihren Bummel über die **Mittlere Rheinbrücke** bis zum **Claraplatz** fort, so werden Sie selbst bei Tage den himmelweiten Unterschied von Habitus, Menschen, Geschäften, Lebensart und Lebensgenuß zwischen Großbasel und Kleinbasel unmißverständlich erfahren. So richtig nach Herzenslust im aussortierten Bürgermüll (samstags auf dem Barfüßerplatz) oder in gut ›durchwachsenen‹ Trödler- oder Antiquitätenläden zu wühlen, das kann man *nur* in Kleinbasel — ein Tip für ›Leute mit Nase‹! Daß Basel als alte Kulturstadt über ein vielseitiges Kunst-, Antiquariats- und Galerieangebot verfügt, kann nicht verwundern. In echte Begeisterung geraten können Sie rund um den **Klosterberg** bis hinauf zur **Elisabethenstrasse** und in entgegengesetzter Richtung bis zum **Aeschengraben.** Wer gern mit alten Kostbarkeiten handelt, lebt auch gern in alten Gemäuern, darum kann auch die Gegend um das Münster (Herbergsgasse, Rheinsprung, Bäumlein- und Augustinergaße) für Sie eine Fundgrube sein. Eingeweihten ist die **Malzgasse** (Münzen und Medaillen AG) sicher ein Begriff. Wer sich aber so richtig mit Basel und den Baslern verbunden fühlt, hat nichts mehr im Sinn als ein echtes Basler Fasnachts-Souvenir. Wie wär's mit Piccolo oder Trommel? Soll es eine Pfeife sein, so gibt es nur *Erwin Ösch's* (Spalenvorstadt) Spezialhandlung — pro Piccolo muß man schon 100 bis 200 Franken rechnen. Trommelspielen kann sogar noch teurer werden. Für ein gutes Instrument verlangt *Hug-Musikinstrumente* mehrere blaue Scheine. Doch muß es nicht unbedingt ein so kostspieliges Mitbringsel sein, kaufen Sie ein original Schweizer Armeemesser zwischen 15.— und 50.— Franken, so werden Sie zu Hause bestimmt Eindruck machen!

Vergnügen für 50 Rappen

Sechs Brücken führen im Stadtgebiet über den Rhein, aber alle sechs können den Baslern ihre geliebte, traditionelle ›Rhyfahrt‹ mit dem Fährboot nicht ersetzen.

Als kleine, winzige Nachen, zur Hälfte überdacht, schwimmen die Kähne — 11,50 Meter lang, 2,40 Meter breit und 2 Tonnen schwer, aus Lärchenholz gemacht und mit einem Kupferanstrich spezialimprägniert — über den Rhein. Bei einer ungefähren Höchstgeschwindigkeit von drei Knoten gelangt der Passagier in drei bis vier Minuten ans andere Ufer. Und das keineswegs motorgetrieben, sondern allein dank der Kraft des Rheins, seiner Strömung. Doch keine Angst: Bei Hoch- und Niedrigwasser, Sichtbehinderung und Sonnenuntergang wird der Fährbetrieb eingestellt. Alle drei Fähren: ›Leu‹ (Münsterfähre), ›Vogel Gryff‹ (Klingenthalfähre) und ›Wilde Ma‹ (St. Alban-Fähre) gelten als öffentliche Verkehrsmittel. Dem Tarifverband sind sie nicht angeschlossen, denn seit 1972 gehören zwei Schiffe der **Stiftung Basler Fähren** und das dritte privater Hand. Die Überfahrt kostet nur 50 Rappen, Kinder zahlen 30. Rolf Hochhuth meinte bezüglich dieses Fortbewegungsmittels . . . »Britisches Understatement ist, gemessen am baslerischen, noch Größenwahnsinn.«

Drückt man dem Basler ›Fährima‹ dann seinen Obolus in die Hand, fühlt man den frischen Fahrtwind im Gesicht und nähert sich, möglichst bei Sonnenuntergang, der malerischen Uferlandschaft, so genießt man sicherlich die wohl kürzeste aber unvergeßlichste Rheinfahrt seines Lebens.

Wie man praktisch vorgeht? Bei der St. Alban-Fähre heißt es:

»Schtoot d'Fähri uff dr andere Syte — muesch mit dr Glogge grefftig lytte!«	Steht die Fähre auf der anderen Seite — mußt du mit der Glocke kräftig läuten!

Neben dem gewaltigen Instrument hängt denn auch gleich — für ängstliche Gemüter — der Rettungsring!

Zwischen zwei Zügen in den ›Zolli‹

Das gibt es nur in Basel, daß man den Aufenthalt zwischen zwei Zügen dazu benutzen kann, den Zoologischen Garten oder, wie ihn die Basler liebevoll nennen, den ›Zolli‹ zu besuchen. Er liegt mitten in der Stadt und ist schneller vom Bahnhof aus zu erreichen als die Altstadt.

Verläßt man den Bahnhof SBB durch das Hauptportal, wendet sich nach links und geht die wenigen Meter bis zur Viaduktstraße (Parkplatz), so steht man schon nach 7 Minuten vor dem Eingang (auch zwei Straßenbahnlinien ab SBB, Hinweistafeln ab Ende Autobahn).

Der Basler Zoo ist nicht nur der populärste, sondern auch der größte und schönste Zoo der Schweiz. Sein Vivarium und sein Affenhaus sind stets dicht umlagert. Die großartigen Zuchterfolge brachten ihm Weltgeltung ein. 1981 erblickte hier die erste Rappenantilope das Licht der Schweizer Welt, und viele Besucher konnten die Geburt im offenen Gehege miterleben. Der ›Zolli‹ ist auch der einzige Zoo der Schweiz, in dem Malaienbären (aus Indonesien) gehalten werden. Einzigartig sind die Bestände an Panzernashörnern, Zwergflußpferden, Gorillas, Javaneraffen, Flamingos und Waldrappen. Zum besonderen Stolz der Basler gehören auch die Gruppen, deren Ahnenreihen sich sogar ein halbes Jahrhundert zurückverfolgen lassen (Tahrherde, graue Riesenkänguruhs).

Auf *seinen* Zoo läßt der Basler nichts kommen, und jeder Basler fühlt sich auch ein klein wenig für ihn mitverantwortlich. Den Erwachsenen bietet die heute 13 Hektar umfassende Landschaftsfläche mit ihren 4500 Tieren, die 580 Arten vertreten, nicht nur ein sachkundliches Bildungserlebnis, sondern abseits von Lärm und Hektik Erholung, Muße, Ablenkung und ein spannendes Erlebnis. Denn das Schöne ist, daß man im Basler ›Zolli‹ die natürlichen Fähigkeiten der Tiere erhalten will. So kann der Besucher Elefanten und Seelöwen beim Dressieren zusehen, er kann die Reaktionen des Somali-Wildesels beobachten oder sich über den ausgeprägten Spieltrieb der Affen amüsieren.

Helle Freude haben Kinder im eigens für sie geschaffenen ›Kinderzoo‹. In Basel dürfen sie das Gehege betreten, Tiere füttern, berühren und mit ihnen spielen. Bei kleinen Dressurnummern darf sogar geholfen werden.

Eine Kirche voll Überraschungen

Die Schweizer seien, berichteten kürzlich helvetische Zeitungsblätter, an ihren Kirchen kaum interessiert. Die Meldung beruhte auf einer Umfrage des Institutes für psychologische Marktforschung, die ergab, daß sieben von zehn Schweizern Kirchen meiden. Anders in Basel. Hier schlägt die Pforte der Barfüßerkirche seit dem 20. Juni 1981 unentwegt auf und zu. Ein schlichtes Schild belehrt: **Historisches Museum.**

Nun stehen historische Museen für gewöhnlich nicht an der Spitze jährlicher Besucherziffern, aber mit Basels Historischem Museum in der Kirche hat es eine besondere Bewandtnis: Nach mehr als sechs Jahren Bauzeit ist das Museum endlich wieder geöffnet. Die Kirche, die zu Beginn des 19. Jahrhunderts als Salzlager mißbraucht worden war und seit 1894 das Historische Museum des Stadtkantons beherbergte, mußte Ende 1974 behördlich geschlossen werden, weil die Mittelschiffsäulen vom Salz derart angegriffen waren, daß ihre Tragfähigkeit nicht mehr garantiert war.

Betritt man das Museum durch die schlichte Kirchentür, so kommt man aus dem Staunen nicht heraus. Das helle klare Mittelschiff, mit Kunstwerken sparsam ausgeschmückt, wirkt vor allem durch seine architektonische Kraft. Die größte Überraschung aber bilden die durch die Entfernung des salzhaltigen Untergrundes entstandenen Hohlräume unterhalb der Kirche, die man geschickt als Ausstellungsfläche nutzte, sowie der Reichtum der zur Schau gestellten Kostbarkeiten. Sie verblüffen jeden Besucher. Darum wäre es schade, nicht genug Zeit für die Barfüßerkirche eingeplant zu haben. Instruktiv werden Sie in Basels Stadtgeschichte, in sein Zunft- und Münzwesen eingeführt. In den historischen Räumen wird die gehobene Lebenskultur des Basler Bürgers lebendig. Die Kunstfertigkeit der Goldschmiedekunst dürfen Sie ebenso bewundern wie die ›Schweizer Dolche‹ oder die Möglichkeiten der Stadtverteidigung von der ›Freikompagnie‹ bis zur Schweizer Armee. Münsterschatz, weltliche Schatzkammer sowie sakrale Skulpturen gehören mit den Sammlungsstücken des Amerbachkabinetts und des Museums Faesch zu den Hauptanziehungspunkten. Basels Historisches Museum darf sich rühmen, eine der bedeutendsten Sammlungen dieser Art im Lande zu sein. Und aufgrund des hervorragenden baulichen Zustands der Kirche wird sie ihrem Ruf als schönstes und größtes Bauwerk der Franziskaner nördlich der Alpen voll gerecht.

Die Vorstellungen von der Altbasler Kultur runden sich vollends ab, wenn man sich gleich anschließend zu einer Stippvisite im **Kirschgartenmuseum** entschließen kann, das durch seinen Wohncharakter (Palais des 18. Jahrhunderts) und durch seine Spielzeug- und Schlittensammlung auch für Kinder reizvoll und entspannend ist.

Wenn auch die Wiedereröffnung des Historischen Museums Basels Kunstschätze wieder einmal in den Blickpunkt der Öffentlichkeit rückte, so ist Basel als Kunst- und Museumsmetropole längst ein Begriff. Basel besitzt allein 23 Museen, darunter so originelle Einrichtungen wie das Film- oder das Rheinschiffahrtsmuseum, das Schweizerische Feuerwehrmuseum, das Schweizerische Pharmazie-Historische Museum, die Schweizerische Papierhistorische Sammlung, das Schweizerische Sportmuseum oder das Cartoon-Museum. Spitzenreiter aber ist das **Naturhistorische Museum**, dessen Erfolgsgeheimnis darauf beruht, daß es seit mehr als zehn Jahren spezielle unkonventionelle Führungen für Kinder organisiert. Neueste Attraktion ist das **Chalicotherium.** Es war aufgerichtet rund zweieinhalb bis drei Meter groß, sah aus wie ein Riesenfaultier, fraß Laub und Zweige der oberen Regionen der Vegetation — ein Urwelttier, das vor ungefähr 15 Millionen Jahren lebte und von dem man bislang nur Knochen kannte. Erstmals auf der Welt gelang nun dem Basler Museum eine lebensnahe Rekonstruktion.

Zartbesaitete Besucher sollten sich gründlich stärken, ehe sie sich in die **Anatomische Sammlung**, in das von Carl Gustav Jung gegründete ›Anatomische Cabinett‹ wagen, das unter anderem allein 1200 Schädel aus Ozeanien umfaßt (das sind mehr als alle anderen Sammlungen der Welt zusammen besitzen). Dort ist auch der im afrikanischen Wüstensand mumifizierte Kopf eines Berbers zu sehen, an dem Kopf- und Barthaare und selbst die Augenwimpern erhalten geblieben sind. Der Mann wurde seinerzeit aus uns unbekannten Gründen geköpft. Den Körper trug man weg, doch seinen Kopf ließ man achtlos liegen.

Goethe und Herzog Karl August von Weimar, dann Kaiser Joseph II., Prinz Heinrich von Preußen (der Bruder Friedrichs des Großen), Vittorio Alfieri, Kleist, Lavater reisten bereits nach Basel, nur um Basels ausgesuchte Kunstgegenstände mit eigenen Augen zu sehen. Was sie anzog, ist heute zum größten Teil im **Kunstmuseum** ausgestellt: die Werke alter Meister (Konrad Witz, fast das ganze Jugendwerk Hans Holbeins d.J., Schongauer, Baldung Grien, Lucas Cranach d.Ä., Niklaus Manuel), darüberhinaus 350 Originale holländischer und flämischer Maler. Aber auch alle wichtigen Vertreter der europäischen Kunst des 19. und 20. Jahrhunderts sind in den Beständen dieses Hauses hervorragend dokumentiert. Reich ist das Werk Ferdinand Moellers und Arnold Böcklins vertreten, allein Picasso beansprucht schon einen Saal.

Den Liebhaber köstlicher Studienblätter wird es zweifelsohne ins **Kupferstichkabinett** ziehen, das — wie jede berühmte Grafik- und Zeichnungssammlung — durch seine mehr als 2000 Handzeichnungen des 15. und 16. Jahrhunderts sein unverwechselbares Gesicht erhält.

Wer noch nie in Griechenland gewesen ist, kann sich im Basler **Antikenmuseum** auf großartige Kunsteindrücke vorbereiten. Ohne leblos und antiquiert zu wirken, wird der Gang auf Homers Spuren zu einem phantastischen Antiken-Vergnügen. Ausgewählte Stücke der Sammlung Ludwig (Aachen) ergänzen den auf manchen Gebieten lückenhaften Basler Bestand. Diese Leihgaben

Der Chor der Barfüßerkirche ▷

erhielten die Basler jüngst von den deutschen Sammlern geschenkt, wobei sich die Basler zu einer Erweiterung (durch Einbeziehung des Nachbargebäudes) des Antikenmuseums verpflichteten. Dieses Museum ist übrigens das einzige der Schweiz, das ausschließlich Werke der klassischen Antike zeigt.

Die Museumsszene Basels zu verlassen, ohne wenigstens einen Fuß in das neue **Museum für Gegenwartskunst** gesetzt zu haben, wäre kaum zu verzeihen. Schon vor Jahren taten sich Graf Giuseppe Panza di Biumo aus Mailand und die Leitung des Kunstmuseums zusammen, um ihre Vorstellungen von einer wirkungsvollen Präsentation von Gegenwartskunst zu verwirklichen. Auf der Suche nach geeigneten Räumen fand man eine ausgediente Papierfabrik, fügte einen Neubau an, verband sie mittels gläsernem Durchgang und besaß plötzlich ein Gebäude äußerst markanten Zuschnitts. Nachdem Graf Panza seine zur Eröffnung ausgeliehenen Objekte wieder an die eigenen Wände gehängt hat, fand die Sammlung der Emanuel Hoffmann-Stiftung hier ein überraschend schönes und repräsentatives Domizil.

Dr Morgestraich~

Wie zu Mainz oder Rio der Karneval, gehört zu Basel die Fasnacht. Doch der Spuk beginnt hier erst (nach Julianischem Kalender) am Montag nach Aschermittwoch. Ist es dann aber soweit, findet der Basler schon zu ungewöhnlicher Zeit aus den Federn.

Punkt vier Uhr morgens gellt es markerschütternd durch die noch schlaftrunkene Stadt: »Dr Morgestraich — voorwärts marrsch!« Mit dem letzten Glockenschlag geht zugleich auch die Stadtbeleuchtung aus. Nur die grell bemalten Fasnachtslaternen flimmern wie unzählige kleine Lichtpunkte im morgendlichen Dunkel. Es gibt große Laternen, die auf den Schultern getragen werden müssen, und Hunderte von kleinen Kopflaternen, batteriegespeist. Ein mysteriöses Schauspiel. Nähert sich der wogende Zug der harrenden Menge, dringt aus vieltausendstimmiger Kehle nur ein einziger Ton: »Aaaaaaaaaah!« Gleich darauf setzen die schrillen Pfeifen der Piccolos und dumpfrollende Trommeln ein. Gespenstisch wirken kreideweiße Hakennasen unterm schwarzen Dreispitz. Zähnebleckend zeigt sich der ›Waggis‹, die Karrikatur des prahlerischen elsässischen Bauerntölpels, oder die überdimensionalen Vogelköpfe, dann die von Dachs und Fuchs oder die ernsten Harlekine. Vollmasken, grotesk und fratzenhaft, andere von eindringlicher Würde und Schönheit, ja selbst großartiger Poesie.

Das Auge kann sich kaum sattsehen an den prächtigen ›Goschdymen‹. Eines der ältesten Kostüme ist die ›alti Dante‹ (alte Tante). Gemeint ist eine typische baslerische Frauensperson, die es in allen Familien, vermutlich nicht

orwärts marrsch!

nur am Rheinknie, gibt: die ledige, neugierige, ihre Nase in alles steckende und mit spitzer Zunge kommentierende alte Tante! ›Waggis‹ und ›alti Dante‹ begleitet der ›Dummbeeter‹, wobei selbst Basler rätseln, ob der ›dumme Peter‹ oder der ›Trompeter‹ gemeint ist. Zwischen ihnen stolzieren gezierte Krinolinendamen und Spitzenjabots tragende elegante Höflinge. Sie alle bilden einen majestätischen Zug und ein nobles Bild. Nichts wäre daher verfehlter als ein Vergleich mit einem der Karnevalsumzüge von Köln oder Mainz, Rio oder Nizza. Hier ein hochstilisierter, feierlich ernster, zeremonieller Auftritt, dort eine laute, ungezügelte Volksbelustigung.

Wie eindrucksvoll diese Fasnacht ist, beweisen Jahr für Jahr die schaulustigen Menschenmassen, die Sonderzüge und Busse aus allen Regionen der Schweiz und von jenseits der Grenzen nach Basel schaffen. Sie werden aufgesogen von dem phantastischen Trubel, den Baslern, dem Gedränge auf dem Barfüßerplatz, dem roten Sandsteinufer des Rheins, den engen Altstadtgassen — dem spezifischen Charakter der Basler Fasnacht.

Den straff organisierten Umzug kann man zweimal erleben: am Montag- und am Mittwochnachmittag mit Trommler- und Pfeifercliquen, Blechmusikgruppen, den Guggenmusigen (verkleidete Gruppen mit selbstgebastelten Musikinstrumenten), die am ›Morgestraich‹ noch nicht auftreten dürfen, den Rokoko-Chaisen, den Waggiswagen voller Mimosen, Orangen und Räppli (Konfetti). Aber das ist noch nicht alles, denn zum Fasnachtsumzug gehören auch die Schnitzelbänkler und die Bänkelsänger.

Basler Mehlsuppe

Als berühmter Muntermacher ist die Basler Mehlsuppe jedem Freund der Basler Fasnacht ein Begriff, aber wohl kaum jedem Feinschmecker. Doch egal, wie man die Mehlsuppe beurteilen mag, sie wirkt saisonbedingt belebend und ist auf jeden Fall eine typische Basler Spezialität. Denn, allgemein betrachtet, kochen die Baslerinnen nicht ausgeprägt baslerisch, und selbst über den Töpfen vornehmster Basler Küchen weht immer eine leichte Brise à la française.

Nicht nur den eigenen Kantonen gegenüber zeigt sich der Basler Bürger beim Kochen und Verzehren von Speisen aufgeschlossen, sondern er besitzt das Gaumengespür für Köstlichkeiten aus China, Indien, Spanien, Ungarn, Italien oder Griechenland. Daß man dem Basler auch im Hinblick auf hohe Küche trauen kann, merken Sie dem breiten Spektrum seiner Gastronomie bald an.

Ureigene Basler Kreationen, die es international zu Ruhm und Ehre brachten, lassen sich schnell an den Fingern einer Hand abzählen. Doch wer nach Basel kommt, muss ja nicht *nur* in Basel und Gerichte wie ›Basler Ratsherrentopf‹ essen. Der Feinschmecker weiß Basels geographische Lage zu schätzen, denn sie allein bürgt schon für ein reiches kulinarisches Angebot. Viele reisen schon deshalb in das alemannische Dreieck (Oberrhein, Vogesen und Schwarzwald), um es sich köstlich schmecken zu lassen. Internationales Ansehen erwarben sich, bleiben wir in Basel, die weißen Mützen vom *Bruderholz* (Bruderholzallee 42) mit einem superben Angebot der ›nouvelle cuisine‹, so dass selbst *Gault-Millau* (›Clef d'Or‹) und *Michelin France* (2 Sterne) lobend von ihnen sprechen. Küchenchef Hans Stucki experimentiert besonders gern und kreiert für Sie kleinere Menüs (ab Fr. 45.—) bis hin zu exklusiven Langustenschwänzen, Tauben ›de Bresses‹, Entenleber und himmlischen Desserts. Um in der höchsten Kategorie erlesener Zubereitung zu bleiben, lohnt es sich, in der *Rôtisserie Charolais,* Hotel International (Steinentorstraße 25), vom Bahnhof nur 4 Minuten zu Fuß, zu speisen. Überhaupt ist es nicht falsch, die Bahnhofsgegend zu umkreisen. Dann stoßen Sie mit Sicherheit auf *L'Escargot* (Taverne Bahnhofsbuffet Basel SBB). Hier empfiehlt sich alles weitere mit einem halben Dutzend Schnecken einzuleiten. Sie erleben dort, was wiederum in Basel nicht Zufall und keineswegs von Nachteil ist, daß die französische Küche elsässisch inspiriert ist. Wählen Sie nun auch noch einen guten Elsässer Wein, dann werden Sie alles andere, nur nicht enttäuscht sein. Für Austernfreunde empfiehlt sich, diese Meerestiere (frisch) im *La Marmite* zu bestellen.

Lieben Sie es, stimmungsvoll zu speisen oder sich an einem lauen Sommerabend am Rauschen des Rheins zu erfreuen, dann dürfen Sie sich dem *Goldenen Sternen* (St. Alban-Rheinweg 70) anvertrauen. Eine Tafel im schönen Hausflur bekundet, daß Sie sich im ältesten Gasthaus der Schweiz befinden, das 1366 zum ersten Mal Erwähnung fand, später abgerissen und nach 1500 am heutigen Ort wieder original aufgebaut wurde.

Treffpunkt zu jeder Zeit: das Café Teufel

Im *Goldenen Sternen* gibt es manches, das verführen kann. Vielleicht bleiben Sie gern bei bodenständiger Schweizer Kost, das hieße dann ›Suure Mogge nach Stärne Art‹ (unter Fr. 10.—) oder — als Tellergericht — ›Maccaroni mit Briesli wie sy dr Dänggmolpflääger Ruedi Riggebach gärn gha het‹. Natürlich gibt es auch gegrillten Salm oder empfehlenswerte frische Forellen.

Schweizerische und baslerische Spezialitäten dürfen Sie wählen im *Schützenhaus,* in der *Walliser Kanne* oder im *Charon,* einer überaus gemütlichen über 200 Jahre alten Weinstube, vielbesucht als charmantes Künstler- und Studentenlokal, eines der typischen Altbasler Beizli. Vergessen sei auch nicht der Gasthof *Löwenzorn,* zu dessen Gartenwirtschaft man sich durchfragen muß.

Hier ißt der gestandene Mann »Europas bester Schwartenmagen«. Als originelles Beizenstübli *muß* ich Ihnen das *Aida* verraten. Leberspezialisten schwärmen hier von ›Lääberli‹ auf zehn verschiedene Arten — und das auch noch zu liebenswürdigen Preisen. Sollte Ihr Besuch zufällig auf Samstag fallen, dann probieren Sie ruhig ›dr original Basler Suppehafe‹.

Die Aufzählung ließe sich noch lange fortsetzen, zum Beispiel, wenn Sie wirklich frische Schuppentiere lieben, dann dürfen Sie an der Unteren Rheingasse 11 den *Rheinkeller* keinesfalls vergessen. Haben Sie einen Tisch auf der Terrasse erwischt, werden Sie fast bedauern, daß man hier ›à la minute‹ kocht. Im *Chez Donati* finden sich vor allem die Freunde italienisch-französischer Kochkünste ein, und in der *Pagode* hat schon mancher Dauerfreundschaft mit

›Sukiyaki‹ geschlossen. Wollen Sie unterm Theaterpublikum und unter Basels Jugend sitzen, wird Ihnen die *Kunsthalle* willkommen sein. Stellt sich Ihr Hunger aber erst nach Mitternacht ein, dann können Sie vor allem im *Chez Alain* auf volles Verständnis hoffen. Auch die schönste Rheinterrasse Basels kann im *Drei Könige am Rhein* (Blumenrain 8) bei ausgewählten Kalbs-und Rindsspezialitäten ein doppeltes Vergnügen sein. Der Wirt zum *Braunen Mutz* auf dem Barfüßerplatz Nr. 10 schenkt das beste Bier von Basel aus. Wenn die Basler auch ausgezeichnete offene Weine, darunter ein typischer Baselbieter, pflegen, so trinkt man in Basel eben auch gern sein Bier, von dem der Basler behauptet, es gäbe in der ganzen Schweiz kein besseres.

Den Kontakt zum jenseitigen Rhein- und Kleinbasler Publikum findet der Städtebummler im Restaurant *Fischerstube* (Rheingasse 45), das als einzige Hausbrauerei der Schweiz sein ›Ueli-Bier‹ im offenen Ausschank serviert.

Eines bleibt, vor allem in der sommerlichen Reisezeit zu bedenken: daß es gar nicht so schwer ist, gute Lokale als vielmehr einen freien Tisch darin zu finden. Darum empfiehlt es sich, telefonisch zu reservieren, außerhalb Basels, im Elsaß, ist das sogar nötig *(Crocodile,* Straßburg, Rue Outre 10; *Aux Armes de France,* Ammerschwihr; *Kurhotel Traube,* Baiersbronn-Tonbach; *Zum Ritter,* Durbach; *Schwarzer Adler,* Vogtsburg-Oberbergen; *Auberge de l'Ill* der Gebrüder Haeberlin, Illhäusern, gelobt im Michelin und Bonner Politikern eine Reise wert, aber eben drum, schon viel zu sehr ›in‹).

wohin *Charme,* *Erotik,* um mitternacht? *Akrobatik*

Das ist eine Frage, die in Basel nur der Fremde stellt, denn dem Basler gefällt's um diese Zeit am besten in den eigenen vier Wänden. Doch geht er auch hin und wieder ins Theater — allenthalben verzeichnen Basels Klein- und Stadttheaterbühnen steigende Besucherzahlen, was darauf schließen läßt, daß die Basler nicht nur auf den Hund, sondern jüngst auch aufs Theater gekommen sind!

Löscht man auf den staatlich subventionierten Brettern die Lichter aus, blitzen sie auf den intimen Night-Life-Bühnen umso strahlender auf: ›Show time‹ heißt das dann.

Und nun dürfen Sie wählen! Dabei ist die Reihenfolge nicht von Belang, denn die jeweils gebotenen Attraktionen wechseln mit den Jahreszeiten und den Monaten. Echte ›Weltsensationen‹ erleben Sie in *Küchlin's Can-Can* (Dancing, Night-Club, Cabaret), doch leider können sich solcherlei Darbietungen, trotz intensiver Bemühungen seitens der Besitzer, nicht am laufenden Band wiederholen lassen. Dafür legt im gepflegten Night-Club *Astoria* (im Zentrum) eine aufreizende Pariserin ihren flotten Strip hin. *Bora-Bora* (Basel Hilton) verspricht nicht generell biederen Gemütern die erregende Nähe schöner Exotinnen, während Sie an Basels rechtem Rheinufer im Night-Club *Clara* zügig mit internationalen Top-Shows unterhalten werden. Dabei ist die Bezeichnung ›Night-Club‹ nicht ganz zutreffend, denn es ist mehr die Atmosphäre eines Variététheaters, auf das Sie hier treffen. Darum geht denn auch der Basler Touristikverein keinerlei Risiken ein, wenn er das *Clara* als Ziel abendlicher Stadtrundgänge empfiehlt. Auch Tanzfreudige kommen hier auf ihre Kosten. Zu den renommierten Basler Einrichtungen gehört

schließlich auch das *Singerhaus* (Aperitif-Bar ab 16 Uhr geöffnet) am Marktplatz, das sowohl in Sachen Sex auf seinen Ruf und Namen hält als auch ›die ältere Generation‹ mit seinen ›Old Time-Dance-Nachmittagen‹ (jeweils sonntags von 16—18 Uhr) nicht gerade verführen, aber doch in Atem halten will.

Basel tut als Welt- und Messestadt von Rang, was es kann. So bleiben noch ein paar nützliche Tips: z. B. das *Atlantis* (Klosterberg 13), das Zentrum jugendlicher Jazzfans. Wer es stiller mag, bleibt vielleicht lieber in der Nähe des Pianisten im *Club 59*, im *Golden Gate* oder in der *Old City Bar* (Basel Hilton) — alle brav, gepflegt, gediegen und ohne aufdringliches Personal.

Es gibt aber auch Gäste, die fühlen sich woanders wesentlich wohler — nämlich drüben, auf der Kleinbasler Seite, (wo der ›Lällekönig‹, ein gekröntes Haupt, den Fremden die Zunge herausstreckt) und setzen sich — nostalgisch angehaucht — vor das *Schnoogeloch* mit dem schönsten Blick auf Münster und Pfalz.

Auch wenn man Ihnen vor allem hier Gunst gegen Fränkli offeriert, ist die Straßenprostitution für den Basler kein Thema. Hingegen hat aber auch die Basler Moral mitunter doppelten Boden, ein Blick in die Tageszeitungen dürfte genügen. So annoncieren Uschi, Marianne und zahlreiche andere Damen unter Hinweis auf Sauna, Bäder und abwechslungsreiche Massagen. Auch wenn es (bei Angabe von Telefonnummern) heißt ›Hostess‹ oder ›Modell‹ (und selbstverständlich in jedem ›Club‹), ist die Dame dann vielseitig beflissen!

Stippvisite in Basels ›Regio‹

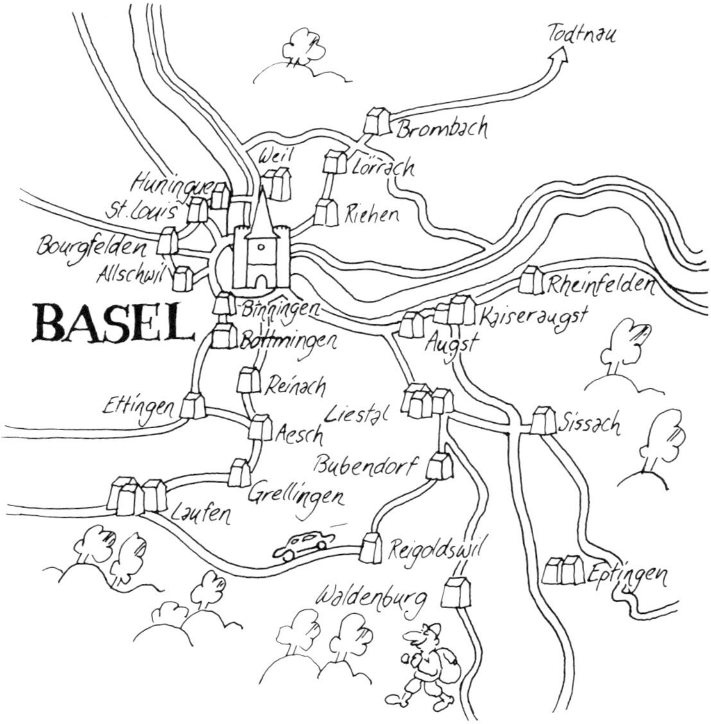

Machen Sie es wie die Basler: Füllen Sie bei Ihrem Basel-Besuch drei Portemonnaies, eines mit Schweizer Franken, eines mit französischen Francs und eines mit deutscher Mark. Dann sind Sie für jeden Basler Grenzübergang gewappnet. Zugleich demonstrieren Sie, daß Sie sich baslerischer Weltoffenheit würdig erweisen und auch im Bilde sind, daß der Begriff der ›Regio Basilensis‹, der Region Basel, sowohl das schweizerische Hinterland als auch die grenznahen deutschen Gebiete bis Freiburg i. Br. und die französischen bis Colmar umfaßt. Schließlich ist und bleibt Basel das ›Goldene Tor Helvetiens‹.

Ein gut fundierter wirtschaftlicher Wohlstand, breit auf die Bevölkerung verteilt, sichert Basel denn auch die Spitzenposition im sozialen Gefüge der Schweiz. Andererseits hat aber der Zweite Weltkrieg den Baslern gezeigt, wie wichtig der Gedanke der ›Regio‹, der Zusammenarbeit und des Zusammenhaltes zwischen Basel als regionaler Großstadt und den vielen Gemeinden von Basel-Land sein kann. Dieses Aufeinanderabstimmen heißt jedoch nicht, Eigenart und regionale Unabhängigkeit zu verleugnen, vielmehr wissen Einheimische wie Fremde gerade vorhandene Gegensätze zu schätzen. Und ihretwegen reist man in die Regio Basilensis!

Tip eins: Sollten Sie die Absicht haben, Basels Umgebung *ohne* eigenen Wagen zu entdecken, dann überlegen Sie, ob es nicht praktisch wäre, das **Basler Regio Billett** (an den Verkaufsstellen der beteiligten Verkehrsbetriebe erhältlich: SBB, Reisepost, Basler Verkehrsbetriebe, Baselland Transport AG, Basler Personenschiffahrtsgesellschaft, Waldenburgerbahn, Autobus AG Liestal) zu erwerben. Sie können an *einem* Tag ein Netz von 677 km für nur Fr. 13.— (Kinder von 6—16 Jahren Fr. 6.50) bereisen und sind außerdem frei vom lästigen Kartenlösen.

Tip zwei: Die Reise auf dem Rhein. Fast möchte man meinen, für *eine* Rheinfahrt sollten Sie sich entscheiden. Dabei kann man dieses Vergnügen ganz bescheiden beginnen, und zwar mit einer **Stadtrundfahrt.** Mitten in der Stadt, an der ›Schifflände‹ geht man an Bord. Natürlich kann man diese Reise auch international erweitern und eine **Dreiländerfahrt** buchen. Sie verläuft durch die Basler Häfen zur Kembser Schleuse. Zu flotter Bordmusik wiegen dürfen Sie sich auf den **Tanz- und Abendfahrten** (bis Ende September).

Wer von der gemütlichen Rheinreise noch nicht genug hat, bleibt gleich in Stromnähe und nimmt am Sonntag sein Frühstück auf der **Z'morge-Fahrt** ein. Dem Unternehmungslustigen bleibt die Wahl zwischen einer **Erlebnisfahrt** ›wie in alten Zeiten‹ mit Schiff, Oldtimerbus, Waldenburgerli und Birsigthalbahn (Voranmeldung obligatorisch) oder die **Erlebnisfahrt** auf dem Kanal nach Mulhouse.

Wer weder tanzen noch sich in das Abenteuer einer Erlebnisfahrt stürzen, sondern sich kulturell bilden will, dem sei per Schiff geraten, den kleinen Ort **Breisach** (Kreis Freiburg i. Br.) zu besuchen. Auf einer Anhöhe erhebt sich das Stephansmünster mit seinem herrlichen, spätgotischen geschnitzten Hochaltar des Meisters HL (bis Ende September an Sonn- und Feiertagen), ein Wunderwerk abendländischer Kunst.

Auskünfte und Reservationen der Rheinschiffahrt: Tel. 061 65 33 75 (Bürozeiten) oder Schifflände 25 56 42.

Tip drei: Ausflüge per Pkw oder SBB. Als ein überaus interessantes Ganztags- und zugleich gelungenes Kontrastprogramm bietet sich der Besuch von **Augst — Kaiseraugst — Rheinfelden** an. Was die An- oder Rückreise betrifft, so kann man die eine oder andere Tour auch mittels Rheinschiff organisieren.

Augst, 10 km von Basel entfernt im Kanton Basel-Land (an der Autobahn Basel-Zürich), das die Basler stolz auch ihr ›helvetisches Pompeji‹ nennen, zieht vor allem als römische Ruinenstätte an (44 v. Chr. durch den römischen Statthalter Munatius Plancus als ›Augusta Raurica‹ gegründet). Unter den zahlreichen Ruinen sticht das Amphitheater hervor, mit seiner Arena von 47×36 m bedeutendster Theaterbau nördlich der Alpen (im Sommer Aufführungen).

Von Augst nach **Kaiseraugst** (Castrum Rauracense) in die aargauische Gemeinde ist es in nordöstlicher Richtung nur ein Katzensprung (1 km). Sie hat durch ihren 1962 entdeckten bedeutenden Silberschatz (frühes 4. Jahrhundert n. Chr.) und in jüngster Zeit durch ein umstrittenes Kernkraftwerk Aufsehen erregt. Den alten Römern ganz nahe sein darf man im **Römerhaus und Römermuseum.** Besonders schön und eindrucksvoll wirkt das mittelalterliche Städtchen **Rheinfelden** mit seinen typischen Wehrbauten vom Rheinufer aus (17 km von Basel). Das Rathaus, die Martinskirche und das ›Haus zur Sonne‹ (Marktgasse 12) sowie das Fricktaler Museum dürften einen Besuch wert sein. Aber selbst wer nur einen Spaziergang am Rheinufer vorzieht, wird nicht enttäuscht sein. Rheinfelden ist Endpunkt der oberen Rheinschiffahrt und dank seiner starken Solen auch ein vielbesuchtes Solbad.

Tip vier: als Eintages-Ausflug besonders für Pkw-Reisende geeignet:

Fahrt nach **Bottmingen** (15 km von Basel). Hier steht eines der wenigen erhaltenen Schweizer Wasserschlösser (Teich mit Wasservögeln), eine mittelalterliche Anlage mit vier Ecktürmen, Ringmauern und Wohnbau aus der Mitte des 13. Jahrhunderts, 1720 umgebaut und 1943—45 restauriert; heute Restaurationsbetrieb. Als zweite Tagesetappe empfiehlt sich **Arlesheim.** 1678 vom Bischof von Basel zum Sitz des Domkapitels erhoben, baute es sich einen eindrucksvollen barocken Dom, der zusammen mit den vier Domherrenhäusern einen harmonischen Platz bildet. Den Musikfreund interessiert, daß diese Domkirche noch die einzige in der Schweiz erhaltene Silbermann-Orgel besitzt. (Auf den lieblichen Anhöhen von Arlesheim lassen sich auch **Burg Reichenstein** und **Schloß Birseck** mit Eremitage, englischem Park, Grotten und Weihern besichtigen).

Endstation dieser Ausflugsfahrt könnte **Dornach** (von Arlesheim 2 km) im Kanton Solothurn sein. Das alte Dorf verdankt Rudolf Steiner seinen weltweiten Ruf als Mittelpunkt der Anthroposophischen Gesellschaft durch das Goetheanum, die ›Freie Hochschule für Geisteswissenschaft‹, in der regelmäßig künstlerische Veranstaltungen, Kurse und Tagungen stattfinden (Besichtigung des eigenwilligen Baus täglich 9.30—12.30 Uhr und 14.30—16 Uhr).

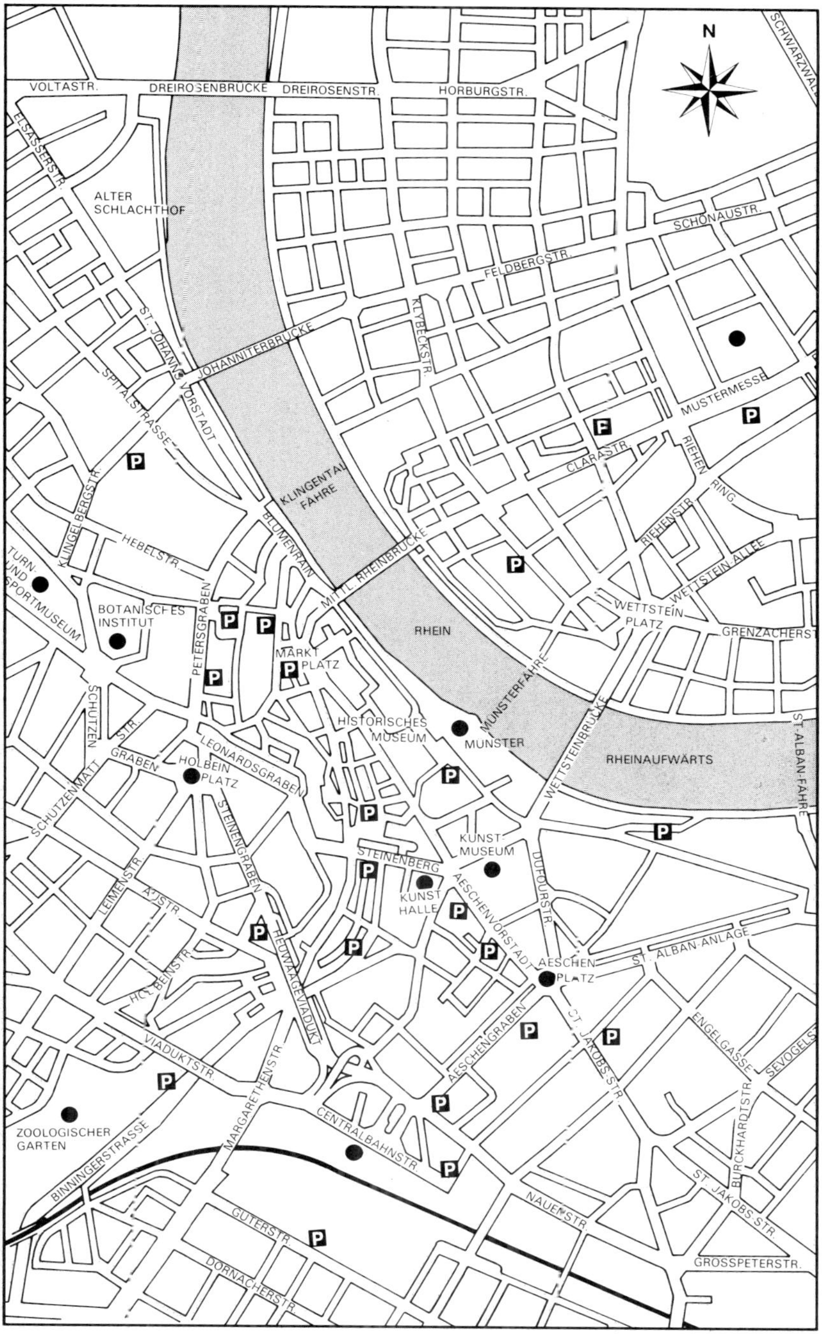
N
VOLTASTR.
DREIROSENBRÜCKE
DREIROSENSTR.
HORBURGSTR.
SCHWARZWAL
ELSÄSSERSTR.
ALTER SCHLACHTHOF
SCHÖNAUSTR.
FELDBERGSTR.
ST. JOHANNS VORSTADT
JOHANNITERBRÜCKE
KLYBECKSTR.
SPITALSTRASSE
MUSTERMESSE
CLARASTR.
RIEHEN RING
KLINGENTAL FÄHRE
KLINGELBERGSTR.
HEBELSTR.
BLUMENRAIN
MITTL. RHEINBRÜCKE
RIEHENSTR.
WETTSTEIN-ALLEE
TURN- UND SPORTMUSEUM
BOTANISCHES INSTITUT
PETERSGRABEN
MARKT PLATZ
RHEIN
WETTSTEIN-PLATZ
GRENZACHERST
MÜNSTERFÄHRE
SCHÜTZEN GRABEN
HISTORISCHES MUSEUM
MÜNSTER
WETTSTEINBRÜCKE
RHEINAUFWÄRTS
ST.-ALBAN-FÄHRE
SCHÜTZENMATT STR.
LEONARDSGRABEN
HOLBEIN PLATZ
STEINENGRABEN
KUNST-MUSEUM
STEINENBERG
DUFOURSTR.
KUNST HALLE
AESCHENVORSTADT
LEIMENSTR.
AUSTR.
HEUWAAGEVIADUKT
HOLBEINSTR.
AESCHEN PLATZ
ST. ALBAN-ANLAGE
AESCHENGRABEN
ST. JAKOBS-STR.
ENGELGASSE
SEVOGELS
VIADUKTSTR.
MARGARETHENSTR.
CENTRALBAHNSTR.
BURCKHARDTSTR.
ZOOLOGISCHER GARTEN
BINNINGERSTRASSE
NAUENSTR.
GÜTERSTR.
DORNACHERSTR.
GROSSPETERSTR.
P

Zürich

Eine europäische GROSSSTADT

»Etwas Allerwelthaftes gehört zum Wesen dieses Städtchens«, läßt der Schriftsteller Max Frisch seinen Stiller sagen. »Es ist provinziell, ohne langweilig zu sein.«

Zürich ein Städtchen? Wie verträgt sich das mit Zürich einer Welt-, einer Großstadt? Um ehrlich zu sein, Zürich ist die kleinste aller Weltstädte, aber sicher eine der schönsten und sympathischsten. Schon Richard Wagner empfahl, als er 1849 als politisch Verfolgter nach Zürich kam, seinen Freunden im Ausland, nach Zürich zu kommen: »Wenn Du Dich einmal zur Ruhe setzest, so sollst Du so gescheit sein, es hier zu tun.« Das war damals leichter gesagt als heute getan, der Quadratmeter auf der Bahnhofstraße wird bereits mit 40 000 Franken gehandelt(!) und inzwischen greifen Fremdenpolizei und die Lex Furgler mit Aufenthaltsbeschränkungen und Verbot des Grundstückerwerbs durch Ausländer ein. Zürich ist attraktiv und wunderschön. Warum? Weil es alles besitzt, was dazu gehört, eine besonders anziehende Stadt zu sein: viel Wasser, einen See, blumengeschmückte Uferpartien, weiße Segel unter blauem Himmel, Alpen, deren Schneegipfel gerade weit genug entfernt sind, um nicht bedrängend zu wirken, eine bezaubernde Altstadt mit winkligen Gassen, vielen Bäumen und immer wieder kleinen Plätzen mit sprudelnden Brunnen.

Zürich liegt in der nördlichen Bucht (409 m ü. M.) des Zürichsees. Es zwängt den schlanken, 40 km langen, aber nur 4 km breiten See nicht ein, sondern läßt ihm Weite, Luft und Natur. Die Stadt steigt im Osten sanft und stetig bis zum 679 m hohen, bewaldeten **Zürichberg** an, im Westen bewacht sie der zweite Hausberg, der **Uetliberg** (871 m); er sorgt dafür, dass Zürich hier nicht weiter wachsen kann. Die enge Verbindung von Häusermeer, See und ringsum grüner Landschaft sowie die mitten durch das Stadtzentrum fließende Limmat schenken der Stadt ihre eigene Atmosphäre und förderten eine reizvolle Stadtarchitektur. Klingt dann noch helles ›Züritüütsch‹ an Ihr Ohr, so ahnen Sie bereits: Ein wunderschönes Stadterlebnis steht Ihnen bevor!

In Zürich lebt sich's auch klimatisch angenehm. Im Januar kann man mit einer Durchschnittstemperatur von —0,7 Grad rechnen. Im Mai stellt man sich auf 13 Grad, im Juni, Juli, August auf Temperaturen zwischen 15,3 und 17 Grad mit Tageshöchstwerten bis zu 36,8 Grad ein.

Wussten Sie es schon? Zürich liegt mit 8° 33'4'' östlicher Länge und 47° 22' 46'' nördlicher Breite fast genau im Herzen Europas, so daß aus rein geographischer Sicht Zürich zum Zentrum europäischer Impulse und Reflexe wird.

Trotz dieser Vorzüge ist Zürich aber keineswegs die schönste, wohl aber die faszinierendste Schweizer Stadt. Warum? Weil sie die überraschendsten Kontraste aufzuweisen hat. Einmal genießt sie den Ruf, Helvetiens heimliche Hauptstadt zu sein, obwohl der offizielle Titel ›Bundeshauptstadt‹ Bern gehört. So ist Zürich zwar nicht Hauptstadt, trotzdem aber Weltstadt — oder besser heimliche Hauptstadt mit weltstädtischem Flair und kleinstädtischem Charme. Und es imponiert vor allem *ein* Gegensatz: Zürich ist bei aller Schönheit auch noch die größte Stadt der Schweiz: 1980 zählte sie rund 380 000 Einwohner. Zum Großraum Zürich gehören aber noch einmal 50 Gemeinden mit zusammen 300 000 Menschen. In Relation zu anderen Städten, übertrifft Zürich Granada, Magdeburg, Wiesbaden, Karlsruhe, Bordeaux und Brüssel und steht Venedig mit seinen 362 000 Einwohnern am nächsten.

Auf der einen Flußseite nüchterne Metropole des Handels und der Banken bezaubert Zürich bei **St. Peterhofstatt** oder in der Gegend um den **Lindenhof** durch längst verloren geglaubte biedermeierliche Kleinstadtidylle. Und das bedeutendste Wirtschafts-, Handels- und Bankenzentrum der ganzen Schweiz, das allein 270 000 Berufstätigen Beschäftigung bietet (Maschinen-, Textilindustrie, Handwerksbetriebe, Banken- und Versicherungswesen, Gastgewerbe, Fremdenverkehr, Baugewerbe, Metallindustrie und graphisches Gewerbe), vereinbart diesen Gegensatz phantastisch.

An der Limmat und ihrem Nebenfluß Sihl gelegen, ist Zürich in seinem architektonischen Baugefüge eine republikanisch-selbstbewusste, auffallend wohlhabende Stadt.

Zu Zürich gehört aber auch Landwirtschaft. Gemessen an ihrer landwirtschaftlichen Fläche ist die Stadt Zürich die achtgrößte Bauerngemeinde im Kanton! Noch 1975 bestand mehr als ein Fünftel des gesamten Stadtgebietes aus Wiesen und Äckern. Zürich — das bedeutet also auch reizvolle Nachbarschaft deftig duftender Bauernidylle und städtischer Besiedlung. Noch heute liegen auf Stadtgebiet 35 Landwirtschaftsbetriebe — allein 11 davon gehören der Stadt. 1974 zählte man im Zürcher Stadtgebiet noch 192 Pferde, 1632 Stück Rindvieh, 2552 Schweine, 1045 Schafe, 92 Ziegen, 5193 Nutzhühner und 1030 Bienenvölker.

Die Schweiz gilt in der Welt noch immer als kleines Paradiesgärtlein. Mitten drin leben die Zürcher und Zürcherinnen. Von ihnen besitzen 163 000 Stadtzürcher Bürgerrecht, hinzu aber kommen 33 000 Berner, 24 000 Aargauer, 23 000 St. Galler, 12 000 Thurgauer, 11 000 Luzerner, 40 000 sonstige Zuzügler und sage und schreibe 74 000 Ausländer. Die Kantonszugehörigkeit ist für Zürcher und Nichtzürcher ausserordentlich wichtig, gemeinsam bilden sie jedoch die Stadtzürcher Bevölkerung. Davon sind etwa 52,6% Protestanten und rund 40,3% Katholiken.

Seit den Zürcher Krawallen im Mai 1980 aber scheint das Zürcher Paradies gestört zu sein. Plötzlich horchte Europa auf — *das* in Zürich, *das* in der Schweiz? Spätestens seit diesem Zeitpunkt galt es eine Vorstellung aufzugeben: daß Zürich unter den westeuropäischen Großstädten eine Sonderrolle spiele. Zürich ist heute, so kann der unbefangene Beobachter feststellen, eine ganz normale Großstadt mit den gleichen Problemen wie München, Amsterdam, Kopenhagen oder Wien.

Warum diese Probleme nicht ganz so kraß hervortreten wie in anderen Städten, liegt allein an einem europäischen Sonderfall: an der Eidgenossenschaft, und das bedeutet: Bereitschaft und Fähigkeit zum Kompromiß, Wille und Kraft, Probleme zu lösen, und schließlich auch ein gesunder Wohlstand, der es erlaubt, bestimmte Schwierigkeiten durch finanzielle Mittel aus der Welt zu schaffen.

Noch hebt Zürich sich nicht aus seinen festgefügten Angeln, und was ein echter Zürcher ist, der hängt an Zürich wie es ist, liebt die Stadt und liebt das Zürcher Leben. Für den Gast bedeutet das: Zürich ist eine lebendige, eine lohnende, eine faszinierende Stadt. Dafür sorgen denn auch 303 Geldinstitute, 98 Galerien, 20 Museen, 11 Theater, 1 Oper, 1 Universität, 1 Eidgenössische Technische Hochschule, 900 000 Bäume, 121 Hotels, 1200 Restaurants und Beizen und 10 300 Gästebetten.

Das rechte Limmatufer, Ende des 15. Jahrhunderts, Fragment eines Altars von H. Leu d. Ä. (Landesmuseum Zürich)

EIN RÖMER NAMENS TURUS

Vor rund 2000 Jahren kam ein Römer namens ›Turus‹ auf die Idee, links der Limmat, auf einem Hügel, beim heutigen **Lindenhof,** eine militärische Grenzstation zu errichten. Sie schien den römischen Besatzern Nutzen zu bringen, denn Turus zu Ehren nannten sie das Kastell ›Turicum‹. Zürichs Geschichte begann also, grob gesprochen, als römische Grenz- und Militärstation.

Turus hatte strategisch klug gewählt, denn noch heute hat man vom Lindenhof einen herrlichen Rundblick über die ursprüngliche Flußstadt, den See bis zum Glarner Alpenkranz — oft schimmert auf ihm noch Schnee —, den überbauten Zürichberg und nördlich bis zum Hönggerberg.

Vom Kastell-Erbauer erzählen die römischen Annalen leider nichts weiter und von Turicum nur wenig. Doch das änderte sich als bei jüngst erfolgten Kanalisationsarbeiten an der **Storchengasse** ein runder Römerturm und eine Art Warenhalle mit Toranbau zu Tage traten. Nun lag aber dort, wo sich heute der **Weinplatz** befindet, schon zur Römerzeit eine kleine Bucht, die vermutlich als Schiffanlegestelle diente. Aufgrund der entdeckten Bauten vermutet man somit heute, dass die Zürcher vielleicht die Lust am Handel von jenen Römern erbten, die an dieser Stelle ihre Handelsgüter von den Seeschiffen auf kleinere Flußboote umluden und schließlich per Karren durch Tor und ›Statio Turicensis‹ (Zollstation) transportierten und verkauften. So wäre zu schließen, daß Turicum, das römische Zürich, mehr war als nur eine kleine, verschlafene Militärstation und hier vielleicht sogar Zürichs erster florierender Handelsplatz lag.

Zürichs nächste epochale Veränderung ist mit den Karolingern im 9. Jahrhundert verbunden. An die Stelle des Kastells trat eine Pfalz. Ludwig der Fromme, Erbe Karls des Großen, stiftete 853 das **Fraumünster** und machte seine beiden Töchter zu den ersten Vorsteherinnen. Der Überlieferung nach erschien den beiden Prinzessinnen ein Hirsch mit leuchtendem Geweih — noch war das Limmatufer dicht bewaldet —, und bezeichnete ihnen den Platz für die Abtei.

Wie reich Zürich an Bausubstanz aus frühester Zeit ist, beweist das Haus **Münsterhof** 12, unter dem der Teil eines älteren Friedhofs der karolingischen Fraumünsterabtei verborgen liegt. Aus ihm wurden vor kurzem fünf Kinderskelette geborgen.

Das Jahr 1218 macht Zürich, ebenso wie Bern, zur freien Reichsstadt. Hat man anderswo nur Urkunden, die über so frühen Handel und Wandel erzählen, so besitzt Zürich im Bereich von **Münsterhof** und **In Gassen** (Haus 1, 2 und 3) noch bedeutende steinerne Zeugen hochmittelalterlichen Wohnens, also des 12. und 13. Jahrhunderts.

1351 wird Zürich Mitglied der Eidgenossenschaft, und 1519 verbreitet Huldrych Zwingli vom **Großmünster** aus die Reformation. Die Folge sind kriegerische Auseinandersetzungen mit den katholisch gebliebenen Orten der Innerschweiz. Als der Reformator Zürichs 1531 auf dem Schlachtfeld von Kappel fällt, setzt H. Bullinger sein Werk in Zürich und der noch strengere Calvin seine Lehre in Genf fort. Die Kantone spalten sich nach Glaubenszugehörigkeit. Luzern, Uri, Schwyz, Unterwalden, Zug, Fribourg, Solothurn und Wallis halten am Katholizismus fest, die übrigen bekennen sich seitdem zur reformierten Kirche.

Die Schweizer Reformierten sind also keine Lutheraner. Anders als der deutsche Lutheraner räumte Zwingli der christlichen Obrigkeit das Recht ein, auch an Stelle der Gemeinde zu handeln. Die reformierte Kirche wurde eine halbe Staatskirche. In Zürich wurden die Heiligenbilder und das Orgelspiel verboten, selbst der Gemeindegesang untersagt und Prozessionen abgeschafft. Nur an vier Sonntagen im Jahr durfte das Abendmahl gefeiert werden.

Seit dem 17. Jahrhundert haben Fabrikanten und Großkaufleute in wirtschaftlichen und politischen Belangen in der Stadt die Zügel fest in der Hand, unterstützt durch die geflohenen Hugenotten, die für eine Belebung der Textilindustrie sorgen. In napoleonischer Zeit wird Zürich allerdings zweimal Schauplatz von Schlachten zwischen Franzosen, Österreichern und Russen. Der neuzeitliche Aufschwung Zürichs setzt mit der vom Volk festgesetzten Verfassung von 1831, mit der Niederlegung der alten Befestigungen, der Trennung von Schule und Kirche und der Gründung der Universität (1833) ein. Damit wird Zürich zur fortschrittlichsten Stadt der Eidgenossenschaft — und als solche betrachtet man sie noch heute.

Zürich — Ein Stück europäische Kultur-geschichte

Es war einmal eine Schweizer Stadt, in der sich kluge, gebildete Männer trafen, und das war Zürich — im 18. Jahrhundert! Damals hieß es nicht »Züri brennt«, sondern »Zürich steht im Brennpunkt geistiger Auseinandersetzung«.

Vor dem Weimar der klassischen Zeit gab es in Mitteleuropa nämlich keine Stadt, die eine solche Fülle von bedeutenden Geistern vereinigte wie das Zürich des 18. Jahrhunderts. Der Ruhm des Theologen Johann Kaspar Lavater veranlaßte denn auch niemand geringeren als Goethe, die Stadt zweimal zu besuchen. Von Zürich übten auch die Literaten Johann Jacob Bodmer und Johann Jacob Breitinger ihren weitreichenden Einfluß aus. Ihrer Einladung folgte auch Klopstock im Jahre 1750. Er schrieb noch hier, unter frischem Eindruck, seine Ode »Der Zürcher See« nieder.

Bodmer und Breitinger scharten einen großen Kreis von Schülern um sich, dem neben Lavater, Salomon Gessner und dem Pädagogen Pestalozzi vorübergehend auch Wieland sowie der an die späten Surrealisten gemahnende Maler Johann Heinrich Füssli angehörten. Zürich hatte den Ruf höchster Geistigkeit, und wer damals in der deutschsprachigen Literatur etwas gelten wollte, der kam weder um Zürich noch um Bodmer herum. Der preußische Odendichter Christian Ewald von Kleist gab damals unumwunden zu, daß man in dem großen Berlin kaum drei oder vier Leute von Genie oder Geschmack finde, während man in dem kleinen Zürich gleich auf zwanzig bis dreißig stossen könne.

Die lebhaften kulturellen Anregungen für den deutschen Sprachraum setzten auch Gottfried Keller, der Zürcher Stadtschreiber, und der Dichter Conrad Ferdinand Meyer fort. Der Dramatiker, Zoologe und Verfasser der ersten sozialistischen Kampfschrift Georg Büchner fand ferner ebenfalls Zuflucht in Zürich. Gottfried Semper, vor der 1848er Revolution aus Deutschland geflohen, baute der Stadt ihr Polytechnikum (heute Eidgenössische Technische Hochschule), und Richard Wagner, ebenfalls politischer Flüchtling und Gast in der Villa Wesendonck (heute Museum Rietberg), suchte zwischen 1851 und 1855 das Zürcher Musikleben neu zu gestalten.

Die Vorstellung von Zürich als sicherem Hort demokratischer Gesinnung und Freiheitsliebe veranlaßte seit Beginn des 20. Jahrhunderts Emigranten aus

Kreuzgang des Großmünsters, Karl der Große (Krypta des Großmünsters), Rietberg-Museum

aller Welt, die Stadt an Limmat und See immer wieder zu ihrem Aufenthaltsort zu wählen. 1917 wartete Lenin hier auf den Beginn des Umsturzes in Rußland. Er mietete sich in der Spiegelgasse ein, wo schon ein Jahr zuvor Hugo Ball sein *Cabaret Voltaire* gegründet hatte, das aus Zürich *das* Zentrum der Dadaisten machte. Auch Thomas Mann mit seiner Familie, Bert Brecht, Kurt Tucholsky, Robert Musil und James Joyce, 1941 auf dem Friedhof Fluntern beigesetzt, haben hier Zuflucht gefunden.

Dieser Tradition, politisch Verfolgte und Emigranten aller Nationen aufzunehmen, blieb Zürich treu. Der russische Schriftsteller Solschenizyn hatte in Zürich Fuß gefaßt bis ihn der Fiskus wieder vertrieb. Jene besonders prickelnde kulturelle Atmosphäre, die die Geächteten des Nationalsozialismus für kurze Zeit in Zürich entfachten, war nicht von Dauer. Zürich als kulturell führende Schweizer Stadt zog sich seit den sechziger Jahren auf das Niveau gediegener Qualität und bewunderter Einzelleistungen zurück. Heute lebt der Dramatiker Dürrenmatt in der Gegend von Biel, und Max Frisch, ist er nicht gerade in Amerika, fährt von seiner Zürcher Wohnung ins Restaurant am liebsten mit der Straßenbahn.

Was an Zürcher Kulturszene läuft, erfahren Sie im *Zürcher Wochen Bulletin,* es ist bei jedem Hotelportier erhältlich. Es berichtet auch, was sich in Zürichs 98 Galerien tut, so daß Sie von einem zum anderen Leckerbissen recht fleißig laufen müssen. Außerdem empfiehlt es sich, zumindestens am Freitag eine *Neue Zürcher Zeitung* (NZZ) oder den *Tages-Anzeiger* zu erstehen, deren Kleinannoncen auf den Veranstaltungskalenderseiten noch zusätzlich über alles, was Sie bei einem Kurzaufenthalt über aktuelles Kulturgeschehen (Oper, Juni-Festwochen) wissen müssen, Auskunft geben.

Wer progressives Theater liebt, wird das **Theater am Neumarkt** nicht versäumen oder sich ins **Zürcher Schauspielhaus** begeben.

Wollen Sie den Abend im Kreise von Kritikern und ihren (Bühnen-) Opfern verbringen, brauchen Sie nur die paar Schritte bis zum *Pfauen* oder zum *Malatesta* zu gehen. Aber auch in der fast theaterlosen Sommerzeit wird in Zürich an mehreren Orten Theater gespielt: **Kammertheater Stock, Theater Team Zürich** (im Park der Villa Tobler, Winkelwiese 4), **Bernhard-Theater.**

Längs der Limmat

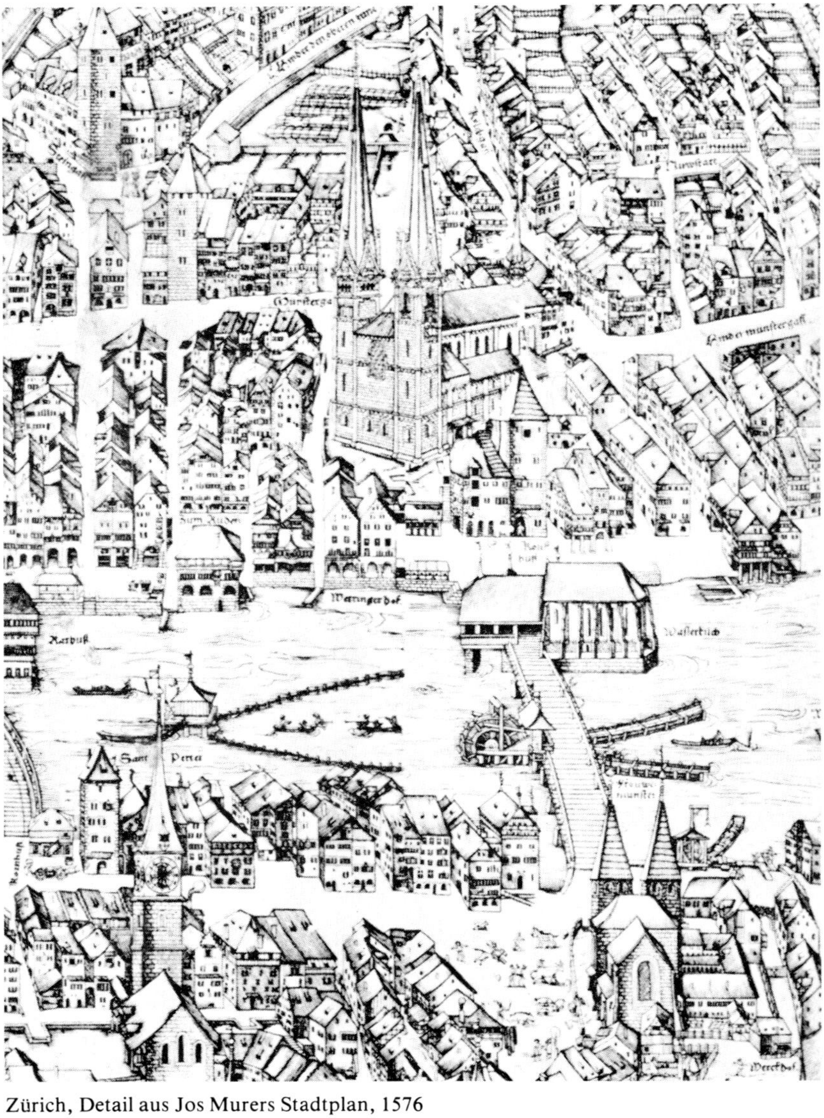

Zürich, Detail aus Jos Murers Stadtplan, 1576

Links *und* rechts der Limmat an *einem* Tag spazieren zu gehen, ist kaum zu schaffen, geschweige denn einem noch so Unternehmungslustigen zu empfehlen. Auf die Frage, soll man zuerst rechts oder links oder umgekehrt der Limmat entlang wandern, schlage ich vor: Erkunden Sie das linke Limmatufer bei Tage, das rechte mit Einbruch der Dämmerung bis tief in die Nacht (links und rechts heißt: Man steht mit dem Rücken zur Seebucht und mit der Nase zum Bahnhof).

Beginnen Sie am schönsten Aussichtspunkt der Stadt, auf der Quaibrücke! Sie ist, abgesehen vom brandenden Verkehr, die markanteste Zürcher Brücke, denn unter ihren Bögen hört der Fluß auf, und der See beginnt, oder der See hört auf, und die Limmat beginnt — ganz wie Sie wollen —, auf jeden Fall tut sich das in gurgelnden Strudeln kund.

Flußabwärts breitet sich der City verträumte Altstadt aus. Zwei große Türme stechen zur Rechten hervor, sie sind der Stolz des Großmünsters und zugleich Wahrzeichen Zürichs. Doch ihre beherrschende Präsenz nahm das linksseitige Fraumünster keinesfalls tatenlos hin. Seit 1732 reckt es seinen Nordturm lang und spitz in die Höhe und stellt so wenigstens einigermaßen das Gleichgewicht zwischen den Türmen rechts und links der Limmat wieder her. Das schimmernde Flußband der Limmat, von Brücken überspannt, trennt die Altstadt in gleiche und ungleiche Hälften. Das Mittelalter nannte die linke die ›mindere‹ und die rechte die ›mehrere‹ Seite. Der in der Ferne auftauchende Turm des modernen *Hotel Zürich* bezeichnet symbolhaft das *eine* Ende der historischen Altstadt, das *andere* markiert unsere Brücke; denn drehen Sie sich um, tut sich seewärts plötzlich eine ganz andere Welt auf — der Zürichsee und seine Landschaft. Sie sehen spielzeugkleine Segelsilhouetten, die grünen Höhenzüge des Albis und die im Dunst silbrig schimmernden Alpen!

Nun aber auf zum **Altstadtbummel links der Limmat**: Der Blick von der Brücke auf die beschauliche Altstadtlandschaft stimmt erwartungsvoll. Man verläßt die **Quaibrücke** in Richtung **Bürkliplatz** — doch halt, diesen Namen sollte man sich merken. Von April bis Oktober findet hier (in den **Stadthausanlagen)** jeden Samstag der bunteste und amüsanteste Trödelmarkt Zürichs statt. Da gibt es Dinge, deren Existenz überrascht. Oder haben Sie schon einmal einen Familienschirm für vier Personen gesehen? Kommen Sie schon morgens um 7 Uhr, wenn die echten Händler bereits in Kisten und Papieren wühlen, denn noch immer werden vom Bürkliplatz Trophäen heimgebracht. Selbst wenn Sie nicht zu den Käufern oder Sammlern zählen, schauen Sie sich diese dichtgedrängte Menge an. Sie nimmt auf ihre Weise gefangen und ist mindestens so amüsant wie die hier ausgebreitete Welt an Kitsch, Kunst, Tand und Trödel. Es geht weiter den **Stadthausquai** entlang — im Wasser das **Bauschänzli,** Überrest der alten Schanzenbefestigung —, dann zum **Münsterhof.** Hier sollten Sie sich für das **Fraumünster** etwas Zeit nehmen. Es besitzt noch karolingischen und ottonischen Baubestand, und im Innern gibt es nicht nur viel Gotik, sondern auch die Glasfenster von Alberto Giacometti und vor allem von Marc Chagall (1970) zu bewundern.

Der Herr, der vor der **Münsterbrücke** hoch zu Roß das **Denkmal** schmückt, ist der Heerführer und Bürgermeister Hans Waldmann, dessen barsch befehlenden Ton die Zürcher nicht vertrugen. Kurzerhand köpften sie 1489 den verdienstvollen Mann. Bleiben wir diesseits der Limmat, so fällt das repräsentativste Zürcher *Zunfthaus ›zur Meisen‹* auf, 1757 erbaut, bestechend durch seine klare Gliederung und den typischen ›Zürcher Barock‹. Das Palais läßt sich auch von innen besichtigen, es stellt als Dépendence des Landesmuseums kostbare Stücke alten Zürcher Porzellans aus.

Wir spazieren weiter die altväterische **Wühre** entlang. Sie existiert schon seit 1643! Noch älter aber ist das *Haus zum Storchen.* In einem Steuerbüchlein von 1357 steht geschrieben, daß Meister Symon Binder, Zunftmeister zur Wäbern, auf dem *Haus zum Storchen* saß. Seine Nachfolger machten es zur Fremdenherberge. Die Wirtsleute müssen recht gastfreundlich gewesen sein, denn 1477 werden sie durch Strafklage aktenkundig. Dem geschäftstüchtigen Wirt nebst seinem Sohn wird vorgeworfen, fremde Gäste, die auf das benachbarte *Schwert* zuritten, weg- und ins eigene Haus gelockt zu haben, was allgemein verboten war. Derartiges ›Abfangen von Reisenden‹ scheint jedoch kein Einzelfall gewesen zu sein, denn schon 1402 wird dieses Vorgehen Gegenstand einer Zürcher Ratsordnung.

Also hinein in die Storchengasse! Im 17. und 18. Jahrhundert traf man hier auf das städtische Leben: Denn stellen Sie sich vor, damals war dies die Hauptverkehrsader, der Boulevard der ›minderen‹ Stadt! Welches Gedränge, welche Düfte und Gerüche, welches Leben in dieser schmalen Gasse! Raisonable Händlerläden boten die Hits und Tops der Zeit, Puder und Perücken, Schmuck und Tand feil, aber auch wertvolles Gerät für den besseren Stand. Daher der alte Name ›Hauptgasse‹, den erst 1791 der renommierte *Storchen* zur Storchengasse machte.

War der Münsterhof der stattlich eindrucksvolle Ort der ›minderen‹ Stadt, so bildete der Weinplatz mit seinen Gasthäusern das erste touristische Zentrum. Vielleicht ergänzten sich auch Gastgewerbe und Weinhandel, der hier im 17. Jahrhundert reichlich und einträglich blühte. Der **Weinplatz** ist der älteste Zürcher Marktplatz, denn die Viktualienmärkte lagen damals jenseits der Limmat.

Den Fluß entlang kommen wir zur ehemaligen Schiffanlegestelle, **Schipfe** genannt, wo man das Handelsgut ab- oder auf flußtüchtige Schiffe umlud, denn Zürich war damals reine Flußstadt.

Statt von hier aus auf die belebte **Uraniastraße** zu stoßen, spaziert man besser durch die reizvolle **Fortunagasse,** folgt dann der alten Römerstraße, dem **Rennweg,** durchquert die **Widdergasse** und biegt in die leicht gekrümmte, abfallende **Augustinergasse** ein, bestaunt hier die unvermutete, sorgfältig restaurierte Altstadtidylle mit ihrem stets quirligen Leben. Man merke sich gleich eines der einladenden Gasthäuser für den knurrenden Magen vor und erinnere sich angesichts der **Augustinerkirche** seiner stadtgeschichtlichen Bedeutung. Kaum säkularisiert, zog in den kirchlichen Chor 1596 die erste Zürcher Münzstätte ein, und die alten Klostergebäude nahmen die erste Universität auf.

Wenn nun auch schon leicht strapaziert, steige man dennoch zu **St. Peterhofstatt** empor — einem stillen, schönen Platz. Hier erhebt sich die älteste Pfarrkirche der Stadt, **St. Peter.** An ihrem zum Teil noch romanischen Turm prangt seit 1534 Europas größtes Zifferblatt (Durchmesser: 8,7 m).

Noch steht das Haus (St. Peter Nr. 6), in dem der berühmte Theologe J. C. Lavater als Prediger von St. Peter die erlauchtesten Geister seiner Zeit empfing. Mit seinem Freund und Verehrer Goethe, der ihn zweimal besuchte, schritt er quer über den Platz. Sie kehrten im heute noch empfehlenswerten *Rebstöckel* ein und waren sicher glücklich bei den hier gebotenen Weinen.

Einkaufsbummel unter 90 Linden

Egal wie Sie in die City gelangen, ob mit der SBB (Schweizerische Bundesbahnen), ob mit der Swissair (Airport Zürich-Kloten) oder mit dem eigenen Wagen (zentrales Parkhaus Gessnerallee), zum Zürcher Hauptbahnhof kommt jeder Besucher irgendwann. Sein imponierender Baukomplex mit triumphbogenartigem Portikus (Eingang der Südfassade) steht unter Denkmalschutz. Wie eine Festung behauptet er sich in einer verkehrsreichen Brandung.

Der Hauptbahnhof ist zugleich auch ein beliebter Treffpunkt der Zürcher und Nichtzürcher, schließlich lockt seine ›Unterstadt‹, die moderne Shop-ville, manchen Einkaufsfreudigen an. Im Bahnhofsgebäude befindet sich auch das Offizielle Verkehrsbüro und die Informationsstelle der SVZ (Schweizerische Verkehrszentrale). An der Nordseite des Gebäudes warten die Busse, die zum Airport fahren, hier kann man Taxis nehmen, und an seiner Südseite liegt ein wichtiger Strassenbahnknotenpunkt. Am Bahnhof müssen Sie auch schon deshalb gewesen sein, weil hier der berühmte Zürcher Boulevard, die **Bahnhofstraße,** ihren Anfang nimmt. Ein Himmelreich unter 90 Linden!

Sie spüren es selbst, hier schlägt der Puls der Stadt. Das ist das ›Züri‹ der Zürcher und natürlich der Zürcherinnen! Auf diesen 1200 Laufmetern erleben Sie das ungetrübte Schweizer Wohlstandsleben. Hier schlägt das Herz der Schweizerinnen schneller. Selbst wenn sie sonst kaum zu bewegen sind, allein — d. h. ohne Männer — fremde Städte zu bereisen, die Bahnhofstraße zieht so magisch an, daß sie diese Reise, selten zwar, doch dann und wann, allein unternehmen.

Das Beste ist, Sie haben Zeit und noch viel, viel, viel mehr Franken. Lassen Sie sich treiben. Schlendern Sie nach Herzenslust von der einen auf die andere

PRO

A. STOCK
TERRASSE
GEOEFFNET

Garten Party

Seite. Berauschend wirkt nicht nur, was Sie sehen, sondern, vorausgesetzt wir haben Juli, der süße Duft der blühenden Linden. Die Zürcher lieben diese herrlichen Bäume. Dabei ist es noch gar nicht so lange her, da krümmten sich hier Weiden. Noch früher gab es morastigen Sumpf und ungestörtes Fröschequaken, denn der See reichte bis zum Paradeplatz. Erst 1867 legte man diese Straßenachse an und schüttete den alten Fröschengraben zu. 1877 fing man am Seeufer an zu bauen und hörte erst beim Bahnhof wieder auf, der schon seit 1871 stand. Diese forsche Bautätigkeit brachte denn eine der geschlossensten, architektonisch interessantesten Straßenzüge des 19. Jahrhunderts hervor.

Die Pracht ihrer eleganten Geschäftsauslagen nimmt Sie gefangen. Der Name *Bally* wird Ihnen mehrmals begegnen und Sie in Schuhträumen schwelgen lassen. Auch *Bell* als Begriff für ausgesuchte Fleisch- und Wurstwaren dürfen Sie sich für Ihre ganze Schweizerreise merken. Ausgefallene, kulinarische Spezialitäten findet man bei *Niedermanns picnic.* Verwöhntesten weiblichen wie männlichen Modeansprüchen gerecht wird das Haus *Löw-Boutique* mit seinen fünf Etagen. Die großen Modehäuser *Modelia, Modissa* und *Feldpausch* bieten Qualität und Mode zu mehr oder weniger erschwinglichen Preisen an.

Überqueren Sie, vom Bahnhof kommend, die erste Ampelanlage an der Uraniastraße, so wird Ihr Blick durch Auslagen von *flair 2000* gefesselt. Die aktuellsten Modehits und kecksten Verrücktheiten spüren Sie hier oder nirgends auf. Die Modehäuser *Goldschmidt* sowie *Roberta* (Haus Nr. 64 im 3. Stock) und natürlich *Grieder les Boutiques, Wigert* und *Weinberg* sind nicht zu vergessen. Extravagantes für die Nacht erhalten Sie bei *Kowä.* Für Pelze steht das *PPP* = Pelz Paradies Paradeplatz. Ausgewählte Juwelen findet man bei *Harry Hofmann, Kurz* und *Bucherer.*

Natürlich gibt es an der Bahnhofstraße auch Kaufhäuser. Da wäre auf der rechten Seite seewärts zu *Oscar Weber* zu nennen. Hinter der *Trülle,* Haus Nr. 69, einem reich gestalteten Eckbau, liegt das *Jelmoli,* als erster Glaspalast Zürichs 1897 erbaut (Rasterbau mit Glaszwischenwänden). Ihm gegenüber das Warenhaus *C & A.* Das *Kleiderhaus PKZ,* 1957 errichtet, darf für sich den Ruhm verbuchen, das erste moderne Gebäude an der Bahnhofstraße gewesen zu sein. Unbedingt betreten sollten Sie den *St. Annahof,* einen interessanten Jugendstilkomplex. Die Bahnhofstraße Nr. 40 war das erste Geschäfts- und Wohnhaus, das, als es 1868 in der noch öden Gegend errichtet wurde, seinem Erbauer das Attribut ›verrückt‹ eintrug. Eine Sehenswürdigkeit als originelle Palladio-Kopie ist auch das Bankhaus *Bär* von 1873.

Die Bahnhofstraße aber sollte man keinesfalls verlassen ohne nicht wenigstens einen Blick in das *Globus* geworfen zu haben. Aus der Achse der Bahnhofstraße knapp hinter die Pestalozzianlagen zurückversetzt, erhebt sich der schlichte Globus-Kubus — ein sprichwörtliches Einkaufsparadies mit verführerischer Delikatessen-Abteilung.

Sind Sie schon am Morgen auf den Beinen, empfiehlt sich das ›Zmorge‹ im *Café Sprüngli* zu nehmen, obwohl Alice Zuckmayer kürzlich meinte, daß Sprüngli auch nicht mehr sei, was es einmal war. . . Nehmen Sie einen Kaffee, vielleicht auch im *Kranzler,* er ist überall in der Schweiz mehr als gut und besser als anderswo. Unter luftigen Schirmen lassen sich zugleich Studien treiben und topmodische, flotte Zürcher ›Meitli‹ bewundern. Nicht minder gepflegt passieren oder flanieren auch Herren aller Altersklassen, sportlich oder beschwingt elegant. Seriös, zugeknöpft mit Aktenkoffer und Hut — der Bankier. Intensiv aber gedämpft sind die Herren ins ›Geschäftliche‹ vertieft, denn in Zürich redet man vor allem — um nicht zu sagen *nur* — vom Geschäft und vom Verdienst.

Doch noch ein Wort zu den Zürcher Bankiers, die böswillig auch ›Gnome von Zürich‹ heißen. Der englische Premier Wilson war es, der diesen Begriff verbreitete. Er nahm ihnen übel, daß sie unter dem Wohl der Finanz-Gemeinschaft nur das Wohl ihrer Investoren und des Franken verstanden. Wilson blieb diesbezüglich nicht der einzige.

Spüren Sie nun aber Hunger, dann sollten Sie sich bereits vor 12 Uhr mittags für ein Restaurant entschieden haben, denn kurz nach 12 Uhr bevölkern die Stadtzürcher nur allzu gern selbst ihre Lokale. Übrigens auch beim Essen hat man Zeit, eigentlich immer, auch wenn man sie nicht hat oder nicht haben dürfte. Zeithaben gehört ganz wesentlich zur Schweizer Natur.

Irgendwann kreuzen Sie auf der Bahnhofstraße den **Paradeplatz,** Tramknotenpunkt des modernen Zürichs. Sie wissen nicht was ein ›Tram‹ ist? Dasselbe wie die Straßenbahn. Sie ist als einziges Verkehrsmittel auf der Bahnhofstraße, sonst einer reinen Fußgängerzone, zugelassen. Auf dem Paradeplatz nun wurde bis ins 18. Jahrhundert der Viehmarkt abgehalten, später sah man hier Rekruten beim Exerzieren zu. Den östlichen Abschluß des Platzes bildet das Hotel *Baur-en-Ville* (1838). In westlicher Richtung erhebt sich zwischen Talstraße und Schanzengraben Zürichs berühmtes Hotel *Baur au Lac* (1844). Hier steigt ab, wer Rang, Namen und Geld hat und nicht das *Dolder* bevorzugt. Wer nun noch ein paar Meter weitergeht, steht plötzlich unvermittelt am See. »Zürich«, so ließ sich der elsässische Dichter René Schickele einst vernehmen, »ist eine Stadt mit einer sommerlich belaubten Straße, an deren Ende der Himmel ein Loch hat.«

Goldtimer

1928

De goldig Sächser

"Wenn das Gold durch Zürich rollt"

Zürich alternativ

Zürichs städtebauliche Vielfalt läßt sich kaum auf *einem* Stadtrundgang erfassen, darum bietet das Verkehrsbüro (im Hauptbahnhof) gleich drei Sightseeing-Touren an, darunter auch eine bei Nacht. Wer sich aber auf ganz unkonventionelle Art mit Zürichs City anfreunden will, dem bleibt noch eine vierte Alternative: die Rundfahrt per ›Goldtimer‹. (Abfahrt: Globus-›Goldtimer‹-Terminal, Usteristraße/Bahnhofstraße).

Der Einfall, einen alten Straßenbahn-Veteran, Baujahr 1928, aufzumöbeln und in ein nostalgisch goldfarbenes Luxus-Gefährt zu verwandeln, ist phantastisch. Eine Stunde sich in Gold zu wiegen, wen lockt das nicht? Dafür, daß man die Oldtimer-Reise auch noch gut überstanden hat, wird man zum Schluß im *Trambuffet* (Braustube Hürlimann am Bahnhofplatz) mit einem freien Trunk nach Wunsch belohnt! Wenn Sie dann, wieder zuhause, den Werbespruch noch auf der Zunge haben »Wenn das Gold durch Zürich rollt . . .«, wird Sie jeder beneiden.

Ein nicht minder originelles Vergnügen bedeutet es, mit der steilsten normalspurigen Adhäsionsbahn Europas in 25minütiger Fahrt der Stadt zu entfliehen und vom Ütliberg, oder noch höher, von Uto-Kulm (871 m) einen verlockenden Blick auf Zürich, auf seinen See und die Alpen zu tun. Sie haben dann praktisch zwei Fliegen mit einer Klappe geschlagen: Sie sind in Zürich am Ufer des Zürichsees und hoch in den Bergen gewesen!

Wochentags, kurz nach 12 Uhr mittags, hält Zürich ein reinzürcherisches Phänomen bereit, das allerdings im wahrsten Sinne des Wortes Geschmacksache ist: Zunächst fallen die Menschen mit kleinen Päckli im Arm kaum auf. Erst wenn sie sich mehren, wird man stutzig: Aha, Mittagspause! In Zürich Zeit zum »Bänkli-z'Mittag«.

Bänkli-z'Mittag ist ein typischer Schönwetterbrauch. Man sucht sich eine Bank an der Limmat oder ein Stück Seeufer aus, es kann jeder x-beliebige Platz sein. Die Wahl bleibt stets individuell und das ist ihr Reiz. Bedingung ist, daß Sie sich an einem Kiosk, einem Marktstand oder in einem ›Tante-Emma-Laden‹ Proviant besorgt haben. Feiner geschieht dies natürlich beim ›Traiteur‹ oder in einer Delikatessenabteilung.

Haben Sie keine Bedenken, auch wenn Salat und Schinken aus Ihrem Bänkli-Menü-Sandwich quellen, der Genuß eines Bänkli-z'Mittags ist unersetzbar: Man findet Kontakt, kann Kostproben tauschen, ist an der frischen Luft und unmittelbar am Quell des Lebens!

Zürich hat Weltruf. Sollten Sie Zweifel haben, so wenden Sie sich mit einem noch so ausgefallenen Wunsch an eine von einer vornehmen Zürcherin gegründeten und betrauten, aber unbedingt seriösen Hilfs- und Bedarfsstelle. Sei es, daß Sie überraschend zum Staatsempfang geladen sind und Umgangsformen lernen müssen, ihre neugekauften Schuhe eingelaufen haben wollen, daß Sie plötzlich einen Trauzeugen stellen müssen oder aus einer Verlobung wieder aussteigen wollen, zum indischen Mahl einen lebendigen indischen Elefanten mitbringen sollen — dann hilft *nur der Kady-Service,* Pfalzgasse, Zürich, Tel. 01 211 37 86, und zwar weltweit, nicht nur beschränkt auf Zürich und die Schweiz! Die Bahnhofstraße wird in jedem Reiseführer erwähnt, nicht aber Zürichs ›Boulevard des Italiens‹, ›Arbeiter-Broadway‹ oder ›Corso Zurighese‹ —

die **Langstraße!** Sie kann zwar nicht mit Länge und Breite, Preisen und baulichen Sehenswürdigkeiten der Bahnhofstraße konkurrieren, will dies auch gar nicht, aber sie vermag allein unter dem Stichwort ›Bahnhofstraße des kleinen Mannes‹ einen ganzen Tag lang — bzw. eine ganze Nacht zu faszinieren!

Man erreicht sie ganz einfach vom Paradeplatz mit Tram 8 (gelber Fahrschein) in Richtung Hardplatz, steigt Helvetiaplatz aus und läßt sich die Langstrasse bis zum Limmatplatz treiben. Das ist nicht mehr das vornehme, nach Geld riechende Zürich, sondern seine volkstümliche Alternative. Hier kaufen Gastarbeiter und Zürcher dasselbe, was es auf der Bahnhofstraße zu höheren Preisen gibt. Allerdings ist die Umgangssprache manchmal befremdlich, denn die Stadtkreise 4 (Aussersihl) und 5 (Industriequartier) werden von Einheimischen noch immer ›Chreis Cheib‹ tituliert.

Was Ihnen auf dieser lebhaften Geschäftsstraße begegnet, ist eine manchmal skurile, aus dem Leben erwachsene Mischung von sehr großen bis winzig kleinen Geschäften, von Wohnungen, Beizen (Wirtschaften). Auch nachts geizt die Langstraße nicht mit ihren Reizen und gilt, samt Nebenstraßen, als Vergnügungsparadies von nicht zu unterschätzenden Ausmaßen. Nichts zu wünschen lassen aber die Verkehrsfrequenzen übrig, die hier von 5 Uhr früh bis tief in die

Nacht zwei von drei Einwohnern dazu verführen, sich mit Gehörschutzpfropfen zu bedienen. Nicht zu vergessen die Luftverschmutzung! Also sorgten Zürichs Stadtväter für eine Schutzwand, und die ziert nun als Dank: »Luft in die Gruft! I d'Bank mit em Gestank!«

Ein Tip, wenn es in Zürich auch mal regnet: Eine Trambahnfahrt kann dann sehr abwechslungsreich sein. Für drei Franken fünfzig können Sie einen ganzen Tag lang in der Stadt umherfahren, sämtliche Außenquartiere besichtigen und auch noch die Stadtbusse ausprobieren. Jede volle Stunde wird über Funk die genaue Zeit gratis mitgeteilt.

Die Zürcher ›Trämli‹ verkehren auf 60 km Streckenlänge, über 530 Weichen und regelmäßig zwei Kilometer aufgerissenes Gleisbett zum Auswechseln der Schienen! Trotzdem gelten Zürichs öffentliche Straßenbahnen und Busse als die modernsten Europas. Sie verkehren alle ohne Schaffner, daher muß man den Fahrschein vorher am Automaten lösen. Sollten Sie beim Auffinden des gewünschten Fahrtzieles auf dem Taxenstadtplan, der an jedem Automaten angeklebt ist, Schwierigkeiten haben, dann fahren Sie kurzerhand auf dem Bild umher und schon wird eine freundliche Stimme fragen »sueched Sie öppis?« Das heisst »Suchen Sie etwas?«

WEN GOTT LIEB HAT, DEM SCHENKT ER EIN HAUS IN ZÜRICH

»Wen Gott lieb hat, dem schenkt er ein Haus in Zürich«, sprach begeistert Bischof Otto von Freising. Er mußte es wissen, denn als Chronist Kaiser Barbarossas war er viel in der Welt herumgekommen. Daß sein Besuch Zürichs allerdings schon im 12. Jahrhundert stattfand, tut wenig zur Sache, wenn man sich angesichts der kleinen Gäßchen und Treppenwinkel in Zürichs rechtsseitiger Altstadt, dicht beim Großmünster, seiner Worte so lebhaft erinnert. Dabei lockt der erste Blick auf das rechte Limmatufer keineswegs spontan herüber. Der Betrachter ahnt nicht einmal, welch intime beschauliche Welt sich hinter den der Limmat zugewandten wuchtigen Hausfassaden verbirgt. Zunächst schiebt sich nämlich eine laute, pulsierende Verkehrsader, der Limmatquai, zwischen Fluß und Häusermeer und nimmt ein wenig die Lust, sich drüben umzusehen. Doch für die Zürcher ist der Limmatquai die beliebte ›andere‹ Einkaufsstraße, die Alternative zur Bahnhofstraße. Schöne Geschäfte, aber auch die Eingänge in manches anheimelnde Restaurant liegen unter den vereinzelt vorgezogenen Bogengängen versteckt.

Der Limmatquai ist eine der verkehrsreichsten Straßen Zürichs, auf dem es durchaus zu gefürchteten Staus und Autoschlangen kommen kann, vor allem zu den ‹rush-hours‹ am Morgen und zwischen 16 und 18.30 Uhr. Dazwischen quietscht die Trambahn, die in Zürich immer blau angemalt ist und Vorfahrt genießt. Der Autofahrer entgeht den Rush-hours, indem er eines der zahlreichen, gut beschilderten, citynahen Parkhäuser aufsucht. Grundsätzlich aber ist Zürich, vergleicht man es mit Paris, Florenz oder gar Rom, immer noch eine autofreundliche Stadt, deren Verkehr dank breiter, mehrspuriger Straßenzüge im wesentlichen flüssig verläuft. Zu den meistbefahrenen Straßen der ganzen Schweiz gehört die Zürcher Rosengartenstraße, die Escher-Wyss-Platz und Buchegg-Platz verbindet. Sie liegt jedoch außerhalb des Altstadtkerns und läßt sich zu den Stoßzeiten auf verschiedenen Routen umgehen.

Das silberne Band der Limmat zieht sich wie ein breiter Trennstrich durch die Stadt. Herrscht auf der bahnhofseitigen (linksufrigen) Stadthälfte eine von der Arbeits- und Finanzwelt diktierte nüchterne, weltstädtische Atmosphäre, konzentrieren sich rechtsufrig Kleinbetriebe, winzige Handwerksstätten, Galerien aller Art und jeden Geschmacks, Antiquitätenhändler und Trödlerläden, Buchbinder und Silberschmiedekünstler, interessante Design-Geschäfte und Antiquariate, avantgardistische Modemacher, Boutiquen jeglichen Zuschnitts, Hausbäckereien, Gewürzhändler, Beizen und Bierschwemmen, Restaurants und natürlich, nicht zu vergessen, auch Zürichs anrüchige Niederdorf-Gassen. Sie hören noch davon.

Äusserte James Joyce, der irische Dichter: »Zürich ist so sauber, daß man eine auf der Bahnhofstraße ausgeschüttete Minestra ohne Löffel wieder aufessen könnte«, dachte er eben nur an die Bahnhofstraßengegend, was aber wiederum nicht heißen soll, daß es in der ›mehreren‹ Stadt etwa schmutzig sei, doch drüben lebt man leger. Wer jung ist, fühlt sich dort wohl, und wer dort lebt, gibt sich individuell. Wer schon älter ist, tritt zum Schwatz vors Haus. Polsterer und Zinngießer nehmen ihr Bier vor der Tür. Ihr »Grüezi mitenand«

spricht auch den Fremden an. Im Oberdorfquartier, hinter dem Großmünster (Trittli-Gasse, Franken-Gasse), machen Katzen noch Buckel im Fenster und Hunde Kot auf die Treppen. Dort entfaltet sich die Kehrseite des vornehmstädtischen Zürich: der naive Charme typischer Kleinstadtidylle, kurz das *andere* Zürich!

Wer es kennenlernen will, schreite am besten über die **Münsterbrücke** und steht zunächst vor dem **Helmhaus** (helmen = schützen). Es bildet, zusammengebaut mit der spätgotischen **Wasserkirche,** ein architektonisches Unikum. Ursprünglich lag es auf einer Insel im Fluß. Da man das Helmhaus nicht verrükken konnte, schüttete man im letzten Jahrhundert einfach ein Stück Fluß zu. Die Brücke setzte sich sogar durch die offene Halle des ehemals hölzernen Baues (bis 1794) fort und war zugleich Gerichtsort und Leinwandmarkt. Heute dient das Helmhaus Ausstellungszwecken.

Der **Limmatquai** aber ist Schwerarbeit des 19. Jahrhunderts, er veränderte die bis dahin weitgehend ländliche Uferpartie völlig. Die erste Quaiüberbauung erfolgte erst 1823 bis 1825. Sie betraf das Gelände zwischen Rathaus und Rosengasse, und erst im Verlauf des Jahrhunderts schloß sich langsam die Front. Private und städtische Bauten, Geschäfts- und Zunfthäuser sowie zahlreiche Hotels prägen heute den Charakter des Quais. 30 kleine Gassen durchschneiden das Häusermeer und stoßen schnurgerade auf die Uferstraße. In ihren Kellern — Beizen, Bars und Cafés — verkehrt ein spezielles Publikum. Je später der Abend, desto greller die Lichter, heißer die Rhythmen, lauter die Stimmen.

Schlendert man den Quai entlang zur **Rathausbrücke,** so steht man auf dem ältesten Limmatübergang (seit 1221), der damals als einziger für Karren und Wagen befahrbar war. Der Brückenkopf, der hier im Wasser ruht, ist das Haupt der Stadt, das Zürcher **Rathaus** (1694—1698).

Ein Rathaus, das im Wasser steht, wo gibt es das? Nun, die Zürcher Stadtväter liebten schon damals das Besondere. So werden Sie bei Ihren Streifzügen durch die Stadt vergeblich einen Marktplatz suchen. Die Zürcher begnügten sich nämlich mit diesem Haus im Wasser! Den fehlenden Marktplatz ersetzt ihnen eine zweimal geknickte Straßenachse: Weinplatz, Gemüsebrücke (seit 1892 offiziell Rathausbrücke), Marktgasse, Rindermarkt und Neumarkt. So lebt man denn in einer Stadt ohne Marktplatz, ist aber stolz auf *zwei* Münster!

Spaziert man die Marktgasse hinauf und biegt nach wenigen Schritten rechts ab, so folgt man der alten Hauptachse. Sie setzte sich über die **Münstergasse** und **Oberdorfstraße** (nach Süden) und nach Norden über die **Niederdorfstraße** fort und umschloß, bis zur Limmat hinunter, den Kern der rechtsufrigen Altstadt. Ihre kleinen Gassen kann man *nur* per pedes durchwandern. Über die **Marktgasse** gelangt man zum **Rindermarkt,** dem ältesten Viehmarkt der Stadt. Am Haus Nr. 19 steht zu lesen »1357 bekannt, werd ich 1444 zum Giessfass genannt. 1795 kauft mich Joh. Müller, Ing., Schöpfer des grossen Stadtplanes«. Und so ungefähr könnte es, blickt man sich um, noch lange weitergehen in diesen hübschen Gassen. Im *Haus ›zum Säckel‹* wohnte der Zürcher Maler und Porträtist Hans Asper, im *Haus ›zur Sichel‹* (Nr. 9) der Drechsler J. R. Keller.

Berühmt wurde der Vater durch seinen dichtenden Sohn, Gottfried Keller, der hier seine Jugend (1821—1848) verbrachte. Einer riesigen Leiter, mit deren Hilfe er zum Dachboden stieg, ist im Grunde zu danken, was der Dichter im 3. Kapitel seines *»Grünen Heinrich«* niederschrieb. Von hoch oben beobachtete er nämlich klammheimlich das intime Zürcher Kleinstadtleben.

Die **Froschaugasse** läßt nicht ahnen, daß hier bis in das 14. Jahrhundert Zürichs Juden saßen und sogar ihre Synagoge stand. Heute lockt vor allem Büchernarren das Antiquariat *Pinkus* an. Selbst wenn Sie sich nicht für alte Folianten interessieren, wird ein Blick in dieses phantastische Haus Sie sehr amüsieren.

Nach der kurzen Froschaugasse trifft man auf die **Brunn-Gasse.** Folgen Sie ihr zum **Prediger-Platz,** den die **Predigerkirche** mit ihrem hochgotischen Chor beherrscht, biegen dann in die stille **Chorgasse,** die Sie direkt auf den **Neumarkt** bringt. Ursprünglich ebenfalls Viehmarkt mauserte er sich zum angesehenen Quartier, denn im *Haus zum Rech* (heute Stadtarchiv) wohnten verschiedene Zürcher Bürgermeister. Steht man an dieser Ecke, so hat man zugleich den reizvollsten Winkel des Neumarkts entdeckt. Sollte eine Verschnaufpause nötig sein, so wäre das idyllische Gärtchen des *Zunfthauses zur Schumachern* genau das Richtige.

Frisch gestärkt geht es dann die **Spiegelgasse** (Wohnung Lenins, Wohn- und Sterbehaus Georg Büchners) entlang zum **Napfplatz** mit Häusern barocken Gepräges (Wohnturm, *Haus zum Napf),* dann durch die schmale **Napfgasse** zur **Münstergasse** hinab — hier kann, wer will, sich nun vollends Zürcher Stadtgeschichte ergeben. In Nr. 23 verbrachte Pestalozzi seine Studienjahre, und das *Haus zum Schwanen* bewirtete hohe Gäste: Goethe, Kleist, Wieland und sogar Mozart besuchten Salomon Gessner. Eine Hinweistafel (Haus Nr. 22) bezeichnet den sogenannten ›Schwendenturm‹ (heute Neubau), den mächtigsten Ritterturm der ganzen Stadt. Er gehörte den Rittern Manesse, denen die Nachwelt die Manessische Liederhandschrift (heute Heidelberg) zu danken hat.

Das **Großmünster** übersehen Sie keineswegs. Man muß es umschreiten, um seine Monumentalität und die Kraft seiner Wirkung, die seit der Reformation von ihm ausging, wirklich zu begreifen. Am Münster, dessen älteste Teile aus dem 11. Jahrhundert stammen, wurde lange gebaut und immer wieder neu geplant, das dauerte bis in das 13. Jahrhundert. Ein Brand war daran schuld, daß die Doppeltürme so wenig passende, aber unverwechselbare Hauben (1781) erhielten. Die Glasfenster Giacomettis erwähnte ich schon, in der Krypta aber kann man, das Schwert über den Knien, Karl den Großen sehen, eine Statue des 15. Jahrhunderts. Der Legende nach soll sich seine Pfalz auf dem Großmünsterplatz befunden haben. Schräg gegenüber von dieser legendären Stätte (in großen Lettern steht es am später errichteten Haus angeschrieben) erhebt sich (Zwingliplatz Nr. 4) der Wohnsitz des ehemaligen Vorstehers der zürcherischen Staatskirche. Das imponierende Münster aber wirkt zugleich als Grenzstation: Vor ihm der Niederdorf-Komplex, hinter ihm das Oberdorf-Neustadtquartier. Die **Rämistraße** zieht einen deutlichen Strich.

Zur **Neustadt** steigt man am besten die bucklige **Kirchgasse** (Nr. 11 Zwinglis Amtswohnung; Nr. 13 Leutpriesterei mit Zwinglistube) zum **Hirschen-Graben,** dem alten Stadtgraben, hinauf. Das hübsche *Haus zum Kiel* (1716), beim Kunsthaus gleich um die Ecke (Hirschengraben 20) stand schon gute 50 Jahre, als Jean Jacques Rousseau in Zürich war. Das Haus selbst ist überaus reizvoll anzusehen: Stuckdekoration, gemalte Supraporten — so zeigt sich, was man in der Schweiz kaum suchen würde, Barock! Natürlich sieht er anders aus als der süddeutsche. Aber gerade deshalb macht es Spaß, einmal die helvetische Variante künstlerischen Überschwangs anzusehen. (Als Dépendance des Museums Rietberg veranstaltete es laufend Wechselausstellungen). Der Hirschen-Graben Nr. 40 — das *Haus zum Rechberg* (1759) — aber ist das schönste und bedeutendste Zürcher Privatpalais. Unter seinem Dach legte sich selbst Österreichs Kaiser Franz I. (1815) geruhsam zur Nacht.

Die **Künstler-Gasse** aufwärts (parallel zur Rämistraße) erreicht der unentwegte Besucher das **Universitätsviertel** und die **Eidgenössische Technische Hochschule** (gegenüber das Kantonsspital). Hier prägen vor allem Studenten das Bild. Der Architekturfreund bestaunt die kolossalen Baumonumente des unersättlichen 19. Jahrhunderts, vor allem seine prunkvollen Fassaden.

Wer nun vom Rundgang genug hat, nimmt seine Kinder an die Hand, besteigt die Tram Nr. 5 und fährt durch anmutige Villenquartiere (Hottingen, Fluntern) auf den **Zürichberg** zum **Zoo** (Endstation). Das ist ein schöner Ausflug und der Zoo einer der schönsten und wertvollsten Europas. Was seinen besonderen Ruf ausmacht, ist nicht so sehr der Bestand von mehr als 2000 Tieren, sondern seine einzigartigen Zuchtgruppen und Zuchterfolge: Am 30. Mai 1981

fand die Erstgeburt von Indischen Löwen statt. Eine Besonderheit, denn wild kommt der Indische Löwe nur noch im Nordwesten Indiens vor — in einem kläglichen Restbestand von rund 180 Tieren. Die Zürcher Inder sind jedoch garantiert echt und können sich auch nicht mit ihren afrikanischen Verwandten mischen, da der Zoo auf dem Zürichberg keine Afrikaner mehr hält. Haben Sie sich schließlich in einem der Zoo-Restaurants gebührend gestärkt, können Sie gelassen der Raubtierfütterung (täglich 16 Uhr außer Dienstag und Freitag) zusehen oder sich über das Gebaren der Menschenaffen (Fütterung 11 und 16 Uhr) Ihre eigenen Gedanken machen.

Eine andere Alternative wäre, die Rämistraße hinabzuschlendern und am **Schifflände/Bellevueplatz** wieder Quai und Zürichsee zu erreichen. Bleiben Sie einen Augenblick beim 1100jährigen *Haus zum Raben* stehen. Einst stand es nämlich unmittelbar am Limmatquai und ist heute der letzte Zeuge einer verlorenen Stadtanlage. Denn die Quaiüberbauung machte aus Zürich, der ursprünglichen Flußstadt, eine Stadt, die seither einen Fluß und einen See hat.

Zum Schluß Ihrer Stadtbesichtigung rate ich Ihnen noch zu einem lustigen Vergnügen. Steigen Sie zunächst zur **Aussichtsterrasse** der Eidgenössischen Technischen Hochschule (Polyterrasse) hinauf und gönnen Sie sich noch einmal einen letzten Blick über die Stadt. Dann kaufen Sie an der **Polybahn** (verkehrt seit 1889) für 40 Rappen (einfache Fahrt) ein Billett und gleiten bequem zur Haltestelle **Central** an der **Bahnhofbrücke** hinab. Somit sind Sie in drei Minuten wieder im Herzen der Stadt und haben das Schönste und Billigste von Zürich gesehen.

Chocolade

Café

Wiener Caféhäuser, das *Sacher* oder *Demel,* auch Venedigs *Café Florian,* das *Café Prokop* in Paris — die kennt man. Aber Zürcher Caféhäuser? Sie sind der Welt kein Begriff, aber es gibt sie in einer Ausprägung, von der man einfach Notiz nehmen muß! Auch der Zürcher liebt seinen Kaffee im Café. Er trinkt ihn sogar mehrmals täglich und verträgt ihn auch noch tief in der Nacht, den ›Café nature‹, ›crème‹, ›au lait‹, ›Kaffee Kirsch‹ ›Marc‹, seltener ›Kaffee Träsch‹, (kommt eigentlich aus Luzern) oder — speziell: Kaffee + Armagnac + Zigarre, und das mitunter sogar zweimal nacheinander. Oder anders herum: *Sprüngli* ist 146 Jahre alt und weltberühmt. Schwieriger wird's vielleicht beim Namen des Zürcher Cafés *Odeon* oder dem von *Schober.* Aber jedem Zürich-Gast empfehle ich ihre Bekanntschaft.

Jedes Café hat seine Geschichte, seinen Charme und seine Gäste. Bei *Sprüngli* an der Bahnhofstraße gehört die erlauchte Finanz- und Geschäfts-und natürlich auch die gehobene Damenwelt und was sich dafür hält zum Stammpublikum.

Passanten und Touristen drängen hinein und mit Schachteln an Schnüren wieder hinaus. *Sprüngli* treibt gezieltes Management, deshalb kann man auch, so viel und wohin man will das feinste Sprüngli-Sortiment kiloweise verpacken und per Postversand verschicken lassen. Das kostet nur eine ganz kleine Stange Geld.

Das Café *Odeon* beim Bellevue bildet den zentralen Sammelpunkt aller jungen Kaffeetrinker rund um die Uhr. Bei gutem Wetter sitzt man draußen. Ob männlich oder weiblich, der Hit, die aktuelle Mode oder die gezielte Provokation, das *muß* sein! Hier erwartet der Freund die Freundin oder den Freund. Hier spricht man ebenso laut vom Joint wie von der ›Roten Fabrik‹, man zieht mal eben, reißt Kontakte auf, diskutiert ungeniert den letzten Versager und plant fasziniert ein neues Projekt. Wer schweigen will, hockt meistens an der Bar. Wer sich gern reden hört, ohne etwas Bestimmtes erreichen zu wollen, aber auch die Fanatischen, arrangieren sich an kleinen, runden Tischen. Ab und zu träumt verloren ein Mädchen dazwischen.

Aperitifs

Das *Odeon* war einmal ein traditionsreiches Zürcher Caféhaus. Die Künstler und Dadaisten Hugo Ball, Jean Arp, Sophie Täuber und Marcel Janco gingen hier fast täglich ein und aus. Doch die Reste der schönen Jugendstileinrichtung und der Ruf als Literatencafé scheinen schon fast vollkommen vergessen. Schade!

Heute sorgt das *Odeon* nicht mehr für Kunst- und Literaturgeschichte, allenfalls für Zürcher Sozialgeschichte. Wen es aber nach einem urgemütlichen, traulichen ›Caféhüsli‹ gelüstet, der spaziere in die Münster-/Ecke Napfgasse. Gegenüber *Colonialwaren, Eier* im Haus ›zur alten Post‹ steht *Café Conditorei Schober* angeschrieben. Da geht's hinein. Die einen pilgern her, weil's so schön nostalgisch ist: Die liebevoll zurechtgemachte Confiserie kokettiert in frisch restauriertem Jugendstil vor ihren Gästen. Schon das ist ein Augenschmaus. Die anderen aber kommen, um von himmlischen Patisserien zu kosten. In Anbetracht dieser unerschöpflichen Köstlichkeiten rundweg von Kaffee und Kuchen zu

Kalte Getränke

sprechen würde bedeuten, dem alten Schober das Herz zu brechen. Denn seit 1834 existiert in diesem Haus eine Konditorei, und seit 1874 taten dann die Schobers ihr Bestes. Ihre originellste Kreation darf man Frühstücksfanatikern keineswegs verschweigen, das ›Samstag/Sonntag Zopf-Zmorge‹. Zu ihm finden sich zwar nicht wie dazumal im venezianischen *Florian* Goldoni, Rousseau, Casanova oder gar der ehrwürdige Goethe ein, dafür aber die Berühmtheiten unserer Zeit: Gustav Knuth, Ursula Andress und mit Sinn für süße Sensationen Nadja Tiller.

Zu frühstücken wie ein König genoß auch Gerd Fröbe nach Leibeskräften. Er dankte großzügig: »Ihr seid das schönste Café der Welt!« Dazu gehört aber noch eine Huldigung. Das Zürcher Café bleibt, generell als Einrichtung, vorbildlich: als Ort der Gleichberechtigung. Es ergreift weder für oder gegen Mann oder Frau Partei, noch für Süßes oder Salziges — hoch lebe die Zürcher Caféhaus-Demokratie, denn in Basel ist alles ganz anders!

11 Millionen für ein Museum

Die Schweizer schätzen nicht nur ihre Banken, sondern vor allem das, was sie erhält, das liebe Geld, ihre Rappen und Franken. Darum erstaunt, daß sie andererseits zu den spendenfreudigsten Völkern Europas zählen.

Was da an Hunderttausenden und Abermillionen Franken freiwillig zum Wohle anderer, irgendwelcher Institutionen oder gemeinnütziger Zwecke gestiftet wird, das macht so manche kleinliche Berechnung wieder wett. Ein Beispiel: das neue **Völkerkundemuseum** der Universität. Die Zürcher Bevölkerung, der Kantonsrat und der Bund brachten für seinen Neu- und Umbau 11 Millionen Franken auf!

Sollten Sie nun einerseits zu den eingeschworenen Nichtmuseumsgängern gehören, so sind Sie andererseits vielleicht doch neugierig auf ein Museum, das 11 Millionen Franken gekostet hat, und werden von dieser Summe dennoch zu einem Blitzbesuch verführt. Schließlich machte dieses Museum auch Zürcher Stadtgeschichte: 1974 erhob sich nämlich die Frage, ob das durch die Verlegung des Botanischen Gartens auf dem Areal ›zur Katz‹ (Ecke Talstraße/Pelikanstraße) freigewordene Gelände — die letzte Grünanlage im Herzen der Stadt — unbedingt für ein Museum zu vergeben wäre. Die Zürcher entschieden sich aber nicht nur für die genannten Franken, sondern auch für die Erhaltung des 135 Jahre alten Gartens und stellen nun im alten Gewächs- und Palmenhaus fremde Götter und Idole aus. Somit besitzt Zürich nicht nur eines der reichsten Völkerkundemuseen (22 000 Objekte) Europas, sondern präsentiert seine Schätze auf verblüffende Weise in einer selten gewordenen Oase der Ruhe und Kontemplation mitten in der Stadt.

Nicht weit von hier liegt das **Rietberg-Museum** (Gablerstraße 15), das durch seine höchst bedeutungsvollen Stücke keineswegs erdrückend (selbst bei nur *einem* Besuch lohnend), sondern sogar äußerst anregend wirkt. Unter *einem* Dach sind hier die Schätze des Barons von der Heydt zu bewundern (indische, chinesische, afrikanische Kunstwerke), die bis 1952 über 24 Museen Europas verstreut waren.

Wer durch dieses Museum wandelt, denke daran, dass es als ehemalige *Villa Wesendonck* in der Zeit, als R. Wagner hier Gast war, in der Zürcher Gesellschaft eine bedeutende Rolle spielte. In dem Salon, wo zum erstenmal die Takte von »Tristans Tod« auf dem Flügel erklangen, tanzt Shiva im kosmischen Feuerkranz. Im herrlichen Park den empfangenen Eindrücken nachzuhängen oder die prächtige spätklassizistische Architektur auch von der Gartenfront her zu bewundern, bereitet seltenen Genuß.

Das Centre Le Corbusier, Park und Museum Rietberg ▷

Wer aber der Schweizer Kunst und Kultur zuliebe nach Zürich kommt, der ist im **Schweizerischen Landesmuseum** (gegenüber der Rückfront des Bahnhofs) am richtigen Platz. Noch ist es geblieben, was seine Gründer erstrebten: ein Bilderbuch der Schweizer Kultur-Geschichte. Schon allein eine wundervolle Goldschale aus der Bronzezeit bezeugt Zürichs frühe historische Vergangenheit. Die Bewunderer von Schweizer Wappenscheiben werden kaum verstehen, wenn man die **Stiftung Sammlung E. G. Bührle** (Zollikerstraße 172) das schönste Museum Zürichs nennt. Der Anbruch der Moderne, Werke von Courbet, Manet, Renoir, Degas, Cézanne, Gauguin, van Gogh sind hier in erlesener Qualität zu sehen, und zwar nicht in steriler Museumsatmosphäre, sondern in den lichtdurchfluteten Räumen einer großbürgerlichen Zürcher Villa. Fahren Sie mit dem eigenen Auto (Parkplätze vorhanden) oder nehmen Sie ein Taxi. Der Bus tut's auch, nur bleibt dann noch ein gutes Stück zu laufen.

Ein Phänomen gilt für die Schweiz ganz allgemein und für Zürich im besonderen: Der persönlichen Kunst- und Sammelleidenschaft einzelner Mäzene verdanken beide weltberühmte Museen. Auch im **Kunsthaus** (Heimplatz) hängen bedeutende Stiftungen, und es wäre fast vonnöten, zwei-, dreimal hierher zu kommen. Keineswegs vergessen darf man bei der Fülle von Bildern die der französischen Impressionisten Manet, Monet, Renoir, Bilder von Cézanne, Bonnard und van Gogh sowie der berühmten Schweizer Füssli, Vallotton und Hodler. Giacomettis Skulpturen beanspruchen ihr eigenes Domizil im angeschlossenen Landolthaus.

Wenn draußen die Sonne scheint, will wohl kaum jemand Museen von innen sehen. Darum nutze man die Gelegenheit, gehe am Bürkliplatz an Bord, fahre bis ›Zürichhorn‹, schlendere durch die Parkanlagen am See entlang (stadteinwärts) und bestaune nach maximal 15 Minuten Fußmarsch in der Nähe Tinguelys Eisenplastik ›Heureka‹ das **Centre Le Corbusier** (Höschgasse). Es ist interessant, daß dieser Bau außerhalb der Stadt, ja sogar außerhalb des eigenen Landes die Vorstellung von Zürich als Museumsstadt prägt. So farbenfreudig dieser kühne Pavillon auch leuchtet — er hat es in Zürich dennoch nicht weiter als zu einer fast vergessenen Berühmtheit und Präsentation von Dokumenten gebracht. Dagegen gehen schräg gegenüber, im **Museum Bellerive,** die Besucher rege ein und aus, um sich hier interessante, ausgefallene Wechselausstellungen anzusehen.

Zürigschnätzlets

Züri-Gschnätzlets mit Züri-Blick

Geschnetzeltes ist eine Züri-Spezialität, die man in dieser Kombination nur im Dachgartenrestaurant des *Hotel Zürich* erhält. Sie gehört so unabdingbar zur Schweizer Küche wie Teigwaren zur italienischen. Doch wie es unzählige Arten von Nudeln gibt, kann auch das Geschnetzelte von Restaurant zu Restaurant und kantonal variieren. Das ›Züri-Gschnätzlets‹ aber ist unverfälschbar und in seiner geschnetzelten Güte unerreichbar. Das wiederum nehmen die Zürcher sehr genau! Darum bedeutet es absolut kein Risiko, sich dem Züri-Gschnätzleten (kleingeschnittenes Kalbfleisch mit Pilzen an einer Weißwein-Rahmsauce) in Zürich, in welchem Restaurant auch immer, anzuvertrauen.

Andererseits, in Zürich essen zu gehen, wird mitunter fast zum Problem. Nicht etwa, weil es nicht genug Gutes oder nicht genug Restaurants gäbe, sondern weil es eine Fülle von beidem gibt!

Doch muß man nicht einmal besonders ortskundig sein, um schon in der Umgebung des Bahnhofs auf eine Reihe von Lokalen aller Schattierungen und Preiskategorien zu stoßen. Gutes Essen braucht auch in Zürich nicht teuer zu sein: *Silberkugel, Mövenpick, Braustube, Du Nord* — alle am oder beim Bahnhofplatz; *Brasserie, Feldschlößchen* — beide Bahnhofstraße; *Chässtube* — Löwenstraße; *Urania* — Uraniastraße, keines weiter als 8 bis 10 Gehminuten vom Hauptbahnhof. Im Bahnhof selbst, in der *Trotte,* zahlt man für ›Chuttle mit Chümmi und Chäs‹ sage und schreibe nur 6.80 Franken. Ohne große Anstrengungen lassen sich aber auch im Altstadtkern zahlreiche Lokale mit ›währschaften‹ (gutbürgerlichen) Speisen unter 10 Franken entdecken.

Viele Schweizer Restaurants, einfallsreich was ihre Kundenwerbung anbelangt, pflegen in ihren Unternehmen häufig ein Sowohl-als-auch-Programm. Das heißt: Gäste mit schmalerer Börse können im Erdgeschoß Gutbürgerliches zu attraktiven Bedingungen genießen, während aufwendigere Tafelfreuden in einem Extraraum oder eine Etage höher auch einen entsprechend angehobenen Preis bedingen.

Die Zürcher und nicht nur die Zürcher Gaststätten sind allgemein gut besucht, denn der Schweizer ißt, wenn auch nicht mit so ausgeprägter kultischer Hingabe wie der Franzose, aus Freude, ja aus Leidenschaft. Es ist durchaus legitim, dafür mit Verwandten, Bekannten oder Geschäftsfreunden hin und wieder eine kleine Reise zu tun. Wenigstens *einmal* mit Genuß zu speisen, sollte — fast ist es schon ein Muß — sich jeder Schweizer Gast zur Pflicht machen, wobei er sich durchaus nicht an Geschnetzeltes mit Rösti halten muß, denn auch andere Züri-Spezialitäten wie ›Leberspießchen‹ (mit Speck, Salbei, Bohnen, Kartoffeln), ›Kutteln nach Zürcher Art‹ (mit Zwiebeln, Champignons, Kümmel und Weißwein) oder ›Zouftschriibertopf‹ (mit Gemüse, Champignons, Speck und gegrilltem Fleisch) bestechen auf ihre Weise. Wer keine ›Fleischvögel‹ mag, entdeckt vielleicht sein Herz für eine ›Zürichsee-Bouillabaisse‹ (Fr. 12.50 im Landgasthof Halbinsel Au) und speist zugleich in herrlicher Gegend. Auch die Züri-Süßigkeiten wie ›Züri-Leckerli‹, ›Züri-Tirggel‹ — auch ein hübsches Mitbringsel —, ›Offleten‹ oder ›Hüppen‹ sind keineswegs zu verachten — fragen Sie danach bei *Sprüngli* (Bahnhofstraße).

Grundsätzlich braucht man in Helvetien niemals vor einem Tagesmenü zurückzuschrecken, im Gegenteil. Oft überraschen schmackhafte Hausgerichte, die nur selten auf Speisekarten zu finden sind, reichliche Portionen und ein annehmbarer Preis, der sämtliche à la carte-Gerichte unterbietet.

In der Hochsaison locken viele Gaststätten mit speziellen gastronomischen Menus, sie sind keineswegs zu verachten, doch als billige Feinschmeckervergnügen darf man sie nicht einstufen. In Zürich variieren sie zwischen 25 und weit über 30 Franken (Wein ist im Preis nicht enthalten).

Zum Essen zieht der Zürcher Wein dem Bier vor, und er schätzt besonders seinen Zürcher Wein, den weißen Riesling/Sylvaner, den weißen Räuschling, vor allem zu Fischspezialitäten, oder leichte Blauburgundertrauben-Weine, deren Reben am Zürichsee oder in der Ostschweiz gedeihen. Diese Weine werden immer kühl serviert. Ein guter Tropfen verlangt seinen Preis. Darum sollte man wissen, daß auch Erstklassrestaurants offene Weine ausschenken. Verlangen Sie das ›Tschumpeli‹ (1 dl), das ›Zweierli‹ (2 dl), ›Drüerli‹ (3 dl) oder gleich ›en Halbe‹ (5 dl).

Drei Zürcher Damen gründeten in den 1890er Jahren sehr mutig einen Frauenverein, um, wie sie sagten, ihren Männern den Bierrausch zu ersparen! Seither braut die Schweiz nicht nur alkoholfreies Bier (Ex-Bier), sondern unterhält auch alkoholfreie Restaurants. Ob jene Frauen allerdings auch die List ausklügelten, nur mit einem winzig kleinen Schild in einem Fenster oder an der Beizentür auf ›alkoholfrei‹ zu verweisen, bleibt dahingestellt. Auf jeden Fall fungiert auch heute noch eine Frau als Geschäftsführerin des sich bis 1979 als ›Schweizerische Stiftung für Gemeindestuben und Gemeindehäuser‹ bezeichnenden Vereins. Sie, Alice Nobel, erklärte denn kürzlich auch, daß es inzwischen in der Schweiz mehr als 100 alkoholfreie Gastbetriebe gäbe und diese Entwicklung ein ›positives‹ Bild zeige. Ob man zur ›Terrine de Chouxfleur mit Sauce d'Ecrevisses‹ eine Coca-Cola trinken kann, ist nun wirklich Geschmackssache, aber unabhängig davon ist Zürich, gerade was seine Gaumengenüsse betrifft, eine Stadt mit weltstädtischem Niveau. Es ist zwar nicht London und nicht Soho, wo man in einem kleinen Zentrum das meiste beieinander findet, dafür besitzt Zürich aber ein weit und sehr breit gestreutes Angebot an Gaststätten, ohne daß man erst lange Taxifahrten unternehmen muß, um ans Ziel seiner Wünsche zu gelangen. Was das eine Haus vorenthält, findet man bestimmt im *Weißen Kreuz* gleich um die Ecke. So einfach ist das.

Etwa 1300 Restaurants verwöhnen den Gast allein in Zürich. Ins *Zunfthaus zur Schmiden* (Marktgasse 20), eines der ausgesucht guten und stimmungsvollen Stadtzürcher Lokale, führen Zürcher Familien sich gegenseitig aus. Man muß es wissen, um zumindest am Wochenende einen Tisch vorzubestellen. Auf die schmackhafte, gute Küche der Zunfthäuser kann der Fremde grundsätzlich vertrauen. Ihre Wirtsleute setzen vielfach eine lange Tradition fort und bürgen oft schon mit ihrem Namen. Die gastronomische Verpflichtung reicht mitunter auch von Ort zu Ort. So kann es passieren, daß man im *Zunfthaus zur Saffran* am Limmatquai typisch Baslerisches kosten kann, während die Basler im Saffran-Zunfthaus an der Gerbergasse Zürcherisches probieren können. Daß diese Austauschaktion nicht nur der kulinarischen Verständigung, sondern auch der ›zünftigen‹ Kontaktnahme dient, kann allerdings nur beurteilen wer weiß, daß die Zürcher im Grunde die Basler keineswegs mögen, wie auch Luzerner und Zürcher nicht gut aufeinander zu sprechen sind. Doch die Schweizer müßten nicht Schweizer sein, um bei einem guten Tropfen jahrhundertealten Streit zu vergessen.

Liebt man einen munteren, frischen Umgangston, dann nichts wie hinein in den *Augustiner* (Augustinergasse 25, Parterre). Hier gibt's ein gutes Bier, Tische im Freien und die lustige Manier, Wurstsorten aller Art nach Gewicht zu bezahlen! Unvereinbar der Gegensatz: In den Grill-Room des Hotel *Baur au Lac* (Talstraße 1) läßt die Garderobiere niemanden ohne Krawatte ein. Dafür darf man dann, fast wie im Märchen, vor blitzendem echt Silbernem sitzen! Küchenchef Bernard Gothuey legt seine persönliche Ehre ein, die hochgeschraubten Erwartungen durch noch Edleres zu übertreffen.

Kein Feinschmecker wird jedoch den Fehler begehen, Tag für Tag erlesen zu speisen. Es empfiehlt sich, mittags oder abends nur eine Crêpe oder ein herrlich duftendes ›Käsechüechli‹ am offenen Stand zu nehmen oder sich, kräftigender schon, ›nur‹ mit einer St. Galler Bratwurst oder einem ›Riesenschübling‹ zu verpflegen. Wer Gesundes mag, der wird nicht anders können, als auf Dr. Linius Birchers ›Birchermüesli‹ (mit und ohne Rahm) zu schwören. Auch ein Stück Obstkuchen vermag durchaus eine vollwertige Mahlzeit zu ersetzen, denn es ist hierzulande kein Stückchen mehr, sondern ein imponierend großes Kreissegment. Solchermaßen vorbereitet schwelgt man dann in Heinz und Babette Witschis *Rebe* (Schützengasse 5) im lukullischen Wunderland. Dann schlägt man in der jüngsten Zürcher Gourmet-Veröffentlichung nach (*Zürich zum Essen gern,* pendo-Verlag, 1981, jedem zu empfehlen), so hört sich das folgendermaßen an: »Alle Gerichte aus Fischen und Meeresfrüchten sind vollendet in Kreation und Ausführung. Der ›Turbot en habit vert au Brouilly‹ (29.—) ist ein kulinarisches Wunder« — bitte schön!

»Phantastisch« loben die einen, »überzogen« tadeln die anderen Zürichs zweites Spitzenrestaurant *Chez Max.* Weniger bekannt, aber mindestens von gleicher Qualität speist man in der *Wirtschaft zur Höhe,* Zollikon, ein Tip für Gourmets zu erfreulichen Preisen. Auf jeden Fall lohnen Agnes Ambergs Künste und vor allem das *Riesbächli* (Kartausstraße) von Rosa Tschudi. Will man des Essens wegen einen kleinen Ausflug in ein ebenso hübsches wie gutes Restaurant machen, so fällt mir spontan die *Solitude* (Forch-Küsnacht) ein. (Auf jeden Fall telefonisch einen Tisch bestellen und sich die Anfahrt erklären lassen).

Natürlich läßt es sich in Zürich auch historisch speisen. Am populärsten ist die *Öpfelchammer* (Rindermarkt 12), Zürichs älteste Beiz und angeblich Gottfried Kellers Stammlokal. Der Irrtum, der Dichter sei hier regelmäßig ein- und ausgegangen, geistert seit Wilhelm Schäfers Erzählung, daß Keller und seine Freunde in der *Öpflete* zechten, diskutierten und »aus vollem Halse lachten, wie wenn Fässer über das Pflaster rollten«, durch die Zürcher Stadtgeschichte. Hier sitzen jung und alt an schmalen, blankgescheuerten Holztischen dicht beieinander. Man singt und schunkelt und gehört dazu. Das ist der Charme der rußgeschwärzten *Öpfelchammer.*

Dergleichen wäre undenkbar in der eleganten, renommierten *Kronenhalle* (Rämistraße 4). Ihr Ruf ist legendär, doch ihr Äußeres bescheiden. Steigt man aber in den oberen Speisesalon empor, verstummt der Gast vor so viel Original-Kunstwerken (Braque, Picasso, Miró). Die *Kronenhalle* war ein ausgezeichnetes Restaurant und blieb bis heute: eine Züricher Institution. Hier speist die High Society, nicht nur von Zürich: Großindustrielle, Bankiers mit gehobenen Angestellten, Künstler aus aller Welt, Leute vom Fernsehen und von Verlagen. (Es empfiehlt sich, unbedingt einen Tisch zu bestellen). Selbst wenn man nicht zu den reichen Schweizern gehört, wird man hier zuvorkommend von der neunzigjährigen Besitzerin begrüßt.

Noch ein Tip. Beginnen Sie mit einen ›Apero‹ unten in der *Kronenhallen-Bar,* vielleicht so zwischen 18 Uhr und 19 Uhr. Setzen Sie sich aber auf jeden Fall mit dem Rücken zur Wand — das lohnt sich!

Im Restaurant, der Beiz oder im Quartierlokal sucht der Schweizer Geselligkeit, Abwechslung, Kommunikation. Die Beiz ist Spiellokal, Jass-Treffpunkt, Kegel-Mittelpunkt, politisches Versammlungslokal wie die *Cooperativo* (Werdmühleplatz), der Treffpunkt der Sozialisten und Linken. Hier ißt man nicht im Anblick von malenden Idealisten, sondern von revolutionären Kommunisten — Marx und Matteoti. Auch Lenin hat bei den ›Coopis‹ italienisch gegessen, deren Preise zwar nicht sonderlich günstig, deren Hausmacherspeisen aber zu den besten Zürichs gehören. Genosse Ferrari steht dem Ganzen aufmerksam vor und seinem spähenden Blick entgeht kein fremdes Gesicht.

Komm mit auf den Hirschenplatz

Zum lebendigsten und unmittelbarsten an einem schönen warmen Sommerabend gehört das Treiben auf dem **Hirschenplatz.** (Er liegt im Niederdorf, spiegelt aber weniger das ›anrüchige‹ Zürcher Nachtleben als das Volksleben wider). Der Hirschenplatz gilt jungen Zürchern als *der* Treffpunkt, was auch die jüngsten Rucksacktouristen schnell erspüren. Im Gefolge der Richtung Hirschenplatz ziehenden Jugendlichen finden auch alle anderen Touristen hin.

Das Erstaunliche aber ist, auf dem Platz tut sich gar nichts. Keine Veranstaltung, keine Protestaktion. Nicht einmal ein Mini-Zelt der weltbekannten Schweizer Zirkusfamilie Knie ist aufgestellt, in das zu gehen sich in jedem Fall lohnen würde. So stellt mancher sich wohl die Frage, was führt die Leute eigentlich hierher? Aber darauf gibt es keine schlüssige Antwort, denn jede Stadt, ob groß oder klein, besitzt ihre Jugend-Sammelplätze. Sie wechseln manchmal, aber der Hirschenplatz ist schon lange ›in‹. »Er ist«, erzählt Dino, »für mich das Züri, in dem ich lebe«.

Schaut man sich um: Gruppen von Jeanstypen, die sich nicht von denen in München, Paris oder Amsterdam unterscheiden. In ihrer Mitte neugierige Amerikanerinnen. Schräg gegenüber vom *Mabuhay* eine Anzahl Gartenstühle, mitten auf dem Pflaster, alle besetzt von betagteren Niederdörflern (er, das Bier auf dem Knie, sie mit dickem Dutt und Busen), einheimische Jung-Familien, daneben das Traggestell mit schlummerndem Baby drin — das ›Zille-Milljöh‹ unseres Jahrhunderts!

Wer Lust verspürt, beißt in die Wurst, daß es spritzt. »Ich habe Durst« schreit einer, holt aus und gibt der leeren Cola einen gewaltigen Tritt. Paare hocken intim beieinander, was niemanden stört. Hier tauscht man ›Stoff‹ ein, und hier lungern sie herum, die Dealer und ihre Opfer, die Penner und die von der ›Bewegung‹, und es wird ›züritüütsch‹ gesprochen. Aber Ordnungshüter sieht man nicht. Die ›Szene‹ in Zürich ist, trotz Schlagzeilen in der *Neuen Zürcher Zeitung* und im *Blick* auf dem Hirschenplatz friedlich. Aber endlich, »endlich ist mal was los in Zürich« freuen sich die Protestler, die Chaoten, die linken und die konservativen Studenten; sie (1981 waren 14 000 Studenten immatrikuliert) vermögen Zürich außerhalb des Uni-Viertels als Universitätsstadt kein studentisches Gepräge zu geben.

Plötzlich dringt Gitarrenklang herüber: vorzüglich! Zwei Querflöten übernehmen die Stimme, dann Schluß. Eine Posaune hebt an — rein, melancholisch. Sie unterbricht, setzt von neuem ein: Ein irrer Typ, Bart plus Augen, sonst kein Gesicht, schickt nun mit ganzer Lungenkraft *seine* Melodie zum Himmel. Faszinierend! Er bläst bis er nicht mehr kann. Dann bückt er sich, hebt sein Glas, ruft ›Salü‹ zur Menschenmenge und trottet hinüber ins *Cantina,* das Neuigkeiten-Ristorante.

Wer noch nicht nach Hause will, geht die paar Schritte zum *Rosengarten* oder ins *Bazillus* (Musikrestaurant, täglich Konzerte mit aktuellem Jazz oder Jazz-Rock). Manche bleiben beim Bier und ihrer Bierstimmung *(Rhyn's Hafenkneipe,* Militärstraße 12). Wer seinen Joint braucht, muß — so munkelt man — woanders hin, seit es das AJZ (Autonomes Jugendzentrum) nicht mehr gibt. Mittwoch abend ›tagte‹ dort jeweils die Vollversammlung, eine harte Sache, zu der es Jugendliche aller ›Glaubensrichtungen‹ zog, Sympathisanten, Angehörige der Basler ›Bewegung der Unzufriedenen‹, Wohnungsbesetzer und ›Polittouristen!‹ Um all das zu erleben und zu erfahren, muß man einfach auf den Hirschenplatz.

ZÜRI BY NIGHT

Sennen, Sex und Swiss Folklore

Züri by night, das ist so eine Sache meinen viele und überschreiten die helvetische Grenze mit schweren Bedenken. Hat man nicht oft genug gehört, daß die Bürger Helvetiens nur allzu gern ihre eigenen Grenzen überschreiten, um auch einmal nach Herzens- um nicht zu sagen nach Fleischeslust Grenzen überschreiten zu dürfen?

Kennen Sie den Witz: Ein Österreicher schwärmerisch zu einem Schweizer: »Was ist schöner, Weihnachten oder eine Liebesnacht« — »Weihnachten!« — »Wieso?« fragt der Österreicher. — »Weil Weihnachten gibt's bei uns öfter . . .« Doch vergessen wir nicht, mancher ist schon wegen manches Zürcher Meitli immer wieder hierhergekommen, hat eines Tages hier glücklich Wohnsitz genommen und später einen roten Paß erhalten.

Sie können natürlich ganz brav ins Konzert, in die Oper oder ins Theater, auch in eins der rund 40 Kinos gehen und Filme in Originalversionen sehen, denn schließlich, niemand zwingt Sie in eines der mehr als 40 Nachtlokale oder Privatclubs, geschweige denn in die Arme Niederdorfer Animierdamen. Zürich ist, trotz allem oder gerade wegen seiner von Fremden leise belächelten Normalität besonders anregend. Und es ist bei Nacht ausnehmend schön, man braucht nur von einer der Brücken auf die stimmungsvoll beleuchtete Altstadt und die Limmat sehen, das berauscht wundervoll! Man empfindet die Stadt als amüsant und animierend, als frappant und durchaus stimulierend, als verführerisch und — das liegt dann ganz allein an Ihnen — als unvergeßlich. Die jungen Zürcher und Zürcherinnen, flott und elegant, passen sich an. An Kleinigkeiten werden Sie sich schnell gewöhnen: Man sagt nicht Züricherin, sondern *Zürcherin,* genau wie die weiblichen Bewohnerinnen von Basel nicht Baselerinnen, sondern *Baslerinnen* heißen; man küßt einander nicht auf den Mund, sondern ›ufs Mul‹ (= Maul/Mund) und ist es (ein Mädchen, ein Abend oder eine Sache) besonders schön gewesen, so ist es ›e sauglatti Sach gsi!‹

Um mehr oder weniger echte Bergler oder Sennen zu sehen, kann man das *Kindli* (Oberer Rennweg) nicht umgehen. Schon beim Speisen bietet sich das Vergnügen, Musik zu hören. Hier arbeitet vor internationalem Touristenschwarm eine schier unerschöpfliche Allround-10-Mann-Band bei einem buntgemischten Swiss-Folklore-Programm. Amerikaner und Amerikanerinnen sind durch nichts so hingebungsvoll für ›old swiss‹ zu gewinnen wie durch den bestickten Appenzeller Sennenhut, Sennenbart, -brust und -gesang. Handörgeli (Schifferklavier), Alphorn- und Jodelklang bleiben den dankbaren Gästen ein Leben lang unvergessen.

Die 08/15-Touristen wagen sich kaum — drüben im eigentlichen Zürcher Amüsierquartier, dem **Niederdorf** — in die Schoffelgasse Nr. 11, die *Alt-Züri-Bar.* Dabei treffen sich hier die Leute vom ›Dorf‹ (einschlägige Bezeichnung von Niederdorf). Sie trinken und singen und wissen, was Stimmung heißt. Der Mann am Piano unterhält allein (geöffnet nur bis Mitternacht), er kann's und spielt einfühlsam die neuesten Sounds und weltbekannte Evergreens. Guido Baumann weiß es genau: »Wenn einer von den Gästen auch mal möchte, dann darf er ebenfalls aufstehen und etwas zum besten geben«.

Die Schoffelgasse und die *Alt-Züri-Bar,* bis 1933 die *Häfelei,* machten zweifelhafte Gastgeschichte. Seit 1480 beliebter Ort von Trink- und Teestuben sind sie vorbelastet, und das blieben sie. 1837 wurde an der Unteren Zäune das *Actientheater* eröffnet und die *Häfelei* Treffpunkt des Theaterpersonals. Zum öffentlichen ›Fall‹ wurde der Publikumsliebling Greenberg, als er sich in der *Häfelei* zu vorgerückter Stunde ›der Staatsgewalt widersetzte‹ und das Auge des Gesetzes für kurzsichtig erklärte. 1906 zog ein besorgter Pfarrer energisch gegen den Sumpf der Schoffelgasse zu Felde: »Das sage ich: Wenn unsere

Bevölkerung wirklich wüßte, was in mancher dieser Wirtschaften geschieht, so müßte zum Schutze der Wirte vor Lynchjustiz die Polizei aufgeboten werden.« Man trocknete den Sumpf aus. Übrig blieben die *Bodega Española,* unten eine laute, stets von durstigen Gästen volle Wein-Kneipe, oben ein gemütliches Restaurant, dann das heutige *Maxim* und die *Alt-Züri-Bar*.

Es ist zu verstehen, wenn Sie by night auch einmal etwas Nacktes sehen wollen. Im Niederdorf brauchen Sie nicht weit zu gehen, aber das Niederdorf geht auch nicht weit. Zwischen Bellevueplatz, Oberdorf- und Niederdorfstraße bietet sich reichlich Gelegenheit, doch zum Zentrum hin wird das Angebot mit jedem Meter schaler. 1981 wäre für Zürichs Niederdorf ein besonderer Grund zum Feiern gewesen, nämlich den 12jährigen Striptease-Geburtstag! Denn erst im Mai 1971 bekannte sich die Weltstadt Zürich zu dieser Einrichtung. Aber für Helvetien gehört sich, grundsätzlich in allen Belangen, erst einmal an die 10 Jahre Entwicklung im ›Großen Kanton‹ (wie die Schweizer scherzhaft die BRD nennen) abzuwarten, um dann schließlich dieselben Fehler zu machen. Striptease ist nun zum Glück kein Fehler, sondern eine, laut Brockhaus »musi-

kalisch untermalte Entkleidungsszene«, und die soll bekanntlich Freude machen! Also wurde Striptease endlich kantonalbehördlich zugelassen! Im Mai 1971 durfte das erste echte Nachtlokal das Licht der Zürcher Welt erblicken! Inzwischen stieg die Zahl auf rund 40.

Daß die Zürcher die Polizeistunde so bitter ernst nehmen, beruht auf Tradition, denn eine Polizeistunde gibt es seit dem 14. Jahrhundert. Damals läutete schon um 21 Uhr eine Glocke die allgemeine Nachtruhe ein — heute dauert die Nacht immerhin bis 2.30 Uhr, und das ist dann doch schon weltstädtisch! Was die delikaten Entkleidungskünste anbelangt, hält Zürich heute internationalen Stand – im Durchschnitt. Im *Red House* (Marktgasse 17) läuft eine schwungvolle Show, jung und appetitlich vorgetragen, unter raffinierten Licht-Regie-Effekten. Zwischendurch ist Tanzen erlaubt. Der Rahmen ist elegant, doch nicht überspannt, das Programm eines der besten. Will man systematisch auf Tour gehen, fängt man am besten beim Bellevue (Night Club *Mascotte)* an, wechselt dann ins *Tabaris* (Rämistraße 6), ein Etablissement gepflegter 1. Klasse, sehr intim, für Damen ohne Herrenbegleitung nicht zu empfehlen, man läßt sie nicht ein. Dafür kommen sie im *Terrasse* (Bellevueplatz, ab 18 Uhr Tänzerinnenparade) beim Variété und Tanz auf ihre Kosten. Von 22.25 Uhr bis 1.30 Uhr absolvieren die Girls ihren non-stop-Lauf vor gemischtem Publikum. Ungezwungener, turbulenter präsentiert Käpt'n Jo in der *Haifisch-Bar* (Mühlegasse 3), sogar ein Blinder findet sie, seine Show und seine Gäste (Eintritt frei, Konsumation ab Fr. 13.—). Jazz in allen Variationen ist die Spezialität der *Casa Bar* (Münstergasse 30).

Danach steuert vielleicht mancher ruhigere Gefilde, die privaten Bars oder Clubs, an. Sie wechseln stetig, darum ziehe man zur kurzfristigen Information die einschlägigen Blätter, den *Tages-Anzeiger* (Wochenprogramm am Freitag), den *Züri Leu* (2× wöchentlich) oder das *Zürcher Wochen-Bulletin* heran. Bereitet jemand sein Amüsement von langer Hand vor, so kann er beim Schweizerischen Verkehrsverein, Hauptbahnhof, den 2× monatlich erscheinenden *Zürich im Blickpunkt* bestellen. Unkomplizierter ist es, mittels kleiner Aufmerksamkeit Portier oder Taxifahrer um Adressen einschlägiger Privatclubs zu bitten. Sie wissen, wo man sich nach 2 Uhr auch noch bestens unterhält.

Als eine der bemerkenswertesten Züri-News verdient *Le Privé* (Stauffacherstraße 106, am einfachsten per Taxi zu erreichen) erwähnt zu werden: Ein Night-Club von sehr elegantem Ambiente, exklusiv im Angebot hochkarätiger schwarzer Königinnen, herrlich sentimental singender Rothaariger oder — temperamentvoll mitreißend, unter die Haut gehend — vom Typ ›Blauer Engel‹. Zum Schluß die spanische Nonne, ein Ballett tanzender Transvestit — aus Paris? Die Frage ist nur, wird der Showman das raffinierte, anspruchsvolle Niveau halten können?

Der nächtliche Bummel durch Zürichs Vergnügungslokale mag für den hartgesottenen Porno-Kenner enttäuschend sein, denn auch der vielbefeindete und trotzdem vielbesuchte Zürcher *Stützli-Sex* entsprechend dem Motto »Mit fünf Franken sind Sie (durchs Guckloch) dabei« ist keine Zürcher Neuerung.

Das Niederdorf eine Lasterhöhle zu nennen, wäre glatte Lüge, es hat wirklich nichts mit Sodom und Gomorrah zu tun. Die Betonung von Niederdorf liegt vielmehr auf *Dorf,* denn auf *nieder.* Und so gibt es denn im ›Dorf‹ nicht einmal Schaufenster, die sittsame Touristen zum Erröten bringen, keine Porno-Literatur-Kästen, keine Beate-Uhse-Läden, dafür aber gibt es in der Froschaugasse *Pinkus,* eines der bekanntesten Antiquariate der Schweiz mit Erstausgaben, seltenen kulturhistorischen und wissenschaftlichen Titeln auf fünf Etagen!

Natürlich flattern auch absonderliche Nachtvögel im Dorf herum, stehen hier Strich-Jungen und -Mädchen (im Durchschnitt für Fr. 100.— bis 300.—) und selbstverständlich versteht man sich auch in Zürich auf Massage in abgestuften Nuancen, aber grundsätzlich bleibt das Zürcher Nachtleben in konventionellen Bahnen.

In den Bars und Night-Clubs herrscht eine einladend geschmackvolle, beinahe gemütliche Atmosphäre. Die fühlbare Nähe von Cécile oder Ariane kostet auch hier eine Flasche Champagner zwischen Fr. 80.— und 100.—. Sie zu leeren, dauert nicht länger als eine halbe Stunde, und doch fühlt der Gast sich, schon durch die niedrigen Eintritts- und die passablen Getränkepreise, keineswegs ausgenommen. Geschmacklose Frivolitäten, Vulgarität oder multisexuelle Darbietungen sind nicht Schweizer Sache. Wer Vergleiche zu Hamburgs St. Pauli oder Herbertstraße, Frankfurts Kaiserstraße oder Amsterdams ›Walletjes‹ sucht, der ist in Zürichs Niederdorf fehl am Platze. Verzicht auf Porno, dafür wunderschöne Mädchen mit Sexappeal, Eros gepaart mit Ästhetik, das ist es, was der Schweizer will. Andererseits sucht man aber auch vergeblich nach einem *Crazy Horse,* nach zündendem Esprit und dem geistreichen Charme der legendären Französin.

Ein Paradies für Kinder

Von Montag- bis Freitagnachmittag darf jedes Kind an die Pforten des Kinderparadieses klopfen. Da schaut dann aber nicht der bärtige Petrus, sondern eine der beiden ›Pflegerinnen‹ des Zürcher Spielzeugmuseums heraus. Denn das Paradies für Kinder schuf nicht Gottvater im Himmel, sondern die Stiftung der Franz-Carl-Weber-Gruppe in Zürich, Rennweg/Ecke Fortunagasse 15 (Franz Carl Weber besitzen die schönsten Spielzeugläden der Schweiz).

Das Zürcher Paradies hat dem himmlischen manches voraus. Es ist für jedermann, ob Erwachsener oder Kind, ab Hauptbahnhof in 10 Minuten zu Fuß zu erreichen und es darf zum Zwecke der reinen Besichtigung (bei freiem Eintritt) besucht und nach Belieben wieder verlassen werden, ohne daß damit irgendwelche moralischen Auflagen verbunden wären.

Was es da nun auf zwei Etagen zu sehen gibt, läßt Kinderherzen höher schlagen! Hier feiern die paradiesischen Zustände der Jahrhundertwende fröhliche und begeisternde Urständ! Puppen in Samt, Seide und St. Galler-Spitzen, mit Hüten oder langen Zöpfen, auf Schlitten oder Café-haus-Stühlen unter zarten Sonnenschirmen, dann die ersten Pferdepostkutschen, ganze Bürgerhäuser en miniature, komplette Zimmereinrichtungen, bemalte Küchen, irdenes Geschirr, phantastische Dampfmaschinen, Eisenbahnen, die Pioniere der Blechmobil-Autoindustrie, Holzspielzeuge aus dem Thüringerwald, dem Erzgebirge, dem Berchtesgadenerland, Schaufenster voll köstlicher Kleinigkeiten: Juxspielzeug, mit dem ein kleiner Mann zum grossen Zauberer werden kann — nur leider, bedienen darf man sich nicht. Aber es bleibt ein lockendes Kinderspielzeugzauberland!

Ausflüge durch die Luft, zu Wasser, zu Lande

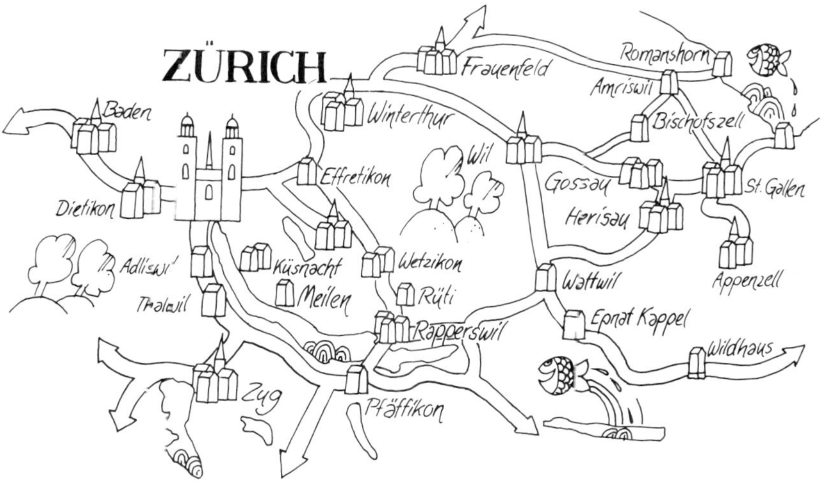

Touristisch betrachtet ist das Gute an der Schweiz, daß sie so schön klein ist. Daher kann, wer von Zürich als Großstadt und als beschaulicher Kleinstadt genug gesehen hat, bequem einen Abstecher in andere Regionen und Kantone machen.

Wer die Vogelperspektive liebt, dem empfiehlt sich Kloten-Kloten nonstop. Er wende sich an die Motorfluggruppe Zürich (Tel. 01 814 26 20) und erkundige sich dort nach den verschiedenen Routen der sieben angebotenen Rundflüge. Jährlich benutzen etwa 3500 bis 4000 Personen diese Gelegenheit, das Fliegen anders als im Fauteuil einer Großkabine zu erleben, denn nun können sie selbst einmal ein kleines Flugzeug besteigen, um in bester Aussichtsposition die Schweiz von oben zu betrachten. Der **Drei-Seen-Flug** dauert rund 25 Minuten (60 Franken pro Person), aber der **Mont-Blanc-Rundflug** (275 Franken pro Person, Kinder unter 12 Jahren zahlen jeweils die Hälfte) schon mehr als 2 Stunden! Das sind dann schon besondere und keineswegs billige Extra-Vergnügen. Sollten Sie zufällig in Kloten sein, so brauchen Sie nur im Flughafen dem Signet ›Zuschauer‹ zu folgen bis Sie vor dem Schalterpavillon am Ende des Fliegerdocks des Terminals B stehen — und Ihre Wünsche zu äußern. Formalitäten sind nicht zu befürchten. Wenn an der Kasse Wartezeiten in Kauf genommen werden müssen, offeriert man Ihnen einen Drink im benachbarten Restaurant auf dem Fliegerdock. (Der Rundflugbetrieb dauert von März bis November, es wird nur an Wochenenden und Feiertagen bei gutem Wetter geflogen. Von April bis Oktober werden die Rundflüge auch an Wochentagen ab 10 Uhr durchgeführt.)

Wem aber in den Ohren klingt »Eine Seefahrt, die ist lustig . . .«, der kann ebenfalls unter verschiedenen Schiffahrtsvarianten wählen, das Angebot ist riesengroß! Besonders schön (selbst bei wenig guter Witterung) ist die **Fahrt über den Zürichsee** (drittgrösster See der Schweiz mit 88,5 km^2) bis nach **Rapperswil** (Schiffe verkehren täglich ab Bahnhofstraße zwischen 8.30 und 14.30 Uhr; das Retourbillett kostet 1. Klasse Fr. 25.—, 2. Klasse Fr. 16.80. Erkundigungen über die kleine, die mittlere, die Mittags- oder die Abendrundfahrt (auf dem Tanzschiff) oder die Limmatschiffahrt bei der Zürichsee-Schiffahrtsgesellschaft Tel. 01 45 10 33). Die Schiffsreise unter oder auf Deck der stolzen »Wädenswil« nach Rapperswil dauert ganze 2½ Stunden. Man kann aber die malerischen, nicht verschandelten Ufer sattsam bewundern. Den alten Stadtkern von Rapperswil zu durchwandern und zum ehemaligen Deutsch-Ordens-Schloß (Polen-Museum, geöffnet April—Oktober, täglich 10—12 und 14—17 Uhr; November bis März tel. Anmeldung. Tel. 055 27 44 95) hinauf zu steigen, wird sicher Freude bereiten. Viele Familien kommen aber nur, um die Delphin-Show des **Kinderzoos** von Zirkus Knie anzusehen, die bei der notwendigen täglichen Fütterung die unglaublichsten Kunststücke vorführen. (Knies Kinderzoo täglich geöffnet von März—November 9—18 Uhr, im Sommer bis 19 Uhr). Auskünfte: Zoo-Büro, Tel. 055 27 52 22.

Sollte jemand diesen Ausflug per Auto unternehmen wollen, dann sei ihm als Kuriosität der Besuch des **Sultanats von Spreitenbach** empfohlen, wo er auf 15 000 Quadratkilometern ein phantastisches Gesamtkunstwerk von Gartenlandschaft, -skulptur und -architektur bewundern kann, das von einem, der Betonbunker haßt, angelegt wurde und das an Antonio Gundís Park Güell erinnert. Ein billiges Vergnügen für nur Fr. 2.—.

Ausflugsfahrten zu Lande lassen sich mit oder ohne eigenem Auto in alle vier Himmelsrichtungen von Zürich aus unternehmen, bequem geht es natürlich auch per Bundesbahn. Die Schweizer selbst sind nach den Japanern die zweitfleißigsten Eisenbahnfahrer der Welt! 1979 benutzte jeder Schweizer die Bahn 43mal und legte dabei 1525 km zurück, ohne daß darin die Benützung aller öffentlichen Verkehrsmittel und Automobilunternehmen berücksichtigt wäre. Um aber den Anreiz für Feriengäste, per SBB auf Reisen zu gehen, zu erhöhen, erstrahlen seit 1981 die Personenwaggons und Lokomotiven der Schweizerischen Bundesbahnen zum erstenmal in lebhaft bunten Farben. Ob Sie nun diese freundlichen Bemühungen der SBB belohnen wollen oder sich doch lieber für den Wagen oder die ebenfalls bequemen Postautos entscheiden, bleibe dahingestellt.

Wollen Sie aber bei Schaffhausen das Naturschauspiel des wilden **Rheinfalls** noch ohne Eingriffe von Menschenhand sehen, dann müßen Sie sich beeilen. Denn kürzlich schreckten Meldungen auf, daß die berühmte Aussichtsterrasse durch die Erosionskraft des Wassers so bedroht werde, daß der Mensch dringend eingreifen müsse. Der Rheinfall zieht jährlich allein 2 Millionen Besucher an, werden Sie also der Zweimillionenundeinste, dem es gerade noch gelingt, das unberührte Naturwunder auf den Film zu bannen. (Für Autofahrer: Im Zentrum Zürichs auf die Stadtautobahn Richtung Winterthur/Schaffhausen (25 km), gute Beschilderung, erst blaue, dann grüne Wegweiser.)

Es wäre jedoch jammerschade, würde man nicht auch etwas vom mittelalterlichen **Schaffhausen** sehen! Wer weiß schon, daß die beeindruckende Festung Munot 1527 nach den Architekturtheorien Albrecht Dürers errichtet wurde? Daher darf man wohl auch im Hinblick auf die wunderhübschen Türme und Brunnen, die zahlreichen Fassadenmalereien und über 150 Erker Schaffhausen das ›Schweizerische Nürnberg‹ nennen. Wem es nicht eilt, der mag hier zur Nacht essen (im *Frieden,* Herrenacker, *Fischerzunft,* Rheinquai oder im Zunfthaus *Gerberstube)* und, nachdem er in **Hallau,** das die größte zusammenhängende Rebfläche der deutschsprachigen Schweiz besitzt, einer Weinprobe beiwohnte, auch noch übernachten.

Zwischen Schaffhausen und Zürich an der Autobahn (N 1) liegt **Winterthur** (26 km), ein Mekka für Kunst- und Bilderfreunde. Was der Kunstsinn einer Großindustriellenfamilie hier zusammenbrachte, füllt zwei weltberühmte Museen; das dritte, das Kunstmuseum, gehört der Stadt.

In der **Stiftung Oskar Reinhardt,** Stadthausstraße 6, bekommt der Besucher einen phantastischen Überblick über die deutsche Malerei des 19. Jahrhunderts. Nach Winterthur muß kommen, wer die berühmten »Kreidefelsen auf Rügen«, die Caspar David Friedrich 1818 malte, unbedingt sehen will. (Öffnungszeiten Montag 14—17 Uhr; Dienstag—Sonntag 10—12, 14—17 Uhr; 1. Donnerstag im Monat 20—22 Uhr.)

Die **Sammlung Oskar Reinhardt,** am Römerholz, Haldenstraße 95, besitzt eine herrliche Sammlung französischer Impressionisten, älterer Meister sowie Schweizer Maler, darunter allein 25 Porträts von Anton Graff. (Öffnungszeiten Dienstag—Sonntag 10—16 Uhr).

Das **Kunstmuseum** (Museumsstraße 52) bildet mit Zürcher, Winterthurer, Schweizer und französischen Meistern des 19. und 20. Jahrhunderts eine sinnvolle Ergänzung und besitzt zugleich eine wertvolle Skulpturensammlung. (Öffnungszeiten Montag 14—17, Dienstag—Sonntag 10—12, 14—17 Uhr.)

Die Schweiz kann als Reiseland dem Schweiz-Freund und -Reisenden durch seine unerschöpfliche Vielfalt fast zum Verhängnis werden. Jeder Ort liegt so ideal, daß er wiederum zum Ausgangspunkt vieler anderer Städte oder Dörfer, Kunst- oder Naturdenkmäler genommen werden kann. Und was dabei den ungeheuren Reiz ausmacht: Es geht nicht immer nur um hohe Kunst und Architektur, sondern mindestens zu gleichen Teilen auch um Volkskunst, Volksbrauchtum und Bauernhaus-Kultur!

So ist es denn von Zürich aus nur ein Katzensprung bis ins **Appenzellerland,** um einen gründlichen Einblick in die noch heute lebendige bäuerliche Kultur und typische Appenzellernatur zu erhalten. Selbst wenn man sich geruhsam Zeit nehmen will, braucht man nicht mehr als einen Tag zu rechnen. Ich schlage vor, auf der Autobahn (N 1) Richtung Winterthur zu bleiben, sie kurz vor St. Gallen direkt nach **Herisau** zu verlassen und sich nun auf der Landstraße nach **Urnäsch** (Herisau-Urnäsch 11 km) zu bewegen. Hier wäre das reizende kleine Dorf am Fuße des Säntis und vor allem sein intimes, liebevoll eingerichtetes **Brauchtums-Museum** zu besuchen (geöffnet: Juli bis September täglich von 14—17 Uhr, April bis Juni und Oktober nur Mittwoch, Samstag, Sonntag und an Feiertagen von 14—17 Uhr, geschlossen: November bis März.) Es gehört zu den hübschesten seiner Art in der ganzen Schweiz.

Als nächstes Etappenziel empfiehlt sich der Hauptort des Halbkantons Inner-Rhoden, Appenzell. Sollte es sich einrichten lassen, dann kommen Sie am letzten Sonntag im April, denn dann ist hier Landsgemeindetag, an dem die Männer noch mit Schwert oder Dolch durch die Gassen ziehen und durch die erhobene Hand ihr Stimmzeichen geben.

Die Appenzeller sind eigene, dickköpfige, aber witzige, listige Bauern, und kein Ort im Appenzellerischen ist so schön, wie dieses Appenzell mit seinen kühn geschwungenen Giebelbögen. In jedem zweiten Haus gibt es eine Gaststube oder eine Beiz, aber auch der ›Appenzeller‹ (eine Art Kräuterlikör), ›die Appenzellerli‹ (kleine Würstchen), Appenzeller Stickereien und Appenzeller Gebäck gehören dazu. Probieren Sie! Und natürlich darf man auf keinen Fall den Appenzeller Käse vergessen!

Auf dem Heimweg, man fährt am besten über **Teufen,** wer will, schaut auch noch **Trogen** an, zurück zur Autobahn, wird man sich an der natürlichen Landschaft erfreuen. Denn hier liegt sie ausgebreitet, des Schweizers bunte Spielzeugwiese: holzschindelgedeckte Bauernhäuser, Blumen vor den Fenstern und in den Gärten, saftige Wiesen, dunkle Wälder, braunfleckige Kühe und spielende Kinder! Auf dieser Appenzeller-Rundreise wird man kaum einem Fremden

Der Rheinfall bei Schaffhausen

begegnen, denn die meisten ahnen nicht, welche Idylle so nah vor den Toren Zürichs liegt. Aber wenn Sie schon bei **St. Gallen** zurück auf die Autobahn fahren, dann wäre es fast unverzeihlich, nicht noch schnell einen Blick in die alte Stadt zu werfen, deren erste Anfänge rund 1200 Jahre alt sind. Otto I. war es, der dem Abt des Klosters St. Gallen schon 947 das Markt-, Münz- und Zollrecht übergab. Von dem rührigen Fleiß und der außerordentlichen Bildung der Benediktinermönche kann man sich in ihrer Stiftsbibliothek, einer der schönsten Europas, überzeugen lassen. Unter den 100 000 Bänden ragen einige Kostbarkeiten besonders hervor: Der Idealplan des Klosters aus dem Jahre 820, er ist ausgestellt.

Schließt man seine Zürich-Reise mit dem Grenzübergang bei Konstanz ab, so ließe sich zum Abschied noch schnell der schönen Königin Hortense, Stieftochter Napoleons I., gedenken. Sie lebte nach dem Sturz Napoleons auf dem anmutigen Schloß **Arenenberg** (westlich von Konstanz) und errichtete hier dem vergötterten Helden und seiner Familie eine weihevolle Kultstätte. In Marmor gemeißelt, empfängt der Korse noch immer mit imperialer Allüre. Doch daneben verblaßt langsam die Pracht vergoldeter Erinnerungen, und das Ganze wurde zu einem liebenswürdig-biedermeierlichen **Napoleon-Museum** (geöffnet Januar—März: Dienstag—Sonntag 10—12 Uhr, 13 30—16 Uhr; April: Dienstag—Sonntag 10—12, 13.30—17 Uhr; Mai—September: Montag 13.30—18 Uhr; Dienstag—Sonntag 9—12, 13.30—18 Uhr. Oktober: wie April. November, Dezember: wie Januar—März).

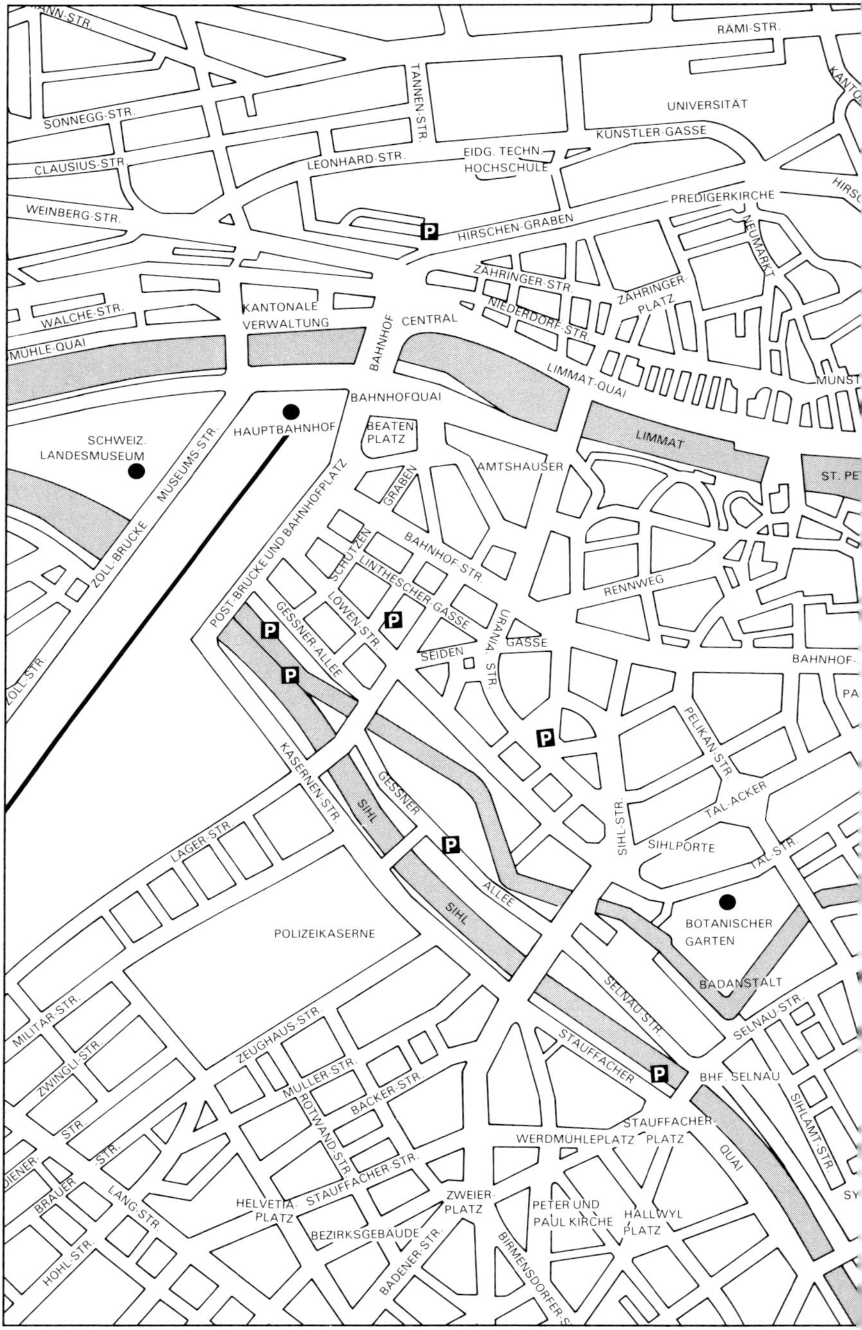
RÄMI-STR.
UNIVERSITÄT
SONNEGG-STR.
TANNEN-STR.
KÜNSTLER-GASSE
CLAUSIUS-STR.
LEONHARD-STR.
EIDG. TECHN. HOCHSCHULE
WEINBERG-STR.
PREDIGERKIRCHE
HIRSCHEN-GRABEN
NEUMARKT
ZÄHRINGER-STR.
ZÄHRINGER-PLATZ
NIEDERDORF-STR.
KANTONALE VERWALTUNG
WALCHE-STR.
CENTRAL
BAHNHOF
LIMMAT-QUAI
BAHNHOFQUAI
HAUPTBAHNHOF
BEATEN-PLATZ
LIMMAT
SCHWEIZ. LANDESMUSEUM
MUSEUMS-STR.
AMTSHÄUSER
GRABEN
POST-BRÜCKE UND BAHNHOFPLATZ
ZOLL-BRÜCKE
BAHNHOF-STR.
SCHÜTZEN
LINTHESCHER-GASSE
RENNWEG
GESSNER-ALLEE
LÖWEN-STR.
URANIA-STR.
GASSE
SEIDEN
PELIKAN-STR.
KASERNEN-STR.
SIHL
GESSNER
TAL-ACKER
SIHL-STR.
SIHLPORTE
LAGER-STR.
ALLEE
TAL-STR.
BOTANISCHER GARTEN
POLIZEIKASERNE
SIHL
BADANSTALT
SELNAU-STR.
MILITÄR-STR.
SELNAU-STR.
STAUFFACHER
ZEUGHAUS-STR.
ZWINGLI-STR.
MÜLLER-STR.
BHF. SELNAU
BÄCKER-STR.
ROTWAND-STR.
STAUFFACHER-PLATZ
SIHLAMT-STR.
WERDMÜHLEPLATZ
QUAI
BRAUER
STAUFFACHER-STR.
LANG-STR.
HELVETIA-PLATZ
ZWEIER-PLATZ
PETER UND PAUL KIRCHE
HALLWYL PLATZ
HOHL-STR.
BEZIRKSGEBÄUDE
BADENER-STR.
BIRMENSDORFER-S

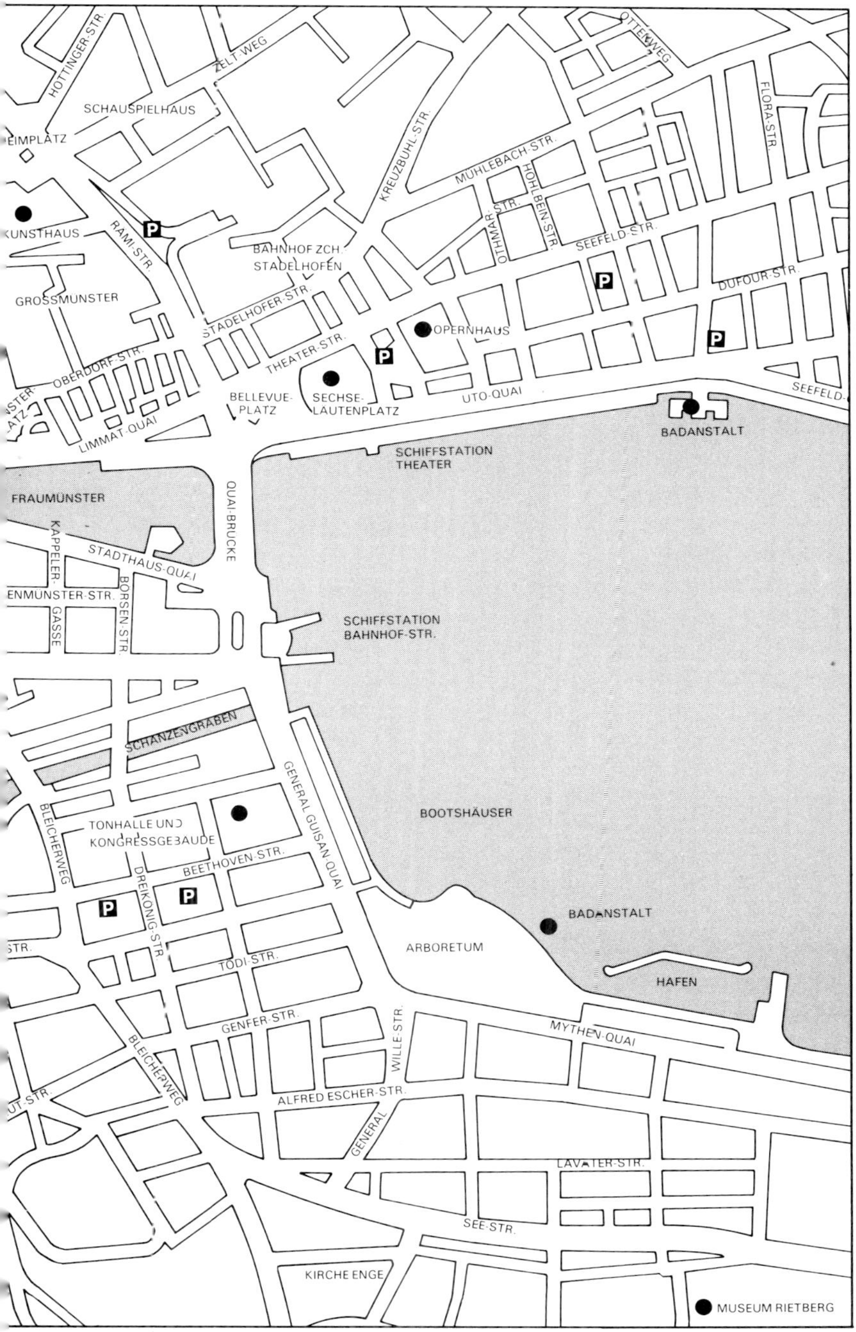

HOTTINGER-STR.
ZELT-WEG
OTTENWEG
SCHAUSPIELHAUS
EIMPLATZ
FLORA-STR.
KREUZBUHL-STR.
MÜHLEBACH-STR.
HOHLBEIN-STR.
OTHMAR-STR.
SEEFELD-STR.
KUNSTHAUS
RAMI-STR.
BAHNHOF ZCH.
STADELHOFEN
DUFOUR-STR.
GROSSMUNSTER
STADELHOFER-STR.
OPERNHAUS
THEATER-STR.
OBERDORF-STR.
BELLEVUE-PLATZ
SECHSE-LAUTENPLATZ
UTO-QUAI
SEEFELD-
LIMMAT-QUAI
BADANSTALT
SCHIFFSTATION THEATER
FRAUMÜNSTER
QUAI-BRÜCKE
KAPPELER-GASSE
STADTHAUS-QUAI
ENMÜNSTER-STR.
BÖRSEN-STR.
SCHIFFSTATION BAHNHOF-STR.
SCHANZENGRABEN
GENERAL GUISAN-QUAI
BLEICHERWEG
TONHALLE UND KONGRESSGEBAUDE
BOOTSHÄUSER
BEETHOVEN-STR.
DREIKÖNIG-STR.
BADANSTALT
ARBORETUM
TÖDI-STR.
HAFEN
GENFER-STR.
WILLE-STR.
MYTHEN-QUAI
BLEICHERWEG
ALFRED ESCHER-STR.
GENERAL
LAVATER-STR.
SEE-STR.
KIRCHE ENGE
MUSEUM RIETBERG

LUZERN

LUZERN – »EINES DER SIEBEN WELTWUNDER«

(K. Edschmid)

»Lucerne is a must« — »Lucerne has it all«, so sehen es seine häufigsten Besucher, die Amerikaner, obwohl Luzern die kleinste der ›großen‹ Schweizer Touristenstädte ist. »Aber«, hört man die Luzerner über ihre Stadt sagen, »Luzern ist *das* Bijou am Vierwaldstättersee«, und damit haben sie recht.

Luzern als «himmlisches Jerusalem», Holzschnitt Holbein d. J. um 1522.

Luzern genießt Weltruf, und das seit mehr als hundert Jahren. Diesen Ruf verdankt es seiner unbestrittenen wunderschönen Lage sowie seiner besonderen Atmosphäre und seiner, fast möchte man sagen, wesentlichen Bestimmung: eine Oase friedlich-ländlich ›typisch‹ schweizerischen Gepräges mit See, Bergen, ewigem Schnee (auf dem Titlis), reizvollem Ortsbild, abwechslungsreichem Shopping, abendfüllender Unterhaltung, Alphornunterricht und höflich-geschäftlich-beflissener Bevölkerung — eine Fremdenstadt par excellence.

Bedeutete die Reise von Basel nach Luzern vor hundert, vor fünfzig, ja selbst noch vor zwölf Jahren kein reines Vergnügen, sondern oft Beschwernis, so hat sich die Anreise auf der neuen Nord-Süd-Autobahn zur knapp einstündigen Vorfreude gewandelt.

Nach Luzern kann man natürlich auch von Süden her auf der Autobahn oder mit den gepflegten eidgenössischen Eisenbahnen lautlos in den Sackbahnhof einrollen oder sich auf dem Luftwege von der besten internationalen ›fliegenden Küche‹, jener der Swissair, verwöhnen lassen. Allerdings ist Ihr Flug dann in Zürich beendet. Aber das wäre auch nicht weiter schlimm, weil Sie dann nach wenigen Schritten bereits im unterirdischen Bahnhof und von dort aus (mit Umsteigen auf Zürichs Hauptbahnhof) wiederum per Schnellzugverbindung in Luzern sind. Ab SBB Zürich dauert das nur 52 Minuten. Das ›kleine‹ Luzern, die ›größte Raststätte Europas‹, öffnet Ihnen dann sein buntes Spektrum, die Zentral- oder Innerschweiz.

Es klingt zwar entsetzlich banal, ist aber dennoch wahr: Keine Schweizer Stadt ist wie die andere — zum Beispiel Luzern: Wohlgefällig dehnt es sich am Nordende des verzweigten, buchtenreichen Vierwaldstättersees aus. Die Namen der drei markanten Zackenkronen, die der Luzerner ›Hausberge‹ wird jeder Luzern-Besucher bald kennen: den **Pilatus** (2132 m), ›der‹ oder ›die‹ **Rigi** (1800 m), zu deren Füßen Tells berühmtes Küssnacht ›am Rigi‹ liegt und den **Bürgenstock** (1132 m hoch).

Luzern liegt auf 47° 3' nördlicher Breite, 8° 20' östlicher Länge und 436 m ü. M. Es paßt sich im allgemeinen mitteleuropäischem Klima an. Die Sonne scheint 1541 Stunden im Jahr. Die Winter sind nicht sehr kalt, die Sommer erträglich warm. Einzelne Hochsommertage bilden die Ausnahme dieser Regel: Das Thermometer klettert ganz geschwind auf mehr als 30° C, der See wirkt dann wie zähflüssiges schweres Silber, und die Berge treten in dunstige Ferne zurück. Es gibt aber auch den berüchtigten Föhn, den lauen Bergwind, unter dem der Luzerner apathisch wird oder leidet. Doch die heißen Sommer sind zu kurz, um ihrer überdrüssig zu werden, außerdem hilft die Brauerei Eichhof allein im Sommerhalbjahr mit vier bis fünf Millionen Liter Bier über die Hitze hinweg. Wer es billiger mag, trinkt aus einem der vielen Luzerner Brunnen.

Die Winter stehen generell im Zeichen Innerschweizer Winterfreuden, denn von Luzern aus erreicht man schon in rund 30 Minuten verführerische Skigebiete und sonnige Loipen. Im Januar beträgt die Durchschnittstemperatur -0,3° C. Ausgesprochen kalte Winter sind selten. Der See fror zum ersten Mal in Luzerns Geschichte 1565 zu, das letzte Mal 1929.

Luzern ist die Hauptstadt des gleichnamigen Kantons und zählt (1980) 63 278 Einwohner, der Kanton 296 159. Rund 78% Luzerner sind katholisch, etwa 21% protestantisch und 1% Gläubige anderer Konfessionen.

Luzern ist die größte und älteste Stadt des Kantons Luzern und bildet zugleich das Wirtschafts-, Verwaltungs- und Kulturzentrum des Einzugsgebietes. Der Kanton gehört, wie alle katholischen Kantone der Schweiz, zu den finanzschwachen, im Gegensatz zu den finanzstarken (Zürich, Basel oder Genf), und Luzern besitzt viel Landwirtschaft. Das Auftauchen manch kernigen Bauerngesichts gehört denn auch zum Charme, anderseits zur immer wieder anklingenden Provinzialität Luzerns. Heute ist Luzern mit den Vorortgemeinden Adligenswil, Ebikon, Emmen, Horw, Kriens, Littau und Meggen zusammengewachsen und wirtschaftlich eng verbunden. Daher wurde es auch zu einem Verwaltungszentrum, einer Stadt mit Banken und Dienstleistungsbetrieben. Die Industrien haben sich in den Vorortgemeinden niedergelassen. Den ›Ausgleich‹ schafft Luzerns Theologische Fakultät mit (1979/80) 175 Studenten.

Kleine Vierwaldstättersee-Kunde

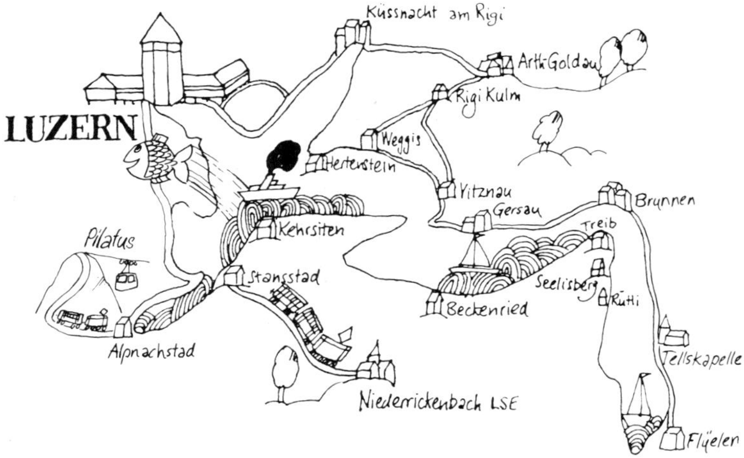

Fläche: 113,6 km^2
Größte Tiefe: 214 m
Uferlänge: 130 km,
davon öffentlich zugänglich: 28%

Die vier ›Waldstätte‹, die Urkantone Uri, Schwyz, Unterwalden und Luzern gaben dem See seinen Namen. Er ist nicht der größte, sondern *nur* der viertgrößte Schweizer See, aber, und darin scheinen sich alle Schweizer einig zu sein, der schönste! Er hat viele Zipfel wie den **Luzerner See** (im Westen), südlich davon die **Bucht von Stansstad** mit dem **Alpnacher See** und nordöstlich die **Küssnachter Seebucht.** Bei den Ferienorten Weggis und Gersau liegen das **Weggiser** und das **Gersauer Becken,** und bei Brunnen beginnt der **Urner See,** wild und fjordartig, wohl der großartigste Teil. »Die Fahrt ist wegen den vielen schrofichten und steilen Fels-Wänden gefährlich. Das Toben der Winde, die Zurückprellung der bewegten Luft, von einer Fels-Wand zur anderen ist »förchterlich« heißt es in einer Reisebeschreibung um die Mitte des 18. Jahrhunderts.

AM ANFANG STAND EIN KLOSTER

Es erhob sich dominierend am rechten Seeufer. Zeit der Handlung war die Mitte des 8. Jahrhunderts, als Benediktiner das Kloster St. Leodegar in unmittelbarer Nähe eines kleinen Fischerdorfes gründeten. Das Gebiet unterstand dem Abt der Benediktinerabtei Murbach im Elsaß. 840 tauchte der Name Luzerns in lateinischer Form als ›Luciaria‹ zum ersten Mal urkundlich auf. Zwischen 1200 und 1210 wurde aus der Siedlung eine Stadt, und 1226 nannten sich ihre Bewohner zum ersten Mal ›cives Lucernenses‹ — Bürger von Luzern. Als der Gotthardpaß von hüben nach drüben passierbar wurde, entwickelte sich Luzern zum wichtigen Handelsplatz. Ende des 13. Jahrhunderts gab die Murbacher Abtei die Stadt für schnöden Mammon an König Rudolf von Habsburg. Die Zeiten änderten sich, und die fremden Grund- und Vogtherren mauserten sich. 1291 hatten die wackersten Männer des Landes die Fremdherrschaft satt: Die Waldstätte Uri, Schwyz und Unterwalden taten ihren Rütlischwur. 1332 schloß Luzern sich ihrem ›Ewigen Bund‹ an. Schiller beschrieb den Fall.

Luzern wurde befestigt, die Museggmauer errichtet. Die Schlacht bei Sempach (1386) brachte endlich die Unabhängigkeit von Österreich, und seit 1386 herrschte Luzern als beachtlicher Stadt-Staat, wobei es die Gebiete des heutigen Kantons als Unterhändler erwarb oder eroberte.

Das Luzerner Landvolk besaß ursprünglich keinen mittelalterlichen Adel. Erst gegen Ende des 16. Jahrhunderts bildete sich ein regierendes Patriziat, das sich bis zur Eroberung der Eidgenossenschaft durch die Franzosen (1798) halten konnte. Nur wenige Monate, von Oktober 1798 bis Juni 1799 trat Luzern an die Spitze eines helvetischen Einheitsstaates. 1848 wurde es Hauptstadt des gleichnamigen Kantons Luzern.

Als Vorort des katholischen Teils der Eidgenossenschaft — in der Reformation war Luzern dem Katholizismus treu geblieben — spielte es eine bedeutsame Rolle. Mit der Gegenreformation kam es zu beachtlicher kultureller Blüte, die der Stadt ihren Stempel aufdrückte. Erst mit der Niederlage in den Religionskriegen (1712) büßte Luzern seine katholische Vorortstellung wieder ein.

Luzern, als Handelsplatz geradezu ideal am Nordfuß des Gotthards gelegen, hätte zur Weltmetropole werden können, wenn die Luzerner gewollt hätten. Als vor mehr als hundert Jahren die ersten Fremden den Reiz ihrer Stadt und ihre unendlich schöne Lage entdeckten, machten sie (und nicht etwa die Luzerner) die Stadt zum ›Gastwirt der Welt‹. Ihre Bewohner nahmen die Rolle des Gastgebers an, doch sie liefen ihr nicht nach. Schon Goethe war bei seinem Besuch aufgefallen, daß die Luzerner sich nicht durch übermäßigen Ehrgeiz auszeichneten.

Der Luzerner schätzt seine Ruhe und sein Wohlbehagen. Weitsichtige Entscheidungen zu treffen liegt ihm nicht.

Sobald es aber darum geht, sich um den (stadt)eigenen Haushalt zu kümmern, kann der Luzerner recht angriffs- und streitlustig sein. Als Gast in dieser Stadt aber werden Sie stets liebenswürdig und hilfsbereit empfangen, und daß die Luzerner im Verdacht stehen, lieber zu nehmen als zu geben, ist üble Verleumdung oder kommt ganz »drauf ab«!

Eine so bezaubernde Stadt wie Luzern ganz ohne einen skeptischen Blick aus den Augenwinkeln zu betrachten, käme jener Huldigung Elisabeth Schwarzkopfs gleich, die sich (1961) vernehmen ließ . . . »Über Luzern habe ich *kein* unparteiisches Urteil: Ich liebe es. Luzern ist das ideale ›Ferien‹-Festspiel — zwischen den Proben kann man schwimmen, segeln oder bergsteigen, falls man noch genug Atem hat!«

Um das Gleichgewicht zu wahren, der russische Pianist Boris Bloch anläßlich der Musikfestwochen 1981: »In Luzern stört mich nur der Regen!« Aber dafür ist, zum Glück, der Luzerner nicht verantwortlich.

STADT- UND SHOPPING-BUMMEL

»Schauen Sie«, sagte Kurt H. Illi, Direktor des Luzerner Verkehrsvereins, »die Altstadt liefert unseren Gästen die Ambiance, den Hintergrund, um unbeschwert Ferien zu genießen, in den Straßencafés zu sitzen, die Schwäne zu betrachten und Einkäufe zu machen.« Für ihn, und er muß es schließlich wissen, gehören Altstadt- und Shoppingbummel für Luzern-Besucher eng zusammen. Um Sie aber dennoch ein wenig neugierig auf Luzerns städtebauliche Originalität und Schönheit zu machen, verrate ich Ihnen:

»Luzern ist eine bezaubernde Stadt. Sie beginnt am Ufer des Sees mit einem Saum von Hotels und klettert empor und breitet sich dichtgedrängt, in ungeordnetem, malerischem Stil über zwei oder drei steile Berge aus, wobei es dem Blick einen aufgetürmten Wirrwarr aus roten Dächern, wunderlichen Giebeln, Dachfenstern, zahnstocherähnlichen Kirchtürmen darbietet, wobei hier und da ein Stück alter, zinnengekrönter Stadtmauer wurmartig über die Bergkuppen kriecht und da und dort ein alter, viereckiger Turm aus festem Mauerwerk steht. Und auch hier und da eine Turmuhr mit nur einem Zeiger — einem Zeiger, der quer über das ganze Zifferblatt reicht und kein Gelenk besitzt; eine solche Uhr hebt die Gesamtwirkung, aber die Tageszeit kann man von ihr nicht ablesen. Zwischen der geschwungenen Reihe der Hotels und dem See liegt eine breite Allee mit Lampen und einer doppelten Reihe niedriger, schattenspendender Bäume. Das Seeufer ist wie ein Pier mit Mauerwerk eingefaßt . . . Immerzu kommen und gehen kleine Vergnügungsdampfer, schwarz von Menschen, und überall sieht man junge Mädchen und junge Männer in wunderlichen Ruderbooten umherpaddeln oder, wenn Wind weht, mit Hilfe von Segeln dahintreiben. Die Vorderzimmer der Hotels haben einen kleinen vergitterten Balkon, wo man in ruhigem, kühlem Behagen für sich allein speisen und auf dieses geschäftige und hübsche Bild hinunterblicken und es genießen kann . . .«

Sie werden, mit dem Rücken vor dem Bahnhof stehend, Mark Twains Worte bestätigt finden. Denn hier, mitten in der Stadt und zugleich im Herzen der Schweiz, entdecken Sie zwischen Autos, himmelblauen Omnibussen, Bäumen, Scharen von Einheimischen und Fremden auch ein kleines Stückchen schimmernden **Vierwaldstättersees.** Und noch ehe Sie Ihren Fuß in die Altstadt setzen, begreifen Sie, daß Luzern zum Muß jeder Europa- und Schweiz-Tournee gehört und daß die vielen Menschen aller Nationen, Sprachen, Haut- und Haarfarben dieser ›kleinen‹ Schweizer Stadt ein eigenes internationales Flair verleihen.

Reuß-Steg mit Rathaus ▷

Wenn das Bahnhofsareal sich zunächst einmal in eine riesige Baugrube verwandelt, so erleben Sie, was demokratische Abstimmung in einer wahren Demokratie bedeuten kann. 1971 ging eine Kuppel des majestätischen Luzerner Bahnhofs in Feuer auf. Statt dieses Schönheitspflästerchen wieder aufzukleben, stimmten die Stadtluzerner Bürger zehn Jahre später für einen millionenschweren Neubau.

Luzern ist eine Stadt mit versteckten Innerschweizer Reizen und Gegensätzen. Wer daher im Eiltempo von Sehenswürdigkeit zu Sehenswürdigkeit jagt, dem versagt sie ihren Charme. Luzern ist zum Bummeln da! Schlendern Sie also gemütlich auf jene Holzbrücke zu, die der achteckige, gedrungene **Wasserturm**, das Wahrzeichen Luzerns, flankiert. Seit dem frühen 14. Jahrhundert steht dieses trutzige Gemäuer im Wasser. Nachdem keine Hexen, Räuber und Diebe mehr in sein Verließ geworfen werden — die Folterkammer ist noch da —, benützt man ihn als Archiv und Schatzkammer. Beim ›Lädelen‹ (Einkaufsbummel) werden Sie ihm immer wieder begegnen: auf Schokoladepackungen wie auf Schlummertrunk-Flaschen, begehrenswerte Mitbringsel.

Wenn Sie nun auf Europas ältester und Luzerns schönster Holzbrücke, der **Kapellbrücke** stehen (sie biegt um die Ecke, ist 170 m lang und wurde 1333 zugedeckt), werden Sie, unter dem hölzernen Dach Ihren Hals zu den 120 Giebelbildern recken. Im 17. Jahrhundert gemalt, erzählen sie von den Luzerner Stadtpatronen und was sonst noch in der Stadt geschah.

Ein Blick nach rechts, wie aus einem Fenster, gibt die verkehrsreichste Brükke Luzerns die **Seebrücke**, und dahinter den See frei, um den sich die grandiosen Alpengipfel bald enger bald weiter zusammenschieben. Bei strahlendem Sonnenschein, bei dräuender Gewitterstimmung oder einem herbstlich klaren Föhntag ist dieser Anblick bezaubernd schön.

Schauen Sie nach links, so sehen Sie nicht mehr den See, sondern die **Reuss.** Sie fließt vom Gotthard herab in den See hinein und bei Luzern wieder hinaus. So macht die Reuss Luzern zur echten Brückenstadt.

Auf die **Rathausbrücke,** einem reinen Fußgängerübergang, folgt die **Reussbrücke** und schließlich die **Spreuerbrücke** (1408), ebenfalls überdacht und mit Totentanzbildern (17. Jahrhundert) ausgeschmückt. Die Kapellbrücke führt zum rechten Reussufer und zu Luzerns wunderschöner Altstadt mit vielen ehrwürdigen Bürgerhäusern und Plätzen. Lassen Sie das hübsche *Haus zur Gilgen* (15. Jahrhundert) zur Rechten liegen, und wandern Sie an der **St. Peters-Kapelle** (18. Jahrhundert) vorbei über den **Kapellplatz,** mit Brunnen und verlockenden Geschäften, so gelangen Sie auf den **Schwanenplatz,** ein belebtes Luzerner Geschäftszentrum. In trautem Beieinander: Bijouterien und Banken!

Nun läßt sich zwischen einem kleineren oder größeren Rundgang wählen. Der größere führt am Nordufer des Sees den schattenspendenden breiten Quai entlang, der zur Rechten jeweils prächtige Ausblicke auf die Rigi (links), den Bürgenstock (in der Mitte), Stanserhorn und Pilatus (rechts), eingerahmt von den Glarnern und Engelberger Alpen freigibt, während sich jenseits der verkehrsreichen Durchgangsstraße (Schweizerhofquai) berühmte Hotels und elegante Geschäfte abwechseln. Bleiben Sie am Ufer, so stoßen Sie auf den **Kurplatz** und den **Kursaal.**

Vermutlich fielen Ihnen die beiden schlanken hochgereckten Türme der katholischen **Stiftskirche am Hof** (anstelle des alten Leodegarklosters) längst auf (der Bau stammt von 1634, behielt aber die alten Türme von 1525 bei). Wer mag, steigt die Treppen empor, schaut sich den herrlich restaurierten Innenraum mit seiner berühmten Orgel an. Zu Füßen der Kirche gruppieren sich mancherlei Geschäfte. Ob Sie im Café an der Ecke einen typischen Luzerner ›Birnenweggen‹, am Kiosk einen Velo-Wimpel mit Luzerner Wappen oder im *Schweizer Heimatwerk* schöne Luzerner Keramik oder Handweberei erstehen wollen, bleibt Ihnen überlassen, doch gleich nebendran oder nur kurz um die Ecke (Haldenstrasse) dürfen Sie in Antiquitätengeschäften stöbern und vielleicht Raritäten entdecken. Prachtvolle Gegenstände lassen sich natürlich auch auf einer Auktion im *Kunsthaus Fischer* erwerben, wo 1939 Deutschlands ›entartete Kunst‹ meistbietend unter den Hammer geriet. Vom **Kurplatz** aus erreichen Sie den **Löwenplatz.** Da steht, von außen ziemlich unscheinbar, das **Panorama,** ein kurioses Riesenrundgemälde (11 000 Quadratmeter, 1877—1879), an dem auch Ferdinand Hodler mitarbeitete und das den Übertritt der französischen Armee unter General Bourbaki zum Thema hat. Schauerlich realistisch, für Kinder ungeheuer eindrucksvoll gemalt.

Kaum fünf Minuten von hier entfernt stirbt seit 150 Jahren ein Tier, Berthel Thorvaldsens Sandstein-Löwe: ein Ehrenmal für die Gefallenen der Schweizergarde, die beim Sturm auf die Tuilerien (1792) ihr Leben ließen. Nur ein paar Schritte weiter, und Sie stehen im **Gletschergarten.** Hier begreifen Sie den Unterschied von Kaffeemühlen zu jahrmillionenalten Gletschermühlen.

Klettern Sie nun auf die **Museggmauer** (1350—1408, 870 m lang), so stehen Sie im finsteren Mittelalter, 30 Türme reckten sich 1395 in die Höhe, heute sind es nur noch neun. Dafür geben sie sich als echte Individualisten und tragen so hübsche Namen wie ›Nölli-‹, ›Männli-‹, ›Pulverturm‹ oder ›Luegisland‹.

Ländler Keller
Öffnungszeiten
Montag - Freitag 18.00 - 24.00 Uhr
Ländler - Kapelle ab 19.30 Uhr
15.30 - 24.00 Uhr
Kapelle ab 16.00 Uhr
flora
dancing
disco club
Öffnungszeiten
Täglich 21.00 - 02.00 Uhr

Steigen Sie vom Schirmerturm herab, biegen in die Mariahilf- und darauf in die **Weggisgasse** (dann Hertensteinstrasse, Grendel und Kapellgasse) ein, dann haben Sie Luzerns Hauptgeschäftsstraßen und -ecken entdeckt. Hier läßt sich flugs Historie vergessen und ›Gasse‹ hinauf oder hinab — das ist Luzerns stets geschäftiger, turbulenter Warenumschlagplatz. Verzichten Sie auf ›made in Hongkong‹ und wählen Sie lieber unter glänzenden Glocken, bunten Tüchern, niedlichen Holzhäusern, Ihre Lieblingsmelodie spielenden Spieldosen — oder gleich neben feiner Kuckucksuhr: Wilhelm Tell als ›Casi-Boy‹! Holzgeschmückt mit karikaturistischem Einschlag gewann er den 1. Preis auf der New-Yorker Souvenir-Weltausstellung! Als ›Casi-Boy‹ darf's natürlich auch ein echter Appenzeller, ein Alphornbläser mit Instrument, Peter oder Heidi, Alm-Öhi oder der erprobte Bergsteiger sein — »entzückend«, flüstert eine Dame und entscheidet sich für Pickel und Steigeisen.

Zwischen Warenhäusern, Detail- und Privatgeschäften aller Branchen, Wünschen und Vorstellungen, hat hier und da noch ein kleines Restaurant oder ein Café Platz, um Atem zu schöpfen. Vielleicht werden Sie noch den **Hirschenplatz,** den **Mühlenplatz,** den **Weinmarkt** entdecken, von ihrer Geschlossenheit, ihren barocken oder späteren Bauten und Brunnen begeistert sein, durch mancherlei kleine Gäßchen zum **Kornmarkt** finden und hier Luzerns originelles **Rathaus** (15. Jahrhundert) bewundern! Denn was es zu einer so merkwürdigen Erscheinung macht, ist sein stolzer lombardischer Quaderbau mit einem typisch luzernischen Bauernhausdach!

In welche Himmelsrichtung Sie sich auch drehen, wiederum werden Sie vor lauter Verlockungen stehen. Denn Luzern ist noch immer eine lebendige, bewohnte und bewirtschaftete alte Stadt, in der Juweliere, Uhrmacher, Goldschmiede, Bäcker und Metzger oder Apotheker in Nachbarschaft mit Weinhändlern leben. Selbstverständlich stecken überall die ›Beizer‹ (Gastwirte) mittendrin! Und das gerade ist der unvergleichliche Charme des kleinen und doch internationalen Luzern!

Gleichsam als Belohnung für Ihr langes Durchhaltevermögen dürfen Sie nun die große Freitreppe hinuntereilen und entweder **Unter der Egg** oder im dichten Gedränge des Dienstags- und Samstagsmarktes (7.00—12.00 Uhr) am **Rathausquai** verschnaufen. Sie dürfen natürlich auch die Füße in die Reuss stecken, Schach spielen, eine der liebevoll zurechtgemachten Boutiquen stürmen — sollten Sie etwas kaufen, dann auf jeden Fall ›als Geschenk‹ verpacken lassen —, oder einen Imbiß nehmen. Wer Lust hat, macht noch schnell einen Abstecher in die prächtige **Jesuitenkirche** (17. Jahrhundert) am Ufer gegenüber oder, fast nebenan, zum **Ritterschen Palast** von 1560 (mit dem schönsten Luzerner Säulenhof), Tagungsort der Luzerner Kantonsregierung.

Jedermann eilt aber gern ans andere Ufer zurück, denn der Rathausquai ist nun mal der schönste Platz Luzerns: Jugend- und Touristentummelplatz, Imbißstube, Caféhaus, Marktplatz, Futterkrippe, Lese-, Sonnenstube und Schlafplatz, Mode- und Flaniersteg, Musik- und Bierlokal und zu jeder Jahreszeit das stimmungsvollste Festzelt unter freiem Himmel!

Lozärner Fasnacht: Rüüdig schöön!

Die Luzerner Fasnacht ist etwas Unvergleichliches, Bezauberndes, Faszinierendes, Wildes, Tobendes, Irritierendes. Ein ausgelassenes, gelöstes Spiel, ein Rausch, drei Tage und drei Nächte lang.

Schön und einzigartig vor allem deshalb, weil Basel Luzern die offizielle Fasnachts-Show nahm, und mit ihr die vielen Fremden. So blieb die Luzerner Fasnacht, was sie zum ureigensten › Lozärner Fastnachtsläbe ‹ macht: Zum Fest der Luzerner unter sich. Die Fasnacht ist des Luzerners liebstes Altstadtfest, und die Luzernerin feiert sie mit unvergleichlicher Hingabe und Ausdauer — nur, neun Monate später gibt es die meisten illegalen Väter!

Am eindrücklichsten und zum wahrhaft mitreißenden Erlebnis wird die *Straßenfasnacht.* Sie macht aus der Stadt einen brodelnden Hexenkessel vermummter Traumgestalten, die, visionär, als irreale Wesen im nächtlich diffusen Lichtermeer auf- und niedertauchen. Ihnen gehören die Altstadtstraßen und -plätze, Unter der Egg, die Ufer der Reuss. Auf dem Kornmarkt droht der dichte Brei mitunter vollends überzukochen. Siedend heiße Fasnachtsdämpfe, in die, träumerisch leise, zarte Schneeflocken tanzen oder ein weißer Wirbelwind das Ganze noch zum Zischen bringt, steigen bis zur ehrwürdigen Stadtmauer auf. Ein Blick über die maskierten Köpfe auf ihre nächtens erleuchteten Türme — eine phantastische Silhouette!

Die Jugend lebt die Fasnacht bis zur Erschöpfung. Sie tanzt und spielt auf selbsterfundenen Instrumenten (Guuggenmusigen) weltentrückt und in Verzükkung. Da gibt es Singles, Paare, Gruppen, die sich springend, tanzend, hüpfend, laufend fortbewegen. Die Euphorie wirkt ansteckend. Umzüge wälzen sich durch die Stadt, Orangen fallen vom Himmel und allgegenwärtig — die Guuggenmusigen! Wer nicht mehr kann, sinkt an einer Mauer nieder, liebend beschützt. Hunger, Durst, Schnee, Kälte oder Regen spürt er nicht. Wer erwacht, spielt unermüdlich weiter mit. Zeit, Ort und Stunde sind vergessen, und die verbleibende Zeit bis Aschermittwoch wird nur noch wie in Trance erlebt.

Das meistbesuchte öffentliche Haus der Schweiz

Dieses Haus, das ›Verkehrshaus‹, steht in Luzern. Über 600 000 Schaulustige drängen jährlich hinein. Warum? Weil sie hier, im zugleich größten Verkehrsmuseum Europas, träumen dürfen von Reisen in die Vergangenheit — per Schlitten, Laufrad, Schiff und 32 ›Isebähnli‹ jeden Alters.

Und in den Himmel zu fliegen war schon immer der große Wunsch der Lebewesen hienieden! Welch phantastische Mittel und Instrumente sie ersannen, um das einstmals Unerreichbare zu erlangen, das nimmt selbst nüchternste Gemüter gefangen! Wenn Sie dann Schritt für Schritt den logischen Weg vom Schlagflügler bis zum Strahltrieb-Senkrechtstarter verfolgen, Sputnik 1, die Gemini-10-Kapsel oder das erste Mondauto im Original betrachten, dann haben Sie ein phantastisches Reich der Technik betreten. Neueste Attraktion bildet nicht mehr die Sternguckerei, sondern Hans Erni's Malerei (Hans-Erni-Museum).

Neben seinem Tempel der Musen hilft, an Regentagen, auch das **Kunsthaus** (neben dem Bahnhof) oder Picasso im **Am Rhyn-Haus** (unmittelbar neben dem Rathaus) über ein Absinken des Stimmungsbarometers hinweg. Was den Bewohnern Luzerns, früher in Hut, Haube, Rock und Schuh vom Appenzeller unterschied, läßt sich im **Trachtenmuseum Utenberg** bewundern.

Kleine Luzerner Beizen-Runde

Gutbürgerliche Lokale: Vom *Galliker* war schon die Rede, aber es ist, sowohl was seine Küche als auch seine Gäste betrifft, für Luzern einmalig und *der* Tip. Hier pflegt der Luzerner werktags ein vorzügliches Pot-au-feu, Kutteln in Weißweinsauce oder Kalbskopf vinaigrette und zum Dessert Käsekuchen mit Kümmel zu essen. Zum Schluss die ›Brissago‹ auf Urväter-Feuer! Das Wirtshaus existiert seit 1681 und ist in der 4. Generation Familienbetrieb! Ganz in der Nähe liegt die *Walliser Kanne* (Münzgasse 4) mit heimeligen Stuben oben und unten, bekannt für Spezialitäten aus dem Kanton Wallis. Kurz um zwei Ecken (Bahnhofstrasse 30) entdecken Sie den *Wilden Mann*. Hier dürfen Sie vornehm im ersten Stock, gutbürgerlich zu ebener Erde speisen, ein Restaurant, das stets nach Höherem strebt, die beste Empfehlung, um seine Tür zu öffnen. Bleiben wir im sogenannten Neustadt-Quartier, so lohnt der *Eichhof* (Obergrundstrasse 106), wo man im Sommer draußen sitzt und ab Herbst prachtvolle Wildgerichte genießt. Ein stets gern und vielbesuchtes Restaurant mit schmackhaften und preiswerten lokalen Gerichten ist das *Schützenhaus* (Horwerstraße 94), wo Sie auf ein buntgemischtes Luzerner Publikum treffen. *Mövenpick*-Restaurants (Pilatusstrasse 14 und am Grendel) sind heute auch in Deutschland ein Begriff. Sie bieten eine gepflegte, internationale Küche, am Sonntag ein reichhaltiges Brunchbuffet ›à discretion‹ (Kinder zahlen nach Größe in Zentimetern!) und einen herrlichen Kaffee.

Für den speziellen, kleineren Appetit und auch besonders amüsant für jugendliche Gäste wäre das *Chuchi-Chäschtli* (Seidenhofstrasse 8) schon wegen seines unaussprechlichen Namens zu empfehlen! Im Rücken des Stadttheaters liegt das nostalgisch aufgemachte *Bistro du Théâtre* (Theaterstrasse 5), in dem man zu

jeder Zeit einen Kaffee nimmt, mittags das preiswerte Tellergericht, abends aber die französische Küche (Meeresfrüchte) bevorzugt. Jenseits der Pilatusstrasse, im Hirschmattquartier, braucht niemand lange nach einem vertrauenerweckenden Café, einem kleineren oder größeren Restaurant oder Hotel zu suchen, denn hier liegen viele dicht beisammen. Um Ihnen aber dennoch einen Tip zu geben, könnten Sie Tessiner Spezialitäten in der *Locanda Ticinese* (Morgartenstrasse 13) probieren. Wollen Sie aber Fische aus Luzerns Gewässern kosten, so brauchen Sie von der *Locanda* nur einige Schritte bis zum Hotel-Restaurant *Alpina* (Frankenstrasse 6). Die Reuss muß überqueren, wer sich zwischen Essen und Reussanblick teilen möchte. Am Rathausquai gibt's genug Möglichkeiten *(Des Alpes* idyllisch am Wasser; *Schiff* — ein echtes Altluzerner Restaurant, beliebt bei der Jugend und bewährter Fasnachtstreffpunkt; *Mostrose* mit abwechslungsreicher, schmackhafter und dennoch preiswerter Küche). Spazieren Sie weiter Richtung Schwanenplatz, so kommen Sie am *Schwanen* vorbei, ein traditionelles, vielfach umgestaltetes Restaurant, das Sie ausprobieren und dabei daran denken dürfen, daß Richard Wagner prominenter Gast des Hauses war. Noch vor kurzer Zeit ging der wie auch immer engagierte Luzerner oder Zeitungsmann zu *Barbatti* (Hertensteinstrasse 5) italienisch essen oder um mit Bruno über seine, die eigenen oder Weltprobleme zu diskutieren. Barbattis Beiz war (bis zu seinem Tode) eine echte Luzerner Institution und ist es geblieben. Noch 50 m weiter rüstet man sich zum (empfehlenswerten) Mittagstisch (für Berufstätige) im *Lapin* (Museggstrasse 2) oder man ißt mit echter Befriedigung à la carte. Für eine besondere Aussicht (auf den See) und eine tiefere Einsicht (in das Bäckereihandwerk) sorgt das Restaurant *Bäckerstube* (Rigistrasse 28) mit angeschlossenem Back- und Brotmuseum. Nomen est omen — Sie dürfen auch nur zum Kuchen kommen!

Ausgezeichnete und noch bessere Restaurants: Auch davon besitzt Luzern heute eine große Zahl und Namen mit weltbekanntem Klang. Nehmen wir das *Old Swiss House* (Löwenplatz 4), das den Brüdern Buholzer gehört und das, unten und im ersten Stock, seinesgleichen suchen kann. Und weil alles so gut klappt, haben sie auch noch das *Waldhaus* im nahegelegenen Horw, Oberrüti. Willy Buholzers Erfolgsrezept: Gepflegte Küche, erstklassiger Service (man geht in Tracht), besondere Atmosphäre (antike Einrichtung), tadelloser Keller und — Verzeihung — im Sommer viele Amerikaner. Die wohl schönste Aussicht in Verbindung mit einem Restaurant bietet das *Château Gütsch* oberhalb der Stadt. Auch das *Gütsch* zählt seit dem Besuch der englischen Königin Victoria zu Luzerns altbewährten Nobelhäusern. Bleiben Sie jedoch unten in Luzern, würde ich Ihnen das Restaurant *Mignon* im *Palace Hôtel* wärmstens empfehlen, ein kleines Tête-à-tête-Restaurant mit sorgfältig zubereiteten Speisen, zuvorkommendem Service, stadtnah und direkt am See. Mitten in der Altstadt, in der Nähe des Rathauses, stoßen Sie auf das weltberühmte China-Restaurant *Li Tai Pe* (Furrengasse 14) und umgebaute Stammlokal Richard Wagners. Leider hat auch dieses bewährte Feinschmeckerhaus den Tod seines Oberhauptes zu beklagen. Bleibt zu hoffen, daß die Nachfolge den Namen und Gaumen des alten Chefs in Ehren halten kann. Wenn kürzlich eine Luzerner Zeitung vom *Manoir* als dem ›Aufholer‹ sprach, so ist das schon nicht mehr wahr, denn das *Le Manoir* (Bundesplatz 9) ist im *Gault-Millau*-Führer 1982 bereits enthalten, doch bürgt diese Auszeichnung auch für frische Austern? Als Herr im eigenen Haus scheut Stübinger keinerlei Mühe, um der Vorstellung seiner lukullischen ›cuisine du marché‹ den perfekten Schliff zu geben. Würde er bei den Portionen nicht mit einem Mini-Magen und bei der Rechnung nicht mit einem Maxi-Budget rechnen müssen, würde mancher gerne öfter kommen.

Ihren Anteil an der Wertschätzung der alten Schweizer Kochkunst erschrieb sich eine Dame, Marianne Kaltenbach. Im eigenen Restaurant will sie ihre Gäste verwöhnen, im *Raben* (Kornmarkt), dem dank ihrer Kochbücher ein gewisses Renommé vorausgeht. Doch (trotz vierfachen Tests): Von den Fischen waren das Beste, absolut ohne Scherz, die Lammkotelette!

Ohne mich mit Dr. Karl Kennel (Luzerner Schultheiss) anzulegen, der im *L'Arbalète* des Hotels Monopol (Pilatusstrasse 1) am liebsten die mit Champignons und Morcheln glacierten Kalbsnierli bestellt, kann ich mich persönlich für das *Arbalète* nicht erwärmen.

Auch in Luzern ißt man beste bis sehr gute Speisen in Restaurants, bürgerliche Gerichte eher im Gast- oder Wirtshaus, in der Zunftstube oder in der Beiz, einen kleinen, lecker zubereiteten Imbiß oder ›Gluscht‹-Teller im Café oder in den Schnellgaststätten oder Imbißstuben der großen Kaufhäuser (Nordmann, Jelmoli, Coop oder Migros), wo man keinesfalls schlecht, doch billiger bedient wird.

Seit kurzem gibt es auch in Luzern ein ›Hamburger‹-Etablissement. *Mc Cheaper* (Weinmarkt) zieht mit Hot Dogs, Hamburgern, Milch-Shakes, Birchermüesli und Salatteller vor allem Jugendliche und Schüler an. Kommt der

Herbst, bietet — und das seit 20 Jahren — Guido Garoni seine gerösteten Marroni am offenen Stand (Unter der Egg) noch billiger an.

Aber auch die Freunde behaglicher Dorfkrugatmosphäre finden in Luzerns enger Umgebung überraschend labende Erquickung: im Landgasthof *Breitfeld* (Rotkreuz), *Hörnli* und *Widder* (Küssnacht a. R.), *Sonne* (Kulmerau), *Adler* (Nebikon), Kehrsiten/ Hüttenort, *Rössli* (Adligenswil), *Frohsinn* (Udligenswil, knusprige Güggeli). Als vornehme Landlokale empfehlenswert: *Sonnegg,* (Meggen, speziell Fisch), *Hermitage* (Seeburgstrasse 72), *Belvédère* (Hergiswil), *Gotthard* (Zug). Ausflugslokale in herrlicher Lage: Hotel *Albana* (Weggis), Hotel-Restaurant von St. Niklausen, *Baumgarten* (Immensee).

Swiss Folklore im Stadtkeller, Küchen-Equipe des Restaurants Frohsinn (Udligenswil), der berühmte Luzerner Kabarettist Emil, Willisauer Jazz-Festival, die internationalen Musikfestwochen in Luzern

Musikfestspiele, dr Emil, Striptease für Eidgenossen

Schlagzeilen einer Stadt, die ein Herz für Junge hat. Bevölkern sie nicht gerade den Rathausquai, sitzen sie vielleicht in einem der 10 Kinos oder strömen enthusiastisch in Luzerns Kleintheater. Mit Sprüngen über Landesgrenzen versucht es zeitnah zu sein und kulturell die Welt zu verknüpfen. Klein, eng und immer etwas improvisiert, was beileibe niemanden stört. Ein Ort, wo Gerd Fröbe auch mal (mitten in der Aufführung) nach *Emil* ruft, einst Pöstler, dann prominenter Luzerner und heute international bekannter Kabarettist. Welches Glück, er saß versteckt im Publikum. Doch das ist vorbei, denn Emil macht nun ›in Film‹, mit Rolf Lyssy, jenem selbstkritisch-ironischen Regisseur, von dem wir alle wissen, wie ›Die Schweizermacher‹ aus ›Usländern‹ überzeugte Staatsbürger Helvetiens machen.

Auf der Herbstmesse sind sie, die Jungen, in Sippen dabei, schauen auch schon mal in die jährliche Antiquitätenmesse hinein, werden lautstark bei den Ruderregatta-Weltmeisterschaften (am Rotsee) und wachsen bei Heimspielen des FC Luzern über sich hinaus. Nachdenklich stimmt sie das Kunsthaus mit »Im Westen nichts Neues«, auf die ›Luvina‹ (Weinausstellung) gehen sie, um ihren Durst zu löschen. Kein Fest lassen sie aus, weder das Reussquai-›Inselifäscht‹, noch das Altstadt-Fest! Wer wüßte nicht, daß dann ein Sonntagsausflug zum Inseli origineller und problemloser sein kann als ein Abstecher hinter den Lopper! Daß das Inselifäscht exklusiven Charakter hat, sei nur nebenbei bemerkt.

Ob Fest oder nicht, selbst auf dem Luzerner Monatsmarkt (Kapell- und Hirschenplatz) mit seiner heimeligen Atmosphäre (er findet jeden ersten Mittwoch im Monat statt), tummelt man sich. Zwischendurch dann wieder gehobene Kultur, sei es mit Pavel Kohout oder Günther Grass, der die Luzerner mit seinem Ausspruch von der ›konservativen Stadt‹ allerdings verärgert hat. Dafür dann jedesmal im August die bewährte Selbstbestätigung, daß die Luzerner ein musikliebendes und -verständiges Völklein sind: die Internationalen Musikfestwochen! Ob Karajan dabei oder krank ist, Solisten aus aller Welt per Jet bis Zürich fliegen und schweren Herzens schon am nächsten Morgen wieder abreisen müssen, ganz Luzern stellt sich auf dieses Festspiel ein. Denn, Luzern ist eine Musikstadt mit Tradition. »Hier bringt mich kein Mensch wieder raus« schwor Richard Wagner, als er mit Cosima und ihren Kindern ins Landhaus ›Tribschen‹ (heute Wagner-Museum und Musikinstrumenten-Sammlung) zog. Von 1866 bis 1872 blieb er dann. Für Wochen kam auch der Philosoph Friedrich Nietzsche zu Besuch.

Jahrzehnte später wurde hier die Idee der Internationalen Luzerner Musikfestwochen geboren, nachdem Richard Strauss, Ernest Ansermet, Alfred Cortot und Adolf Busch die Eignung Luzerns als Festspielstadt immer wieder betont hatten. 1938 hob diese Tradition mit den glanzvollen Namen Arturo Toscaninis und Bruno Walters an.

Wer also das Exklusive unter den europäischen Musikfestivals sucht, darf Luzern nicht vergessen! Mancher Musiker wie der Russe Sergej Rachmaninoff (in Greppen), Edwin Fischer (in Weggis) oder Vladimir Ashkenazy (in Luzern) blieben sogar am schönen Vierwaldstättersee hängen.

Daß Luzern sich aber auch um den aktuellen Jazz bemüht, ist so neu nicht. Jazz — Folk — Pop — Rock, täglich ›Live-Musik‹, das ist das Programm vom *Stadtkeller* (Sternenplatz 3), und damit hat die Luzerner Jugend ›ihr‹ Musiklokal *Bazillus-Tis* (nach dem Vorbild Bazillus/Zürich, Atlantis/Basel), dessen Küche schmackhaft ist und das zu den Folkloreabenden (Ländlerkapellen, Jodler, Alphornbläser und Fahnenschwinger in Originaltrachten) im Sommer auch ein Winterprogramm bietet. Neben den einheimischen *Jazz School* und *Folk-Club* Luzern und dem IG-Musikzentrum Sedel verwöhnen auch Profis von Weltformat Innerschweizer Ohren. Für Insider-Kreise aber ist das *Musikzentrum Sedel* (der Sedel ist Luzerns ehemalige Strafanstalt) das wichtigste Ereignis der Luzerner Musikszene der letzten Jahre.

Die Verehrer des klassischen Rock'n Roll, die Teddies, werden aktiv am Samstag im *Gersag-Chäller,* Emmenbrücke, wenn Discotime ist. Sie treffen sich im Neustadt-Lokal *Bonanza,* in der Dixie-Schnellimbißbar in der Altstadt, spielen Baseball in Luzerns Vorort Reussbühl, und ihre Frauen kleiden sich in Luzerns Boutique Ali Baba. Zum offiziellen Jugendtreffpunkt wurde, dank einer anonymen Millionenspende der *Klarahof* an der St. Karli-Strasse.

Wo immer »öppis lauft«, auch für die schon über Zwanzigjährigen, das ist die Dachhalle, das *Green Life* des Hotels Astoria (Pilatusstrasse). Hier spielt man Jazz nicht nur in der Big-Band-Tradition (auch Tanz), sondern als Extra-Programm ›Jazz am Sonntigmorge‹ (10.30 Uhr). Gepflegt tanzen dürfen Sie auch im Firstclass-Restaurant *Gütsch* (bis 24 Uhr), was jedoch eher stil- als temperament-stimmungsvoll einzustufen ist. Dafür gibt's heiße Hit-Musik in gleißendem Stimmungslicht mit echter, guter Club-Atmosphäre (Zutritt erst ab 20 Jahren, Jeans nicht erwünscht, dafür aber Solo-Damen) im *Flora-Disco-Club* (Hotel Flora, Seidenhofstrasse). Hier darf das Vergnügen (täglich) bis 2 Uhr morgens dauern. *Black Jack* heißt das ungezwungene moderne Dancing im Casino (Haldenstrasse 6), ebenfalls bis 2 Uhr offen, dessen weiträumiges Parkett viel Jungvolk anzieht. Die entspannte Atmosphäre herrscht aber auch an der Bar und an den Tischen im Hintergrund. Ihr Glück machen können Sie gleich nebenan im *Casino Kursaal* beim Boule-Spiel, Höchsteinsatz 5 Schweizer Franken! Das Casino ist sozusagen Luzerns sündiges Zentrum, denn durch ein dunkles Hintertürchen dürfen Sie vom *Black Jack* schnell entschwinden ins *Red Rose,* Nightclub und Cabaret. Aber trotz tiefer Dunkelheit und glitzerndem Sexappeal auf der Bühne — die Hüllen der hübschen Stripperinnen dürfen (im Gegensatz zu Bern) total verschwinden — müssen Sie weder um Ihr Seelenheil noch um Ihre Barschaft fürchten. Alles bleibt schön ordentlich und überschaubar. Sinnlicher als Neapel, raffinierter als Bangkok — das wäre zu viel verlangt von einer Stadt, die zwar als ›Metropole‹ der Urkantone einen furchtlosen Helden und somit eine historische, aber keine ›anrüchige Vergangenheit‹ hat.

Für die ›happy hour‹ nach Feierabend hat der Durchschnittsbürger die *Altstadt-Bar* (Wagenbachgasse) und die *Flora-Bar* (Hotel Flora), die *Mövenpicks* und *Mr. Pickwick* (Rathausquai), für den späten Drink *Green Life* im Astoria und als Nightlife-Variante die Swiss Folklore-Einlage im *Le Chalet* (Casino).

Wenn ganz Luzern so korrekt geregelt wäre, hätte Polizeipräsident Bruno Heutschy keine Sorge mit 100 Strafanzeigen eines Luzerner Quartiervereins gegen Automobilisten, »die auf der nächtlichen Suche nach Dirnen innert kurzer Zeit mindestens dreimal« ihr Quartier durchfuhren — ein Freier wurde sogar 21mal notiert (in einer Nacht!) — und das, obwohl die Polizei den Dirnen schon vor Jahren das Inseli als Standplatz angewiesen hat. Vielleicht braucht es im schwarzen Luzern etwas länger, um den Begriff ›Salon‹ richtig zu verstehen. Dabei erklärte der Chef der Kantonspolizei in aller Öffentlichkeit, daß Prostitution notwendig sei und gibt die Zahl seiner Schutzbefohlenen mit 60 bis 80 an. Er weiß, was es heißt, wenn die ›Salons‹ in den letzten Jahren beträchtlich zugenommen haben. In der Stadt Luzern zählt man zur Zeit 35 und in der Umgebung sieben Sex-Etablissements. Im *Anzeiger Luzern* (nur am Bahnhofskiosk bis 22 Uhr) liest man dann: »Gentlemen-Service, speziell für Herren mit viel Zeit!« Aber das ist nicht etwa alles!

DER PILATUS IST WIE EINE RUTSCHBAHN...

. . . auf der einen Seite geht's hinauf, auf der anderen hinunter! Oder: »Hinauf auf den Pilatus — mit und ohne Hut!« Denn der Pilatus ist nicht nur der sagenumwobene älteste Luzerner, sondern zugleich auch die Wetterstation der Einwohner. »Hat der Pilatus einen Hut« sagt ein altes Sprichwort, »ist das Wetter gut, hat er einen Degen, gibt's sicher Regen.«

In Sekundenschnelle kann es von Luzerns Himmel schrecklich niederschütten, weshalb böse Zungen Luzern auch den ›Schüttstein‹ Helvetiens nennen. Aber so schnell und heftig wie er gekommen, ist der Platzregen meistens auch wieder vorbei. Darum wäre es niemals falsch, bei jedem Spaziergang einen Schirm unter den Arm zu klemmen. Im Sommer sollte es vielleicht ein helles, freundliches Modell sein, denn dann sieht man die Ur-Luzernerin mit einem beweglichen Sonnendach über die Seebrücke kommen, und man könnte Lust verspüren, es ihr nachzumachen — vorausgesetzt die Sonne lacht!

Aber das nur nebenbei, denn ich wollte Sie davon überzeugen, daß der Besuch auf dem Pilatus für Luzern-Gäste unbedingt dazugehört. Luzern ist zwar als städtisches Bijou am Vierwaldstättersee wunderschön, aber noch viel reiz- und eindrucksvoller ist es, oben auf rund 2000 m (!) zu stehen und auf Luzern herabzusehen. (Dabei wären die Höhe und schneller Wetterumschlag zu bedenken, Sie sollten daher auch im Hochsommer an eine warme Jacke und einen Regenschutz denken).

Um auf den Pilatus zu kommen, gibt es verschiedene Möglichkeiten. Die unvergeßlichste wäre natürlich, den Aufstieg zu Fuß vorzunehmen, ein guter

Bergsteiger schafft die Tour in 3½ bis 5 Stunden. Wenn Sie dann in die herrliche Berg- und Waldnatur eintauchen, werden Sie die vielen Sagen verstehen, die zum Berg gehören. Ob es wahr ist oder nicht, seinen Namen soll er vom römischen Statthalter Pontius Pilatus haben, dessen Gebeine tief im Berg begraben sein sollen. Jahrzehntelang war es den Luzernern verboten, den Gipfel zu besteigen, um die Bevölkerung im Tal »von all dem tüflischen Gespenster- und Geisterwerk, mit dem der Berg uff der Höhe gar wohl besetzt und erfüllet ist« zu bewahren.

Königin Viktoria von England war eine mutige Frau und wagte 1868 den Aufstieg auf dem Rücken von Maultieren. Vor Begeisterung blieb sie gleich mehrere Tage. Als dann 1889 die steilste Zahnradbahn der Welt zwischen Alpnachstad und Pilatus-Kulm eröffnet wurde, war die Sensation perfekt! Mühelos überwindet die Bahn Steigungen bis zu 48%, und bereits im ersten Jahr ließen sich 34 500 Schaulustige auf den Pilatus fahren. 1936 wurde die Bahn elektrifiziert, so daß diese Reise heute nur mehr eine halbe Stunde dauert. Seit 1956 verkehrt von der Gegenseite des Pilatus, von Kriens aus, eine Luftseilbahn. Und hier die Tour, zu der ich Ihnen raten möchte: Fahren Sie von Kriens aus hinauf (Bus-Station der Linie 1) und nach Alpnachstad hinunter — oder umgekehrt. Über den See oder per SBB läßt es sich mühelos und ohne PKW nach Luzern zurückkehren.

Was Sie sehen wird Sie faszinieren. Je nach Wetterlage gleitet der Blick bis zu den vergletscherten Hochalpen, im Norden über das schweizerische Mittelland bis hin zum Jura und den Vogesen. Ganz Erfahrene weisen auf den Feldberg (Bundesrepublik Deutschland), den Säntis, den Glärnisch, den Tödi und den Titlis. Dazwischen, tief eingekerbt und eingeschnitten, die zerklüfteten Verzweigungen des schönsten Alpensees — ein großartiges Hochgebirgs-Erlebnis!

Ich lade Sie herzlich zum PICKNICK auf die Rigi ein

. . . könnte es zum Beispiel eines Tages heißen. Die Schweizer halten die Rigi (1800 m) nämlich nicht nur für einen der schönsten Aussichts- und Wanderberge ihres Landes, sondern der ganzen Erde! Wenn tage- bzw. wochenlang dichter Nebel über dem Flachland liegt, dann fliehen sie hinauf auf diese Sonneninsel. Dabei ist die Rigi gar kein richtiger Berg, sondern ein echtes Gebirge. Als ›Regina Montium‹, Königin der Berge, pflegte man schon im 17. Jahrhundert liebevoll das 14 km lange und 6½ km breite Massiv zu bezeichnen. Doch die Sprachwissenschaftler leiten den Namen ›Rigi‹ von den bandartigen Schichten ihres Nagelfluhgesteins ab, den sogenannten Riginen.

1871 schnaufte die erste Zahnradbahn Europas von Vitznau aus und vier Jahre später die Arth-Goldau-Rigi-Bahn hinauf. Seit 1968 kann man von Weggis aus mit der Seilbahn durch die Lüfte schweben, und nach sieben Minuten steigt man in Rigi-Kaltbad wieder aus. Viele ziehen den Besuch der Rigi dem des Pilatus vor, weil man hier, 1500 m hoch, fast stundenlang in gleicher Höhe wandern kann. Am beliebtesten ist der Weg vom Känzeli bis zur Scheidegg und wieder zurück. Da die Bahnen und Seilbahnen nach Rigi-Kaltbad, zur First und zur Scheidegg den Auf- und Abstieg ersparen, begegnet einem nicht nur die übliche ›Bänkli‹-, sondern vor allem eine echte ›Familien-Wander-Picknick-Kultur‹.

Natürlich sind Sie nicht die ersten, die die Rigi zwecks Picknick entdecken. Da kamen schon Wagemutige vor 1900, noch bevor ein regelrechter Rigi-Tourismus um sich griff. 1808 wurde der Kronprinz von Bayern, 1811 Carl Maria von Weber, 1814 die französische Kaiserin Louise, 1818 Kaiser Alexander von Russland, 1828 J. F. Cooper, der Verfasser des *Lederstrumpf,* 1839 Victor Hugo und natürlich auch der Dichterfürst Goethe von kräftigen Berglern in Tragsesseln auf den Gipfel gehoben. Nur Mark Twain kam per pedes mit seinem Freund, um den herrlichsten aller Sonnenaufgänge hier oben zu erleben und schrieb voll Enthusiasmus dieses einzigartige Naturgeschehen auf. Doch was stellte sich heraus? Der Mann, der zu Fuß gekommen war, schlief erst mal richtig aus, um dann nicht mehr den Aufgang der Sonne, sondern — nichtsahnend — ihren Untergang verherrlicht zu haben!

Skifahrer auf dem Titlis

Titlisbahn

Rütliwiese

Detail vom Fährhaus zur Treib

Mit Volldampf in die Fluten des Sees

Allein im Jahre 1980 stürzten sich 1 937 177 Passagiere in die Fluten des Sees, an Bord eines Dampfers. Sie wußten: Eine Fahrt auf dem schönsten Schweizer Alpensee und zugleich noch auf einem echten Dampfer, das gibt's nur einmal! Denn Luzern besitzt die größte und schönste Dampferflotte in ganz Europa!

Auf herzzerreißende Abschiedsszenen wie in den großen Überseehäfen gilt es allerdings zu verzichten. Wer hier den Dampfer besteigt, tut das aus lauter Lust und Wonne und ist gewillt zurückzukommen. Er läßt das wunderschöne vielgeknipste Postkartenpanorama und die großen Hotels Revue passieren, fährt vorbei am Schillerstein oder am Rütli, der historischen Wiese — noch immer aktuell, der Schwur wurde erst kürzlich ins Japanische übersetzt —, peilt vielleicht **Küssnacht a. R.** an, um durch die **Hohle Gasse** zu stolpern. Möglicherweise steigt er auch in Weggis aus, um von dort per Seilbahn in die Sonnenstube der Innerschweiz, die Rigi zu entschweben oder hat Kehrsiten zum Ziel, um per Drahtseilbahn auf Luzerns Nobelberg, den **Bürgenstock** zu gelangen und sich auf dem ›Felsenweg‹ nicht nur die Füße zu vertreten, sondern angesichts der zauberhaften Eindrücke einen wahren Rausch zu bekommen.

In der Mitte des Sees, am Kreuztrichter, bliebe der Dampfer am liebsten stehen, damit Sie hingebungsvoll genießen können, was Sie sehen: das Stanserhorn und neben ihm der altvertraute Pilatus. Bei klarer Sicht schieben sich dann Wetterhorn, Eiger, Mönch und Jungfrau dazwischen. Wer wollte auf dieses Panorama verzichten! Und überhaupt, an Bord der ›Uri‹ z. B. taut jeder auf. Die Amerikaner stoßen Laute tiefen Staunens aus, Engländer versuchen sich plötzlich auf Schwyzerdütsch, Holländer und Deutsche entdecken Gemeinsamkeiten: Bewunderung für Dampfmaschine, Kessel und Steuerung,

Schönheit und Eleganz der Ersten-Klasse-Salons (Meisterwerke der Belle Epoque mit reichem Schnitzwerk, Putten und Meerjungfrauen) und schließlich, nicht zu verachten, die lukullischen Ecken! Dazwischen, auf Radkasten und Holzplanken, wetterharte Wandertypen mit Hüten, Stöcken und imponierenden Rucksäcken. Von oben die Sonne, vom Bug das kühlende Lüftchen und im Rücken, am Heck, die Schweizer Flagge!

Darf's auch mal ein Gletscher sein!

Bitte sehr! Nur 35 km von Luzern (Autobahn Richtung Interlaken/Engelberg), südlich des Engelberger Tals, steht mächtig und schroff ein richtiger Gletscher namens **Titlis.** Er bewacht, 3231 m hoch, das Engelberger Dorf. Die Urner Alpen stülpten ihn vor Jahrmillionen auf und machten aus ihm den Charakterberg der Innerschweiz.

Bis zur Fertigstellung der Titlis-Seilbahn 1967 setzte der Genuß des Aussichtspanoramas einen mehrstündigen anstrengenden Aufstieg voraus. Der phantastische Rundblick über die hochalpine Zackenkrone der Berner und Walliser Alpen, über malerische Bergseen bis weit ins Mittelland zur Jurakette und den Höhen des Schwarzwaldes entschädigte für erlittene Mühsal. Die seltene Gelegenheit für einige Stunden in eine zum Greifen nahe Gletscherwelt einzutauchen und das Vergnügen, unter heißer Sommersonne einen Schneeball zu formen oder sich dem Sommerskifahren hinzugeben, macht den besonderen Reiz einer Titlisfahrt aus. Sie dauert heute mit den Bergbahnen Engelberg-Gerschnialp-Trübsee-Stand-Titlis etwa 45 Minuten. Erregend wirkt vor allem die letzte Etappe, die unmittelbar über den von Schründen und Spalten zerfurchten Titlisgletscher führt. Auf der Höhe angelangt ermöglichen gesicherte Gletscherwege den Aufstieg zum höchsten Punkt des Titlis in 40 bis 50 Minuten, je nach Schneeverhältnissen. Unmittelbar bei der Bergstation des Klein-Titlis befindet sich eine sehenswerte Attraktion: Die Gletscherhöhle.

Dem Bergwanderer erschließen die verschiedenen Titlisbahn-Stationen abwechslungsreiche und romantische Wandergebiete. Wenn Sie Glück und den sechsten Sinn haben, können Sie Gemsen und Murmeltiere sehen. Im Winter lockt das Titlis- und Trübseegebiet als vielbesuchtes Skigebiet aller Schwierigkeitsgrade begeisterte Skifahrer und am Wochenende Scharen von Luzernern an.

Die Billetts der Schweizer Berg- und Seilbahnen kosten ihren Preis. Darum sollte, wer sich zu einer Fahrt entschließt, gutes Wetter abwarten und genügend Zeit einplanen. Dem Reiz einer ungewohnten Bergkulisse und der wunderbaren Höhenluft erlag schon so mancher Städter! Allerdings können Berge auch ohne jede Resonanz bleiben, wie das Beispiel des Liebesromane-Verfassers David Herbert Lawrence beweist, der 1913 schrieb: »Ich bin von diesem kleinen Land nun für immer geheilt. Das einzige Vergnügen hier ist, daß man einen Stein schrecklich weit hinunterwerfen kann — und das ist gesetzlich verboten.«

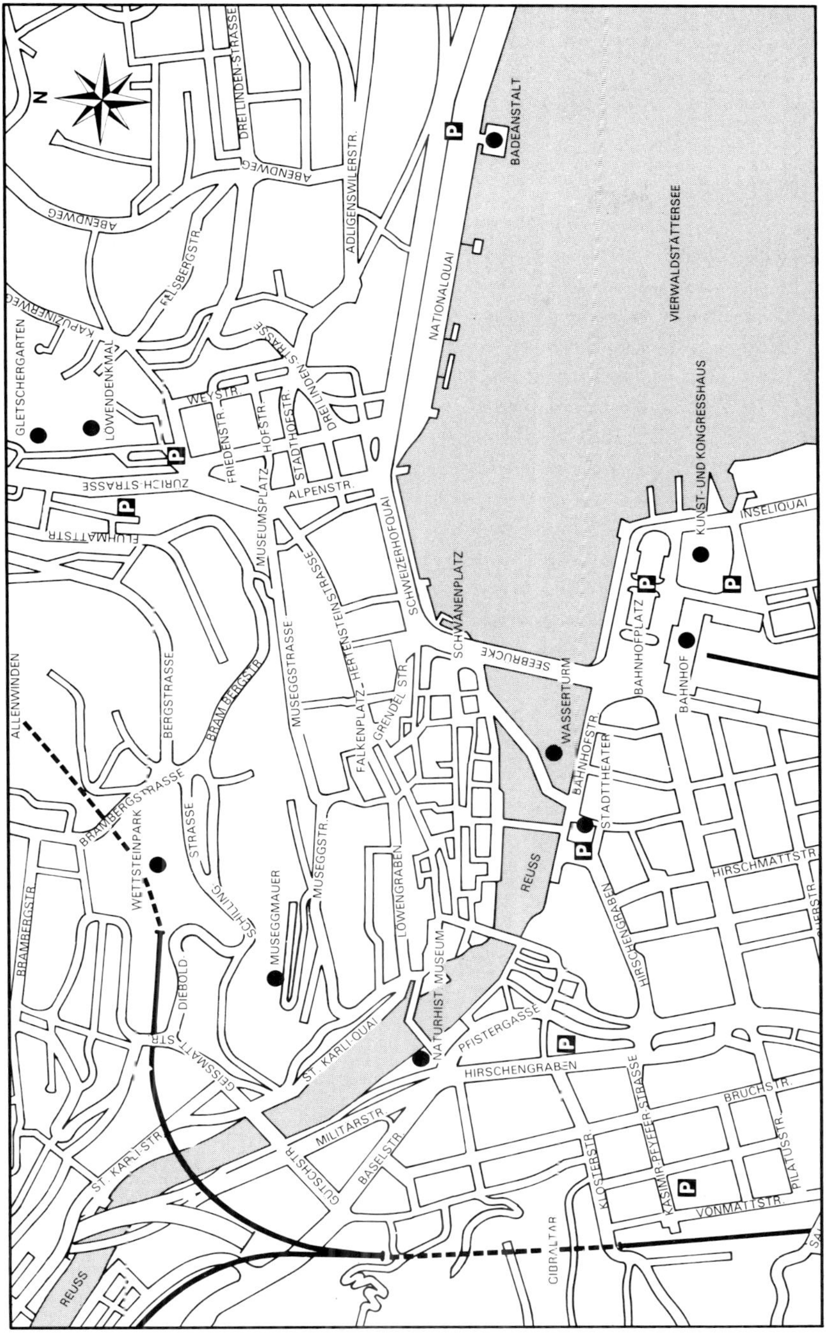
N
DREILINDEN-STRASSE
ABENDWEG
ADLIGENSWILERSTR.
BADEANSTALT
P
NATIONALQUAI
VIERWALDSTÄTTERSEE
FELSBERGSTR.
KAPUZINERWEG
GLETSCHERGARTEN
LÖWENDENKMAL
WEYSTR.
FRIEDENSTR.
HOFSTR.
STADTHOFSTR.
DREILINDEN-STRASSE
ZÜRICH-STRASSE
ALPENSTR.
FLUHMATTSTR.
MUSEUMSPLATZ
KUNST- UND KONGRESSHAUS
INSELIQUAI
MUSEGGSTRASSE
HERTENSTEINSTRASSE
SCHWEIZERHOFQUAI
SCHWANENPLATZ
SEEBRÜCKE
BAHNHOFPLATZ
BAHNHOF
ALLENWINDEN
BERGSTRASSE
BRAMBERGSTR.
FALKENPLATZ
GRENDEL STR.
WASSERTURM
BAHNHOFSTR.
STADTTHEATER
BRAMBERGSTRASSE
WETTSTEINPARK
STRASSE
MUSEGGSTR.
LÖWENGRABEN
REUSS
HIRSCHMATTSTR.
SCHILLING
MUSEGGMAUER
HIRSCHENGRABEN
BRAMBERGSTR.
DIEBOLD
NATURHIST. MUSEUM
PFISTERGASSE
GEISSMATTSTR.
ST. KARLI-QUAI
HIRSCHENGRABEN
KASIMIR-PFYFFER-STRASSE
BRUCHSTR.
MILITÄRSTR.
ST. KARLI-STR.
GÜTSCHSTR.
BASELSTR.
KLOSTERSTR.
PILATUSSTR.
VONMATTSTR.
GIBRALTAR
REUSS

Gewußt wo, bedeutet auch in Luzern, mit seinem deftigen Hunger oder feinem Gelüst am richtigen Ort zu sein! Also: auch Luzerner sind Genießer! Selbst wenn sie mit der Zubereitung ihrer innerschweizer Gerichte etwas Mühe haben, nicht die Tradition eines amerikanischen Truthahns oder eines englischen Plumpuddings nachweisen können, so lohnen außer der berühmten Kügelipastete gerade Urschweizer Spezialitäten das Probieren, z. B. ›Älplermagronen‹ (Kartoffeln und Teigwaren mit Rahm, Käse und Zwiebelschwitze), ›Brat- und Hobelkäse‹, ›Schnitz‹ und ›Härdöpfel‹ (Eintopf mit gedörrten Birnen und Äpfeln sowie Kartoffeln).

Was aber alle Luzerner zusammenhält, ist das permanente Verlangen nach ›Kafi Lutz‹, ›Kafi Fertig‹, ›Kaffee Träsch‹, ›Kafi Büffet‹, ›Cheli mit‹ oder was es sonst noch an Namen für ein Kaffeegetränk (mit viel Alkohol und Zucker) gibt, das nirgends auf der Welt so schmeckt und so abwechslungsreich zubereitet wird wie in der Innerschweiz! Es ist, als ob der gute Johann Sebastian Bach in seiner Kaffee-Huldigung direkt an Luzern gedacht hat:

»Ei! wie schmeckt der Coffee süße
lieblicher als tausend Küße
milder als Muskatenwein!«

Giovanni
Täglich frische
Früchte
061/65 15 64

2

PUNT&MES CARPANO

3

4

RENOVATUM ET AMPLI
FICATUM ANNO DOMINI
M D CCCC I

8

9

10

11

12

PERNOD

G.BIANCHI AG COMESTIBLES MARKTGASSE

18

20

19

21

24

25

26

LA GENEVOISE
ASSURANCES
PAX ASSURANCES
NQUE VAUDOISE DE CREDIT

27

FOULARDS
C&A

28

29

au Jardin
des crêpes
Plages
Heures d'ouverture
7h.00 - 23h.00
fermé le lundi

31

32

33

34

35

36

37

38

39

0

1

42

Bottega del Vino
CAMPO DEI
MERLOT DEL TICINO

44

cecil
VA38
1875

45

46

47

48

Legenden zu den Farbabbildungen

1 Blick auf Pilatuskulm (2070 m) und Vierwaldstättersee
2 Marktszene vor dem Basler Rathaus
3 Das Basler Münster vom Rheinufer aus
4 Spaziergang auf ungewöhnlichem Pfad: Auf der Rheinbefestigung
5 Typische Kleinbasler Häuserfront
6 Die 1511/12 geschaffene Uhr am Rathaus von Basel
7 Die Fasnacht von Basel wäre unvorstellbar ohne ihre Pfeifer
8 Zürich: Die kleinste der europäischen Großstädte
9 Eines der zahlreichen Mövenpick-Restaurants
10 Von Zürich nach Zürich mit der spottbilligen Polybahn
11 Alfred Escher-Brunnen und die berühmteste Einkaufsstraße der Schweiz, die Züricher Bahnhofstraße
12 Was Stripperinnen können, zeigen sie auch in Zürich
13 Zürich mit Blick auf Fraumünster, im Vordergrund die Limmat mit Bootssteg
14 Einer von vielen lauschigen Plätzen im großstädtischen Zürich
15 Die Zürcher sind ein modebewußtes Völkchen, und schicke Boutiquen gibt es nicht nur auf der Bahnhofstraße
16/17 Das Wahrzeichen Zürichs: das Großmünster. Davor links im Bild, das Zunfthaus Rüden, daneben das Zunfthaus Zimmerleuten
18 Das höchste Haus der Schweiz, das Bundeshaus in Bern
19 Spitzgiebelige Türme und bunte Brunnen, das kann nur Bern sein
20 Bern aus ungewöhnlicher Perspektive — Flußfahrt auf der Aare
21 Einer der ältesten Schweizer Festbräuche: Der Berner Zwiebelmarkt
22 Blick auf Berner Dächer und Kamine
23 Bern berühmtestes Touristenziel: die Zytglogge (Zeitglockenturm)
24 Lausanne: Das bischöfliche Schloss St-Marie, im Hintergrund die Kathedrale
25 Eines der repräsentativen Gebäude des modernen Lausanne, das Palais de Beaulieu
26 Abendstimmung am Genfersee
27 Lausanne besteht aus Bergen und Tälern, daher ist der Blick von Straßen auf Autos hinab allgegenwärtig
28 Lausanne wirkt wie eine Berg-und-Tal-Bahn, doch wer darin spazierengeht, bestimmt das Tempo selbst
29 Nicht nur in Lausanne, auch in Genf tummelt sich viel junges Volk aus aller Welt
30/30 Gaumengenüsse und andere Gelüste werden in Genf großgeschrieben
31 Es müssen aber nicht immer nur erstklassige Restaurants sein, sondern auch Kneipen, Brasserien und Crêperien lieben die Genfer
32 Ungestörtes Miteinander mitten in Genf, im Hintergrund der Quai Turrettini
33 Der höchste Wasserstrahl Europas: der Jet d'eau
34 In den Gassen der Vieille Ville von Genf ist es eine Freude, Entdeckungen zu machen
35 Verkehrsbetriebe an der Genfer Place des Bergues
36 Ob am Ufer der Rhone, auf Altstadtplätzen, überall läßt sich Pause machen
37 Luzerns belebteste Promenade, der Rathausquai mit Blick auf die Jesuitenkirche
38 Auch für die Jugend gibt es keinen schöneren Platz als die Ufer der Reuß
39 Was Zürich im großen, ist Luzern im kleinen: ein Schaufenster der Welt
40 Luzern bei Nacht, von trutzigen Wehrtürmen bewacht
41 Das alte Gefängnis der Stadt: der Wasserturm
42 Auch der Luzerner liebt seine Stadt, weshalb er sie ab und zu in Ruhe genießt
43 Eine Ferienlandschaft: Luzern am General Guisan-Quai mit dem Pilatus
44 In den winkligen Altstadtgassen von Lugano
45 Lugano tut für seine Gäste, was es kann und sorgt für ein Nachtprogramm
46 Die Tessinerin hat's von der Italienerin: das leibliche Wohl muß täglich stimmen
47 Die Luganesi sind Menschen des Südens, sie leben bis tief in die Nacht auf den schönsten Plätzen der Stadt
48 Eine faszinierende Aussicht vom Monte Brè (933 m) auf den Luganer See
49 Typisch für Lugano und das Tessin: mediterranes Klima und ungezwungene Ferienatmosphäre

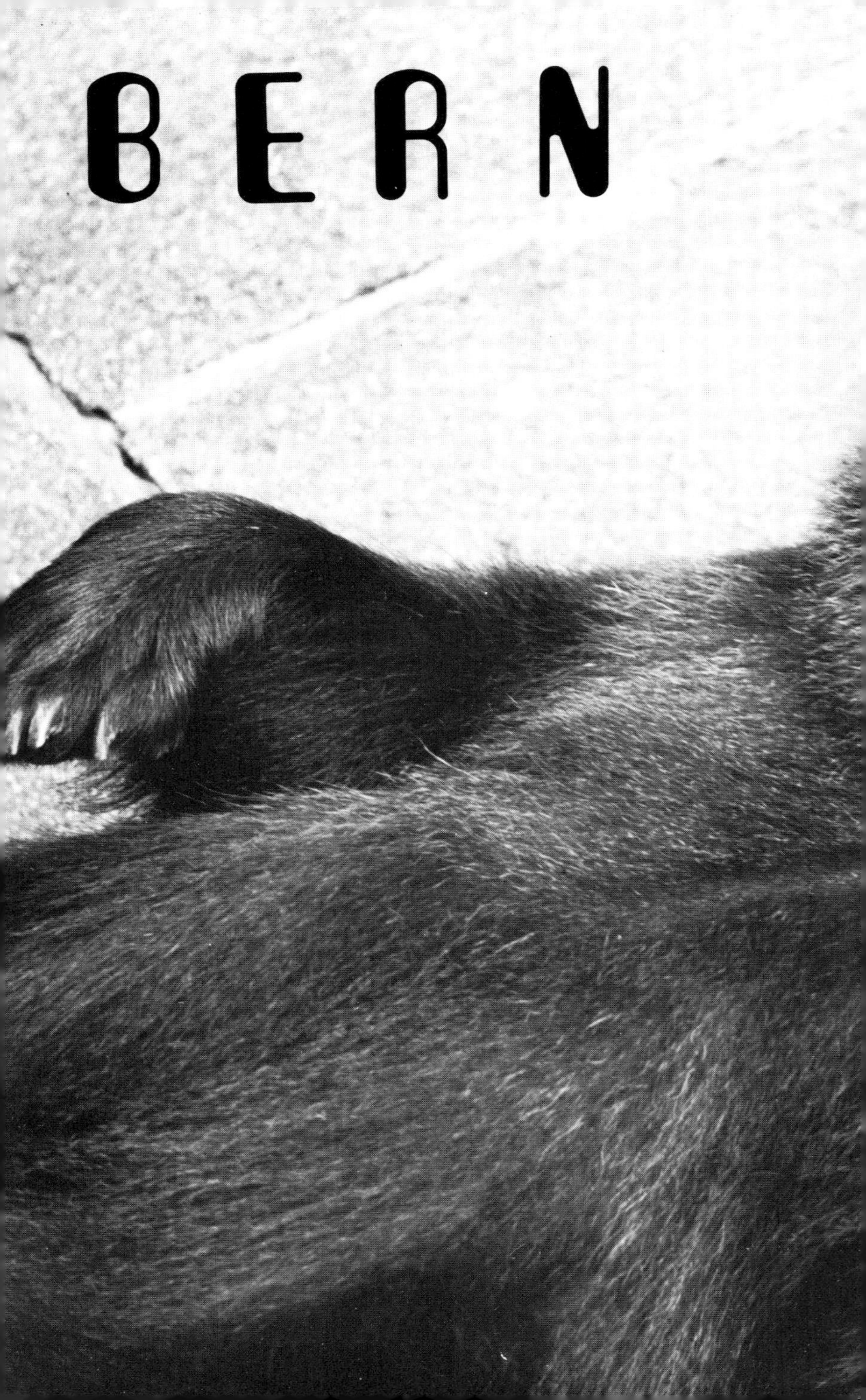
BERN

Die Bundesstadt Bern

Wenn Sie das erste Mal in Bern angekommen sind, sollten Sie ganz schnell die Augen wieder schließen — vorausgesetzt, Sie haben zuvor ein Taxi zum Rosengarten bestiegen (wenn Sie Ihr Autobus nicht ohnehin in der Nähe bei der Nydeggbrücke herausläßt) — und sie erst wieder öffnen, wenn Sie am Ziel sind, denn am schönsten sieht Bern aus, wenn man es bei herrlichem klaren Wetter, vom Rosengarten aus betrachtet. Am zweitschönsten ist der Blick vom Münsterturm, aber dann kommen gleich die großen glänzenden Postkarten — meist mit der Ansicht eines bunten Brunnens. Eindrucksvoll wirkt Bern auch von der Kirchenfeldbrücke, vom Muristalden oder vom Kursaal her, selbst aus einem Guckloch des Käfigturms oder durch Einsteins Fenster, Kramgasse 49.

Was man vom erhöhten Standpunkt aus gewahren kann, ist nicht nur treu bewahrter Altstadt-Charme, sondern auch die neuzeitliche Ausdehnung Berns in Richtung Westen. Schlägt man einen Stadtplan auf, so sieht man das genau: 1191 hatte Herzog Berthold V. von Zähringen die günstige Lage einer kleinen Siedlung an der Nydegg entdeckt (die Aare malt ein U um das ›Ur-Bern‹) und sie als Gründung *Bern* bis zum Zeitglockenturm (Zytglogge) ausgebaut. Schon gegen 1256 gab es einen zweiten Mauerring, der bis zum Käfigturm reichte, und um 1345 hatte sich die Stadt bereits mit einem dritten Befestigungswall bis etwa zur Höhe der Heiliggeist-Kirche und des Hauptbahnhofes umgeben. Erstaunlich korrekt und genau behielt Bern die alte Längsrichtung im Gassenverlauf bei. Dort, wo einst Schutzgräben die Halbinsel sicherten, befinden sich heute langgestreckte Plätze: Kornhausplatz — Theaterplatz, Waisenhausplatz-Bärenplatz- Bundesplatz sowie Bollwerk — Christoffelgasse.

Die Aare macht Bern zur zweigeteilten Stadt. Doch während sie sich in westlicher Richtung weit ausdehnen und mit bestehenden Siedlungen zusammenwachsen konnte, blieb das Gebiet jenseits (östlich) der Aare stiefmütterlich zurück. Erst als es durch den modernen Brückenbau des 19. und 20. Jahrhunderts mühelos zugänglich geworden war, entstanden auch hier Wohnsiedlungen. Heute hat Bern im Osten, Norden und Süden seine Gemeindegrenzen erreicht. Im Westen blieb noch etwas Landschaft offen. Für ›grüne‹ Lungen im Häusermeer sorgen der Bremgartenwald, Dählhölzli, Könizbergwald und einige kleinere Grünflächen.

Entfalten Sie den Stadtplan vollends, so erscheint Bern ›großstädtisch‹, doch das täuscht. Bern ist zwar schweizerische Bundesstadt und Kantonshauptstadt des gleichnamigen, volksreichsten und zweitgrößten Kantons der Schweiz, Universitätsstadt mit (1980) 7601 Studenten und Münsterstadt, doch Bern ist in erster Linie eine *wunderschöne* alte Stadt und gerade deshalb Mittelpunkt eines gewissen städtischen Lebens.

Bern ist die Stadt, in die man geht, um ›in der Stadt‹ zu sein, und Bern ist eine Stadt, mit der es eine besondere Bewandtnis hat: »Bern ist die Schweiz«, und »die Schweiz ist in Bern!« Was heißt: Bern ist der Inbegriff der Schweiz! Warum? Weil es das originellste und geschlossenste Stadtbild — noch immer geprägt von konservativ-patrizischem Geist — besitzt, und weil beide, Stadt und Menschen, eine unnachahmliche behäbige Behaglichkeit vermitteln, die

Die Bundesstadt in Zahlen:

Geographische Lage (Koordination Spitalgasse/Ecke Christoffelgasse):
7° 26' 30'' 2 östliche Länge von Greenwich
46° 56' 56'' 2 nördliche Breite

Höhenlage Stadtzentrum: 542 m ü. M.
(Minimum 481 m, Maximum 675 m ü. M.)

Fläche:

Stadtgebiet	52 km^2
Regionsgebiet (25 Gemeinden)	326 km^2

Einwohner:
Stadt: 145 254 (1980)
Region: 300 000 (1980)

Klima/Temperatur:
März 4,1° C, Mai 12,7° C, Juli 17,6° C,
September 13,6° C, Oktober 8,3° C, Mai—Oktober 14,2° C.

Sprache:
In Bern sprechen 82,6% deutsch und 9,4% französisch.

Diplomatische Vertretungen, internationale Organisationen:
In Bern gibt es 130 akkreditierte Botschaften (70 domizilieren direkt in Bern). Die wichtigsten internationalen Organisationen sind der Weltpostverein und das Zentralamt für den internationalen Eisenbahnverkehr.

Berns Industrien:
Maschinen-, Apparate-, Fahrzeugbau, Baugewerbe, Metallindustrie, Graphisches Gewerbe, Nahrungsmittel- und chemische Industrie. 1980 wurden 1272 Betriebe mit 107 500 Beschäftigten gezählt.

Überholt ist denn auch jene Vorstellung, Bern sei *die* Beamtenstadt Helvetiens. Das war einmal. Heute ernähren sich etwa 60% der Berner von Industrie, Handel und Gewerbe. Die rund 20 000 Beamten machen rund 20% der Berufstätigen aus, d. h. Beamte gibt es zwar immer noch genug, aber das Interessante ist, daß Bern heute junge Menschen anzieht. In seiner Bausubstanz ist Bern die besterhaltene und damit eine der reizvollsten Hauptstädte Europas. Das Schweizerische PTT-Museum sammelt Briefmarken aller Länder der Erde! Berns Kunstmuseum besitzt die größte Klee-Sammlung der Welt!

dem Gast, vor allem heute, als warmes menschenwürdiges Willkommen erscheint. Die Überschaubarkeit der Stadt und der ungekünstelte Berner Menschenschlag gehören noch heute so sehr zum Urbild der Schweiz und eben Berns, daß sich der Fremde in diesen Mauern auf Anhieb zu Hause fühlt. Dieses Gefühl des Vertrautseins stellt sich nur bei dem Besuch Berns ein.

Eine Stadt, die 800 Jahre auf dem Buckel hat

In steifen Lettern steht in der *Cronica de Berno* geschrieben, daß Berchtold V., Herzog von Zähringen und Rektor von Burgund, Bern 1191 gegründet hat. Vermutungen fanden inzwischen Bestätigung, daß der Leistung Berchtolds ältere Gründungen vorangingen. Selbst Kelten, Helvetier und Römer haben ihre Spuren hinterlassen, so daß Berchtold eine »stark gelegene veste« vorfand und diese »unter dem nüwen nammen Bern geneuert und gestärkt« hat. Mit einer burgähnlichen Anlage hat also Berns Stadtgeschichte begonnen.

Es folgten, nicht genau datierbar, die ältesten Teile der gleichmäßig angelegten Zähringer Stadt, die von der Nydegg bis zur Kreuzgasse reichten. Um diese schloß sich um die Mitte des 13. Jahrhunderts ein zweiter und hundert Jahre später bereits ein dritter Mauerring. Als die Zähringer ausstarben, wurde Bern reichsunmittelbar und unterstellte sich im 13. Jahrhundert zeitweise savoyischer Schutzherrschaft. Es dauerte aber nicht lange und Bern übernahm die Landesherrschaft und setzte durch seinen Sieg bei Laupen 1339 (über den umliegenden Adel und die Stadt Fribourg) einen Markstein. 1353 trat Bern als achter Ort der Eidgenossenschaft bei. Kriege und Kauf wurden die Mittel, um sein Ansehen zu stärken und das eigene Territorium zu vergrößern (Übernahme der Herrschaften von Thun und Burgdorf sowie des Aargaus). Bald wagte es Bern, sich seinem westlichen Nachbarn Burgund zu widersetzen. Mit der Schlacht von Murten gelang der Vorstoß Richtung Genfer See. Als 1536 die Waadt erobert wird, ist Bern *die* Großmacht nördlich der Alpen. Seinen Namen respektierte man an Europas Fürstenhöfen, und Berns Stadteinrichtungen galten den europäischen Staatsrechtlern als mustergültig. Friedrich der Große war voller Bewunderung. Dabei brachten nicht Einzelleistungen Berns Ruhm hervor, sondern die Leistungen aller Schultheiße oder Staatsmänner, jeder Einzelne fühlte sich als »Ring i dr Chetti« wie Rudolf von Tavel es treffend bezeichnete.

1528 schloß sich Bern der Reformation an, der Staat übernahm selbst die bischöfliche Kirchengewalt, verpflichtete sich aber gleichzeitig auch zur Kranken- und Armenfürsorge. Im 17. und 18. Jahrhundert regierte Bern als Wohlfahrtsstaat mit streng absolutistischer Ausrichtung. Revolten sich erhebender Bauern und Bürger schlug es blutig nieder. Die inneren Unruhen erleichterten 1798 Napoleon die Einnahme Berns, das zum ersten und einzigen Mal die Schmach ertragen mußte, einem siegreichen Feind unterlegen zu sein. Die Kapitulation Berns erschütterte denn auch tief die ganze Eidgenossenschaft, die zu spät bemerkte, daß Berns Fall auch ihr Fall bedeutete. Napoleon war von den Bernern und ihrer Staatskunst so beeindruckt, daß er seiner Gemahlin empfahl, sollte sie einmal in Bedrängnis sein, das Berner Bürgerrecht zu erwerben, denn nirgends sonst würde sie so geborgen und beschützt sein wie in Bern!

Ruhe und Ordnung kehrten erst wieder mit dem Wiener Kongreß ein, der Berns Verlust des Aargaus und der Waadt mit einem großen Stück Jura auszugleichen trachtete. Inzwischen bildet der Jura einen eigenen Kanton, und sein Wappen prangt seit 1981 endlich auch am Bundeshaus.

1803 wurde Bern Kantonshauptstadt, und 1848 setzte sich eine neue Bundesverfassung durch. Die Schweiz bildete nun einen lockeren Staatenbund, besaß aber keine Bundesstadt. Zürich und Bern traten in einen Wettstreit. Bei der Abstimmung trug Bern den Sieg davon.

Im Laufe des 19. Jahrhunderts entwickelte sich Bern systematisch zur Großstadt. 1844 wurde die Nydeggbrücke, 1883 die Kirchenfeldbrücke, 1898 die Kornhausbrücke erbaut, Ende des Jahrhunderts konnte der Straßenverkehr nach Worb, Zollikofen und direkt nach Solothurn aufgenommen werden, seit 1914 ermöglichte die Lötschbergbahn die Direktverbindung mit Italien, und seit 1929 ist Bern durch den Flughafen Belpmoos auch dem Luftverkehrsnetz angeschlossen. Eine Reihe von Bankgründungen sorgte ihrerseits für das wirtschaftliche Wachstum Berns; heute gibt es in Bern mehr als 20 Bankinstitute.

Bern entwickelte sich zwar zur Großstadt, wurde aber weder eine Basel noch Zürich vergleichbare Industrie- oder Handelsmetropole. Industrie- und Fabrikanlagen blieben außerhalb der Stadt- und Wohnquartiere. Die zahlreichen Amtssitze und Verwaltungen konnten meistens in den alten Stadthäusern untergebracht werden, so daß keine modernen Bürohochhäuser den wohnlichen Stadtcharakter stören. Die Vielzahl der konsularischen Niederlassungen vermochte aus Bern ebensowenig eine ›internationale‹ Stadt zu machen wie es auch der 1834 gegründeten Universität nicht gelang, Bern in einen akademischen Elfenbeinturm zu verwandeln. Wer es nicht weiß, wird wohl kaum von selbst darauf kommen, daß Bern noch heute Residenzstadt eines christkatholischen Bischofs ist.

Bern ist eben Bern, und an diesem behäbigen, bedächtigen, sich selbst genügenden, in sich ruhenden, aber selbstbewussten Bern vermochte auch das relativ stark vertretene welsche Element nichts zu ändern. Bern behielt sein Berner Temperament, und das macht die Stadt schließlich so liebenswürdig, einmalig und sympathisch. Was schrieb (1779) der dreißigjährige Goethe, überrascht von diesem Bern, an Frau von Stein? ». . . sie ist die schönste (Stadt) die wir gesehen haben in Bürgerlicher Gleichheit eins (Haus) wie das andere gebaut, all aus einem graulichen weichen Sandstein, die egalitaet und Reinlichkeit drinne thut einem sehr wohl, besonders da man fühlt, daß nichts leere Decoration oder Durchschnitt des Despotismus ist . . .«.

Vielleicht dauert es etwas länger bis Sie Bern richtig kennenlernen, aber eben »nume nid gschprängt« sagt man in Bern!

Chumm und lueg

Was Mozart für Salzburg ist der Bär für Bern. Darum machen denn auch die großen Reisebusse zuerst Station am ›Bärengraben‹ (an der **Nydeggbrücke)** und lassen Berns Wappentier bewundern. Die Tiere scheren sich wenig um ihre Bewunderung (Bärenzwinger gibt's in Bern seit dem 15. Jahrhundert), sie lassen sich füttern, bleiben gelassen, unberührt. Dafür grüßen die Bären dann hinterher nicht nur von Ständen und Kiosken, von Flaggen und Wimpeln, aus Körben und auf Karten, sondern aus Dutzenden von Confiserien. Im Mittelalter hat man straffälligen Frauen Bären in die nackte Haut gebrannt!

Herzog Berchtolds einheitlichem Bauplan verdankt die Stadt ihr ›gewisses Etwas‹. Darum sei jedem Bern-Besucher empfohlen, mit der Bahn anzureisen, um die lebendige City als Fußgänger unter Fußgängern zu erleben. Bereits auf dem **Bahnhofsvorplatz** taucht man in reges ›bernisches‹ Stadtgetümmel ein. Zunächst scheinen sich Straßen und Gassen verwirrend zu ähneln, doch das durchschaut man bald. Wenige Schritte genügen, um sich in der **Spitalgasse** mit der sehenswerten barocken **Heiliggeist-Kirche** wiederzufinden. Nach zwei, drei Minuten ist man am **Käfigturm,** der von 1250 bis 1350 das westliche Stadttor bildete — damals war Bern hier zu Ende. Neuerdings dürfen Sie den Käfigturm besteigen und sich über bernische Wirtschaft und Kultur informieren lassen. Marschieren Sie durch den Turm hindurch, stehen Sie auf der **Marktgasse** und kurz darauf auf dem **Theaterplatz.** Er setzt sich nach Norden zum **Kornhaus-**

Unter Bern's Lauben

Ansicht der Kramgasse

Schachspieler vor dem Bundeshaus

platz, nach Süden zum **Casinoplatz** fort. Hier steht noch die alte **Hauptwache** (Säulenhalle von 1767). Der mächtige Steinkoloß dicht bei der Kirchenfeldbrücke trägt nächtens helle Leuchtziffern; es ist das **Casino** (Konzerthalle, Restaurant).

Biegen Sie nun in die **Münstergasse** ein (Dienstag- und Samstagvormittag Markt, Fleisch- und Milchprodukte), gelangen Sie direkt zum **Münsterplatz.** Vermutlich fällt Ihnen angesichts des **Münsters** (1421 nach Plänen des Ulmers Matthäus Ensinger begonnen) und des durchbrochenen Maßwerkes der Begriff ›Gotik‹ wieder ein. Aber lassen wir das und steigen lieber die rund 250 Stufen zur Turmgalerie empor — eine Pflichtübung für jeden Bern-Liebhaber! Sie können den Aufstieg ganz in Ruhe beginnen, denn erst wenn Sie wirklich oben sind, müssen Sie Therese Winkler klingeln und zahlen. Sie ist vermutlich die einzige weibliche Turmwartin Helvetiens, aber das nimmt sie gelassen hin, schließlich hat sie hier oben ihre Drei-Zimmer-Wohnung und den besten Fernsehempfang von Bern! Schwindelfrei muß man sein, will man direkt unter sich in die Gassen schauen. Blickt man bei Wetterglück nach Süden, bekommt man Eiger, Mönch und Jungfrau zu Gesicht.

Gelüstet es Sie schließlich wieder, zur Erde zurückzukehren, dann planen Sie eine Pause auf der **Münster-Plattform** ein. Hier trifft sich, was ›echt Bärn‹ und jung ist. Vielleicht gibt es ihn noch, den Tausch und Handel mit Stoffen, den es offiziell natürlich nicht geben darf, ich weiß es nicht einmal. Bummeln Sie die Münstergasse entlang, so wird Sie die schöne Berner Barockarchitektur (Diesbachhaus, Nr. 37), der Charme der kleinen Handwerkerläden (›Münster-Märt‹) oder manche qualitätvolle Kunstgalerie anziehen. Die **Junkerngasse** setzt sich in diesem Geiste fort. Im Haus Nr. 51 wohnte von 1766 bis 1772

Berner Rathaus

Albrecht von Haller, Dichter, Arzt und Naturforscher. 200 Jahre hat es gedauert, bis sich Bern zu einer Gedenktafel entschloß! Apropos Erinnerungstafeln: Was Zürich zuviel hat, hat Bern zuwenig, oder anders herum: Statt Gedenktafeln schätzt man in Bern Verkehrsverbotstafeln!

Neben dem Haller-Haus steht der barocke *Erlacherhof* (seit 1832 Sitz der Stadtverwaltung, 1848—1858 Sitz des Bundesrates). Schräg gegenüber hängt ein ovales Schild *Spysi* — Speiserestaurant für Minderbemittelte (zu Selbstkostenpreisen kann man hier essen oder einen Teller über die Gasse holen), daneben die *Passantenherberge.* Die laubenbebaute Junkerngasse war einst Residenz vornehmer alter Berner Geschlechter und ist auch heute noch eine bevorzugte, teure Wohngegend. Sie verläuft in sanftem Bogen bis zur **Nydeggbrücke** und biegt dann, stadteinwärts, wieder um zur **Gerechtigkeitsgasse.** Und diese zieht sich nun als Hauptschlagader Berns fast schnurgerade mitten durch die Aarehalbinsel, ein architektonisch einheitlicher Straßenzug mit wechselnden Namen und vielen berühmten, goldbunten Brunnen (Gerechtigkeitsbrunnen, Simsonbrunnen, Zähringerbrunnen, Anna Seilerbrunnen, Pfeiferbrunnen, Kreuzgassbrunnen, Schützenbrunnen, alle 16. Jahrhundert). Dabei überwindet sie ein Gefälle von immerhin rund 20 Metern. Aber das bedeutet wenig, denn erst wenn Sie vom Aarebett zur Altstadt hinaufschauen, gewahren Sie den mächtigen Sandsteinrücken von 35—40 m Höhe, auf dem Berns Altstadt ruht.

Verlassen Sie die Gerechtigkeitsgasse zu einem kleinen Seitensprung in die **Rathausgasse** — bei Nacht *der* Tip für einsame Männerherzen — und schauen Sie sich das herrlich restaurierte **Rathaus** (1406—1417) mit seiner markanten Freitreppe an. In seinem Ratssaal kommt das Kantonsparlament zusammen und diskutiert auf ›Bärndütsch‹ wichtige Belange. Das Volk hat Zutritt.

Wer sich an den typischen Berner Laubengängen (Arkaden) der Gerechtigkeitsgasse bereits sattgesehen hat, schlendert nun vielleicht die Rathausgasse entlang. Aber spätestens an der nächsten Querstraße sollte er auf die Kramgasse zurückfinden, damit ihm nicht eines der berühmtesten Wahrzeichen Berns, die **Zytglogge** (um 1191), entgeht. Der Zeitglockenturm markiert als ältestes Stadttor Berns den ersten Altstadtmauerring (bis 1250). Wenige Minuten vor jeder vollen Stunde versammeln sich zu seinen Füßen wahre Menschentrauben, um mit gebanntem Blick die astronomische Uhr zu umlauern, aus der dann der goldene ›Hans von Tannen‹ zum Glockenspiel blickt. Fotoapparate klicken, Kinder rufen, man ist entzückt. Berns Altstadt darf man nicht im Eiltempo durchqueren. Es gehört zum eindrucksvollsten und wohl auch zum amüsantesten, sich in dieser stimmungsvollen Schweizer Stadt Zeit zu nehmen, Zeit um sich einen der reizvollen Renaissancebrunnen näher anzusehen, in eines der einladenden Cafés unter den Lauben zu gehen, kurz, um das Berner Leben wirklich in sich aufzunehmen. Denn hier zwischen Gerechtigkeitsgasse und Käfigturm ist Bern ein unverfälschtes Bern geblieben. Hier entfaltet es auf raffiniert naive Weise seine behäbige, bürgerliche, bernisch-patrizische Pracht.

Am besten, Sie machen es den Bernern nach und ›rohren‹. Dazu müssen Sie wissen, daß die Straßenstücke Spital- und Marktgasse mit ihren rechts- und linksseitigen, so berühmten Lauben das ›Rohr‹ bilden. Rohren bedeutet also zunächst nichts weiter, als in gemächlicher Gangart die Lauben auf und ab zu gehen, was vor allem zwischen 17 und 18 Uhr dazu führt, wie von selbst geschoben zu werden. Durch die Enge der Lauben wird sich die persönliche Begegnung mit einer Bernerin oder einem Berner nicht vermeiden lassen, für alles weitere findet sich dann die gemütliche Beiz!

›Bärner Gringe‹ und Berner Originale

»Die Berner sind Schweizer im Quadrat«, gab Schweizkenner und -freund Hans Weigel zu Papier. Doch auch ohne ihn kursieren in Helvetien genügend Witze und Histörchen, die sich darum drehen, daß die Berner besonders langsam, bedächtig und behäbig sind und reagieren! Diese Beobachtungen genügten, um aus dem Berner die Witzfigur des Schweizers zu machen. Kennen Sie folgenden Witz? Eine Zürcher Seele schwebt zielstrebig zum Himmel auf. Unterwegs überholt sie eine bedächtig aufsteigende Berner Seele. Man stellt sich vor: »Müller, Zürich, heute morgen bei einem Autounfall verunglückt«. — »Freut mich«, entgegnet die Berner Seele, »Kipfer, Bern, gefallen 1515 in der Schlacht bei Marignano.«

Den Ruf, nicht die Schnellsten zu sein, verdanken die Berner den Zürchern, dafür aber halten die Berner die Zürcher schon wieder für halbe Preußen. Aber mischen wir uns da nicht ein — vielmehr, und das ist nicht böse, eher liebenswürdig gemeint, bleiben die Berner auch heute noch ein bißchen hinter mitteleuropäischem Tempo zurück. 1980 redete man in Westeuropa allgemein von Sommerzeit — außer in der Schweiz. Ein Jahr später war es dann soweit — auch Bern meldete Sommerzeit. Der Entschluß hat nur rund 12 Monate gedauert, bis 1894 richtete man sich nämlich in der ganzen Schweiz nach ›Berner Zeit‹. Erst gegen Ende des vorigen Jahrhunderts wurde für die Schweiz nach mühsamen, komplizierten und zeitraubenden Auseinandersetzungen die mitteleuropäische Zeit eingeführt. Bis dahin blieben die Schweizer Uhren eine halbe Stunde hinter den europäischen zurück!

In ihrer unerschütterlichen, ruhigen, bedächtigen ›Berner Art‹ hat die Welt den Bernern nichts Vergleichbares entgegenzusetzen. Doch wer die Berner kennt weiß, daß sich hinter ihrer Langsamkeit sorgfältige, gründliche Überlegung, vielleicht mitunter auch ein Quäntchen Überlegenheit verbirgt. Ein Berner handelt niemals übereilt. Er wägt ab, prüft und bedenkt. Hat er aber einen Entschluß gefaßt, bleibt er fest und konsequent. Schließlich haben die Berner Schweizer Geschichte gemacht, und nicht etwa Zürich oder Basel, son-

Aus Galantes Bern, Sergius Golowin, Oskar Weiss

dern Bern wurde Bundesstadt! Dabei haben die Berner außer ihrer Berner Lebensart, ihrer ›Bärner Platte‹ und ihren ›Bärner Rösti‹ auch noch Humor, Verstand und selbst Kultur! Wie könnten sie sonst über ihre ›Bärner Gringe‹ oder ihre Berner Originale lachen?

›Bärner Gringe‹ — was das ist? Nun dort, wo bei jedem gewöhnlichen Schweizer der Kopf sitzt, trägt der Berner seinen ›Gring‹, und der ist eben, wie oben beschrieben, etwas besonderes. In ein Schema pressen läßt er sich nicht, aber Werner Must, eidgenössischer Berner Beamter kennt sich mit ›Bärner Gringe‹ aus: »Jungbärner bruuchene zum büffle, proteschtiere, sich sälber finge u zum sich verliebe. (Teil bruuche no ds Härz). U mir Durchschnittsbärner? Mänge bruucht sy Gring gäng no zum dänke. Wi altmodisch! Mänge wott aber nume zeige, was für ne herte Gring das är heig!« Aber daß man sich nicht täuscht, Gringe und Originale schließen einander nicht aus.

Zu Berns mittelalterlichen Gassen gehörten seit eh und je wundersame Sonderlinge beiderlei Geschlechts: Der gefräßige ›Wegglifresser‹ Dick, die ›Jumpfer Morof‹, genannt ›Mohrenköpflein‹, das ›Polizeifroueli‹, der ›bengalische Tiger‹, ein verkommener Student oder jener Federfuchser Wilhelm König, der eine Münze prägen ließ mit der Aufschrift: Wilhelm — König von Bern.

Noch gibt es in Bern genügend Originale, auch wenn 1931 der Dällebach Kari gestorben (seine Witze leben immer noch!), oder wenn 1980 Madame de Meuron verblichen ist, jene uralte Berner Patrizierin, die — mit langen Gewändern, imposanten Hüten und altertümlichem Hörrohr am Ohr — für jedes Kind zu Bern zu gehören schien. Ein originelles Mitbringsel wäre zum Beispiel »D'Visite bi dr Madame de Meuron« (Gespräch zwischen ihr und dem ehemaligen Stadtpräsidenten Dr. Raymond Tschäppät), ein Tondokument zur Geschichte Berns.

Um den Fortbestand von Berner Originalen muß niemand bangen. Auf den Schneehügeln im Berner Oberland dürfen Sie beispielsweise staunen, wie schnell ein als bedächtig bespöttelter Berner auf seinen Brettern zu Tal gleiten oder wie urwüchsig originell er beim Après-Ski sein kann!

Bärn zum läbe und liebe

Bern ist eine Stadt zum Leben und zum Gernhaben. Da dürfen Sie Sportfan, Velofahrer, Aareschwimmer, Saunagänger, Kunstbanause oder -liebhaber, Skihase, Theaterfreund oder -feind, Straßenschachfan, Briefmarkensammler (neueste Wertzeichenverkaufsstelle im Rathaus des Äußeren Standes, Zeughausgasse 19) sein, zum Essen, Schwofen oder Jassen aufgelegt sein, in Bern sind Sie immer richtig.

Leben im Sinne von Spazierengehen können Sie in guter und gesunder Luft im **Tierpark Dählhölzli** (Bus 18 vom Bahnhof in 6 Minuten) und dabei gleichzeitig zarte Kitze bewundern, von denen es im Tierpark letztes Vierteljahrhundert 153 gab. Der größte Teil wanderte als Nachzucht wieder ins Ausland nach Deutschland, Österreich, Großbritannien, Finnland, den Niederlanden, Rumänien und sogar bis nach Kanada.

Fahren Sie gern Straßenbahn, so steigen Sie in Tram 9, wechseln in die Drahtseilbahn und gelangen auf den autofreien **Gurten**, des Berners grünes Ausflugsziel zum Wandern (Skifahren) und zum Gucken (herrliche Aussicht auf Bern und die Berner Alpen).

Denken Sie jedoch an Geistesleben und Kultur, so wäre ein Museumsrundgang vorzuschlagen. Denn wer Bern besucht, sucht meistens auch Paul Klee. Durch den Maler selbst und durch die Stiftung seines Sohnes Felix Klee gelangte das **Berner Kunstmuseum** (Hodlerstraße 12) zum Ruhm, eines der bedeutendsten Schweizer Museen zu sein. Die Klee-Stiftung umfaßt einen großen Teil des Künstlernachlasses (40 Gemälde, 160 farbige Blätter, 2200 Zeichnungen, Skizzenbücher, Skulpturen, Hinterglasmalereien usw., von denen jeweils immer nur ein Teil ausgestellt werden kann). Ursprünglich sammelte das Museum nur Schweizer Kunst, deshalb bietet es auch einen ausgezeichneten Einblick in die nationale Kunst vom 15. Jahrhundert bis heute. Seit etwa 1940 kauft es aber auch bedeutende italienische und französische Werke an. 1983 wird es seine Besucher mit einem neuen Museumsanbau überraschen.

Das kulturgeschichtlich interessanteste Museum ist fraglos das **Bernische Historische Museum** (Helvetiaplatz 5), das für Erwachsene wie für Kinder gleichermaßen spannend ist. Ob Sie den frühesten Besiedlungsspuren Berns nachgehen oder sich für römische Bronzeplastik, frühes Mittelalter, helvetische Waffen, Uniformen, Fahnen, sakrale Kultgegenstände interessieren, es gibt viel und reiches Material zu sehen. Grundstock des Museums bildete der Berner Staatsschatz, vor allem die Beutestücke aus den Burgunderkriegen und des Domschatzes von Lausanne (Eroberung der Waadt) — und die *müssen* Sie sich ansehen! Wer einmal am Helvetiaplatz ist, schaut vielleicht auch gleich in die **Kunsthalle** (Helvetiaplatz 1) hinein, die große Einzelausstellungen moderner Künstler organisiert.

Auf Stadtberner Boden gibt es allein 12 Museen und Sammlungen. Die Angaben im Informationsteil helfen Ihnen, sich nach Neigung für das eine oder andere zu entscheiden. Dabei dürfte es interessieren, daß nicht etwa die Berner Bundespolitik und somit nicht der Besuch des Bundeshauses Besucherrekorde aufstellt, sondern das **Schweizerische Alpine Museum** (Helvetiaplatz 4). Hier wird schweizerische Landeskunde unter Glas, die Erschließung und Entstehung der Gebirge und ihrer Lebenswelt geboten. Wer in diesem Haus weilt und vielleicht auch Briefmarken sammelt, schließt den Besuch bei Briefmarkenbetreuer Jakob Gnägi — **Schweizerisches Post-, Telegrafen- und Telefonmuseum** — gleich an. Die Kollektionen gehen bis auf das Jahr 1843 zurück.

Neuestes Museum Berns ist das **Einstein-Haus** (Kramgasse 19). Wer es besucht, schlägt zwei Fliegen mit einer Klappe. Erstens läßt sich verfolgen, wie und wo Nobelpreisträger Albert Einstein bei seinem Berner Aufenthalt (1902—1909) lebte und arbeitete (er verbrachte hier die glücklichsten und fruchtbarsten Jahre), und zweitens darf er eines der schönen alten Laubenhäuser auch von innen betrachten. Viele Einzelobjekte gibt es jedoch nicht zu bestaunen, dafür aber die Altberner Wohnambiance, denn durch genaue Studien und Funde auf dem Boden konnte die Wohnung originalgetreu restauriert werden. Das Ganze ist also mehr als Gedenkstätte denn als Museum zu verstehen. Einstein lehrte in Bern nicht etwa an der Universität, sondern arbeitete im Eidgenössischen Amt für geistiges Eigentum und verfaßte hier als ›Nebenbeschäftigung‹ die erste Abhandlung seiner weltbewegenden Relativitätstheorie.

Dem naturwissenschaftlich orientierten Gast der Stadt sei das **Naturhistorische Museum** ans Herz gelegt, eines der bedeutendsten in Europa. Die meisten Besucher ahnen das im Hinblick der 220 seltenen Dioramen von Säugetieren kaum, sondern wollen den Lebensretter vom Großen St. Bernhard, den Bernhardiner Barry, wenn auch nur ausgestopft, bewundern!

In Bern — behaupten die Jungen — sei eigentlich immer etwas los, Musikfeste und Konzerte, z. B. das Drehorgelfestival blieb ihnen in bester Erinnerung, und vor allem das Theater. Wer singen will, sänge in der *Liedertafel* oder im *Cäcilienverein.* Aber das Richtige für die Erzählenden scheint das nicht zu sein, denn sie verabreden sich in die *Mahagony Hall,* Berns Drehscheibe für alten Jazz und Folk, wo jeden Mittwoch und Freitag Konzerte stattfinden. Man geht hinein, auch wenn es längst voll ist und hockt am Boden ab.

Die Berner Jugend war es, die 1979 zu einem sommerlichen ›Altstadt-Programm‹ herausforderte, das inzwischen wiederholt wurde und klassische Musik im Freien (Erlacherhof) aufführt. Als gerngesehene Altstadt-Attraktionen entpuppen sich auch die vielen ausländischen Straßenschauspieler, die den ganzen Sommer über vor Berns schöner Stadtkulisse auftreten. Straßenkünstler dürfen seit kurzem in Bern ohne behördliche Bewilligung Musik zum Besten geben. Irgendein gewitzter Berner fand heraus, daß die bernische Staatsverfassung nämlich »die Freiheit der Mitteilung von Gedanken« gewährleisten muß. Tradition geworden ist inzwischen auch das ›Internationale Jazzfestival‹ (jeweils im Frühling) oder das ›Kleintheater-Festival‹ (Juni). 1981 gastierten 15

Truppen aus Griechenland, den Vereinigten Staaten, Österreich, Frankreich, Chile, England, Polen, Deutschland in Bern. Eine sensationelle Veranstaltung wird jedesmal das ›Openair-Folkfestival‹ (Anfang Juli), das den Hausberg Berns, den Gurten, in ein riesiges Festgelände verwandelt. Fast 40 000 Besucher lockte es 1980 an. Als Kontrastprogramm: ›Abendmusiken‹ im Münster (jeweils am Dienstag, im Sommer).

Puppen- und Marionettenspiele ergänzen das klassische Theater auf Berns acht ›regulären‹ Bühnen, doch enthemmter, bewegter, turbulenter präsentiert sich die moderne Klein- und Kellertheaterszene. Dabei gibt es Dinge, die es von wegen ›kantonaler Bestimmungen‹ (aus Sittlichkeitsgründen) gar nicht geben dürfte, aber das ist eben das für Bern so erregende, amüsante (die Beamten gingen unverrichteter Dinge). Der Gast weiß nicht, ahnt es nicht, ist überrascht, überrumpelt, und ehe er lachen kann, ist schon der nächste Sketch oder Song, die Satire auf den eigenen Landsmann dran, oder alles ist dunkel und totenstill — Klagelied auf die Maximen unserer Welt. Das Ganze nennt sich: »Kreationen« des *Theater 1230!* Gleich nebenan (Kramgasse 6) im *Kleintheater* sind Sie jedoch wieder Besucher einer seriösen Vorführung. Das *Atelier-Theater* (Effingerstraße 14), 1981 im 30. Jahr, mit 300 Inszenierungen und sehr guten, geschulten Kräften bietet ein abwechslungsreiches Programm (Komödie, Kriminalstück, Schwankoperette, Trauerspiel); es empfiehlt sich, rechtzeitig zu reservieren. Das *Stadttheater Bern* ist das große Haus, hier wechseln Oper, Operette und Schauspiel einander ab. Wenn Ruggero Raimondi in »Don Giovanni« singt, ist das Haus erst recht ausverkauft.

Es gibt nichts Angenehmeres, als in einer Stadt die meisten Bühnen empfehlen zu können. Im *Theater am Käfigturm* (Spitalgasse 4) dürfen Kinder mitspielen, im *Frühstückstheater* (Münstergasse 39) beginnen die Vorführungen schon morgens um 9 Uhr; im *Theater am Zytglogge* (Kramgasse 70) oder im *Chleehus* (Berner Stadttheater) wäre ein berndeutsches Stück zu empfehlen. Auch wenn ›Berndütsch‹ eine eigene Sprache ist, werden Sie sich bald einhören.

Im 18. Jahrhundert erlebte Bern mit Albrecht von Haller, einem universellen Gelehrten, eine erste kulturelle Hochblüte. Die Malerei um 1800 entdeckt zur gleichen Zeit den Reiz der Schweizer Berge (König, Lory, Düncker). Und die berühmten Reisenden jener Zeit, Goethe und Klopstock, kamen nicht nur der Bergwelt, sondern auch um der Schweizer Gelehrten willen angereist. Als ganz Europa von Defoes Robinson-Fieber ergriffen wurde, verfaßte auch ein Berner, der Pfarrer Johann David Wyss (1743—1818), eine Robinsonade, die Weltgeltung erlangte. Doch erst der Volksschriftsteller Jeremias Gotthelf (1797—1854) erhob Berndeutsch zur Literatursprache — gleich ihm kam auch der Berner Maler Ferdinand Hodler zu Ruhm und Namen. In Otto von Greyerz und Rudolf von Tavel fanden Berner Geist und Sprache, was die Dichtung betrifft, viel später ihren ureigenen Ausdruck.

Doch zurück zum Theater. Die Vorstellung ist aus, man will noch nicht nach Hause — wozu soll man dem Nachtschwärmer raten? Grundsätzlich: Das Berner Nachtleben ist nicht so erschütternd, daß Sie nur schwer ins Bett finden und am Morgen noch schwerer heraus, aber es wäre auch falsch, gar nichts zu erwarten und sich kurzerhand aufs Ohr zu legen — mitnichten. Ein Bummel in abendlicher Schummrigkeit besticht schon deshalb, weil die Stadt ihre architektonischen Reize brillant beleuchtet hat (von Ostern bis Ende Oktober mit Beginn der Dämmerung bis 24 Uhr). Haben Sie sich sattgesehen und erste Kontakte an der ›Front‹ (so heißen die Beizen am Bärenplatz) aufgenommen, läßt sich in Künstlerkreisen über Kunst- und Theaterereignisse im *Falken* (Münstergasse) oder im *Piri-Café des Pyrénées* (Kornhausplatz) heiß bis hitzig debattieren. Wollen Sie ein wenig ›dazugehören‹, käme es auf Ihre Äußerung zu Fred Aeberhards ›Kunst‹ an, Künstler und Wirt vom *Arlequin* (Gerechtigkeitsgasse); lieben Sie es Jazz zu hören, dann kommen Sie im *De Ville* (Neuengasse) auf Ihre Kosten. Haben Sie unter Umständen zu nachhaltig währschafte Berner Kost genossen, dann darf's vielleicht ein bißchen Bewegung im bravbewährten *Casino* (Casinoplatz) sein.

Begeistert strömt die Jugend, das heißt, Sie dürfen noch lange nicht zwanzig sein, in die Disco des *Chikito* (Neuengasse) — hier darf man ›happy‹ sein. Alles, was an Jahren darüber zählt, fühlt sich im plüschigen Dancing, einen Stock tiefer wohler. Ein wenig von seinem früheren mitreißenden Schwung verloren, dabei noch immer jedem Bern-Gast zu empfehlen, ist das Cabaret/Dancing *Mocambo* (Genfergasse). Show und Striptease sorgen für anregende Night-Atmosphäre, auch wenn der letzte Hüllenrest laut kantonaler Bestimmung in Berns Striplokalen *nicht* (aber bei Männlein wie Weiblein im *Theater 1230)* fallen darf, heben ›Vorführungen‹ dieser Art noch immer die Stimmung. Die Kombination charmanter Bühnen-Attraktion und frischem Fleisch vom Rind (im sogenannten *Beef Corner)* bietet *Cadillac,* Night-Club und Dancing bis 2 Uhr, freitags und samstags sogar bis 3 Uhr! Schweizer Folklore wird im Sommer mit Hingabe geboten im *Swiss Chalet!* Dank der Verlängerung der Berner Polizeistunde ist das Nachtleben auch für Teens und Twens vielgestaltiger und unterhaltender geworden, und sie haben auch so etwas wie ›ihre‹ Lokale bekommen: das *Babalu* (mit Orchester, Gurtengasse), das *Frisco 67* (Neuengasse), *Happy Light* (Casinoplatz) und einen eigenen Treffpunkt im *Jugendhaus* unten an der Aare, im Sommer die *Uniterrasse* oberhalb des Bahnhofs oder den Club *Chez Georg* (Belpstraße), einen noch jungen, aber gern besuchten Jazzkeller. Wenn es etwas zu besprechen gibt, gehen sie ins *Café Rathaus.* Wer mit Haschisch, Gesundheit und harten Drogen Probleme hat, wagt sich zur Beratung zum *Contact* (Sulgeneckstraße 8), eine gute Institution, die sogar schweigen kann.

Ob Berner oder nicht, jünger oder älter, wer tanzen will, wird es im neu renovierten *Kursaal* (mit Spielsalon) ungezwungen, im *Bierhübeli* (Neubrückstrasse) schon etwas handfester und derber finden und vielleicht im *Jardin* (Restaurant Militärgarten, Militärstraße) enden, jeden Samstag Disco-Time.

Das neueste und exklusivste Nachtlokal, elegant und dezent, etablierte sich im Hotel Schweizerhof als *Jaylin's Club* (gegenüber vom Hauptbahnhof).

Ohne zu übertreiben ist es zur Zeit ein Top-Jazz-Club von europäischem Rang!

Selbstverständlich dürfen Sie in Bern auch mit gepflegter Club-Atmosphäre rechnen, z. B. im *Bellevue-Palace* (Kochergasse), in der *Pery-Bar* und *President- Bar* (beide Zeughausgasse), um nur einige zu nennen.

Wie es scheint, läßt Bern zukünftig noch mehr erwarten, das kommt jedoch auf die Entscheidung des Berner Stadt- und Kantonsparlaments an. Ein Zürcher Sexunternehmer wittert nämlich auch in Bern Zulauf und Dauerkundschaft für sein Erotik-Cabaret (Rathausgasse) »mit Gogo-Girls aus Thailand, musikalischer Umrahmung und leichten Pornofilmen«, doch eben, die Poch-Vertreterinnen (extreme Linke) sind mit dringlichen Interpellationen dagegen, dabei kam von Männerseite keine einzige Gegenstimme.

Schließlich spricht auch die vermehrte Zahl von Sex-Shops und Massagesalons in Berns Zentrum von gewissen nachzuholenden Entwicklungen, denn sämtliche Gesuche um sogenannte ›Stützlisexbetriebe‹ fielen bisher Interpellanten zum Opfer. Für den Schweizerischen Verband von Firmen der Erotikbranche unverständlich, denn sie halten für absolut förderungswürdig, »was in Zürich bald in jeder zweiten Bar zu sehen ist«.

Schließlich hat Casanova, der Welt berühmtester Schwerenöter, es schon 1760 drei Wochen lang hier ausgehalten — nicht zuletzt wegen einiger galanter Berner Abenteuer!

Straßenmusikant

Night-Club Babalu

Einakter im Theater 1200

Wo das Käuferherz lacht

Unter Berns *Lauben* — 6 km lang! Hier ist's gemütlich, behaglich, beschaulich, die Verkäuferinnen sind freundlich. Brennt die Sonne heiß, pfeift der Wind, peitscht Regen, fällt Schnee — die Lauben bilden schnell ein schützendes Dach, und ihre zahlreichen Restaurants verfügen fast immer über einen Platz. Unter den Bogen entfaltet sich denn auch rege Geschäftigkeit im dichtgedrängten Allerlei von Metzgern, Bäckern, Confiserien, Drogerien, Beizen, Bijouterien und Mode für ›Sie‹ und ›Ihn‹. Supermarkt-Monster fanden glücklicherweise in der mittelalterlichen Enge nirgends Platz. Die Expansion unseres Jahrhunderts *(Murifeld, Betlehem)* blieb draußen vor der Stadt: *Shoppyland Schönbühl* ist das drittgrößte Einkaufszentrum der Schweiz mit 29 100 m^2 Verkaufsfläche und (1980) 170 000 000 Franken Umsatz.

Die Kaufhäuser der City bleiben in überschaubarem Rahmen. Für exklusive Boutiquen muss man ›eine Nase‹ haben, meistens geht es eine Treppe hinauf in die obere Etage. Neben den nostalgischen Altstadtlädelis (Postgasse 58, einmalig für die Schweiz: *Baazzaar 58* — eine Spiel-Boutique für Kinder und Erwachsene) floriert ein reger Kunst- und Antiquitätenhandel. Wer das Besondere sucht, wird das Ausgefallene finden. Aber um das Treppensteigen kommt man nicht herum. Achtung: mindestens drei Stufen, und dann geht's, die Klappe auf, in den Keller hinab. Das kann dann wiederum ein Spezialitäten-Restaurant, eine Beiz, ein Theater, eine Werkstatt sein — in den Berner Souterrains gibt's einfach alles: Vom Antiquitäten- bis zum Trödlerladen, von der griechischen Vase bis zum Sex-Super-Markt/Poster-Shop mit der warnenden Überschrift »Unter 18 Jahren kein Zutritt«. Oben wie unten, draußen wie drinnen läuft alles natürlich und lebensvoll ab.

Am interessantesten aber ist zu entdecken, welche Menschen oft in diesen Kellern (hinter ihrer feilgebotenen Ware) stecken. Zwischen ausgeflippten Kleiderstücken und dicken runden Porzellanpuppen fängt vielleicht plötzlich Oswald Scarpelle (Besitzer vom *Schatzchäschtli,* Gerechtigkeitsgasse 41) an, seine Kuriositäten in acht Sprachen zu erklären. Wer aber gesund bleiben und leben will, deckt sich am besten mit neun verschiedenen Getreidesorten, Rundkornreis, Earth Schuhen und sonstigem ›Gesundem‹ beim *S'Lotusblüemli*

(Gerechtigkeitsgasse 17) ein. Sollten Sie bisher nicht das Richtige gefunden haben, dürfen Sie zu *Noelle Jaun* (Klösterlistutz 2) mittwochs (aber auch zwischendurch) direkt ins Wohnzimmer rein und sich zwischen Kitsch und Kunst schließlich für ein Gebetbuch mit Geheimfach für Liebesbriefe entscheiden. Wenn Sie nicht wissen, was Sie den Daheimgebliebenen mitbringen sollen, dann darf's vielleicht was Eßbares sein. *Arcade Gourmande/Traiteur Hotel Schweizerhof* macht die Wahl zwischen Ententorte, Lemon pie, Mousse au Chocolat — alles hausgemacht — schon fast zur Qual.

Um sich für seine Bern-Tournee fit zu trimmen oder fit zu halten, bietet *Roland's Fitness + Body-Shop* (Herrengasse 12) seine speziellen Dienste an, für eindrucksvolle Referenzen steht Bodybuilding-Schweizermeister (1980) Harry Derglin zur Verfügung. Vielleicht verlangt der Donnerstag-Abendverkauf einen ganzen Mann? An diesem Tag halten die Geschäfte der Innenstadt nämlich bis 21 Uhr offen, und alles, was Beine hat, ist in der Stadt anzutreffen. Sei es, daß man zu den Jüngeren gehört, dann müssen es heiße Marroni, eine duftende Bratwurst oder die kühlende Glace auf dem Waisenhausplatz sein; sei es, daß man das Getriebe lieber vom sicheren Hort eines Boulevardcafés aus beobachtet, dann sucht man nach einem freien Stuhl auf dem Bärenplatz. Was weiblich ist, tummelt sich bis zum letzten Augenblick zwischen Buden und

Ständen, Silberschmuck, Trockenblumen, Gewürzen, Kräutern, Töpfen oder Folklorekleidern, was alles zusammengenommen Bern in einen kunterbunten Bazar verwandelt. Zum Höhepunkt scheint der Abend zu kommen, wenn ein Straßenmusikant sein Instrument anstimmt oder gar ein Straßentheater spontan eine Kurzvorstellung bringt. *Zampanoos Variété* hat es den Bernern wieder nahegebracht.

Aber vergessen wir nicht die Berner Märkte (Dienstag- und Samstagvormittag), sie gehören unbedingt dazu. Die Berner haben von jeher eine alte Beziehung zum Land, und jede Bernerin hält ›ihrer‹ Marktfrau die Treue durch Jahre hin. Heiße Debatten gab es vor Jahren, als der seit 1778 bestehende *Fleischmärit* aus hygienischen Gründen abgeschafft werden sollte, und mit den vielen Berner Frauen bangten damals vor allem Berns Diplomatenköche.

Einmal pro Jahr locken Berns Marktstände Tausende von Besuchern an, und das ist der *Zibelemärit*. Er findet am vierten Montag eines jeden November statt. Schon in den frühesten Morgenstunden rollen die ersten Extrazüge ein, und voll Ungeduld stürzt man sich dann in eine wahre Zwiebeleuphorie. 1981 boten die Marktfrauen 82 790 Kilo Zwiebeln an! Die Berner gedenken dabei des verheerenden Stadtbrandes von 1405, der ihre Stadt zu vernichten drohte, wären ihnen nicht die Bewohner des Wichslandes zu Hilfe gekommen. Als Dank dürfen ihre Bäuerinnen einmal pro Jahr ihre Ware auf dem Berner Markt feilbieten. Die ganze Stadt riecht dann nach heißem ›Zibelechueche‹ und heisser ›Zibelesuppe‹, und der Mensch in Bern scheint nur an ›Zibelechränz, ›Zibelezöpf‹, Rosetten, Ketten und Gestecke zu denken! Das ist das attraktivste Berner Souvenir! Auch gibt es wunderhübsche preiswerte Keramik, ideal zum Verschenken.

Am frühen Abend fängt dann die Belustigung für die Jugend an — eine wilde Konfettischlacht. Die Nacht beschließt ein letzter Tanz im *Kornhauskeller*.

Berner Beizen-Bummel

Keiner braucht zu hungern in dieser Stadt

»Venedig liegt auf Wasser, Bern auf Wein« heißt ein altes Berner Sprichwort. Geprägt wurde es im 18. Jahrhundert, als es in der Stadt an die 200 Kellerwirtschaften und Trinkstuben gab. Rege besucht waren sie immer, vor allem an Markttagen, wenn die Bauern und jungen Burschen aus dem Emmental kamen. Der Weinhandel bedeutete nicht nur ein einträgliches Geschäft, er war auch der einzige, den der Berner für standesgemäß hielt. Trinklust und -sitte wurden in Bern so fleißig geübt, daß 1801 und 1810 strenge Gesetze erlassen und sogar Wirtschaftskontrollen durchgeführt werden mußten. Abends 9 Uhr hatten die Wirtschaften zu schließen, hintere Ausgänge waren bei Strafe verboten! Rapide ging das Berner Wirtschaftsleben zurück. 1909 zählte man nur noch 8 Trinkstuben, und heute gibt es überhaupt nur noch zwei Relikte aus jener trinkfreudigen Zeit: den *Kornhauskeller* und den *Klötzlikeller*.

Das Schwergewicht hat sich scheint's vom Trinken aufs Essen verlagert. Mit vielsagendem Augenaufschlag erklärt die patrouillierende Bern-Hostess, *was* man *wo* in den rund 300 Berner Beizen ißt — als ob »die in Bern« sich statt mit Politik nur mit Küchendüften beschäftigten! Sie weiß natürlich, wo man nicht

nur ›Bärner Platte‹ serviert, sondern türkische (im *Alibaba* und im *Aarbergerhof),* peruanische (im *Rincon Peruano),* spanische (im *Commerce),* provençalische (im *Mistral),* italienische (im *Boccalino* und *Pinocchio),* vegetarische (im *Fit)* und gutbürgerliche Gerichte kocht. Damit wären wir beim Schweiz-Thema: Gaumengenüsse nach Berner Art.

Früher oder später, inner- oder außerhalb Berns stößt jeder Schweizreisende auf Berner ›Röschti‹, eine im Grunde ganz simple, aber schmackhafte Angelegenheit. Weichgekochte Kartoffeln werden geschält, geraffelt, gesalzen und mit einem zünftigen Stück Fett in Butter in der Pfanne mehrmals gewendet bis sich eine goldgelbe Kruste bildet. Sie sind eine echte Spezialität, so daß Rösti selbst für den französischen Gourmet ›rösti‹ bleiben. Der Berner liebt dazu eine kräftige Schweinsbratwurst.

Die Berner Küche hält es sowohl mit ländlicher Bauernsitte als auch französischem Raffinement. Was dabei herauskommt sind schmackhafte reichliche Gerichte, getragen von französischer Eßkultur. Auf der Speisekarte steht ›echt Bärnerisches‹: die ›Bärner Platte‹, ein üppiges Bauerngericht mit Sauerkraut oder gedörrten Bohnen, Salzkartoffeln und verschiedenem geräucherten und gesalzenem Schweinefleisch, dazu etwas Rindfleisch und Berner Zungenwurst — eine währschafte Portion! ›Gnagi oder Schweinsschnörrli und -öhrli in Erbsensuppe‹ oder ›Berner Zungenwurst mit gelben Rüben‹ dürfen Sie ebenfalls probieren, ›Buurehamme‹ (hausgeräucherter Bauernschinken) gibt's in jedem vernünftigen Landgasthof, seltener erhältlich ist ›Emmentaler Schafsvoressen‹, eine Safran-Spezialität. Als typische Schweizer Speisen wird Sie auch in Bern ein ›Raclette‹ oder ein ›Fondue‹ nicht enttäuschen, die Berner Zwiebelgerichte anläßlich des *Zibelemärit* wären auf jeden Fall eine Kostprobe wert. Wer von Süßigkeiten schwärmt, wird wohl auf seinen Meringue-Berg mit Kaffee-Kirsch oder Pflümliwasser nicht verzichten und sich den gefüllten Berner (Bären-)Lebkuchen für Zuhause aufheben. Natürlich wäre es unverzeihlich, den Käse mit den großen Löchern, den Emmentaler, keines Blickes oder keines Bisses gewürdigt zu haben.

Ein Berner, der es gut mit Ihnen meint, wird Ihnen auch sein kleines ›Wirtschäftlein, in einem winzigen Dorf zuhinterst in einem entlegenen Seitental‹ verraten, denn dort gibt es bestimmt das beste Essen und auf jeden Fall Forellen oder Felchen aus den kleinen Seen und Bächen, delikat zubereitet, wie Sie Fische selten oder überhaupt noch nie gegessen haben! (Tip für Autoreisende: Gasthof *Krone* in Bätterkinden, 24 km von Bern, ›nouvelle cuisine régionale‹). Seinen rechten Durst löscht der Berner mit einheimischen Produkten, dem weißen oder roten Spiezer oder Oberhofner.

Das wohl schwierigste Problem für jeden Bern-Besucher läßt sich nur in etwa lösen: Von annähernd 300 Restaurants die *Ihrem* Wunsch und *Ihrem* Geschmack gemäßen auszuwählen! Doch zuvor ein paar Tips fürs praktische ›Bärner Läbe‹: Man unterscheidet zwischen ›Wirtschaften‹, das sind Beizen: gemütlich, rauchig, derb, eher laut als leise, voll ›Lüt‹ (Leute), und es wird viel Alkohol konsumiert. Unter ›Restaurants‹ (Achtung, wie überall in der Schweiz mit und ohne Alkoholkonzession) versteht man das gehobene, gepflegte, teuere oder preiswerte Speiselokal. Außerdem zählen in Bern die vielen, äußerst gern besuchten ›Tea-Rooms‹ (sie sind überall in der Schweiz alkoholfrei) und Cafés, in denen die Pâtisserien (Konditoreiwaren, hausgemachtes Konfekt) am begehrtesten sind, gefolgt von Glacen (Eis); aber auch kleine Tellergerichte sind zu haben. Beliebtes Getränk ist der Kaffee — diesbezüglich kommen die Berner gleich nach oder sogar noch vor den Wienern!

Wem die Cafés zu gediegen erscheinen, wer sich aber schnell und billig ernähren möchte, tut dies am besten in den Selbstbedienungs-Restaurants der Kaufhäuser EPA (Marktgasse, 1. Stock), MIGROS (Marktgasse, 1. Stock und Parterre), COOP (Neuengasse, 1. Stock). Wie überall in der Schweiz können Sie natürlich auch in Bern in jedem Restaurant das preiswerte ›Tellergericht‹ statt des mehrgängigen Menüs bestellen, satt werden Sie bestimmt. Nun die Empfehlung einiger typischer Beizen: Der gute alte *Klötzlikeller* (Gerechtigkeitsgasse 62), eine Berner Institution, da trifft sich alles; der *Kornhauskeller* (Kornhausplatz 18), ebenfalls eine Berner Einrichtung und ein Sowohl-als-

auch-Lokal, in dem man gut speist und Bierhallenstimmung und Bierkrüge nach Münchner Muster-Maß vorfindet. Im Sommer sorgen Alphorn und Handörgeli für zünftige Schweizer Heimat-Stimmung im *Swiss Chalet* (Rathausgasse 75). Zur *Wäbere* (Zunfthaus zu Webern) schaut jeder hinein (Gerechtigkeitsgasse 68), um entweder ausgezeichnet (1. Stock) zu speisen oder Bekannte (Parterre) zu treffen. *Lorenzini* (Marktgasse 3) entpuppt sich nach 22 Uhr als Szenen-Beiz. Unten an der Bar nehmen Parlamentarier ihr Frühstück ein. *Genossenschaft Teestübli* (Postgasse 49), alkoholfrei, bietet statt dessen hin und wieder Veranstaltungen, aber immer ›biologisches‹ Gemüse! *Schütti 41* (Postgaßhalde 41) zählt zu den gemütlichen, auch sonntags offenen Leute-Beizlein. *Bahnhofsbuffet* (Express-Buffet in der Schalterhalle) — der Bahnhof ist in lukullischer Hinsicht nicht zu verachten — hat den großen Vorteil, von 4 bis 23.30 Uhr offen zu sein! *Brésil* (Bollwerk 15) als Café nach durchzechten Nächten besonders zu empfehlen. *Brasserie am Bärengraben* (auf der Nydeggbrücke), ein charmantes kleines Lokal in schöner Lage mit empfehlenswerten Speisen, berühmt sind die eigenen Pâtisserien und Parkplätze!

Was Sie unbedingt durchprobieren sollten (Restaurants der first-class und sehr guten Küchen, Häuser mit romantischem Ambiente oder Bar nebenan *(Räblus)* oder mit Stimmungs-Pianisten), finden Sie in einem handlichen, erschwinglichen Bändchen *Zu Gast in Bern,* ein gastronomischer Führer von 1980. Nur eines steht nicht darin, die Polizeistunde. Ob Napoleon oder Bundesrat Etter sie den Bernern verpaßte, ist egal, Ordnung und Sitte hatte ihr Erfinder jedenfalls im Sinn, auch wenn heute die Beizen von Sonntag bis Donnerstag ›erst‹ um 23.30 Uhr schließen und man nur am Freitag und am Samstag so richtig ›auf die Pauke hauen‹ darf, nämlich bis 0.30 Uhr!

Kreuz und quer um Bern herum

Es hat sich herumgesprochen, Bern liegt im Herzen der Schweiz. Darum ist es auch nicht leicht, Ihnen Vorschläge für Ausflüge in Berns Umgebung zu machen — denn von Bern aus erreichen Sie die *ganze* Schweiz.

Um Ihren speziellen Wunschvorstellungen auf die Spur zu kommen, empfiehlt es sich, die freundlichen Damen im Offiziellen Verkehrs- und Kongressbüro (im Bahnhof), geöffnet Montag—Samstag 8.00—18.30 Uhr und Sonntag, 10.00—17.00 Uhr in Anspruch zu nehmen. Gibt man Ihnen das offizielle *Berner Wochen-Bulletin* in die Hand, das für viele Auskünfte und Informationen als wichtige Quelle dienen kann, so werden Sie unter dem Hinweis ›Ausflugsziele‹ jedoch nur in Restaurants (auf dem Lande) geführt, sicherlich löblich, doch eben eine andere Sache.

Zum empfohlenen Pflicht-Programm gehört natürlich ein Ausflug in Berns schöne Natur. Und ich erinnere daran, daß es vielleicht wunderschön sein kann, auf Auto, Bus und Zug zu verzichten und einmal nicht das ›Übliche‹ und nicht ›etwas Richtiges‹ zu organisieren, sondern einfach nur vom Stadtzentrum aus am linken Ufer der Aare flußaufwärts zu schlendern. Nach einer Stunde etwa erreichen Sie die Elfenaufähre und ruhen sich erst einmal (im Sommer) im lauschigen Beizlein aus. Geschickt wie Sie sind, stecken Sie dann Ihre Kleider in einen Plastiksack und schwimmen die Aare zurück! Wer sich nicht traut, nimmt die Fähre (was, glauben Sie mir, wesentlich langweiliger ist). Haben Sie Ihre Kinder dabei, werden sie begeistert sein, wenn Sie die Aare noch weiter entlang in Richtung Thun spazieren, denn bis Kiesen dürfen Sie überall ganz ruhig in die Aare steigen und so laut Sie nur wollen, auf der Luftmatratze toben. Wundervoll!

Typische Jura-Landschaft

Gehen wir zu den ›klassischen‹ Reisezielen über, dann wäre ein Abstecher nach **Aarberg** (20 km, mit dem eigenen Wagen oder das ganze Jahr über mit dem Autobus ab Schanzenpost) eine lohnende Sache, denn Sie fahren an typischen Berner Bauernhöfen (Frieswil) vorüber und bekommen eine Vorstellung vom Berner Seeland. Aarbergs wunderhübschen mittelalterlich-geschlossenen Marktplatz und seine 400 Jahre alte Brücke haben Sie schnell gesehen, so daß zu überlegen wäre, ob Sie nun über Lyss nach **Solothurn** (33 km) mit seiner klassizistischen St.-Ursen-Kathedrale, der reizvollen inneren Stadt und dem neu eingerichteten Museum weiterreisen wollen. Die Rückfahrt könnte dann über **Burgdorf** erfolgen, das eigentlich ›Schloßstadt‹ heißen müßte, denn sein imposantes Schloß (Historisches Museum) überragt die mittelalterliche Kleinstadt eindrucksvoll.

Eine Rundreise ließe sich auch in entgegengesetzter Richtung unternehmen, wobei **Biel** das erste Etappenziel wäre. Einen kurzen Bummel durch die malerische Altstadt möchte ich Ihnen ans Herz legen, denn anschließend werden Sie ein Stück fast unberührter Natur sehen. Fahren Sie auf die ›Insel Rousseauscher Glückseligkeit‹, auf die **St. Peterinsel** (Halbinsel) im Bieler See. Das Eiland hat sich seit den Tagen Rousseaus kaum verändert. Im Mittelalter stand hier ein Zisterzienserkloster, heute birgt das Gebäude auf historischem Boden ein bevorzugtes Restaurant (auch Übernachtungsmöglichkeit) mit dem unverändert erhaltenen Wohnzimmer des Erzieher-Philosophen. Nachdem man es besichtigt hat, wird man, durch Frau Stämpflis Küchengenüsse angeregt, Rousseausche Glückseligkeit à la table nachempfinden können.

Von hier aus kann man den Bogen bis nach **Neuchâtel** schlagen, aber auch über Ins nach **Murten** auf die Rückfahrt gehen. Murten ist ein Städtchen, für das sich wiederum lohnt, eine Pause einzulegen. Keine andere Schweizer Stadt hat ihre mittelalterlichen Befestigungsanlagen so gut bewahrt wie Murten. Der Aufstieg auf den doppelten Wehrgang, den man vom ›Hexenturm‹ bis zur Holzstiege bei der reformierten Kirche begehen kann, und der überwältigende Ausblick über die Dächer bis zum Murtensee, den Mont-Vully und in den Jura

(Chaumont und Chasseral), gehören sozusagen unabdingbar zum Gelingen einer Murten-Besichtigung. Seit 1416 blieb die Stadt von jedem Stadtbrand verschont. (Seit Ende 1981 ist die Autobahn Bern-Murten befahrbar).

Murten eignet sich auch als Standort für weitere Exkursionen, z. B. nach **Avenches** oder Aventicum, die ehemalige Hauptstadt Römisch-Helvetiens mit seinem römischen Amphitheater (es faßte 10 000 Personen) oder in das 800jährige **Freiburg**/Fribourg, die Perle der Gotik mit ihrer Kathedrale St. Niklaus und dem interessanten Rathaus.

Geht Ihre Reise in westlicher Richtung weiter, so lohnt der Besuch von **Payerne** im Broyetal, das seine Bedeutung im 10. und 11. Jahrhundert als Residenz der burgundischen Könige hatte. Die Cluniacenser Abteikirche (L'Abbatiale) ist neben der von Romainmôtier die bedeutendste romanische Klosterkirche der Schweiz.

Ob die Sonne den Thuner- und Brienzersee tatsächlich smaragdgrün färbt, bleibe dahingestellt, aber wenn es sich einrichten läßt, lohnt der Abstecher ins Berner Oberland immer. Nur etwa 35 km von Bern entfernt liegt **Schloß Oberhofen** direkt am Thunersee. Von Mai bis Oktober kann man es besichtigen (ländliche und städtische Berner Wohnkultur des 15.—19. Jahrhunderts, geöffnet täglich 10—12 Uhr und 14—17 Uhr, Montag vormittags geschlossen).

Haben Sie den Fuß einmal ins Berner Oberland gesetzt, werden Sie nicht gleich wieder umkehren wollen, sondern vielleicht die international bekannten Wintersportzentren **Interlaken** (mit Eiger, Mönch und Jungfrau und Tellspielen), **Adelboden, Grindelwald, Gstaad, Mürren** und **Wengen** bewundern oder gar zum längeren Verbleib aufsuchen wollen. Von den phantastischen und tollkühn in die Bergwelt gebauten Berg- und Seilbahnen, einer **Jungfrau-Tour** oder der Fahrt mit der längsten Luftseilbahn Europas auf den Gipfel des **Schilthorns** (mit Drehrestaurant Piz Gloria) kann man nur schwärmen. (Prospekte, Hotelverzeichnisse, Winter- und Sommerpreise, Bergbahnen, Ski- und Sessellifte erhalten Sie bei den örtlichen Verkehrsbüros). Das Angebot ist zu vielschichtig und groß, um Ihnen an dieser Stelle einen Überblick geben zu können.

Was zu erwägen bliebe, wäre eine **Sechs-Pässe-Reise** (Jaunpaß, Col-du-Mosses, Col-du-Pillon, Grimsel, Susten und Brünig), womit Sie gleichzeitig mehrere Kantonsgrenzen überschritten hätten — das Wallis beispielsweise würde als landschaftlich eigenartige Region wiederum besonders lohnen. Aber für diejenigen, die längst nicht so viel Zeit und so viele Schweizer Franken zur Verfügung haben (die Schweizer Bergbahnen sind nicht gerade billig), bleiben noch ein paar Hinweise auf Berns nähere Umgebung, z. B. eine Fahrt ins Emmental (Münsingen, Zäziwil, Langnau, Trubschachen, Marbach, Schallenberg, Bombach — ein Refugium für hungrige Gäste — oder Sörenberg mit dem Brienzer Rothorn). Kommen Sie zum Fischen, im Herbst zum Pilzesuchen, im Winter, der hier oben auf rund tausend Metern mit Schnee nicht geizt, zum alpinen und Langstrecken-Skilauf, dann können Sie sich des abends, wenns wirklich kälter ist, in der gemütvollen Beiz beim ›Bätziwasser‹ oder ›Apfelchampagner‹ wieder so richtig (für die schöne Schweiz und ihre Schweizer) erwärmen.

BIER
THURM
Warteck
BIER
Feller

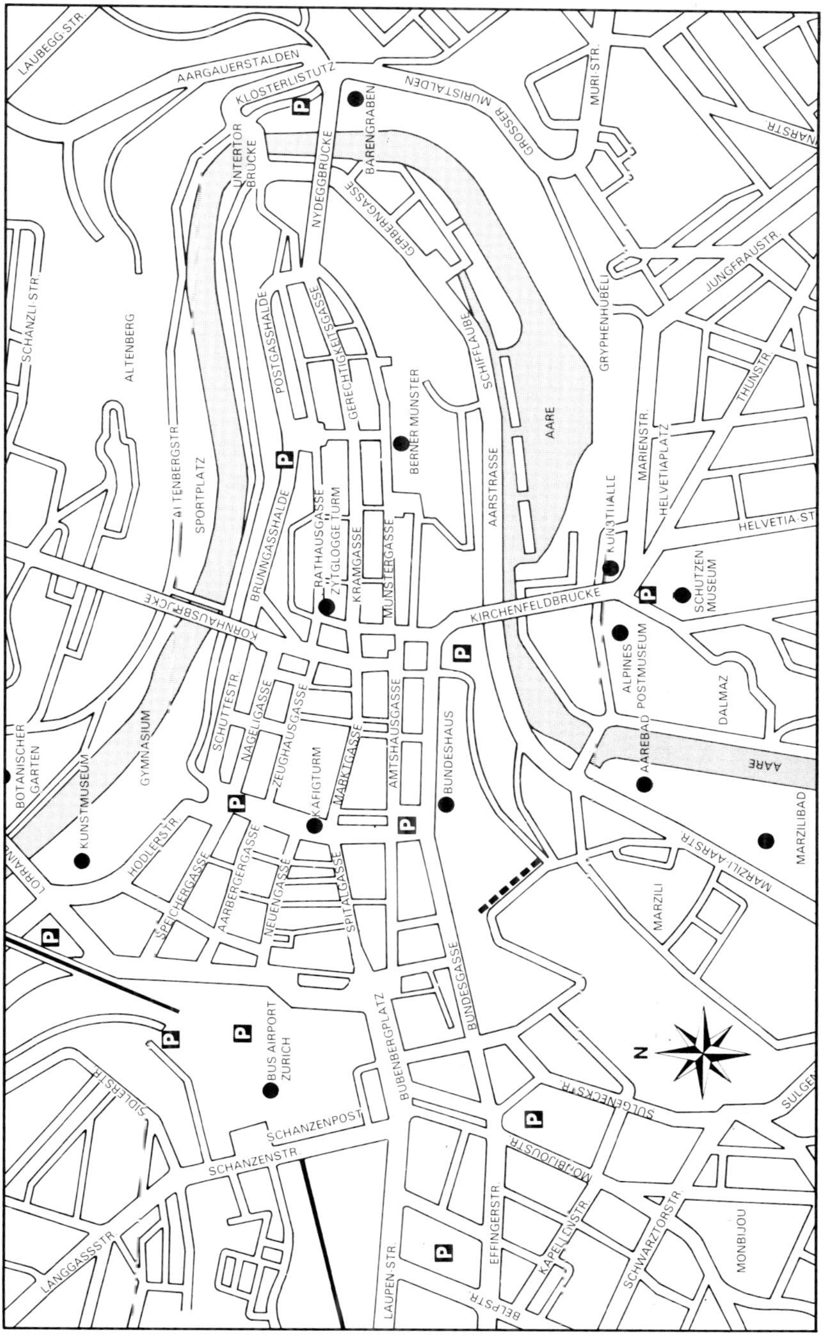
LAUBEGG-STR.
AARGAUERSTALDEN
KLOSTERLISTUTZ
GROSSER MURISTALDEN
MURI-STR.
UNTERTOR BRÜCKE
NYDEGGBRÜCKE
BÄRENGRABEN
GERBERNGASSE
SCHÄNZLI-STR.
ALTENBERG
POSTGASSHALDE
GERECHTIGKEITSGASSE
SCHIFFLAUBE
GRYPHENHÜBELI
JUNGFRAUSTR.
THUNSTR.
BERNER MÜNSTER
AARE
MARIENSTR.
HELVETIAPLATZ
HELVETIA-STR.
ALTENBERGSTR.
SPORTPLATZ
AARSTRASSE
BRUNNGASSHALDE
RATHAUSGASSE
ZYTGLOGGE TURM
KRAMGASSE
MÜNSTERGASSE
KUNSTHALLE
SCHÜTZEN MUSEUM
KORNHAUSBRÜCKE
KIRCHENFELDBRÜCKE
ALPINES POSTMUSEUM
DALMAZ
BOTANISCHER GARTEN
GYMNASIUM
SCHÜTTESTR.
NÄGELIGASSE
ZEUGHAUSGASSE
KÄFIGTURM
MARKTGASSE
AMTSHAUSGASSE
BUNDESHAUS
AAREBAD
MARZILIBAD
KUNSTMUSEUM
HODLERSTR.
SPEICHERGASSE
AARBERGERGASSE
NEUENGASSE
SPITALGASSE
MARZILI-AARSTR.
MARZILI
LORRAINE
BUNDESGASSE
BUBENBERGPLATZ
BUS AIRPORT ZÜRICH
N
SIDLERSTR.
SCHANZENPOST
SCHANZENSTR.
SULGENECKSTR.
SULGEN
MONBIJOUSTR.
EFFINGERSTR.
KAPELLENSTR.
SCHWARZTORSTR.
MONBIJOU
LANGGASSSTR.
LAUPEN-STR.
BELPSTR.
P

LAUSA

NNE

Lausanne — Hauptstadt der Waadt

Das erste Mal in Lausanne auf dem Grand Pont? Das bedeutet turbulenter Verkehr und unglaublich viele Menschen, darunter auffallend viel junge. Zielstrebig, eilig laufen sie vorüber. Lausanne schön? Nein, und doch wieder ja. Aber Lausannes Schönheit zeigt sich nicht auf den ersten Blick, sondern verlangt entdeckt zu werden. Eine Stadt, die schon allein durch ihre Lage etwas Einmaliges hat: stets und ständig geht es hügelauf- und -abwärts, lauter kleinere, größere, höhere und niedrigere Hügel und Berge — ein Sammelsurium, das dann auch noch wie ein Balkon am Südhang des Jorat 145 m über dem Genfer See hängt!

Aber ehe Sie überhaupt nach Lausanne reisen, sollten Sie wissen, daß sich Lausanne von seiner schönsten Seite zeigt, wenn Sie die Autobahn N12 (Bern—Fribourg (Freiburg)—Vevey) wählen, denn dann spüren Sie bereits auf der Anreise, daß auch Lausanne eine Welt für sich bedeutet. Von einer fast kargen Hochebene kommend tut sich vor Ihnen plötzlich die Lieblichkeit eines Gebietes auf, das selbst die Schweizer, immer wieder vom Anblick überrascht, stolz ihre Riviera am Genfersee nennen. Die Bergkulisse scheint diesen Eindruck zwar zunächst zu verwischen, aber sobald man die steilabfallende Straße zum See hinunter kommt, erblickt man all das, was man sich unter dem Begriff ›Riviera‹ vorstellt: Einen grünen Küstensaum, ansteigende Weinterrassen, deren geometrische Strukturen ungewöhnlich und von eigenartigem Reiz sind, darin eingebettet kleine, beschaulich gebliebene Winzerdörfer und eine im Licht und Gegenlicht glitzernde, flimmernde Wasserfläche. Je näher man kommt, umso mehr spürt man das wohltuend milde Klima, windgeschützt durch den weit ausladenden Halbkreis der Gipfelkette. Diese Anfahrt nach Lausanne ist reizvoller als die Anreise in jede andere Schweizer Großstadt.

Um in der Hügelstadt Lausanne überhaupt von einem Berg zum anderen zu gelangen, wurden die Schluchten der Flüsse (Louve und Flon) von Hochbrükken und Stegen überfangen. Der Grand Pont ist die größte und breiteste von allen, und wer hier steht, muß sich erst daran gewöhnen, daß ein Stadtteil sich über dem anderen türmt, daß Menschen über Menschen laufen und Autos über Autos fahren können.

Der Grand Pont mit der Place St-François und dem Geschäftshochhaus Bel-Air-Metropol als Brückenkopf ist markantester Verkehrsknotenpunkt. Das kolossale Postgebäude dominiert. Doch wer ein paar Schritte weitergeht, gerät in Zweifel, ob seine kunstvolle Schnörkelarchitektur nicht noch von den Hotelkästen *Bellevue* und *Lausanne Palace* übertroffen wird. Banken, Hotellerie, öffentliche Institutionen, das sind die sichtbaren Symbole einer florierenden Waadtländer Wirtschaft.

Lausanne, 447 m ü. M., mit (1980) 126 761 meist reformierten Einwohnern, von denen 73,6% französisch sprechen, ist zugleich Bezirksstadt (Einzugsgebiet rund 250 000 Personen) und trägt den offiziellen Titel ›Staat und Kanton Waadt‹. Neben Genf ist Lausanne auf kulturellem Gebiet sowie für Kongresse und Messen (Comptoir Suisse im Herbst, Internationaler Touristiksalon im März) die bedeutendste Stadt der welschen Schweiz. Hier befinden sich das Bundesgericht, eine Hotelfachschule, eine Acker- und Weinbauschule, mehrere höhere und zahlreiche Privatschulen und Internate, eine Universität mit 1981 insgesamt 7500 Studenten, eine Eidgenössische Technische Hochschule, das europäische Forschungszentrum (insbesondere Krebsforschung) und der Sitz des Internationalen Olympischen Komitees. Diese Einrichtungen und ihr Fortschrittszwang nahmen Lausanne erst im 19. Jahrhundert seinen ländlichen Charakter, und als es über den Rand des Waadtländer Mittelland-Plateaus hinauswuchs und einen Bahnhof erhielt, mauserte es sich zur Großstadt. Außerdem ließen sich metallurgische, graphische, Brauerei-, Tabak- und Nahrungsmittelindustrien nieder, so daß Lausanne heute unter den Schweizer Städten nach Zürich, Basel, Genf und Bern an 5. Stelle steht.

Zunächst aber muß der Stadtkern jedem Fremden als wildbewegtes Häusermeer erscheinen, das Steine statt Bäume hat. Doch das Grün konzentriert sich auf einzelne Parks und legt sich als Weinberge in lockerem Bogen um die Stadt.

Wer Lausanne sagt, sagt auch Waadt, und die Waadt ist zugleich ein Synonym für Wein. Kein anderer Landesteil der Schweiz weist eine so große Vielfalt von Weinen nach Region, Lage (Terroir), Traubenart (Pinot noir, Gamay, Chasselas, Riesling und Silvaner, Pinot gris, Muscat, Chardonnay) und Qualität auf wie die Waadt. Unter den fünf großen Weinbaugebieten der Waadt sind die bekanntesten Chablais, La Côte und Lavaux. Das Chablais umfaßt das Gebiet vom rechten Rhoneufer talaufwärts bis ins Voralpenland um Bex (Weine: Aigle, Yvorne). Im schönen Schloß Aigle ist denn auch das Waadtländer Weinmuseum untergebracht. La Côte vereinigt die Weinterrassen zwischen Lausanne und Morges, während sich zwischen Montreux und Lausanne das Lavaux erstreckt, eine herrlich geschlossene, allerdings künstlich geschaffene

Landschaft mit Tausenden von kleinen Rebparzellen. Ein Kulturgarten aus Menschenhand, der begehrte Weine hervorbringt: Epesses, St-Saphorin, Dézaley. Das Lavaux mit seinen Steilhängen und der Geometrie der Rebberge ist «une région des connaisseurs.»

Für jeden Weingenießer wird der Abstecher zu einer Weindegustation (Weinprobe) eine Offenbarung sein, denn die Weine der Genfersee-Region sind die am meisten geschätzten Schweizer Weißweine. Jeweils ein Blick auf die Weinkarten in den Restaurants der verschiedenen Kantone bestätigt, daß sich ihre hohe Wertschätzung auch im Preis niederschlägt. Darum: Auf in die Reben, um ihren Wein hier (in den caveaux, Weinkellern) zu erleben!

Weinbau und Weinhandel spielen somit eine wichtige Rolle in diesem angenehm milden Klima. Ausgesprochen kalte Winter gibt es nicht, die Jahresdurchschnittstemperatur liegt bei 9,5°C, die Höchsttemperaturen im Juli und August bei 37 bis 28° C.

Lausanne liegt unmittelbar an der großen Nord-Süd-Verbindung. Auf durchgehender Autobahn ist es von Basel/Zürich/Luzern/Bern aus bequem zu

erreichen und nach Süden mit Genf (61 km) und über Aigle mit dem 100 km entfernten Großen St. Bernhard verbunden. Es ist wichtiger Bahnknotenpunkt der Strecken Zürich—Genf und Paris—Simplon, z. B.: 4 Std. 30 Min. bis Paris, 3 Std. 30 Min. bis Mailand, 6 Std. bis Frankfurt a. M. Auf Schnellzugstrecken werden in 35 Min. Genf, in 1 Std. 10 Min. Bern, in 2 Std. 25 Min. Basel und in 2 Std. 30 Min. Zürich erreicht. Der Flughafen Genf-Cologny liegt nur 30 Minuten entfernt, der öffentliche Zubringerbus (11 Fahrten täglich) braucht 50 Minuten. Per Schiff gelangt man direkt nach Frankreich: 35 Minuten über den Genfer See nach Evian. Diese verkehrsgünstige Lage macht Lausanne sowohl zum Etappenort als auch zum Ausgangspunkt eines regen Fremdenverkehrs, der sich jedoch hauptsächlich auf die Umgebung erstreckt. Was Lausanne auch als frische, lebendige, heitere ›Metropole des Waadtlandes‹ zu bieten hat, bleibt oft unentdeckt und gilt als Geheimtip unter Kennern!

Bei den deutschschweizer Landsleuten zählt Lausanne zu den Städten mit angenehmen Lebensbedingungen, seinen Bewohnern ist bezüglich Korrektheit und Verläßlichkeit im Geschäftsleben und bezüglich Zuvorkommenheit und ans Penible grenzender Sauberkeit eher zu trauen als den genialer denkenden Genfern. So kommt der Deutschschweizer immer gern nach Lausanne, um einzukaufen und vor allem, um Ärzte zu konsultieren. Von ihrem Können und ihrer Distingiertheit überzeugt sind sogar arabische Ölscheichs! Und die internationale High Society kommt noch immer, um ihre Kinder in kostspieligen Schulen und Internaten zu besuchen.

Lausanne, eine Stadt, die für deutschschweizer Bürger einen gewissen Sex-Appeal ausstrahlt!

ALS DIE RÖMER KAMEN

Was es fast nicht gibt: sichtbare Geschichte. Nur drei, vier historische Bauten künden von geschichtlicher Vergangenheit. Sie begann mit einer kleinen Niederlassung der Kelten unten am See. Die Römer übernahmen sie und setzten sich vor allem oben auf dem Bergsporn fest. Somit besaßen sie eine Zufluchtsstätte und einen Hafen, das römische ›Lousonium‹ oder ›Lousonna‹. Nach der Zerstörung durch die Alemannen im 4. Jahrhundert bauten sie auf dem Hügel der Cité ein festes Lager, in das sich (um 600) auch der Bischof von Avenches flüchtete und es als Stadtgründer zur Bischofsstadt machte. In der Folgezeit erlebte Lausanne das gleiche Schicksal wie Genf, und gehörte nach den Burgundern den Franken, dem neuburgundischen und seit 1033 dem Deutschen Reich.

Ende des 8. Jahrhunderts wurde die erste Kathedrale errichtet. Im 13. Jahrhundert trat an die Stelle der zweiten (um 1100) der heutige Bau, die schönste gotische Kathedrale der ganzen Schweiz!

Das 15. Jahrhundert machte Lausanne zur freien Reichsstadt. Doch schon 1536 eroberten die Berner das Waadtland, führten die Reformation ein und stürzten den Bischof. Erst 1798 wurde die Waadt als République Lémanique wieder selbständig, und 1803 schloß sie sich als 19. Kanton der Schweizerischen Eidgenossenschaft an. Lausanne wurde Hauptstadt des Kantons Waadt, einem der volksreichsten Kantone der Schweiz.

eine stadt für junge leute

Seit Ende des 18. Jahrhunderts hat sich Lausannes Stadtbild immer wieder, oft willkürlich verändert. Doch die Seele der Lausanner bekümmert das nicht, sie akzeptieren ihre Stadt wie sie ist und leben fröhlich, fast unbeschwert zusammen. Und in Lausanne prägt die Jugend den Lebensrhythmus.

Die **Place St-François** ist ihr Treffpunkt und allgemein der Mittelpunkt des Geschäftslebens, aber auch des Erholens und Beobachtens in den feinen oder kleinen Cafés und Restaurants. Mitten darin: die **Kirche des heiligen Franziskus** (13./14. Jahrhundert) — Ironie des Schicksals —, umringt von Banken.

Alles, was man hier tun muß, ist, sich unter das betriebsame Volk zu mischen, durch die **Rue de Bourg** (Fußgängerzone) und die **Rue Caroline** zu schlendern, denn das sind schon Erlebnisse für sich. Ein Geschäft reiht sich ans andere, die hübschesten Mädchen aus Lausanne und vom Lande haben hier ihr Stelldichein, sei es in einer Top-Boutique, einer der Confiserien, einem der Haushaltungs- oder Bijouteriegeschäfte, beim Buchhändler, Coiffeur oder überhaupt — man ist einfach hier, um dabei zu sein. Die Herren der Schöpfung natürlich nicht ausgenommen! Darum treffen Sie hier, wann auch immer, auf ein quirliges, lebendiges Treiben.

Wer die **Rue Caroline** entlangwandert, steht plötzlich an einem Platz, von dem aus die **Kathedrale** großartig wirkt. Wer Lust verspürt, sie näher zu sehen, muss den **Pont Bessières** überschreiten. Die Weihe der **Kathedrale** (1275) war ein großes Ereignis, Papst Gregor X. kam persönlich, außerdem 7 Kardinäle, 5 Erzbischöfe, 17 Bischöfe und der deutsche König Rudolf I. Niemanden störte, daß das Westportal noch nicht fertig war, dafür besaß man schon das Südportal mit seinen farbigen Skulpturen, die im **Musée Historique de l'Ancien-Evêche** (ursprünglich das alte bischöfliche Schloß gegenüber der Kathedrale) stehen. Kopien ersetzen heute die Originale.

Haben Sie den herrlichen Kathedral-Innenraum und die leuchtenden Glasmalereien der großen Fensterrosette (im südlichen Querschiff) gesehen, lohnt es sich den Turm zu besteigen: Unter sich hat man eine Achterbahn aus lauter Steinen. Vielleicht wissen Sie schon, daß zu Lausanne noch immer ein Turm-

Der Turm der gotischen Kathedrale

wächter gehört, der Nacht für Nacht die volle Stunde vom Turm herunter ruft (von 22—2 Uhr).

Nördlich der Kathedrale, an der alten **Akademie** (1587) vorbei bis zum **Schloss St-Marie** (14./15. Jahrhundert; neues bischöfliches Schloß, heute Sitz der Kantonsregierung) finden Sie ein entdeckenswertes Quartier, **La Cité** mit schönen barocken Palais, Universitätsinstituten und Schulen, ein, zwei Restaurants und Antiquitätenläden. Dabei ein himmlischer Ausblick für Sonnenuntergangsfanatiker(innen): Der Blick von der **Terrasse beim Bâtiment du Grand Conseil.**

Wenn Sie plötzlich lesen *Musée de la Pipe,* dann besuchen Sie Monsieur Jacques Schmied, ein Original. Sein Stolz: 1800 Pfeifen aus fast jedem Material und aus 46 Ländern. Natürlich können Sie bei ihm auch dem *Pipe-Club* Lausanne beitreten.

Wieder ein anderes Lausanne erleben Sie, wenn Sie die reizvollen überdachten Treppen, die zur **Place de la Palud** führen, hinuntergehen. Sie sind so schummrig schön! Wählen Sie die **Escaliers du Marché,** sie garantiert das längste Treppab-Vergnügen! Ihr Ende ist zugleich wieder der Anfang eines abermals städtisch-gesellschaftlich-geselligen Zentrums in dem einzig und allein das majestätische **Rathaus,** Hôtel de Ville (15. und 17. Jahrhundert), mit seinen mächtigen Arkaden einen Ruhepol bildet. Die **Place de la Palud** ist für eigene Entdeckungen wie geschaffen. Über der *Pharmacie de la Palud* sitzt eine originelle Uhr, deren kleine Figürchen zu jeder vollen Stunde (9 bis 19 Uhr) historische Begebenheiten vorführen. Haben Sie plötzlich Appetit, steigen Sie die **Rue Madeleine** hinauf, da werden Sie zur größten Zufriedenheit Eßbares finden! Schlagen Sie um Straßen und Gäßchen lieber einen größeren Bogen, vielleicht sogar über die **Rue Haldimand,** an der evangelischen **Kirche St-Laurent** vorbei, so stoßen Sie auf die **Place de la Riponne,** den größten Platz von ganz Lausanne. Fast hat man den Eindruck, als ob Lausanne überhaupt nur aus lauter ›Zentren‹ bestände. Auch dieser Platz ist eines, nur scheint jedes für einen eigenen Zweck bestimmt zu sein.

Dominierend an der Ostseite das **Palais de Rumine,** wuchtiges 19. Jahrhundert. Es ist so groß, daß darin gleich vier Museen Platz finden, als bedeutendstes das **Musée cantonal d'archéologie et d'histoire** mit der 1939 in Avenches gefundenen Goldbüste Kaiser Mark Aurels, und das **Musée cantonal des beaux-arts** mit einer ausgezeichneten Sammlung Schweizer Malerei des 19. Jahrhunderts.

»Wann immer man nach Lausanne kommt, wird man die Stadt tagsüber in heftig-pulsierender Bewegung antreffen. Ihr Blutdruck, ihre Körpertemperatur, ihre innere Sekretion scheinen über dem Schweizer Durchschnitt zu liegen«, urteilte Schweizkenner H. Weigel. Und nun stellen Sie sich vor, was passiert, wenn dazu noch die Lausanner Marktstimmung zweimal pro Woche, mittwochs und samstags, kommt. Dann brodelt und kocht die Place de la Riponne, denn dann ist nicht nur ganz Lausanne in Lausanne, sondern auch das ganze Waadtland in Lausanne auf den Beinen!

Lausanne für Schwärmer, Träumer und Wassersportler

Eine Stadt, die an einem See liegt, hat auch Romantiker. Wer träumen und schwärmen will, verläßt Lausanne und fährt nach **Lausanne Ouchy** hinunter. Das ist ganz einfach, denn Lausanne hat als einzige Schweizer Stadt eine Metro, also eine Metro für Romantiker. Denn auch mit dem See hat es seine besondere Bewandtnis. Die Stadt hat ihn zwar und hat ihn doch auch wieder nicht, denn beide liegen nicht auf derselben Ebene, sondern Lausanne schaut auf den See hinunter. Außerdem heißt er nicht Lausanner See, sondern Genfer See, was manchen Lausanner ärgert.

Von Lausanne (Place du Flon) nach Ouchy braucht die Metro sechs Minuten — aber keine Angst, Vorstellungen vom Tempo der Pariser oder Berliner Metro sind völlig überflüssig! Ouchy ist eine Welt für sich: südlich, sonnig, heiter mit blumengesäumten baumbestandenen Promenaden, zauberhaftem Blick auf die Savoyer Alpen und einem Wald von weißen Segeln im Hafen. Lassen Sie das lustvolle seebadähnliche Getriebe hinter sich, bleibt genug Raum für jeden allein zum Schwärmen und zum Träumen.

Westlich von Ouchy auf dem ausgedehnten Terrain der Schweizerischen Landesausstellung von 1964 gibt es großzügige Stadien und Sportplätze, und im Hafen von Vidy 772 Segel- und Motorschiffe.

Nicht nur Waadtländer Spezialitäten, auch ein Ross kann phantastisch schmecken!

Es gibt Städte, deren geographische Lage allein schon für Appetit sorgt. Lausannes Zugehörigkeit zur Waadtländer Küche, zum Waadtländer Wein und die Nachbarschaft zu Genf verursachen bei manchen germanischen Stämmen nicht bloß Appetit, sondern beträchtlichen Heißhunger!

Dem Gourmet ziehen sich beim Namen *Crissier* die Magenwände schmerzhaft zusammen, wenn er weder die nötigen Franken noch Titel oder Rang hat, bei Monsieur Alfred Girardet in Crissier auch mal kurzfristig, d. h. unter drei Monaten, einen Tisch zu ergattern. Denn jedermann hierzulande ist überzeugt — nicht etwa weil es im *Gault/Millau* steht —, dass Crissiers *Restaurant Girardet* die Nobelküche ganz Helvetiens ist und eines der fünf besten Restaurants in Europa außerdem! Aber ich würde sagen es wäre schade, außerhalb Lausannes essen zu gehen, denn die Palette seiner Gastronomie weist einen so unerschöpflichen Farbenreichtum auf, daß es für Wochen an Abwechslung reicht. (Wollen Sie zuvor über die einheimische Kochkunst nachlesen, dann schlagen Sie bitte Seite 230 bei Genf auf.) In einem aber scheint sich Lausanne entscheidend von Genf zu unterscheiden, und das ist die Vorliebe für Pferdefleisch! Nirgends begegnete mir in der Schweiz das Roß so häufig in Verbindung mit Gaumengenüssen wie in Lausanne! Nicht nur als Gulasch oder Steak, sondern als gepriesene Spezialität. Ist das womöglich der Grund, daß im Herbst 1982, 15 km von Lausanne, im Schloß von La Sarraz, ein Schweizer Pferdemuseum eröffnet wird, um dort zu bewahren, was nicht verspeist werden kann?

Bleiben wir aber zunächst bei der gehobenen, edlen Küche, so wäre die *Rôtisserie La Grappa d'Or* (Cheneau de Bourg, 3) zu nennen, auf die man in Lausanne seit Jahrzehnten schwört, gepflegt und von elegantem Charme. Hier ißt, wer zur High Society gehört, und der wohlhabende internationale Gast, dem das Wasser im Munde zusammenläuft bei: Hummer vom Grill oder ›Le canard Nantais‹ und beinahe 20 Desserts zur Auswahl!

Kwong Ming als ein hervorragendes chinesisches Restaurant und *Fleur de Jasmin* (in Pully) mit erstklassiger vietnamesischer Küche seien erwähnt, weil sie sich in Lausanne großer Beliebtheit erfreuen und es sein könnte, daß Sie sich ebenfalls für asiatische Küche begeistern.

Als gutbürgerliche Restaurants empfehlen Lausannes Bewohner die *Trattoria Toscana* (rue Bellefontaine, 2) mit sympathischem Ambiente, toskanischer Spezialitätenküche und angenehmer Bedienung, ›Omble chevalier au champagne‹ oder ›Filets de perche‹ sollten Sie im *La Voile d'Or* (Avenue Dalcroze, 9) wählen, weil es eines der besten Fischrestaurants am Ort ist. Im Sommer empfiehlt es sich, einen Tisch zu bestellen. Wer der Stadt für einmal kurz entfliehen möchte, erreicht in wenigen Minuten den Wald von Sauvabelin, 690 m über dem See, so daß sich eine herrliche Aussicht mit einem höchst erfreulichen Gaumenerlebnis verbinden läßt, und zwar im Restaurant *Le chalet suisse.* Man sitzt unter mächtigen hölzernen Balken bei rotweiß gewürfelten Bauerngardinen und darf zunächst vom prächtigen Bauernbrot kosten.

Einfache Restaurants, Gaststätten und Beizen gibt es in Hülle und Fülle. Wieder sollten Sie wissen, wo der Lausanner mit Vorliebe hingeht. Das wäre einmal die Brasserie *Le Vaudois* (Place de la Riponne, 1), in der typische regionale Spezialitäten serviert werden. Aber Sie brauchen von diesem Platz aus nur irgendeine Straße zu wählen, um schon an jeder ersten oder zweiten Ecke auf eine kleine einladende Beiz wie die Pizzeria-Trattoria *La Locanda* (Steak de cheval, Entrecôte de cheval) oder das *Café de l'Hôtel de Ville* zu stoßen, das außerdem noch einen typischen ›Keller‹ unterhält. Wenn möglich, besuchen Sie ihn. In unmittelbarer Nähe, an der Place de la Palud, drängen männliche Jugendliche ins rauchige *Café de la Glisse* oder sie treffen sich gegenüber in einer Spielhölle. Auch das *Café Suisse Restaurant* ist eine typische Einheimischen-Beiz, an der bärtige Weltverbesserer an einfachen Tischen hocken. Das Tagesmenü steht mit Kreide auf Tafeln vor der Tür angeschrieben. Erstaunlich, die niedrigen Preise. Einladend wirkt *L'etrier,* das Restaurant im ersten Stock. Überhaupt ist die Place de la Palud auch abendlicher Treffpunkt einer ganz bestimmten Jugend. (Jugendunruhen verliefen in Lausanne nicht so friedlich wie in Genf. Innerhalb eines Jahres mußten 326 Demonstranten vernommen und 200 Schadensfälle bearbeitet werden.)

Aber schon wenige Schritte weiter wirkt das abendliche Lausanne wieder voll vertrauenerweckend im *Le Guet,* Café littéraire. Oben, im ersten Stock, ist das winzige anheimelnde Restaurant zugleich Literaten- und Lesestube. Fotografien von Geistesgrößen an den Wänden: Dichterinnen, junge Lyriker, alte Literatendamen gehören zum Stammpublikum. Nach der Lesung stößt man mit Champagner an.

»Alles in allem lebt hier in Lausanne ein gutmütiges und schlaues Völkchen, schwerfällig und lebhaft zugleich, gastfreundlich und, wie man so sagt, nah beim Franken bleibend. Die Gegensätze prallen ohne Haß aufeinander. Nur Narren können wünschen, daß dieses Gleichgewicht gestört und dieses milde und beschauliche Leben bedroht werde« (Georges Borgeaud).

Was Unternehmungslustige wissen müssen

Es wäre schade, zwar Lausanne kennengelernt, doch nichts vom eigenartigen Reiz der Genfer Seelandschaft gesehen zu haben. Rousseau war keineswegs der erste, der vom Zauber angetan, ihren Ruhm verbreitete.

Statt der Autobahn wähle man die gemächlichere **Route au Lac.** Sie gibt den Blick immer wieder frei auf den schimmernden See. Sie führt durch eine vielumkämpfte Landschaft, die von Krieg, Raub und Zerstörung, harter Fronarbeit und schwelgerischem Luxus erzählt. Helvetier und Römer, Waadtländer, Savoyarden, Burgunder und Berner, die Bischöfe von Genf und Lausanne und mächtige Gutsherren standen sich hier mit Wehr und Waffe gegenüber. In Friedenszeiten trieb man eifrig Handel.

Das Leben einer hübschen Waadtländer Landschaft erleben Sie in **Morges** mit seinem gewaltigen mittelalterlichen Schloß (seit 1932 Militärmuseum). Im Restaurant *Chez Félicie* lassen sich Köstlichkeiten aus dem See probieren. Nach 4 km überrascht **St-Prex** — ein alter Burgflecken aus dem Mittelalter — durch sein malerisches Ortsbild mit Schloß, Stadttor und romanischer Kirche. Eine friedliche Oase direkt »au bord du lac!« Vor Vevey aber ist es Zeit, sich zu entschließen, ob man die Rebhänge hinauf Richtung Bulle die **Route du Vignoble** oder weiter unten am See nach St-Saphorin fahren will.

Wahrhaftig schön ist es, den See vom Mont Pélerin (1080 m ü. M.) aus, hoch über Vevey, zu bewundern und sich auf gut ausgebauten Straßen in eine liebliche Landschaft entführen zu lassen. Der Mont Pélerin ist nicht nur per Auto, sondern auch zu Fuß leicht erreichbar (von St-Saphorin z. B. aus durch die Weingärten) oder mit der Drahtseilbahn von Vevey via Chardonne. Aber nicht zu vergessen, auch **St-Saphorin** lohnt. Es bewahrt eines der urtümlichsten Ortsbilder der Waadt und klammert sich mit seinen eng verschachtelten Häusern, Arkaden und Passagen an einen steilabfallenden Felsen. Sollte Ihnen Zeit bleiben, kehren Sie in der stilvollen **Auberge de l'Onde** ein, zu deren Stammgästen auch Charlie Chaplin gehörte. Dann wird **Vevey** Sie reizen. Heiter der Markt, auf dem es sogar kleingeschnittene Brennesseln zu kaufen gibt. Überschäumend das Weinfest, das alle 25 Jahre mit großem Aufwand gefeiert wird. Weiter geht's nach **Montreux.** Die Pracht der Hotelpaläste zieht staunende Blicke auf sich. Einzigartig das *Montreux Palace.* Der altmondäne Glanz und Luxus unserer Großmütter wird plötzlich wieder lebendig, doch der große Gegensatz: das Internationale Jazz-Festival! 75 000 Besucher kamen 1981!

Zu Montreux gehört auch die MOB (Montreux-Oberlandbahn), eine der wichtigsten touristischen Verbindungen zwischen dem Berner Oberland und dem Genfer See. Als besondere Attraktion empfiehlt sie (für Gruppen von mindestens 20 Personen) ihre Salon- und Barwagen aus den goldenen Zwanziger Jahren.

Zum Abschluß Ihrer Genfer See-Reise noch ein Höhepunkt, **Schloss Chillon.** Siebentürmig, noch immer von Romantik umweht und mit der Erinnerung an Lord Byrons «Prisoner of Chillon» behaftet, liegt es träumend im See (außer Dezember ganzjährig geöffnet, mit Sicherheit 10—12 Uhr, 13.30—16 Uhr, in den Sommermonaten ausgedehntere Öffnungszeiten).

Die Waadtländeralpen: Ein Ski-Paradies

Lausanne hat Jugend und Studenten, und schon sie allein wollen — auch im Winter — unterhalten sein, ganz zu schweigen von einem Winter-Feriengast. Daß Lausanne außer seinen Sehenswürdigkeiten, seinen Museen, seinem Genfer-See-Vergnügen auch noch Musik- (Festival du Lausanne, Théâtre de Beaulieu) und Theaterstadt (mit 10 Bühnen) ist, wird der Interessierte bald erkunden; daß Lausanne jüngst aber auch für Filmemacher durch seine neue Cinémathèque Suisse im ehemaligen Casino Montbenon (Forschungsstätte mit über 15 000 Filmen) höchst anziehend geworden ist, hat sich vielleicht noch nicht herumgesprochen. Aber wie wär's, sich einmal das herrliche Schneeparadies der Waadtländer Alpen auf Skiern zu erschließen? Sollten Sie begeisterter Langläufer sein, könnten Sie gleich oberhalb der Stadt beim Chalet-à-Gobet über 2 Loipen jagen — 860 m ü. M.

Als alpiner Skifahrer brauchen Sie ebenfalls nur wenige Autokilometer von Lausanne aus zurückzulegen, um in verführerischen und keineswegs überlaufenen Skigebieten der Alpen und des Juras zu sein. **Château-d'Oex,** auf über 1000 m, ist ein Wintersportort mit gemütlichem Charakter (Verkehrsbüro: 1837 Château-d'Oex, Tel. 025 4 77 88). **Les Diablerets,** auf 1200—1300 m erschließt die ganze Les Diablerets-Gruppe, ist das Dach und der Stolz der Waadtländer Alpen. Sie können sogar Höhentouren unternehmen und selbst im Sommer Ski fahren (Verkehrsbüro: 1865 Les Diablerets, Tel. 025 53 13 58). **Leysin** auf 1350 m befindet sich in ausgesprochener Südlage, so daß es zu den sonnigsten Wintersportorten der Alpen zählt, neben seinen vielseitigen sportlichen Möglichkeiten aber auch Ruhe und Erholung gewährt (Verkehrsbüro: 1854 Leysin, Tel. 025 34 22 44). **Les Mosses** (1450—2350 m) ist eine im Aufschwung befindliche Skistation, auf gut ausgebauter Autostraße problemlos zu erreichen und eine Entdeckung wert (Verkehrsbüro: 1861 Les Mosses, Tel. 025 55 14 66). Als Winter- und Sommerkurort der 1000 Möglichkeiten gepriesen: **Villars** (1300 m), das allein fast 30 Skilifte und als neueste Attraktion einen echt ›alpinen‹ Golfplatz mit 18 Löchern aufweisen kann — der Top-Wintersportort der Waadtländer Alpen! (Verkehrsbüro: 1884 Villars-sur-Ollon, Tel. 025 35 32 32).

Doch sei nicht vergessen, daß auch im Waadtland der Langlauf ›in‹ ist. Vor allem entlang der Jurakette **(St-Cergue,** das westlichste Skigebiet der Schweiz), gibt es neuangelegte längere Pisten, sei es im Gebiet von **Ste-Croix/Les Rasses** am Fuß des Chasseron oder sei es in der **Vallée de Joux.**

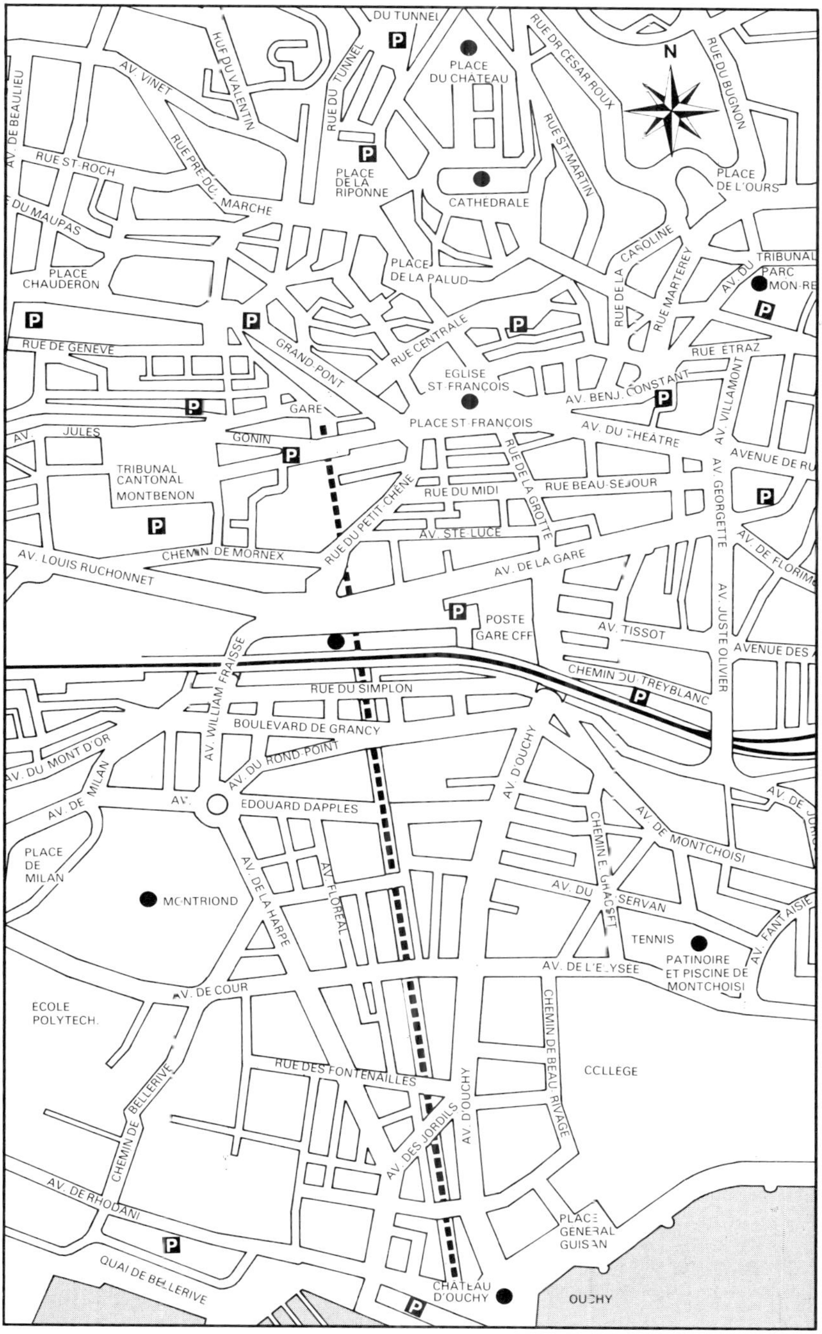
N
DU TUNNEL
PLACE
DU CHATEAU
RUE DR CESAR ROUX
RUE DU BUGNON
RUE DU VALENTIN
AV. VINET
AV. DE BEAULIEU
RUE DU TUNNEL
RUE ST-MARTIN
RUE ST-ROCH
RUE PRE-DU-MARCHE
PLACE
DE LA
RIPONNE
CATHEDRALE
PLACE
DE L'OURS
RUE DU MAUPAS
PLACE
CHAUDERON
PLACE
DE LA PALUD
RUE DE LA CAROLINE
RUE MARTEREY
AV. DU TRIBUNAL
PARC
MON-RE
RUE CENTRALE
RUE DE GENEVE
GRAND-PONT
RUE ETRAZ
EGLISE
ST-FRANÇOIS
AV. BENJ. CONSTANT
GARE
PLACE ST-FRANÇOIS
AV. VILLAMONT
AV. JULES GONIN
AV. DU THEATRE
AVENUE DE RU
TRIBUNAL
CANTONAL
MONTBENON
RUE DE LA GROTTE
RUE DU MIDI
RUE BEAU-SEJOUR
AV. GEORGETTE
RUE DU PETIT-CHÊNE
AV. STE-LUCE
AV. DE FLORIM
AV. LOUIS RUCHONNET
CHEMIN DE MORNEX
AV. DE LA GARE
AV. JUSTE OLIVIER
POSTE
GARE CFF
AV. TISSOT
AV. WILLIAM FRAISSE
AVENUE DES A
CHEMIN DU TREYBLANC
RUE DU SIMPLON
BOULEVARD DE GRANCY
AV. D'OUCHY
AV. DU MONT D'OR
AV. DU ROND-POINT
AV. DE MILAN
AV. EDOUARD DAPPLES
AV. DE JURI
AV. DE MONTCHOISI
CHEMIN E. GRASSET
PLACE
DE
MILAN
AV. DE LA HARPE
AV. FLOREAL
AV. DU SERVAN
MONTRIOND
TENNIS
AV. FANTAISIE
PATINOIRE
ET PISCINE DE
MONTCHOISI
AV. DE L'ELYSEE
ECOLE
POLYTECH.
AV. DE COUR
CHEMIN DE BEAU-RIVAGE
COLLEGE
RUE DES FONTENAILLES
CHEMIN DE BELLERIVE
AV. DES JORDILS
AV. D'OUCHY
AV. DE RHODANI
PLACE
GENERAL
GUISAN
QUAI DE BELLERIVE
CHATEAU
D'OUCHY
OUCHY

GENF

Die welsche Metropole Genf

Es heißt: Alle Wege führen nach Rom. Ebensogut könnte man behaupten: alle Wege führen *durch* Genf, denn Genf liegt im Schnittpunkt der großen Nord-Süd-Route Paris—Rom und Berlin—Barcelona. Sie bestimmten das Schicksal der Stadt und machten sie zur Tochter Europas.

Ihren Teil dazu bei trugen unsere Autobahnen. Wer von der Deutschschweiz in den Kanton Genf und in die Stadt Genf reisen möchte, braucht seit Herbst 1981 die Autobahn (N12) zwischen Bern und Vevey nicht mehr zu verlassen, was die Anziehungskraft Genfs als Zwischenstation auf einer Reise von der Schweiz nach Südfrankreich und Spanien beträchtlich erhöht. Der schnellste Weg von Lausanne nach Genf führt über die Autobahn, der schönere aber über die Uferstraße am Genfer See entlang. Wer Genf nur als Durchgangsstation benützt, sollte wissen, daß er die Strecke Genf—Lyon, die früher bis zu zweieinhalb Stunden kostete, heute in 100 Minuten zurücklegen kann. Eine zusätzliche Zeitverkürzung wird die für 1985 geplante Fertigstellung der direkten Verbindung Genf—Lyon über Bellegarde bringen, so daß man fürderhin die Zeit, die man auf der Reise einspart, gewinnbringend in den Besuch des schönen Genfs investieren kann, was man dann auch als ratsames Ausspannen auf der Fahrt bezeichnen darf!

Für die von Lausanne her über die Autobahn nach Genf reisenden Automobilisten erhebt sich die Frage, ob sie weiterhin die Umgehungsstraße benützen und wie bisher über St-Julien nach Frankreich fahren sollen, um dann nach 23 km auf der alten Hauptstraße nördlich von Annecy die Autobahn zu erreichen, oder ob es vorteilhafter sei, Genf über die Mont-Blanc-Brücke zu durchqueren und gleich an der Landesgrenze bei Thônex die ›Autoroute Blanche‹ zu nehmen, auf der sie dann erst nach 12 km beim Autobahndreieck die Abzweigung nach Süden in Richtung Annecy erreichen.

Was die Durchquerung der Calvin-Stadt anbetrifft, ist schwer zu raten. Zu Zeiten mit schwachem Verkehr gelangen Sie durch die Stadt relativ schnell zur Autobahn. In allen anderen Fällen wird die bisherige Route über Perly-St-Julien die schnellere sein. Zu den Hauptreisezeiten bieten beide Varianten ihre Schwierigkeiten — es sei denn, man kennt die zahlreichen Neben-Grenzübergänge, die selbst in Spitzenzeiten ohne längeres Warten passiert werden können. Bis die Genfer Autobahnumgehungsstraße mit dem direkten Anschluß an das französische Autobahnnetz fertiggestellt ist, könnte es sich lohnen, eine Detailkarte des Kantons Genf zu erwerben, um auf die Nebengrenzübergänge auszuweichen.

Für den, der die Stadt Genf mit dem eigenen Wagen ansteuert, stellen sich kaum Probleme. Die Beschilderung von, nach und innerhalb der Stadt ist gut und übersichtlich. Wer nur vorübergehend in der City parken möchte, visiere unmittelbar eines der Parkhäuser an. Für jeden zu finden, ist die Tiefgarage unter der Rhone (mit den meisten, nämlich 1450 Plätzen) unmittelbar beim Pont du Mont-Blanc, Quai Général Guisan. Sollte Ihr Hotel über keine Garage verfügen, stellen Sie Ihren Wagen am besten an einer der größeren Ausfallrouten ab.

Bahnreisende aus Richtung Lausanne oder Lyon kommen im Gare de Cornavin (Hauptbahnhof) im nördlichen Stadtbereich an und sind nach fünf Minuten zu Fuß am Quai du Mont-Blanc, am Ufer des Sees. Für Reisende der Linie von und nach Annemasse ist der Gare des Eaux-Vives im östlichen Teil des gleichnamigen Stadtquartiers zuständig. Von hier gelangt man per Taxi (in Genf kostspielig) oder per Autobus ans Ziel seiner Wünsche. Wer gern fliegt, wird den Aéroport Intercontinental de Genève, Flughafen Cointrin (4 km nordwestlich, Swissair im Hauptbahnhof), benutzen. Autobusreisende entsteigen ihrem Car am Autobusbahnhof: Gare Routière. Aber natürlich kann man

auch über den See nach Genf reisen (Schiffsverbindung besteht zu allen großen Orten am Genfer See). Genf, der Reformator Jean Calvin und der Philosoph Jean-Jacques Rousseau gehören ebenso untrennbar zusammen wie das Genf von heute mit seinem internationalen Habitus.

Sprachprobleme kennt man in Genf nicht, es sei denn, Sie beschränkten sich nur auf Türkisch, Neugriechisch oder Arabisch. Sprechen Sie mit den Genfern deutsch, antworten Sie Ihnen zunächst französisch. Man versteht Sie sehr wohl, will es aber nicht zugeben. Darum erleichtert es den Kontakt, wenn Sie es ebenfalls in Französisch versuchen. Denn, Genf—Genève — die Hauptstadt des gleichnamigen Kantons, bildet den Mittelpunkt der von französischer Kultur geprägten Westschweiz. Die Deutschschweizer nennen sie die ›Welschschweiz‹ und ihre Bewohner die ›Welschen‹. Die geistige Heimat der Genfer ist Frankreich, ihr Herz schlägt welsch.

Schön ist Genf zu allen Jahreszeiten, aber am schönsten bei strahlendem Wetter. Denn dann kann Genf mit seiner großen Attraktion, dem Mont Blanc, aufwarten, der zwar zu Frankreich gehört, den aber der Genfer stillschweigend als eigenes Wahrzeichen präsentiert. Erst die Nummer zwei auf der Rangliste der Sehenswürdigkeiten nimmt der ›Jet d'Eau‹, die größte Fontäne der Welt, ein, die eindrucksvoll aus dem Seebecken emporschnellt. 1880 installiert, bringt sie es heute auf eine Höhe von 140—145 m. Mit einer Geschwindigkeit von mehr als 200 km/h tritt der Strahl aus dem See heraus und ist zwischen 9.30 Uhr bis tief in die Nacht, etwa 1300 Stunden pro Jahr, in Betrieb. Bei starkem Wind dreht man den mächtigen Strahl zurück oder ganz ab, denn von seinem feuchtsprühenden Übermut sind die Passanten am Ufer dann keinesfalls mehr entzückt.

Reisen Sie im Spätherbst oder im Winter, dann wäre gutes Wetter umso wichtiger. Um diese Zeit kann nämlich der Nebel so schwer und dicht über Stadt und See liegen, daß er es ohne Anstrengung mit Londons berüchtigter Sichtbehinderung aufnehmen kann.

Genf ist eine pulsierende Stadt und eine attraktive Stadt, wer sie zum ersten Mal besucht, dem erscheint sie wie ein Klein-Paris. An beiden Ufern der Rhone und des Sees ziehen sich großzügige Quais entlang. Das Stadtbild imponiert durch ausladende Plätze, breite avenueartige Straßen, wohltuende Grünflächen (**Jardin Anglais** mit seiner anziehenden Blumenuhr, direkt beim Pont du Mont-Blanc, **Parc Mon-Repos, Parc des Eaux-Vives, Parc de la Grange, Perle du Lac** und **Jardin Botanique).** Ähnlich wie in Paris gehören aber auch zu Genf zahlreiche Brücken, insgesamt acht. Damit wären wir bezüglich der Übereinstimmungen aber auch am Ende, denn es fehlt Genf jener Charme, den Paris an den Ufern der Seine ausstrahlt. Dafür aber besitzt Genf die Faszination des höchsten Berges und des größten Sees der Alpen! Und noch etwas: Genf ist Teil der vielbeneideten Eidgenossenschaft; außer den klassischen Landschafts-Trümpfen wie See und Alpenkulisse, die zur ›typischen‹ Schweizer Stadt gehören, kann es auch noch seine französische Lebensart und schweizerische Gediegenheit ins Feld führen.

Der Genfer, wer ist das?

Einmal der Träger eines alten Patriziernamens, zum anderen der Arbeiter, der die kommunistische Partei der Arbeit wählt, jene Partei, die hier wie in keinem anderen Kanton auf Resonanz stößt. Es sind aber auch die vielen Einwohner mit deutschschweizer Namen, von denen manche erst seit wenigen Generationen, andere aber erst seit kurzer Zeit in der Rhonestadt leben, sich aber assimiliert haben. Der alteingesessene, ursprüngliche Genfer ist in der Minderzahl.

Die Einwohnerzahl der Stadt Genf beträgt (1980) 156 505, die des Kantons 326 600 Personen. Hinzu kommen etwa 4000 Saisonarbeiter und etwa 18 000 Pendler. 1980 zählte man 97 733 Ausländer, davon waren 3381 Deutsche, 17 527 Franzosen, 31 894 Italiener, 819 Österreicher, 20 684 Spanier, 655 Jugoslawen, 593 Türken und 21 527 verteilten sich auf übrige Nationen mit einer Aufenthalts- oder Niederlassungsbewilligung. 65,4% der Genfer Bevölkerung sprechen Französisch.

In Genf leben jüdische, mohammedanische, katholische und andere religiöse Gemeinschaften nebeneinander, so daß in der Stadt Calvins heute Toleranz kein Fremdwort mehr ist. Genf als Sitz des Kirchenrates besitzt daher nicht nur protestantische, katholische und orthodoxe Kirchen, sondern auch eine Synagoge und die einzige Moschee Helvetiens.

Genf geographisch

Die Stadt, 391 m ü. M., behauptet sich in der äußersten westlichen Ecke der Schweiz, dicht am französischen Grenzübergang Pouilly und unmittelbar am Südwestende des Genfer Sees. Sie erhebt sich zu beiden Seiten der dem See hier entspringenden Rhone und wird von zwei Moränenbuckeln getragen. Im Südwesten der Stadt ergießt sich die Arve, aus den Savoyer Alpen kommend, in die Rhone. Zwei Gebirge umarmen Genf: Südöstlich der Salève und die Voirons, nordwestlich die Jurakette. Über dieser reizvollen Kulisse wacht aus der Ferne der Mont Blanc.

Der **Genfer See,** der Lacus Lemanus der Römer, mit offiziellem Namen Lac Léman, dehnt sich sichelförmig auf einer Fläche von 581,3 Quadratkilometern aus. Seine größte Tiefe mißt 310 m, seine größte Breite 14 km, seine größte Länge 72,3 km. Aber nur 125 km beträgt seine Schweizer Uferlänge, davon sind 42% öffentlich zugänglich.

Der See hat seit Jahrhunderten seine Bewunderer. Einer der ersten war ein Maler: Konrad Witz verlegte den Fischzug Petri an den Genfer See und malte sein erstes Porträt, das war 1444 (die Tafel hängt als Prunkstück im Genfer Musée d'Art et d'Histoire). Die liebliche Lage Genfs unterstreichen die reichen, sanft ansteigenden Weinhänge des Nordufers, während im Süden und Osten Burgen, Schlösser und malerische Städtchen noch immer der See-Landschaft ihr anmutiges Gepräge geben.

Was den Lac Léman vom Vierwaldstättersee oder vom Luganer See unterscheidet, ist seine durch Gebirge nicht begrenzte Weite. Das macht aus ihm keinen Alpensee, sondern ein Alpenmeer. Es wirkt zwar meist friedlich, doch da täuscht man sich, denn es kann sich urplötzlich sehr wild und ungnädig gebärden. Starker Wind, oft stürmische Böen machen es dann für Segler gefährlich. Die Genfer kennen die verschiedenen Winde, den Vent Blanc, Vauduire, Joran oder den bösartigen Bornan. Nur sie, die Genfer, dürfen vertraulich vom ›Lac de Genève‹ sprechen.

Genf klimatisch

Die Nähe des Sees sorgt für ein mildes Klima. Als Durchschnittstemperaturen gelten im Frühjahr 9°C, im Sommer 18°C, im Herbst 10°C, im Winter 1°C. 1979 schien die Sonne 1748 Stunden im Jahr, 1980 waren es 1515 Stunden, dafür gingen 1979 1143 mm Niederschläge nieder, während 1980 nur 978 mm fielen. Die Genfer kennen nur eine dünne Schneeschicht, 1979 zählten sie 35 Schneetage (Davos 107), 1980 nur 19 (Davos 87). *Bise,* ein trockener Nordost und *Vent,* ein föhnartiger Wind, sind in Genf zu Hause, weniger aber ein strahlendblauer Himmel und ideale Fernsicht.

Genf wirtschaftlich

Genf ist ein überschaubarer Kanton. Mit 282 Quadratkilometern gehört er zu den kleinen Kantonen der Schweiz, dem aber 45 Gemeinden angehören, worunter sich sechs Städte mit mehr als 13 000 Einwohnern befinden. Satigny ist mit 444 ha Weinbergen die größte Weinbaugemeinde der Schweiz in der Eidgenossenschaft. Genf als drittgrößter Weinbaukanton (nach Wallis und Waadt) produziert jährlich zwischen 10 und 12 Millionen Liter Wein.

Dem 102 km Flächenumfang, die an Frankreich grenzen, stehen nur 4,5 km gemeinsame Grenze mit dem Kanton Waadt gegenüber. Um Genf ein wirtschaftliches Hinterland zu erschließen, wurden Freizonen in der ausländischen Grenzregion geschaffen. Der gegenseitige Warenaustausch zwischen Genf und den Freizonen ist mit Zollvergünstigungen verbunden.

Genf ist der Kanton mit der größten Fahrzeugdichte, mit dem höchsten Anteil des Dienstleistungssektors, mit der ersten Seniorenuniversität, mit Einzugsgebieten, die kein Defizit budgetieren dürfen; mit einem Touristenzentrum von 16 000 Hotelbetten in 150 Stadthotels (nur wenige Pensionen); einem Flugplatz, der jährlich 4,5 Millionen Passagieren dient; mit einer Bevölkerung, die zu 49% wirtschaftlich aktiv ist und die mit relativ hohen Lebenshaltungskosten, aber auch überdurchschnittlicher Bezahlung rechnen kann; mit einer Wirtschaft, zu der rund 15 753 Unternehmen zählen.

Aktives Bankwesen (eine Effektenbörse sowie mehr als 70 Banken), florierender Handel und Industrie bestimmen die große Bedeutung Genfs innerhalb des Schweizer Wirtschaftslebens. An erster Stelle steht die 1587 von einem Hugenotten eingeführte Uhrenfabrikation, ihr folgt die Schmuck- und Bijouteriewarenherstellung, die Erzeugung von Präzisionsapparaten und Nähmaschinen, dann die Maschinen- und Motorenindustrie und schliesslich die Waffen-und Munitionsherstellung. Neben Basel hält auch Genf seine Anteile auf dem chemischen, pharmazeutischen und Parfüm-Markt; Bedeutung hat außerdem das graphische und Druckereigewerbe, die schweizerischen Brauereiniederlassungen und die Lebensmittelindustrie. Darüber hinaus erzielt der Kanton Genf den höchsten Hektarertrag im Getreidebau.

Genf politisch

1847 nimmt der Kanton Genf die demokratische, im Prinzip noch heute gültige Verfassung an: Gesetzgeber sind die Bürgerschaft und der jeweils auf vier Jahre gewählte ›Grand Conseil‹ (Großer Rat). Die vollziehende Gewalt wird von dem ebenfalls auf vier Jahre gewählten siebengliedrigen ›Conseil d'Etat‹ (Staatsrat) ausgeübt. Über den Gerichten erster Instanz wacht eine ›Cour de Justice‹ (Kantonsgericht).

Ein Kochtopf macht Geschichte

Genf hat keine papierene Vergangenheit, sondern eine explosiv-lebendige. Sie reicht zurück bis zur Jungsteinzeit. Später wussten sich Kelten und Römer ihren festen Platz zu erobern. Das Hauptforum der Römer lag bereits an der Stelle des heutigen Bourg-de-Four, und über seine Hügel verliefen wichtige Handelsrouten. Unten am See und an der Rhone besaßen die Römer schon je einen Hafen. Cäsar, der Genava (Genf) das erste Mal in seinem Werk *De bello gallico* nennt, ließ 58 v. Chr. die wichtige Rhonebrücke (heute Ponts de l'Ile) niederreißen, um so den Helvetiern im Gallischen Krieg den Weg nach Süden abzuschneiden. Im burgundischen Königreich war Genf Hauptstadt, und im 4. Jahrhundert erhielt es Stadtrechte, im 5. Jahrhundert erhebt man es zur Bischofsstadt. 536 wird Genf fränkisch und schließlich 1032 den mittelalterlichen Kaisern unterstellt (Angliederung an das Heilige Römische Reich), der Adler im Genfer Wappen erinnert daran.

Im 12.—15. Jahrhundert blühen Handel und Wirtschaft auf, werden aber durch die Konkurrenz von Lyon wieder eingeschränkt. Unter den Genfer Bürgern kommt es politisch zur Spaltung, die einen halten zu Savoyen, die anderen zu den Schweizern, so daß die zu Beginn des 16. Jahrhunderts von der Stadt geschlossenen Allianzverträge mit Freiburg, Bern und Zürich Ruhe und Sicherheit bringen sollen.

In diese schwierige Zeit fällt der Beginn der Reformation, die in Genf so bereitwillig aufgenommen wird, daß der Bischof die Stadt verläßt. Calvin, 1536 aus Paris geflohen, macht die Stadt, vor allem nach seiner Rückkehr (1541) aus dreijähriger Verbannung durch seine harte, unduldsame Kirchenzucht zur Hochburg der reformatorischen Bewegung. Mit dem Widerruf des Edikts von Nantes (1685) strömen Scharen von Hugenotten nach Genf. Sie fördern Handel, Gewerbe und Bankwesen. Genf blüht auf und vollzieht zugleich die Abkehr vom strengen puritanisch-calvinistischen Geist.

Zur gleichen Zeit aber steht Genf im Zentrum des Machtkampfes der Bischöfe (später Fürstbischöfe) von Genf, der kaiserlichen Grafen und der Grafen (später Herzöge) von Savoyen. Seine vergeblichen Anstrengungen, die Stadt zu unterwerfen, versucht Karl Emanuel von Savoyen in der Nacht vom 11. auf den 12. Dezember des Jahres 1602 durch einen gezielten Überfall (Escalade) endgültig zum siegreichen Ende zu führen. Er befiehlt Gouverneur d'Albigny mit einem Aufgebot von mehreren tausend Mann vor die Stadt zu ziehen, wo mindestens 300 ausgewählte Soldaten in aller Heimlichkeit bei Nacht versuchen, die Stadtmauern zu überwinden, um von innen die Tore zu öffnen. Doch von einem Genfer Wachsoldaten entdeckt gelingt es im letzten Augenblick, die Porte Neuve zu schließen. Unter Einsatz der aufgebrachten Bevölkerung vollzieht sich ein schreckliches Gemetzel, in dem die Savoyarden vernichtend geschlagen werden. Die Genfer haben 16 Gefallene, die Feinde aber an die 200 Mann zu beklagen. Unvergessen bleibt die Hilfeleistung der Mère Royaume, die, nichts weiter als ihren kupfernen Suppentopf in der Hand, ihn zum Fenster hinaus und einem Savoyarden auf den Kopf schleudert.

Ob Legende oder nicht, auf jeden Fall wurde der Suppentopf seither zum Symbol der Escalade. Noch heute zerschlägt bei der jährlichen Escaladefeier, dem größten Fest der Genfer, jede Familie einen Suppentopf aus Schokolade samt Gemüse aus Marzipan! Ein Jahr nach diesem nächtlichen Überfall schließen Genf und Savoyen ihren Friedensvertrag.

Im 18. Jahrhundert steht Genf abermals im Zeichen aufbegehrender Volksklassen, doch sie können dem wirtschaftlichen wie kulturellen Aufschwung der Stadt nichts anhaben (Voltaire lebt 1755—1761 in und bei Genf, die Schriften Jean-Jacques Rousseaus, der sich selbst als Bürger von Genf bezeichnet, üben starken Einfluß auf die Französische Revolution aus). 1798 besetzt Napoleon die Stadt und erklärt sie zur Hauptstadt des Departement du Léman. Am letzten Tag des Jahres 1813 erhält Genf durch die Restauration seine politische Unabhängigkeit zurück, wenn auch zunächst unter österreichischem Schutz. 1844 tritt Genf als 22. und letzter Schweizer Kanton der Eidgenossenschaft bei. Seit der Mitte des 19. Jahrhunderts wächst Genfs internationale Bedeutung unablässig. Die Stadt wird das Zentrum weltumspannender Ideen und weltumgreifender Behörden, Vereinigungen, Institutionen. Dieses Genf beginnt mit Henri Dunant, der 1864 das Internationale Rote Kreuz ins Leben rief. Dann folgten aufeinander 1920 der Völkerbund, 1921 das Internationale Arbeitsamt, 1946 die Vereinten Nationen, die UNO, die Weltgesundheits-Organisation, der Ökumenische Rat der Kirchen, 1953 das Europäische Zentrum für Kernforschung (CERN). Die Viermächtekonferenz zur Wiedervereinigung Deutschlands findet 1955 in Genf statt, 1960 nimmt die Europäische Freihandelsgemeinschaft (EFTA) ihren Sitz in Genf, 1973 wird die Konferenz für einen Frieden im Mittleren Osten hier abgehalten und 1977 unterzeichnen 46 Staaten die Erweiterung der Genfer Konvention.

Vom ›Esprit de Genève‹

Wo spürt man ihn? Dort, wo Sie den schönsten und weitesten Blick auf die Stadt und ihre schneebedeckten Gipfel haben, vom 150stufigen Turm der Kathedrale Sainte-Pierre! Wandern Sie durch Genfs Straßen, werden Sie ihn an jeder Ecke, bald deutlicher, bald versteckter entdecken. Sie gewahren ihn, wenn Sie die Rue du Rhône entlang spazieren und sich für die Begegnung der geschäftig flanierenden Einwohner untereinander interessieren. Oder wenn Sie sich auf der belebten Place du Molard, wo jeder Genf-Besucher wenigstens einmal hingehen sollte, in den Anblick des quirligen Menschengewimmels und seiner spezifischen Atmosphäre verlieren oder der Genferin beim Früchte- oder Blumenwählen zusehen.

An warmen, sonnigen Tagen spiegelt das kurze Stück auf dem **Quai Général Guisan** zwischen **Place du Port** und **Pont des Bergues** den jungen Geist dieser Stadt wider. Für Rucksacktouristen, Lebenskünstler und ihre Begleiterinnen ist dann offenbar noch immer die Straße der einzige Ort der Kommunikation oder so etwas wie ein musikalisches Übungslokal. Typen, für die Jeans die einzig akzeptable Kleidung sind, halten das breite Trottoir besetzt, so als ob es eigens für sie geschaffen worden sei. Eine strickt, andere stieren vor sich hin oder huldigen ihrem Spleen, träumen von Selbstbefreiung oder radikaler Erneuerung. Sie bleiben friedlich, behelligen nicht, zu ernsthaften Zusammenstößen mit der Polizei kam es bisher nicht. Randalierer und Krawallmacher aus Zürich oder Bern, die beim letzten Festival in Genf Jugendliche zu Straßendemonstrationen aufhetzen wollten, stießen auf kühle Ablehnung.

Drüben, auf der Ile Rousseau, sitzen junge Mütter und bewachen ihre spielenden Kinder. Inmitten der betriebsamen Genfer City abermals ein Hort der Ruhe und des individuellen Lebensausdrucks. Warum sich nicht einfach zusammenrollen und schlafen, wenn man müde ist? Rousseau auf seinem schwarzen Sockel stört das nicht.

Lebenssprühende Internationalität gehört ebenso zum Genfer Esprit wie der Tourist aus Japan oder Kleinhüningen, der das Palais des Nations besucht oder die Bijouterieauslagen bewundert, der Geschäftsmann aus Nairobi, der auf der internationalen Messe für Freizeitgestaltung die neuesten Entwicklungen verfolgt und dann vom Flughafen zur nächsten Besprechung reist, der Lehrer aus Yverdon, der mit seiner Klasse das **Museum der Schweizer im Ausland** im Château de Penthes besichtigt und mit dem Schiff zur Heimreise über den Léman aufbricht, der angehende Diplomat, der am ›Institut universitaire des hautes études internationales‹ studiert oder jenes betuchte Publikum, das die protzigen Hotelpaläste der sogenannten Gründerjahre (Quai du Mont-Blanc, Quai

ECOLE
STHETIQUE
INSTITUT
PALOMA

Wilson) am Leben erhält, hinter deren Fassaden sich Affären abspielten, die Genf den Ruf einer Stadt für Liebende bescherten. Kaiserin Joséphine soll in Genf geseufzt haben: »Es ist tröstlich hier geliebt zu werden«, nachdem sie 1810 einige Tage im Hotel Déjean gewohnt und, Gerüchten zufolge, heimlich Napoleons Besuch empfangen hatte, wovon allerdings weder Paris noch seine zweite Gattin, eine echte Kaisertochter aus dem Hause Habsburg, etwas wissen durften.

Nach Genf zu kommen war auch für Madame de Staël, die am See auf Schloß Coppet wohnte, nicht weit. Wer hier auf sie wartete, war der ungeduldig liebende John Rocca. Ebenso fand die Liebe Balzacs zur schönen Russin Eve Hanska in Genf ihre Erfüllung, und beide behielten die Stadt stets in dankbarer Erinnerung. Auch Châteaubriand und Madame Récamier bescherte Genf, fern der klatschsüchtigen Pariser Zungen, Stunden ungestörten Glücks. Lord Byron zog sich mit seiner heimlichen Geliebten zurück nach Cologny, die ihm, begleitet von Shelley, nach Genf gefolgt war, und Liszt, der Paris 1835 wegen seiner Liebe zu Marie, Gräfin d'Agoult verlassen mußte, wählte die Musikstadt Genf zum ersten gemeinsamen Wohnsitz mit der geliebten Frau.

Fürsten haben die Stadt gefeiert, Dichter haben sie gelobt und besungen und Schriftsteller wie Bergengrün (*Rittmeister*) und Kennicott (*Das Herz ist wach — Briefe einer Liebe*) zu Schauplätzen ihrer Romane erhoben, nur einer, Fjodor M. Dostojewski, der Russe und Verfasser des berühmten Romans *Der Idiot,* hat sie mit vernichtendem Urteil überschüttet:
»Genf ist der Inbegriff von Langeweile. Es ist eine alte protestantische Stadt, und doch sieht man überall zahllose Betrunkene . . . Genf ist ekelhaft, ich habe mich in bezug auf diese Stadt entsetzlich getäuscht . . . Ein Schrecken ist das, aber keine Stadt! . . .Tagelang stürmt es hier, und selbst an den gewöhnlichsten Tagen wechselt das Wetter drei- bis viermal. Und dies soll ich mit meinen Hämorrhoiden und meiner Epilepsie aushalten!« (Geschrieben 1867).

Dostojewski haßte Genf unheilbar — und wie er glaubte mit Grund. Er hatte die Heimat vor einem Riesenberg Schulden fluchtartig verlassen und suchte im Ausland Unterschlupf und notdürftigen Erwerb, dazu war er ständig krank und fühlte sich total entwurzelt. Abgesehen von der Gesellschaft seiner zweiten

Frau lebte er in Genf völlig vereinsamt und lehnte selbst den Kontakt mit der bedeutenden Kolonie russischer revolutionärer Emigranten ab. Nicht zuletzt kam er als ein ›Opfer‹ jener in Russland gehätschelten Klischeevorstellung von der Schweiz als absolut ›heiler Welt‹ nach Genf und konnte nicht begreifen, daß die Stadt ihm nicht zu Füßen lag. Schliesslich starb hier, kurz nach der Geburt, auch sein erstgeborenes Kind.

Dostojewskis stark emotionale, subjektive Kritik rief jedoch seinen einzigen Genfer Freund und Vertrauten, Alexander Herzen auf den Plan, der 1868 schrieb: ». . . In Genf ist alles gut und wunderbar, vernünftig und reinlich, doch lebt es sich schwer. Beginnst du zu überlegen, ist dir klar wie zwei mal zwei gleich vier, dass es in unserer grauen Zeit in Europa wohl keinen besseren Ort gibt als Genf . . . Neben dem Handel mit dem Raum — mit Bergen und Tälern, Gewässern und Wasserfällen, Abgründen und Schluchten — betreibt Genf auch einen Handel mit der Zeit und verkauft jedem Reisenden eine Uhr, wenn nicht gar eine Uhrkette, auch wenn er beides schon besitzt . . .«

Und wie der Genfer das hundert Jahre später immer noch erfolgreich fertig bringt, verdankt er gewiss nicht zuletzt dem ›Esprit‹ seiner welschen Lebensart.

Dafür, daß weder die Genfer, noch ihre Behörden oder das Polizeiinspektorat auf Langeweile verfallen, sorgt Narcisse Praz — ein Mann mit Geist, Witz, Ironie und Genie — oder ein totaler Spinner? Auf jeden Fall zur Zeit *noch* Genfer Uhren-Discount-Umsatzmillionär. Als die Polizei ihn kürzlich ersuchte, sich um wiedergefundenes Diebesgut zu kümmern, schrieb er u. a. folgende Zeilen: »Wir teilen Ihnen mit, daß wir aufs Bestimmteste die sofortige Rückerstattung dieser Uhren an die angeblichen Diebe verlangen, ungeachtet des Preises und des Wertes der Uhren. Der Unterzeichnende ist nämlich der Meinung, für die Gesundheit der Menschheit seien Diebe nützlicher als diejenigen, die Hetzjagden auf sie veranstalteten, besonders wenn es sich um Kinder handelt. Mit vorzüglicher Hochachtung, ›Zum Spinner AG‹, Narcisse Praz, Verwalter.« Sollten Sie bei Ihrem Besuch in Genf diesen Praz nicht finden können, wird Sie der Esprit des Genfer Musik- und Theaterlebens, seiner Restaurants und Bars, ein Abend auf der Place du Bourg-de-Four oder das Leben und Treiben von Carouge reichlich genug entschädigen.

Rive gauche–Rive droite

und dazwischen die

Rues Basses

Sich in Genf zurechtzufinden, fällt nicht schwer, denn die Rhone teilt Genf ebenso wie die Limmat Zürich, der Rhein Basel, die Aare Bern und die Reuss Luzern. Doch sich in Genf für das linke Ufer (Rive gauche) mit dem Altstadtkern (Vieille ville) und der sogenannten Unterstadt (Rues Basses) oder die andere Hälfte am rechten Ufer (Rive droite) zu entscheiden, das fällt schwer. Zu sehen gibt es an beiden Ufern genug, denn Genf ist nicht nur eine alte Stadt, sondern nach Zürich und Basel die drittgrößte Stadt der Schweiz.

Genfs städtebauliche Sehenswürdigkeiten an *einem* Tag erfassen zu wollen, erscheint vermessen. Sinnvoller wäre es, die Stadt in mehreren Etappen zu erobern. Am reizvollsten ist auf jeden Fall die Altstadt. Angenommen Sie stehen an der **Place du Lac,** so werden Sie erst einmal den Blick auf die Rhone, ihre Inseln und Brücken in sich aufnehmen wollen. Die größte und verkehrsreichste Brücke der ganzen Schweiz (über ihre sechs Spuren rollen täglich mehr als 65 000 Fahrzeuge) ist der **Pont du Mont-Blanc.** Er bildet zugleich die Grenze zwischen Fluß und See.

Die Insel im Vordergrund ist die bekannte **Ile Rousseau,** nach dem Denkmal des Dichters benannt, sie wurde künstlich aufgeschüttet. Ein Steg macht sie vom **Pont des Bergues** aus zugänglich. Rhoneaufwärts schließen sich weitere Brücken an. Der doppelte **Ponts de l'Ile** war bis in das 19. Jahrhundert der einzige Rhoneübergang Genfs, und sein Turm überlebte als einziger Zeuge einer mittelalterlichen Inselburg. Seewärts entdeckt man zwei Ufermolen: **Jetée des Paquis** mit Leuchtturm und Seebad und **Jetée des Eaux-Vives** mit der berühmten Fontäne.

Überqueren Sie nun die **Rue du Rhône** und die lebhafte **Place du Molard** mit ihrem wunderhübschen Turm (1591), der einst eines der Stadttore bewachte, lassen die **Rue du Marché** hinter sich und steigen die kleine **Rue du Perron** hinauf, dann sind Sie schnell in einer Welt für sich. Es ist, als steige man in Rom zum Aventin hinauf, gelangt aber hier nicht an die Sonne, sondern in tiefe, dunkle Schatten, und es scheint, als laste noch immer etwas von den Schauern Calvinscher Vergangenheit hier oben auf diesen schweren Mauern. Im 17. und 18. Jahrhundert siedelte sich hier das wohlhabende Bürgertum an und errichtete sich anspruchsvolle Wohnpaläste. So etwas wie eine Fluchtburg für stolze, aber nicht mehr so bemittelte Genfer Aristokraten ist die Oberstadt bis heute noch geblieben.

Über die geschlossen wirkende **Cour Saint-Pierre** gelangt man zum höchsten Punkt der Stadt mit der Kathedrale **Temple de Saint-Pierre,** Genfs berühmtestem Bauwerk, an dem seit 1160 gemauert und von 1976 bis 1986 restauriert wird. 1535 ›eroberten‹ die Reformatoren die Bischofskirche, von deren Kanzel dann 20 Jahre Calvins gewaltige Worte klangen. Betrachten Sie im Inneren vor allem die wunderschönen romanischen und gotischen Kapitelle, und steigen Sie zum Turm hinauf — die Aussicht fasziniert. Aber erschrecken Sie nicht, wenn plötzlich vom Glockenturm gegenüber die Stunde geschlagen wird! Südlich an die Kathedrale schließt sich der **Temple de l'Auditoire** an, heute eine protestantische Kirche.

Folgen Sie nun der **Rue du Puits-St-Pierre**, kommen Sie am ältesten Wohnhaus Genfs vorbei, der **Maison Tavel**, 1303 erstmals erwähnt, kürzlich renoviert. Als nächstes fällt das mächtige, auf Pfeilerarkaden erbaute **Arsenal** (Zeughaus) auf. Die aufgestellten Kanonen dienen dem Gedenken der Genfer Artillerie. Das prächtigste und schönste Gebäude Genfs steht direkt gegenüber, das Rathaus, **Hôtel de Ville** (15.—17. Jahrhundert). Statt Treppen zu steigen ritten die Ratsherren auf ihren Rössern die Rampe bis zum Ratssaal empor, vornehme Geladene wurden in Sänften getragen. In der **Tour Baudet** befindet sich heute das Staatsarchiv. An der Ecke lädt das *Café Brasserie de l'Hôtel de Ville* Fremde zu einer kleinen Pause ein, aber im Grunde gehört es Gästen, die schon seit 20 Jahren hier verkehren. Madame, am Nebentisch, erzählt es. Sie hat Zeit: »Et vous, est-ce que vous êtes en visite en Suisse?« Der Kontakt ist gefunden. Plötzlich fängt es an zu regnen, doch man bleibt daußen, denn gleich bringt der Garçon die großen Sonnenschirme an.

Wollen Sie weiter, wählen Sie die typische, schmal und hochgebaute **Grand-Rue,** einen der besterhaltenen Alt-Genfer Straßenzüge mit Häuserfronten des 15.—18. Jahrhunderts. Im Haus Nr. 40 wurde Rousseau geboren, und Ferdinand Hodler, der Schweizer Maler, hat ebenfalls in der Grand-Rue gewohnt. Von ganz anderem Charakter, jenseits des Säulentors, hinter dem Rathaus, ist die baumbestandene **Promenade de la Treille,** wo man wieder Luft bekommt, den Himmel, die herrliche Jurakette und den Salève bewundern kann. Originell, die 126 m lange Sitzbank!

Die ›Treille‹ hinab erreicht man die weite **Place Neuve.** Der Verkehr umkreist in der Mitte ein Denkmal, **General Dufour.** Hier liegen dicht beieinander das **Musée Rath** (Gemäldeausstellungen), das **Grand Théâtre** (Opernhaus), das **Konservatorium** und ein Überrest der alten Stadtmauer, die sich hier um den Altstadtkern zog. Die städtebauliche Entfaltung Genfs setzte nämlich erst um die Mitte des 19. Jahrhunderts ein, als die schützenden Bastionen abgetragen und die großartigen Uferpromenaden (Quai du Mont-Blanc, Promenade du Lac, Quai Gustav-Ador) angelegt wurden. So prägen denn Geschlossenheit und Regelmäßigkeit der großen Straßenzüge das Bild der Stadt. Auch die modernen Gebäude in beiden Uferzonen fügen sich erstaunlich gut in das Gesamtbild ein, so daß es keine Diskrepanzen zwischen rechts- und linksseitigen Seeuferfronten gibt.

In wenigen Schritten erreichen Sie nun den **Victoria Hall,** *die* Genfer Konzertstätte. In südöstlicher Richtung zieht sich die **Promenade des Bastions** mit ihrem alten Baumbestand und den Büsten berühmter Genfer hin. In die Mauer eingelassen das große, 1917 enthüllte **Reformationsdenkmal.** Hier befindet sich

Die Kathedrale Temple de Saint-Pierre

auch die Genfer Universität, hervorgegangen aus der 1599 von Calvin gegründeten theologischen Akademie. Den östlichen Abschluß bildet das klassizistische Gebäude des **Musée de l'Athénée** (Kunstgalerie) sowie das **Palais Eynard**, das der Stadt zu Repräsentationszwecken dient.

Über die **Rue Saint Leger** steigt man wieder zur Oberstadt hinauf mit dem Ziel **Place du Bourg-de-Four,** dem alten römischen Forum, das noch heute eine Art Versammlungsort bildet, Treffpunkt der Genfer Jugend. An der Universität studieren (1980/81) 10 049 Studenten, davon 3516 Ausländer, doch verleihen sie Genf nicht das Gepräge einer Universitätsstadt. Um den Platz herum reihen sich kleine anheimelnde Bars, Restaurants, Cafés, Antiquitätengeschäfte, hübsche, originelle Läden, Boutiquen. Wenn Sie dann das eindrucksvolle **Palais de Justice** gesehen haben, wenden Sie sich am besten den liebenswürdigen Altstadtgassen, z. B. Rue de l'Hôtel-de-Ville, Rue des Granges, Rue Calvin, Rue du Cheval-Blanc zu, um dann schließlich durch die Rue de la Cité mit der Passage Bémont, die auf einen hübschen kleinen Platz führt, hinab zur Place Bel-Air, Rive gauche, zurück zum See zu gelangen. In diesem Alt-Genfer-Quartier begegnen sich Fremde und Touristen, doch sie können die typische Genfer Atmosphäre nicht verwischen, und in der Grand-Rue meint man noch heute, etwas vom Geist und der Kultur des 18. Jahrhunderts zu spüren — in den Gesichtern der Menschen, den gepflegten Antiquitätenläden, den Cafés und Tabacs. Selbst ein Old English Pub kann dieses genferische Milieu nicht stören. Wer ein Auge dafür hat, entdeckt zugleich die schönsten und ältesten Genfer Patrizierhäuser und schaut sich die Kirche Saint-Germain an. Ohne Bruch gehen Alt- und Uferstadt nahtlos ineinander über, und man ist ganz erstaunt, plötzlich wieder am Wasser zu stehen. Die Gegenwart hat Sie wieder. Bunte großformatige Lettern, leuchtende Ampeln, hupende Autos, eilige Passanten: Um die **Place Bel-Air** entfaltet sich Genfs Banken- und Geschäftszentrum.

Was bliebe, wäre noch die Besichtigung der rechten Uferstadt (Rive droite). Treffen wir uns vor dem **Hotel du Rhône** am **Quai Turettini,** wandern den **Quai des Bergues** und den **Quai du Mont-Blanc** entlang etwa bis zum **Hotel Beau-Rivage** und werfen nun von hier aus einen Blick auf das gegenüberliegende Ufer. Wer sich detailliert informieren möchte, tut das anhand einer Aussichtstafel (dem Hotel schräg gegenüber). Haben Sie gutes Wetter, erscheint am Horizont die Mont-Blanc-Kette. Zugleich steht man hier wiederum auf historischem Boden, denn vor dem Beau-Rivage erdolchte am 10. September 1898 ein italienischer Anarchist die österreichische Kaiserin Elisabeth, die ›Sissi‹ der deutschen Filmgeschichte.

Vermutlich haben Sie schon auf dem Hinweg das auffallende **Monument Brunswick** erblickt, das Mausoleum Herzog Karl II. von Braunschweig (1804—1873), der mit der Staatskasse durchgebrannt war, in Genf starb und der Stadt sein Vermögen mit der Auflage vermachte, ihm ein Grabmal zu errichten. Genf zögerte lange, bis endlich (1871) diese Kopie der Scaligergräber von Verona errichtet wurde, denn schließlich lockten doch die Gelder.

Über die leicht ansteigende **Rue du Mont-Blanc,** vorbei am imposanten **Hôtel des Postes** (Hauptpost) stoßen Sie direkt auf den **Gare de Cornavin** (Hauptbahnhof), hinter ihm die neue Genfer Hauptpost mit einem hochmodernen Verteilersystem.

Etwa 2 km von ihm entfernt in östlicher Richtung liegt die **Place des Nations,** Drehscheibe des internationalen Genfs mit dem **Palais des Nations** (dem 1929—1937 errichteten Völkerbundspalast und dem 1973 vollendeten modernen Erweiterungsbau mit 700 Büros und Konferenzsälen, seit 1946 europäisches Hauptquartier der Vereinten Nationen), dem **Internationalen Roten Kreuz,** dem **Centre Oecumenique** und anderen internationalen Behörden sowie dem **Musée Ariana** (Porzellansammlung, bis 1983 geschlossen). An einer das ganze Jahr über stattfindenden Führung durch das Palais des Nations (Besuchereingang) teilzunehmen, dürfte für die meisten Genf-Besucher hochinteressant sein (Briefmarkenmuseum). Erst der Blick hinter die Kulissen (mit seinen 2900 internationalen Beamten, die jährlich etwa 25 000 Delegierte empfangen) in die großen und kleinen Sitzungssäle, in denen 1980 7500 Sitzungen abgehalten wurden, sowie die Tatsache, daß 122 Länder ständige diplomatische Vertreter in Genf unterhalten und daß allein 200 Journalisten bei dieser Vereinigung UNO akkreditiert sind, vermittelt eine ungefähre Vorstellung von den Aufgaben — allerdings ist sie nur berufen, internationale Probleme zu diskutieren, nicht zu lösen.

Das internationale Genf ist zugleich auch das Genf des Kongreßtourismus. Allein die Europäische Wirtschaftskommission führt jährlich Hunderte von Sitzungen durch, und mit rund 2 Millionen Übernachtungen jährlich steht Genf hinter Zürich auf dem 2. Platz. Große Anziehungskraft übt das neue riesige **Kongreßzentrum** in unmittelbarer Nähe von Cointrin aus. Und als weiteren Trumpf betrachtet die Stadt den Neubau des **Hotels Noga-Hilton**, das anstelle des ehemaligen Grand Casino errichtet wurde.

Um die Kongreßteilnehmer schneller und müheloser nach Genf zu bringen und um von Genf aus noch weltweiter wirken zu können, baut man die Eisenbahnverbindung zwischen Cointrin (unterirdischer Bahnhof) und Cornavin (Endausbau 1987) sowie Anlage und Kapazität des Flughafens aus.

Carouge, die «sardische» Stadt

Genf hat viele Gesichter. Alle kann man nicht kennen, aber *eines* sollten Sie sehen: **Carouge!**

Besteigen Sie an der **Rue de la Confédération** (beim Platz Bel-Air) die einzige Genfer Straßenbahn, Nr. 12, und wagen Sie das ›Abenteuer‹ Carouge: eine Kleinstadt (etwa 10 000 Einwohner) auf dem linken Arve-Ufer. Carouge ist die einzige nachmittelalterliche (im 18. Jahrhundert) planmäßig angelegte Stadt der Schweiz. Piemontesische Hofarchitekten bestimmten Anlage und Verlauf von Straßen und Plätzen, ja selbst die Größe der Häuser. Das Ganze war eine Idee König Viktor Amadeus II. von Sardinien-Savoyen, und das kam so: Der Vertrag zwischen Turin und der Republik Genf sicherte 1754 dem Königreich Sardinien einen Landstrich von 2 km Länge und 500 m Breite zu. Dieses Fleckchen Erde sollte nun die Rolle einer Gegenstadt zu Genf spielen, um den Genfern das Zepter des Handelsmonopols aus der Hand zu nehmen. Doch viel Zeit blieb nicht, denn als Folge der französischen Besetzung wurde Carouge 1792 Genf angegliedert und ging 1816 endgültig in Genfer Kantonsbesitz über. Doch was bis dahin gebaut worden war, sollte bis zur Gegenwart Bestand haben, selbst der fremdländische Volkscharakter der ›sardischen‹ Stadt bleibt heutigentags noch spürbar. Carouge, seinerzeit Schlupfwinkel für alle möglichen fragwürdigen und finsteren Gestalten, (selbst Goldwäscher sollen die Arve nach Gold durchspült haben) zog Menschen aller europäischen Länder an. Sie drückten der Stadt ihren Stempel auf, ›Ureinwohner‹, so heißt es, verhielten sich stets kritisch gegenüber den Zugewanderten.

Haben Sie den **Pont de Carouge** überquert dürfen Sie irgendwo die Straßenbahn verlassen. Den südländischen Charme von Carouge ohne direkte Anleitung zu entdecken, macht Spaß, denn es gilt, nur Eindrücke, den Charakter von Kneipen und Cafés, von Bierstuben, Galerien, Trödlern, Handwerkern in ihren kleinen Läden, die Menschen in typischen Bistros wahrzunehmen oder Impressionen vom Mittwoch- oder Samstagmarkt, jeweils nur vormittags, auf der **Place du Marché** einzufangen — dann haben Sie Carouge gesehen.

Genf à la carte

Eine Stadt, die an drei Seiten von französischer Küche umgeben ist, macht dem Gourmet das Leben schwer. Kaum zu sagen, wieviel erstklassige Restaurants es allein in der Genfer Innenstadt gibt, von denen der Außenquartiere und des Genfersee-Gebietes ganz zu schweigen. Dazu die Möglichkeit, nach Lust und Laune über den Léman direkt an einen französischen Tisch zu segeln — wunderbar!

Was der welsche Gaumen liebt, kocht die Genfer Küche vorzüglich. Schon bei einer ersten Begegnung ist man überrascht von dem Reichtum ihrer Köstlichkeiten. Hörten Sie je von den Geheimnissen hiesiger Küchenbrigaden, nämlich ›Käserissolen‹? Oder wußten Sie, dass Bratwürste und Bratwürste einen himmelweiten Unterschied bedeuten können? Zum Beispiel ›Saucisse à rôtir‹. Das sind spezielle kräftig gewürzte Schweinefleischwürste, oder kennen sie ›Saucisson vaudois‹, eine kräftig geräucherte Kochwurst, die man zu grünen Bohnen oder Lauchgemüse und Kartoffeln (papet) reicht. Auch kalt zu essende Wurstsorten zählen zu den Welschland-Spezialitäten. Nicht zu vergessen die zarte Kalbsleber nach Genfer Art, Saftschinken oder ›Gigot d'agneau‹ (Lammkeule).

Ebenso gut und ebenso frisch wie die Fische aus dem Genfer See und den Genfer Flüssen lassen sich auch Meeresfrüchte essen. Die Genfer lieben sie selbst und wissen sie auf schnellstem Wege einzufliegen. Darum genießen und vergessen Sie, daß Sie auch hochfliegend dafür bezahlen müssen.

Es wäre ein Jammer, dem deftigen, duftigen, sahnigen Westschweizer Käse zu entsagen! Und wer ›Käse‹ sagt, meint vor allem das Fondue (von französisch fondre = schmelzen), das oft mehr als ein Essen, eher eine Art Gesellschaftsspiel sein kann. Je mehr Personen ihre Gabel in den ›Caquelon‹ (Schüssel mit flüssigem Käse) tauchen, umso gemütlicher. Wer dabei sein Brot verliert, zahlt die nächste Flasche Weißwein. Um den kochenden Käse besser zu vertragen, trinkt man oft auch Tee dazu und auf jeden Fall einen Kirsch hinterher. In ähnlicher Form wied das ›Fondue Bourgignonne‹ (Rindfleischwürfel in heißem Öl) oder das ›Fondue chinoise‹ (verschiedene hauchdünne Fleischsorten in kochender Fleischbrühe) serviert und gegessen.

Eine Sache für sich ist das ›Raclette‹ (von französisch racler = schaben), das am besten direkt aus der Hand des Racletteurs schmeckt. Ein riesiges Käserad wird in der Mitte durchgeteilt und die offene Schnittfläche vor dem Feuer solange erhitzt, bis sie schmilzt. Abstrichweise wird der Käse abgeschabt und mit pikanten herben Beilagen und Pellkartoffeln gegessen. Für den kleinen Appetit sind die runden, sahnig feinen Käseküchlein (ramequins) gerade das Richtige, während eine andere Westschweizer Spezialität, ›croute au fromage‹ (heiße Käseschnitte), bereits als vollwertige Mahlzeit gelten kann.

Wo der Gast noch KÖNIG ist

Vergessen wir es nicht, der Genfer ist ein Mensch, der eine gewisse Lebensqualität schätzt und sich vor allem im Restaurant auf dieses Bedürfnis besinnt. Darum darf man sich als Gast in dieser Stadt keiner Illusion hingeben und auf gut Glück am Abend oder Wochenende ein namhaftes Restaurant ansteuern, denn die Genfer gehen selbst unentwegt zum Essen oder Trinken. Bitten Sie den Hotelportier, er wird Ihnen einen Tisch besorgen. Bliebe nur zu klären *wo!*

Das ist zwar in Genf kein Risiko, aber abgesehen von den Speisen doch Geschmacks- und Stimmungssache. Vielleicht möchten Sie dort beginnen, wo der Gast fast mehr als ein König ist, im Restaurant *Le Duc,* 7, Quai du Mont-Blanc, also ganz zentral. Hier sorgen Jean und Paul Minchelli für das Beste vom Besten und, wenn man so will, für das Teuerste vom Teuren, was man in Genf finden aber auch empfehlen kann: ein Fischrestaurant von absolutem Spitzenrang.

Es hört sich für das Durchschnittsportemonnaie zum Verzweifeln an, aber Genf und Lausanne sind die Hochburgen exzellenter Schweizer Küchen, deren Chefs sowohl Köche als auch Künstler sind. Probieren Sie es aus im *Le Béarn,* 4, Quai de la Poste, oder im Restaurant *Le Curling,* 9b, Chemin Fief-de-Chapitre. Wer nicht unbedingt einen anständigen Preis zahlen möchte, zieht kurzentschlossen die dazugehörende Brasserie vor. Mindestens ebenso gut werden Sie es im *L'Or du Rhône,* 19, Boulevard Georges-Favon, treffen. Gibt es etwas Außerordentliches zu feiern, dürfen Sie sich für die *Auberge du Lion d'Or* entscheiden, dabei gilt es 3 km nach Cologny in Kauf zu nehmen, doch das hat im Hinblick auf die superben Genüsse und die herrliche Aussicht noch niemand bereut. Wer es nicht ganz so luxuriös will, dem wird es auch in der angeschlossenen Brasserie schmecken.

Mitunter sind die Unterschiede von ›ganz oben‹ bis zur nächstfolgenden Kochkategorie darunter so minimal, daß Ihre Zunge sie nicht einmal spürt, sondern nur Ihr Geldbeutel. Darum sei die *Auberge à la Mère Royaume* wärmstens empfohlen, nur ein paar Schritte vom Rhoneufer, 9, Rue des Corps-Saints, entfernt (eine so winzige kleine Straße, daß Sie sich besser nach der Kirche St-Gervais orientieren). Sie werden nicht nur rundherum zufrieden, besser gesagt begeistert sein, sondern sich auch an der Altgenfer Einrichtung erfreuen können.

Voll hochgespannter Erwartungen dürfen Sie sich auch erstklassigen Hotel-Gaststätten anvertrauen: *Le Neptune* (Hôtel du Rhône), Quai Turrettini, *Le chat Botté* (Hôtel Beau-Rivage), 13, Quai du Mont-Blanc. Kommen Sie, möglichst ausgehungert, am Bahnhof an, dann darf es sicher das nächste Haus sein: *Restaurant Buffet Cornavin,* man serviert von 5 bis 24 Uhr. Auch das *Restaurant au Bœuf Rouge,* 7, Rue des Paquis, gehört zu denen, die man eigentlich kennen muß, weil es hier unverfälschte Westschweizer Kost und schmackhafte, preiswerte Menüs zu essen gibt. Im Restaurant *La Perle du Lac,* 128, Rue de Lausanne, pflegt man feinste nouvelle cuisine française, während im *La Pescaille,* 15, Avenue Henri-Dunant (Plainpalais), ein überzeugendes Rundum-Programm geboten wird.

Zu den Restaurants mit stimmungsvoller Atmosphäre und mittelalterlichem Ambiente gehört unbedingt *Les Armures,* 1, Puits Saint-Pierre, wo man im alten Rittersaal bei Fondue oder Raclette Zeit und Stunde vergißt. Suchen Sie weitere Lokale mit Charme, so bleiben Sie in der Gegend der Place Bourg-de-Four, vielleicht im *Restaurant du Palais de Justice.*

Auch in Genf wären die *Mövenpick*-Restaurants zu nennen: Rue du Rhône, Ecke Place de la Fusterie, von 11 bis 24 Uhr warme Küche und immer gut besucht oder das in der Rue de Cendrier 17. In beiden trifft sich ein junges, unkompliziertes und internationales Publikum.

Es ist ganz ausgeschlossen, sich durch Genf hindurch zu schlemmen. Um aber über dieser mehr oder weniger individuellen Auswahl nicht eine große Zahl anderer Schlemmerstuben zu vergessen, sei Ihnen zu folgenden preiswerten Orientierungshilfen geraten: *Les carnets du gourmet, Index des spécialités et restaurants, Genève et environs,* bitte jeweils die neueste Ausgabe; *Guide Restaurants,* Schweiz, offizieller Führer des Schweizer Wirteverbandes, 1980/81 und *Guide Plaisirs* (Feinschmecker Führer), Suisse, 1981. Doch für den, der nur kurz in Genf ist noch ein paar Tips:

Brasserien: (im Hauptbahnhof) *Buffet de la Gare de Cornavin; Landolt,* 2, Rue de Candolle (Studenten-Treff, unten: Brasilianisches Lokal mit südamerikanischer Musik), das Pendant dazu: *Le Barbar* (im Universitätsviertel, turbulent, rauchig, voll); *Bavaria,* 49, Rue du Rhône (Münchner Bier vom Fass und Karrikaturen an den Wänden).

Café-Restaurants (Bistros): *Buffet de la Gare des Eaux-Vives* (Stil der Jahrhundertwende); *Du Commerce et du Molard,* 7, Place du Molard (von der Genfer Jugend bevorzugt); *Centre Molard,* 5, Place du Molard (zeitweise Musik); *Au Pied de Cochon,* 4, Place Bourg-de-Four (Atmosphäre der zwanziger Jahre).

Snack-Bars: *Whimpy,* 1, Place du Cirque und Rue du Rhône 23; *The Duke of Wellington* (English Pub) 3, Rue Etienne-Dumont; *Pop Tart* (Selbstbedienungs-Imbiß köstlicher Blätterteigspezialitäten, herb und süß, auch sonntags offen), an der Ecke zwischen Rue Adrien-Lachenal und Glacis-de-Rive.

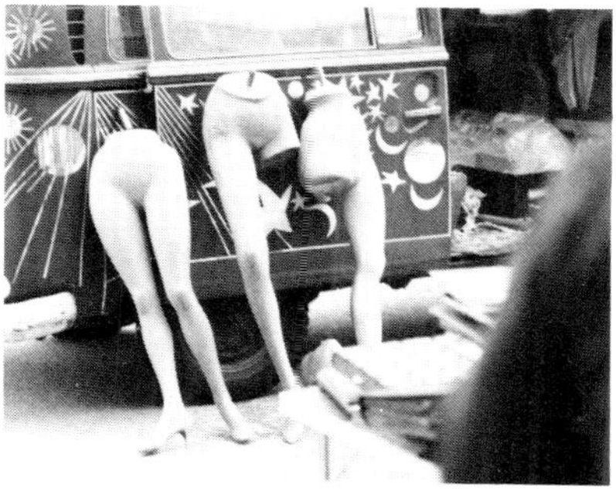

Einkaufen, wo die Welt einkauft

Shopping macht, wer auf sich hält und nicht gerade auf Zürichs Bahnhofstraße sein kann, im welschen Genf. Genf besitzt große Warenhäuser (Grand Passage, La Placette), mehrere Ladenketten (Migros, Coop) sowie eine verwirrende Fülle von Groß- und Einzelhandelsgeschäften aller Varianten und aller Branchen an Verbrauchs- und Luxusgütern.

Genf ist eine Hochburg des Kunst- und Antiquitätenhandels, und nicht umsonst faßten die beiden größten Londoner Auktionshäuser *Christie's* (Place de la Taconnerie, 8) und *Sotheby's* (Rue de la Cité, 24) in Genf Fuß, lange bevor sie weitere Niederlassungen in Zürich eröffneten. Das allgemeine Angebot ist reich, aber auch entsprechend teuer. Trophäen lassen sich nur bei Trödlern (wenn man noch Glück hat) finden. Davon, daß die Hugenotten im 16. Jahrhundert Genf zur Uhrenstadt machten, hörten Sie schon, und Uhren kauft, wer es sich leisten kann, nicht in Japan, sondern in Genf — aus Tradition.

Ein Shopping-Bummel für Vertreter beiderlei Geschlechts gehört zu jedem Städteplausch, also auch in Genf, dazu. Die ›goldene Meile‹ — vornehmste und teuerste Einkaufs- und Geschäftsstraße — ist die **Rue du Rhône.** Aber auch in ihren Parallel- und Querstraßen mit vielen gläsernen Passagen, in denen sich die verlockendsten Angebote noch begehrenswerter spiegeln, lassen sich ausgewählte und exquisiteste Einkäufe tätigen. Angesichts betörender Hypereleganz sämtlicher europäischer Stylisten, perfekter Schaufensterdekorationen und nicht zuletzt der französisch inspirierten Küchendüfte wegen ertappt sich der Fremde immer wieder beim Gedanken, hier eher im Herzen Frankreichs als in einer Stadt Helvetiens zu sein.

Auf der Rue du Rhône gibt es alle Kostbarkeiten, die Ihr Herz begehrt. Ihr Brillanten-, Diamanten- oder Parfümtick darf ebenso Triumphe feiern wie der Ihres Begleiters für auserlesene Tabakwaren, ›grösste Auswahl‹ jedoch bei *Davidoff,* Rue de Rive, 2. Legion ist die Zahl weiblicher Besucherinnen, die sich ›Kostproben‹ feinster Schokolade- und Confiseriespezialitäten in kilogroße Schachteln packen lassen. Keine Frage, in diesen wenigen Straßen kann man sich auf minimalem Raum maximal verausgaben!

Zu einer Pause der Besinnung lädt die Place du Molard ein, um nach einigem Verschnaufen mit neuen Kaufenergien in den gutbürgerlichen Preissphären der **Rue du Marché** oder **Rue de la Croix d'Or** unterzutauchen. Wen das käufliche Angebot nun nicht mehr interessiert, den begeistern vielleicht die schönen Jugendstildekors *(Passage des Lions)* der Kaufhauspaläste.

Wenn Sie aber das Laufen und Suchen bei Ihren Einkäufen stört, finden Sie vor den Toren der Stadt das *Centre Commercial de Balexert* (an der Straße zum Flughafen Cointrin), das größte und modernste Einkaufszentrum der Westschweiz. Seit Frühjahr 1982 braucht man aber gar nicht einmal so weit, sondern nur vor dem Bahnhof unter die Erde zu gehen, um dort ein supermodernes, neues Einkaufsparadies, die unterirdische *Shop-Ville* Genfs, vorzufinden.

Damit jeder Gast dieser besucherfreundlichen Stadt auch sein volles Shopping-Programm schafft, gibt es ein praktisches Faltblättlein: *Genève shopping guide* (1981) mit vielen Souvenir-Adressen — na bitte!

KULTUR rund um die Uhr

Auf Schritt und Tritt spüren Sie: Genf ist eine Stadt voll Leben und voll Kultur. Denken Sie allein an die vielen Museen! Angefangen von den Objekten der Bodmeriana bis zu denen des Kunst- und Altertümermuseums würde man 500 000 Exponate zählen. Das bedeutet, Genf kann man nicht kennen, nur kennenlernen!

Beginnen Sie mit Genfs lebendiger Museumskultur, die zu einem guten Teil weitsichtigem Bürgersinn als auch aufgeschlossenen Mäzenen zu danken ist. So vermachte der Geschäftsmann Alfred Baur von Andelfingen seine auf Reisen zusammengetragene Sammlung chinesischer Porzellane und japanischer Kunstgegenstände als **Fondation Alfred und Eugenie Baur-Duret** (Rue Munier-Romilly 8) der Stadt. Im gleichen Stadtviertel existiert eine zweite private Stiftung, die von Oscar Gehz im **Musée du Petit Palais** (Terrasse Saint-Victor 2). Sie bietet einen hervorragenden Überblick über die französische Malerei von 1880—1930 und macht mit Werken des Impressionismus, der Nabis und Fauves, der Peintres de Monmartre, der Naiven und der heimischen Schweizer Malerei vertraut. Das Petit Palais ist das Museum Genfs, das dem jungen Kunstfreund europäischer Malerei am meisten entgegenkommt.

Jean Jacques Rousseau und der Genfer Diplomat Charles Pictet-de-Rochemont

Wer nach dem Genuß von Bildern eine Abwechslung sucht, geht auf einen Sprung ins nahegelegene kleine **Museum historischer Musikinstrumente** (Rue François-Lefort 23), wo er schön gestaltete und seltene Instrumente mit kostbaren Intarsien vorfinden wird. Das größte, bedeutendste und umfangreichste Museum Genfs ist das **Musée d'Art et d'Histoire** (Kunst- und Altertümermuseum, Rue Charles-Galland 2). Ein so reicher Kunsttempel, daß man aus der Vielfalt seiner griechischen, etruskischen, römischen, kleinasiatischen, ägyptischen, ostasiatischen Abteilungen, seinen Waffen und Trophäen, der romanischen und gotischen Kirchenkunst, der umfangreichen Numismatik und der qualitätvollen Gemäldeabteilung nur die Bereiche auswählen sollte, die speziell interessieren und an einem Vormittag zu bewältigen sind.

Viele Besucher Genfs zieht es neugierig zum **Uhrenmuseum** (Route de Malagnou 15), das seine seltenen und kostbaren Schätze in den intimen Räumen der ehemaligen Villa Malagnou präsentiert. Es vermittelt zugleich einen Überblick über Genfs Emaillemalerei und stellt begeisternde Pretiosen aus. Von hier sind es nur wenige Schritte bis zum **Naturhistorischen Museum** (Route de Malagnou 1), das durch seine Didaktik zu den modernsten in Europa zählt. Wen die Kunst ferner Länder und fremder Völker fasziniert, darf das **Ethnographische Museum** (Boulevard Carl-Vogt 65—67) nicht vergessen. Als besonderen Höhepunkt sollte er erst daraufhin das **Musée Barbier-Muller** (Rue de l'Ecole-de-Chimie 4), ebenfalls eine private Stiftung, besuchen, das ihn mit höchst seltenen und schönen Stücken überraschen wird.

Den literarisch Interessierten zieht es unausweichlich zum **Institut et Musée Voltaire** (Rue des Délices 25) sowie in die **Fondation Martin Bodmer**, die sogenannte **Bodmeriana** (in Cologny, Route du Guignard 19—21), eine wahre Bibliothek der Weltliteratur.

Sollte dieser morgendliche Bildungsgang Sie angeregt und ihren eigenen Besitzerdrang verstärkt haben, so bleibt Ihnen gar nichts anderes übrig, als schleunigst auf den *Floh- und Trödelmarkt* (Plaine de Plainpalais, mittwochs und samstags, 8—16 Uhr) zu eilen, um eigene Entdeckungen zu machen. Gehören Sie gar zu jenen Leuten, die wegen Antiquitäten Reisen unternehmen, dann dürfen Sie den größten Schweizer Antiquitätenmarkt *(Fête de la brocante),* jeweils Ende September in Le Landeron am Bieler-See keinesfalls versäumen.

Am Nachmittag und Abend bieten Ihnen dann Genfs Theater- und Musikunternehmen weitere Anregungen. Denn nicht nur durch seine wissenschaftlichen Ambitionen hat Genf seit Gründung der Akademie (später Universität), durch das Wirken des Physiologen Bonnet und des Erstbesteigers des Mont-Blanc, de Saussure, von sich reden gemacht, sondern auch durch seine musische Tradition. Die Genfer **Kunstakademie,** aus der auch Hodler hervorging, ist noch immer die bedeutendste des Landes. Der berühmte Porträtist Liotard kehrte aus Wien wieder in seine Genfer Heimat zurück, die Maler Adam und Rodolphe Töpffer wirkten in Genf, und Camille Corot zog es nicht nur oft an die Ufer des Genfer Sees, sondern er malte auch von der Arve und der Rhone stimmungsvolle Landschaftsbilder. Denkt man an Oskar Kokoschka und Charlie Chaplin als die bekanntesten Wahlschweizer, so hat die Côte du Léman bis in die Gegenwart nichts von ihrer Anziehungskraft eingebüßt.

Dem Wirken zahlreicher Musiker verdankt Genf den guten Ruf als internationale Musikstadt. Das **Konservatorium** besteht zwar erst seit 1835, aber durch Franz Liszt wurde es der europäischen Musikwelt schnell zum Begriff. Zu den Musikern, die sich längere Zeit in Genf aufhielten, konzertierten oder unterrichteten, gehörten Jacques Delacroze, William Montillet, J. Szigetti, André de Ribaupierre und Dinù Lipatti. Ihr Wirken war so nachhaltig, daß die internationalen Genfer Musikwettbewerbe (September) heute eine der bedeutendsten Einrichtungen dieser Art in Europa sind.

Noch berühmter als das Konservatorium dürfte das Genfer **Orchestre de la Suisse Romande**, eines der bedeutendsten Schweizer und eines der besten auf der Welt, sein. Sein Gründer und langjähriger Leiter, Ernest Ansermet (1883—1969), war der letzte einer Ära, die durch Toscanini, Furtwängler und ihn selbst geprägt wurde. Auch nach dem Tode Ansermets bewahrte das Orchester sich seinen internationalen Ruf.

Musik- und Theaterveranstaltungen Genfs stoßen auf ein derart kunstinteressiertes Publikum, daß es für den Besucher völlig ausgeschlossen ist, kurzfristig Karten für große Aufführungen zu bekommen, umso bedauerlicher, da Genf unter seinen fünf Theatern die wohl modernste Bühne Europas, das **Grand Théâtre,** besitzt, wo Oper und Schauspiel abwechselnd gegeben werden.

Der leichten Muse und aktueller Dramatik verschrieben haben sich die anderen Bühnen Genfs, z. B. die elegante **Comédie** (Boulevard des Philosophes 6) oder das intime **Nouveau Théâtre de Poche** (Salle Pitoëff, 52, Rue de Carouge). An beiden scheut man das Experiment nicht, und ihr Ehrgeiz, immer wieder jungen unbekannten Dichtertalenten eine Chance zu geben, wird von einem aufgeschlossenen theaterbegeisterten Publikum mit großem Interesse, aber auch mit offener Kritik verfolgt.

Das Genfer Kulturleben läuft zeitweise auf Hochtouren, muß aber keineswegs immer in den ersten Häusern stattfinden, sondern spielt sich oft auf kleinen privaten Bühnen ab — wie z. B. im **Theaterkeller** — *le caveau,* in dem Studenten mit eigenen Inszenierungen hervortreten und auch selbst spielen oder die *l'Ecole internationale* (Route de Chêne), deren Aufführungen ebenfalls ein breites Publikum anziehen. Besonders mitreißend und amüsant aber sind die Veranstaltungen des **Théatre mobile, Grand Café du Grütli** (Rue du Général-Dufour 16), die im ausgebauten Keller einer alten Schule stattfinden, wo man Schulter an Schulter und sogar noch zwischen den Kulissen sitzt, die Zuschauer unmittelbar und stegreifmäßig in das Theater miteinbezogen werden, man also die absolut freie Inszenierung schätzt und es sogar dazu gehört, daß man zwischendurch konsumiert. Stimmung und Atmosphäre sind entsprechend. An Abenden ohne Aufführung lohnt der Besuch im *Grütli* dennoch: Musik spielt auf, man trinkt, diskutiert und freut sich auf die nächste Inszenierung.

Nostalgie auf dem Lac Léman

Es scheint schon fast bedenklich, aber es ist nun einmal so: In Genf hat doch das meiste irgendwann und irgendwo mit dem (guten) Essen zu tun — dabei fing die Seefahrt auf dem Lac Léman zunächst einmal ganz ohne an.

Man zählte das Jahr 1823 und ließ das erste Dampfschiff der Schweiz, ›Guillaume Tell‹, zu Wasser. 1905 brachte eine weitere Seefahrtsensation: Das erste Dieselmotorschiff der Welt ›Verroge‹ tuckerte dumpf über Lémans blauen Grund und verschaffte Genf kontinentale Anerkennung. Heute darf die Stadt zu Füßen des Mont-Blanc noch immer stolz auf ihre Flotte sein, denn das größte Passagierschiff aller Schweizer Seen, die ›Helvetic‹ (1600 Personen) verkehrt nämlich allein auf dem Lac Léman. Auch bezüglich der Schiffsstationen geht der Léman mit 47 an der Zahl deutlich vor dem Zürichsee mit 35 in Führung. Verkehren heute noch 11 Raddampfer und vier dieselelektrische Radschiffe (umgebaute Dampfer) auf Schweizer Seen, so gehören davon allein acht Raddampfer (mit den meisten, nämlich 12 400 Plätzen) dem Genfersee (vier dem Vierwaldstätter-, zwei dem Zürich- und einer dem Brienzersee). In der Betriebsleistung allerdings bleibt die Genfer Flotte mit 325 689 km hinter der des Vierwaldstättersees mit 368 908 km zurück. Erstaunlich ist die Tatsache, daß die Raddampferflotten des Genfer- und Vierwaldstättersees maschinen- und schiffsbautechnisch und in ihrer Ausstattung einmalig auf der Welt sind.

Den Parks und Residenzen entlang

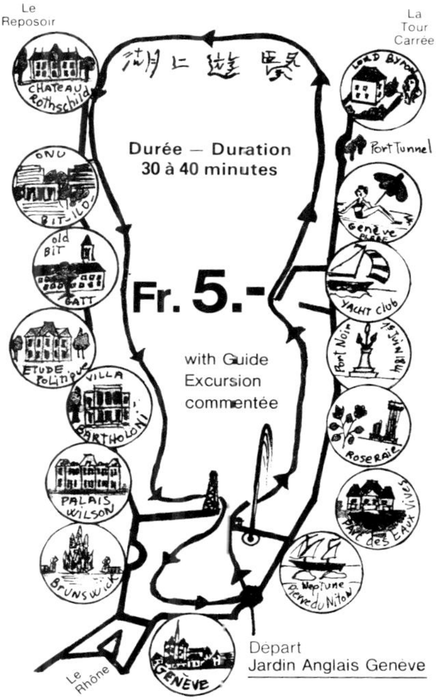

Bateau-Boat «NAUTILUS»

Mit Appetit auf dem See zu essen fing man an, als die Côte du Léman (Montreux, Evian, Lausanne, Genf), zur Zeit der Belle Epoque touristisch erblühte und die vornehmen Gäste nicht nur standesgemäß in Erster-Klasse-Salons sitzen, sondern auch, außer durch die Landschaft, unterhalten werden wollten. Was kam in Frage? Gaumenkitzel! Das Schiff wurde zum schwimmenden Restaurant. Und das war's, was die verwöhntesten Gourmets aufs Wasser lockte — und das ist (auf dem Lac Léman) Tradition bis heute. Wenn anderswo anonyme Imbißfirmen oder Speisewagengesellschaften für ›Verpflegung‹ sorgen, konkurrieren auf dem Léman die besten Gastwirte um Ruf und Kundenstamm und die Bestätigung durch die ›Compagnie générale de navigation sur le lac Léman‹, das attraktivste Kursschiff.

Die Genfer, Genießer vor dem Herrn, wissen das und gehen an Bord, um die Seefahrt mit dem Landschaftserlebnis und den Gaumengenuß mit dem gepflegten Ambiente im Stile Louis XVI. zu verbinden. Der Andrang ist groß. 1966 bis 1971 wurden daher auf dem Léman allein vier Dampfer restauriert. Während sich die Vierwaldstättersee-Schiffssalons in ihrem Interieur stark voneinander unterscheiden, weisen sechs der Genfersee-Radschiffe die gleiche, einheitliche Innenausstattung des Neo-Frühklassizismus (Louis XVI.) auf. Ihre nostalgische Schönheit wird von den Gästen sehr geschätzt.

LA DOLCE VITA GENEVOISE

Wie hat man sich das vorzustellen? Ganz einfach als nächtliches Treiben wie in jeder anderen Stadt, in der niemals ein strenger Calvin über Sitte und Moral wachte. Im Gegenteil, in Genf gibt's allerlei. Denn Genf als Stadt, die seit Jahrhunderten Erfahrung im Umgang mit Ausländern hat, entwickelte ein großes Absorptionsvermögen und ein breites Verständnis für die Liebesdienst-Gepflogenheiten anderer Nationen.

In Genf leben eben nicht nur Weiße, sondern Vertreter verschiedenster Rassen und Herkunft, die alle eine Prise eigener Vorstellungen in den großen Topf des Genfer Nachtvergnügens streuten. Die Vorteile einer solch rühmlichen Toleranz genießen wiederum alle Genfer und Nichtgenfer. Doch gibt es zu bedenken: Genf ist und bleibt, wenigstens nach außen hin, die große Repräsentantin eines ›sauberen‹ Helvetiens. Die sündigste Meile der Welt also hier zu suchen, wäre nichts als bloße Zeitvergeudung.

Analog zum alten Sprichwort »Schuster bleib bei deinem Leisten« bleiben die Genfer Dämchen denn auch brav auf ihrem Strich, der sich schmal durch das Arbeiterquartier ›Le Pâquis‹ um den Hauptbahnhof zieht. Das ist die Gegend, die zu jeder Großstadt gehört, in der sich Gastarbeiter treffen, nach gängigem Dirnenlohn fragen oder die zahlreichen Quartierbeizen füllen. ›Pâquis‹ erscheint als soziale Notwendigkeit, denn von Einrichtungen offizieller Freudenhäuser, von ›Kontakthöfen‹ oder ›Eros-Centern‹ mit bundesrätlicher Erlaubnis ist man in Genf, wie übrigens in der ganzen Schweiz, noch meilenweit entfernt.

Das älteste Gewerbe der Welt arrangiert sich in einer Stadt wie Genf, versteht sich, anderweitig. Seine verschwiegenen Etablissements sind deshalb nicht weniger gefragt.

Als ›Kontaktstellen‹ dürfen auf Stadtgenfer Boden allein 34 Adressen — Dancings, Cabarets und Bars (gelber Informationsteil) — gelten, und hinter dieser Zahl verbirgt sich einfach *alles!* Schließlich ist der großen Schar ›Internationaler‹ und ihrer häufigen Besucher und Gäste Rechnung zu tragen, und andererseits hat Genf als welsche Metropole so etwas wie die moralische Verpflichtung, ein weites ›Einzugsgebiet‹ mit Vergnügen zu bedenken.

Daß man stillschweigend auch in der ›heilen‹ Schweiz das Lustgewerbe unter dem Aspekt »alles erlaubt« betreibt, ist längst kein Geheimnis mehr. Dazu ein Blick auf die schweizerische Kioskwirklichkeit: Seit fünf Jahren liegt an rund 3500 Verkaufsstellen der *Schweizerische Sexanzeiger* (SAZ) aus. In ihm wie in den verwandten Blättern *Sex ohne Scheu (SOS)* oder *Sex-Press* versprechen Prostituierte dem Leser »hemmungslose Liebesspiele«. Eine ›Madame Rutenspiel‹ offeriert in ihrer »besteingerichteten Folterkammer« nicht nur Nadelspiele, sondern auch Kliniksex, Klistier, Katheter usw. Für den Herausgeber ein einträgliches Geschäft: Der 14täglich erscheinende *SAZ* kommt auf 30 000, das Monatsheft *SOS* auf 27 000 Exemplare.

Die ehrbare Schweiz erlebt seit Ende der siebziger Jahre einen atemberaubenden Sex-Boom, und Werner Stierli, Begründer der größten schweizerischen Sexladenkette, spricht von einer enormen ›Welle des Nachholbedarfs‹, die sich weiterhin auf die Schweiz zubewege. Selbst das Westschweizer Fernsehen beleuchtete kürzlich das vielseitige Wirken von Dirnen und Damen, deckte dabei offen Mißstände in der Anwerbung asiatischer Go-go-Girls auf und ließ keinerlei Zweifel, wie nimmersatt den Schweizer nach Sex gelüste. Doch beruhigend für das Image der welschen Metropole: Nicht Genf, sondern Zürich liegt an der Spitze!

Streifzüge in die Genfer Landschaft

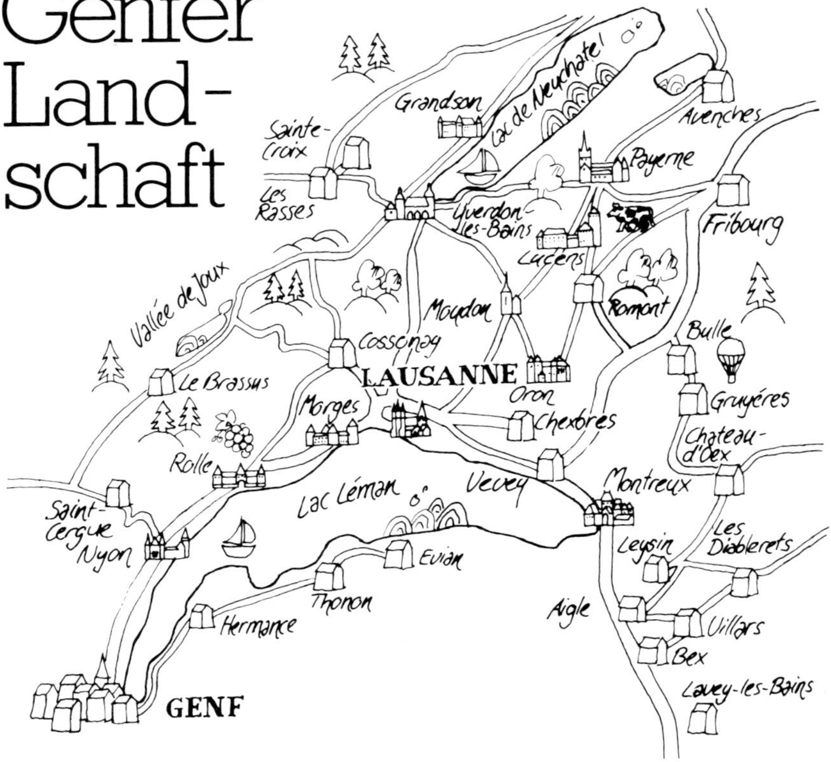

Moderne Vorstädte umgeben Genf wie einen Ring, 2 bis 15 km breit. Eine Stippvisite in eine von ihnen, zumal alle bequem auch mit öffentlichen Verkehrsmitteln zu erreichen sind, empfiehlt sich nicht nur für Städteplaner und Architekten, sondern für jeden Reisenden, denn erst ihr Besuch rundet das facettenreiche Gesicht von Genf als internationalster Stadt Europas ab.

Chêne-Bourgeries (knapp 2 km südöstlich) mit einer 1963 begonnenen Wohnsiedlung La Gradelle; **Carouge** (2 km südlich) mit seiner Vorstadt Les Acacias mit Industriegebiet und dem Viertel Les Vernets; in **Lancy** (3 km südwestlich), **Petit-Lancy** mit seinen beiden markanten Wohntürmen, ›Tours de Lancy‹ (1964), und der hochinteressanten Christ-Kirche; **Onex** (5 km südwestlich) mit seiner festungsartigen Trabantenstadt Cité Nouvelle; **Cité du Lignon** (4 km westlich) mit der 1964—1972 von berühmten Architekten auf 280 000 qm erbauten und in sich geschlossenen Cité, die 16 000 Ausländern Wohnung bietet; **Grand Saconnex** (5 km nordöstlich von Cointrin) verfügt über ein neues ›Palais des Expositions‹ (Autosalon), das die stadtgenferische Ausstellungshalle entlastet; **Meyrin** (7 km nordwestlich), berühmt durch sein Kernforschungszentrum CERN (Besichtigungen möglich) erhielt (seit 1963) eine moderne, 25 000 Bewohner aufnehmende Satellitenstadt (Cité de Meyrin).

Nach den Eindrücken dieser modernen Wohnmaschinen zieht es den Feriengast vermutlich an die Gestade des Sees zurück. Daher der Vorschlag, frisch und frei per Fahrrad eine Tour nach **Hermance** (14 km nordöstlich), einem entzückenden kleinen Ort direkt am See zu unternehmen (Fahrradverleih im Bahnhof Cornavin). Wem eine solche Tour jedoch zu gefährlich (Landstraße) oder zu anstrengend erscheint, kann ab **Rive** den Bus Nr. 9 besteigen und ist dann bereits in 25 Minuten am Ziel.

In Hermance aber sollten Sie sich etwas Zeit für einen ausgiebigen Bummel nehmen, in diese oder jene Kneipe treten, das Gespräch suchen, denn in Hermance treffen sich viele Künstler und Kunsthandwerker. Sie können aber auch die eine und andere Galerie besuchen oder reizvolle Souvenirs (Glas-, Web- und Korbwaren) erstehen. Sind Sie hungrig geworden, so fragen Sie nach den typischen Barschfilets. Die Rückreise läßt sich zur Abwechslung auch per Schiff (Hermance—Genf direkt, Abfahrt 17 Uhr, Ankunft 17 Uhr 50) antreten.

Zu einer längeren oder kürzeren Rundfahrt auf dem Genfersee werden Sie vermutlich auch durch Eigeninitiative kommen, doch auf die Idee, eine Schifffahrt auf der Rhone zu machen, verfällt man nicht so leicht. Buchen Sie Genf-Verbois hin und zurück bei: Mouettes genevoises, 8, Quai du Mont-Blanc, Tel. 32 29 44. Die Abfahrt erfolgt am Quai Turrettini (direkt beim Hôtel du Rhône). Abfahrtszeit (Mai—Okt.): 14 Uhr 30, donnerstags, samstags und sonntags auch 10 Uhr. Die Fahrt sorgt für Unterhaltung: Sie werden den Zusammenfluß von Arve und Rhone erleben, die Felswand von Saint-Jean, Aire, die Satellitenstadt Le Lignon, die Halbinsel Loex, das Dorf Peney und den Staudamm Verbois sehen, ohne sich auch nur je einen Augenblick zu langweilen.

Ihnen sämtliche schönen und sehenswerten Reiseziele rund um den Genfersee aufzuzählen, wäre entmutigend oder verwirrend, denn es ist unmöglich, *alles* zu sehen oder zu erleben. Zur völligen Entspannung aber sollten Sie vielleicht einfach nur einmal in die Weinhänge über dem See hinauffahren und hier und dort ein Glas Wein probieren, denn die Genfer Weingegend ist nicht zu verachten. Die ›Côte‹ beherrscht das westliche, das ›Lavaux‹ das östliche Wein-Ufer, und das weite Becken der Rhonemündung nennt sich ›Chablais‹, caput lac, Haupt des Sees. Die weißen wie die roten Weine munden. Das ›Mandement‹, das große zusammenhängende Rebland Genfs, erinnert an das burgundische Vignoble. Die Weinhänge von Russin, Dardagny, Choully, Bourdigny und vor allem von Satigny, der flächenmäßig größten Rebgemeinde der Schweiz, faszinieren noch immer durch ihre klassische Anlage und Reinheit.

Als ein schönes Ziel ganz anderer Art lockt ein kleiner schweizerisch-französischer Grenzübergang nach **Ferney-Voltaire** (7 km, Autobus Nr. 5): Statten Sie Monsieur Voltaire einen Besuch ab! 1755 bezog der meistgefeierte Autor und gefürchtete Spötter das Schloß in Ferney. Hier verbrachte er seinen Lebensabend, starb jedoch 84jährig in Paris. In Ferney entfaltete er einen fürstlichen Lebensstil, ließ Alleen und Obstgärten anlegen, sogar eine Kirche bauen. Uneingeschränkt dürfen Sie hier den Mann bewundern, der von sich selbst (1758) in einem Brief schrieb: »Ich kenne kein Dasein, das dem meinen vorzuziehen wäre.«

Von Ferney sind Sie schnell in **Versoix** (9 km ab Genf, Schiff, Eisenbahn), halten Sie kurz an und schlendern Sie auf der malerischen Seepromenade am ›Petit Lac‹ entlang. Wen Sie auch fragen, jeder wird Ihnen den aufwendigen Besitz ›La Barakat‹ am See zeigen können, in dem 1957 der dritte Aga Khan, Sultan Mohammed Schah, das Oberhaupt der Hodscha-Ismailiten starb.

Statt die Autobahn zu wählen ziehen Sie besser die gemächlichere ›Route au Lac‹ vor, denn Ihr nächstes Ziel könnte durchaus heißen **Schloss Coppet** (14 km nördlich, Eisenbahn, Schiff), das schon zum Kanton Vaud/Waadtland gehört. Dieses Schloß (18. Jahrhundert) ist eines der wenigen, das sich noch in Privatbesitz befindet und öffentlich (April—Oktober) zugänglich ist. Als Wohnsitz der freigeistigen, schriftstellerisch tätigen Baronin von Staël-Holstein (1766—1817), genannt Madame de Staël, und ihres Vaters Jacques Necker, Finanzminister Ludwig XVI. von Frankreich, erlangte es als gesellschaftlicher und politischer Treffpunkt europäischer Geistesgrößen Weltruf.

Coppet selbst ist der vollendete mittelalterliche Ort am Genfersee geblieben. Vielleicht erübrigen Sie noch eine halbe Stunde Zeit, ehe Sie zum fünftürmigen **Schloß von Nyon** (22 km nördlich, Eisenbahn, Schiff) aufbrechen und seinen mittelalterlichen Charakter bewundern. An diesem Schloß haben Waadtländer, Savoyarden und Berner gebaut, ihm aber seine wuchtige Gestalt (Historisches Museum, Porzellanmuseum, Gefängnis) nicht nehmen können.

Daß Sie in Nyon auf dem Boden der römischen Colonia Julia Equestris stehen, bewies erst 1974 die Entdeckung einer römischen Basilika. Ihre Reste baute man zum neuen **Römermuseum** aus, das schon allein durch diese originelle Lösung einen Besuch lohnt.

Haben Sie nun genug von Reisen, Römern und Museen, dürfen Sie in der Altstadt beim besten Wein auf der belebten Grande-Rue Abschied feiern. Vielleicht fallen Ihnen dabei die Worte Rilkes ein: »Für Genf gab ich mir vier Tage, vierzehn Tage sind's geworden — das Théâtre Pitoëff, und immer noch ein Anlaß, und die Zauberkraft, dieser helle See, die Gärten, die alten Bäume der großen Genfer ›Campagnes‹ . . .«

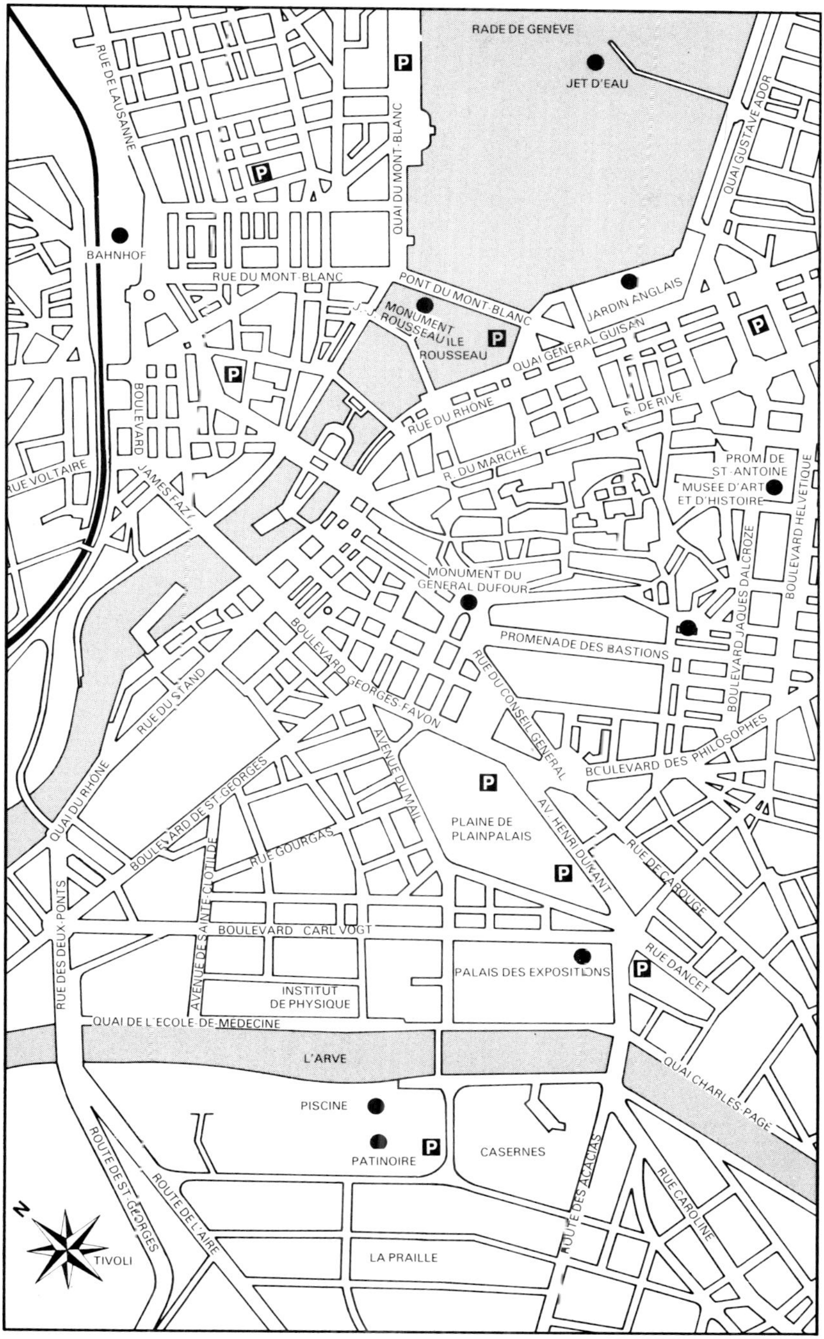
RADE DE GENEVE
JET D'EAU
RUE DE LAUSANNE
QUAI DU MONT-BLANC
QUAI GUSTAVE ADOR
BAHNHOF
RUE DU MONT-BLANC
PONT DU MONT-BLANC
JARDIN ANGLAIS
MONUMENT J.-J. ROUSSEAU
ILE ROUSSEAU
QUAI GENERAL GUISAN
BOULEVARD JAMES FAZY
RUE DU RHONE
R. DE RIVE
R. DU MARCHE
PROM. DE ST-ANTOINE
MUSEE D'ART ET D'HISTOIRE
RUE VOLTAIRE
MONUMENT DU GENERAL DUFOUR
PROMENADE DES BASTIONS
BOULEVARD HELVETIQUE
BOULEVARD JAQUES DALCROZE
BOULEVARD GEORGES-FAVON
RUE DU CONSEIL GENERAL
RUE DU STAND
BOULEVARD DES PHILOSOPHES
AVENUE DU MAIL
PLAINE DE PLAINPALAIS
QUAI DU RHONE
BOULEVARD DE ST-GEORGES
AV. HENRI DUNANT
RUE DE CAROUGE
RUE GOURGAS
AVENUE DE SAINTE-CLOTILDE
RUE DES DEUX-PONTS
BOULEVARD CARL VOGT
PALAIS DES EXPOSITIONS
RUE DANCET
INSTITUT DE PHYSIQUE
QUAI DE L'ECOLE-DE-MEDECINE
L'ARVE
QUAI CHARLES-PAGE
PISCINE
PATINOIRE
CASERNES
ROUTE DE ST-GEORGES
ROUTE DE L'AIRE
ROUTE DES ACACIAS
RUE CAROLINE
N
TIVOLI
LA PRAILLE

TI·1811

LUGANO

Königin des Ceresio

Es gibt Städte, von denen heißt es, sie seien eine Reise wert. Von anderen wiederum wird behauptet, man müsse sie sehen und dann schleunigst sterben. Es wäre verfehlt, Lugano *nicht* zur ersten Kategorie zu rechnen, aber übertrieben, es zur zweiten zu zählen. Trotzdem: In und um Lugano kann das helvetische Arkadien so bezaubernd lächeln, daß Sie nicht der erste wären, den es betörte und der dann zeit seines Lebens bliebe — natürlich mit Einverständnis der entsprechenden Behörden!

Weich schmiegt sich Luganos Häusermeer (772 m ü. M., 27 815 (1980) Einwohner, Einzugsgebiet etwa 50 000) zwischen die zunächst sanft ansteigenden Hänge von Monte Brè und Monte San Salvatore. Ein Blick auf die Karte, und es scheint, als ob der Luganer See oder der Ceresio, wie er auch heißt, der Stadt mit kühnem Schwung seine Zunge herausstrecke. Und diese Frechheit ergibt dann die berühmte Bucht. Damit nicht genug: Zum Blau des Himmels schenkt er auch noch das schimmernde Blau des Sees.

Wer an einem herrlichen Sonnentag verträumt über die Ufer blinzelt, meint am göttlichen Gestade der Nereiden zu sein. Was in Wirklichkeit dann heißt: 2248 Sonnenstunden pro Jahr. Sie machen Lugano zu einem der sonnenreichsten Orte Mitteleuropas. Scheint in Berlin die Sonne zwischen Dezember und März an 246 Stunden, lacht sie in Lugano zur gleichen Zeit 549 Stunden lang. Verträgliche Strahlungsintensität, milde Temperaturen mit wenig Tagesschwankungen, schwache Winde und warme Luftmassen von Süden genügen für den Ruhm, ›Klimakurort‹ des Alpenvorlandes mit Schonklima und Reizstufe 0 zu sein.

Die Wassermengen des verzweigten Ceresio erfüllen ein ganzes Talsystem (48 qkm) und wirken als hervorragendes Wärmereservoir. Der See ist (bei Gandria) 288 m tief, insgesamt 35 km lang und 1—3 km breit und fließt durch die Tresa zum Lago Maggiore (Langensee). Frisches Wasser bringen der Cassarate von Lugano und der Vedeggio bei Agno.

Ein See — eine Stadt — ein subtropisches Paradies, dessen unbestreitbare Schönheit sich der Fremde kaum verschließen kann. Eine Stadt in so wundervoller Lage, daß Schwärmen sogar wieder modern sein darf!

Wer zur Sommerzeit gerade in Lugano weilt, ist überzeugt, daß Luganos Blüten- und Farbenzauber seine Konkurrenzstädte übertrifft. Denn das Tessin — übrigens der Schweizer sagt *der* Tessin — besitzt drei im geheimen konkurrierende Städte: Die Kantonshauptstadt Bellinzona, Tessiner Kapitale der Politik und der Verwaltung, dann Lugano, bekannt als Tessiner Finanzplatz, deshalb Mittelpunkt des Handels und der Wirtschaft, und drittens Locarno am Lago Maggiore.

Lugano ist der traditionsreichste Touristenort des Südkantons und sicherlich noch immer eine der schönsten Städte des Tessins. Mit rationalem Sinn für Urbanismus wurde jedoch schon im letzten Jahrhundert eifrig so manches Gebäude im Sinne des aufblühenden Tourismus umgebaut. Zu beiden Städten, Lugano und Locarno, aber gehört ein geschäftstüchtiges wohlsituiertes Bürgertum. Es baute inzwischen außerhalb der Städte, versteckt an Bergeshängen, seine teilweise prachtvollen Villen, flüchtete vor der Enge und dem städtischen Verkehr. Diese Tessiner sind es, die bisher noch die maßgebliche Schicht beider Städte bilden. In kultureller Hinsicht aber darf man wohl Lugano und Locarno als gleichwertig betrachten.

Doch wie steht es mit der ›Italianità?‹ Was blieb von den lombardischen Ursprüngen und Einflüssen in Geschichte und Kultur? Werden die Ticinesi nicht von den germanischen Schwärmen und den Mailändern förmlich erdrückt? Den knapp 5000 authentischen ›Luganesi‹ (1979) stehen etwa 9000 zugewanderte ›Ticinesi‹, über 4000 anderssprachige ›confederati‹ und 10 000 Ausländer — ›domiciliati‹ und ›dimoranti‹ — gegenüber. Auf den Straßen und in manchen Lokalen wird viel deutsch gesprochen, und der Gast wird auch schweizerdeutsch nach seinen Wünschen befragt. Es kann passieren, daß die ›Spaghetti alla Napoletana‹ nicht neapolitanisch schmecken. Das Patrizisch-Tessinische lombardischen Einschlags verliert sich ebenso wie die damals bevorzugten Lebensformen.

Die Seebucht von Lugano

DAS GESCHÄFT MIT DER SONNE

Lugano im Frühjahr, Sommer, Herbst und selbst im Winter (Skifahren auf dem Monte Tamaro, 1650 m), das ist ein touristischer Lockvogel par excellence. Doch zunächst konnte Lugano gar nichts dafür, denn es lag nun einmal in der Tessiner Sonne. Sie wirkt am stärksten, überwältigend fast zur Zeit der kurzen Tage, wenn starker Wind plötzlich jeden Dunst, jedes Wölkchen vertreibt und die Landschaft zum Greifen nahe rückt.

Vermutlich hatten die lange Sonnenscheindauer auf diesem Fleckchen Erde bereits die Kelten bemerkt, die in und um Lugano fleißig siedelten und auf dem sonnenreichsten Berg der Schweiz, dem Monte Brè, sogar ihrem Sonnengott Belenus ein Heiligtum errichteten. Möglich ist auch, daß sich der Name Lugano vom Keltengott ›Lug‹ ableitet, doch Genaues weiß man nicht.

Gregor von Tours, der weise Bischof der Merowingerzeit, war es dann, der vom Jahre 590 an für Luganos schriftlich fixierte Vergangenheit sorgte: Er lieferte eine gründliche, sachliche Beschreibung. 818 ist für ›Lugano‹ ein erster Wochenmarkt nachweisbar. Durch das gewaltige, einst nur zur Sommerzeit mühsam überschreitbare Gotthardmassiv war das ›Luganese‹ von Helvetien getrennt, so daß seine Geschichte bis in die Neuzeit unlösbar mit derjenigen Norditaliens verbunden blieb. Langobarden und Franken folgten der Römerherrschaft. Trotz eigener Selbstverwaltung unterstand die Talschaft von Lugano dann dem Bischof von Como und schließlich den Herzögen von Mailand. Sie bauten Ende des 15. Jahrhunderts ihre Burg am Seeufer, von der — im Gegensatz zum Castello Visconti in Locarno — heute nichts mehr zu sehen ist. Wenig später stand Lugano unter französischer Herrschaft und 1516 gelangte es unter die Oberhoheit eidgenössischer Vögte. Sie verwalteten das Tessin bis 1798 als Untertanenland. 1803 beschloß Napoleon eine Neugliederung Helvetiens, und das Tessin wurde Republik und Kanton. Auf eine ›Hauptstadt‹ konnte man sich jedoch nicht einigen. So wechselten sich fast 70 Jahre lang Lugano, Bellinzona und Locarno alle sechs Jahre als Sitz der Tessiner Staatsregierung ab, und man zog ordnungsgemäß mit Beamten, Kanzlei und Archiven regelmäßig um.

Seit 1882 aber hob für die Stadt eine neue Ära an: Die Eröffnung der Gotthardbahn leitete die erste Reisewelle ins Tessin ein, förderte Luganos wirtschaftlichen Aufstieg und damit die schnelle Entwicklung zu einem internationalen Touristenzentrum. Dem mittelalterlichen Borgo wurde entschieden zu Leibe gerückt. In wenigen Jahrzehnten wandelte es sich zu einem mondänen Touristenort. Bedeutung aber hatte Lugano bereits als reger Handelsplatz im

16. Jahrhundert. Die Herbstmesse zog Händler aus Nord und Süd an, und zum Viehmarkt im Oktober kamen sogar die Bauern aus der Innerschweiz.

1882 bis 1918 wurden in Etappen Luganos schöne Uferpromenade und der Parco Civico angelegt. 1890 baute man die ersten Bahnen auf den San Salvatore und den Monte Generoso, 1897 ein Theater. Seit 1896 verkehrte eine Trambahn in der Stadt, ab 1903 fuhr man per Seilbahn zum Bahnhof und seit 1908 per Bahn auf den Monte Brè hinauf. Zuerst bereisten Engländer, Italiener, dann Deutsche, Franzosen und Russen das Tessin. Der erste Weltkrieg brachte eine jähe Unterbrechung und schließlich die echte Entdeckung durch die Deutschschweizer. Als 1898 das Hotel Europe eingeweiht wurde, besaß Lugano eine stattliche, pompöse Hotelkulisse. War es noch zu Beginn des 19. Jahrhunderts für den Reisenden schwer, in Lugano eine angemessene Unterkunft zu finden, notierte Karl Baedecker 1855 erleichtert: »Es freut mich außerordentlich, daß ich Lugano endlich einen Ehrenplatz in meinem Führer geben kann.«

1910 brüstete sich Lugano bereits mit 63 Hotels und Fremdenpensionen. Daß Nachfrage nach luxuriösen Suiten bestand, beweisen die Namen vornehmer Gäste und nicht zuletzt die Mitglieder sämtlicher europäischer Höfe, die es an den Ceresio zog: die Königinnen Marie von Bayern, von Hannover, das Königspaar von Sachsen, den Kronprinzen und späteren Kaiser Friedrich, die österreichische Kaiserin Elisabeth, österreichische Erz- und deutsche Großherzöge, den englischen Hof, Don Fernando von Portugal, den Kronprinzen und späteren König von Italien, Herzöge und Prinzen der Bourbonendynastie bis zum Grafen von Paris und Don Carlos. Zu den Gästen jüngster Zeit gehörten so erlauchte Namen wie Hermann Hesse, Stephan George, Edwin Fischer, Strawinsky, Nurejew, die Baronin von Thyssen und die Snobs aus aller Welt.

Nie wieder wurde in Lugano so großzügig, üppig und verschwenderisch zugleich gebaut wie in jenem 19. Jahrhundert, das bescheidene Fischerdorf war bald vergessen. Die güldene Sonne wurde in bares Gold umgemünzt. Doch im Gegensatz zum unkontrollierten Bauboom der sechziger Jahre unseres Jahrhunderts blieben die Architekten damals und bis zum Zweiten Weltkrieg akzeptablen Richtlinien treu und wahrten ein im großen und ganzen einheitliches Bild. Die entstandenen Bausünden, allen voran die kaum wiedergutzumachende Zersiedlung und die Zerstörung des Landschaftsraumes, gehen auf die Rechnung unserer Zeit.

Die Prunk- und Prachthotels, bei denen es sich lohnte, wurden inzwischen renoviert und einer anderen Gattung Publikum zugeführt. Bei besonderen Anlässen, Festen oder Kongressen, sind die besten und guten Hotels jedoch meistens ausgebucht, weshalb der Reisende, vor allem in der Hochsaison, reservieren sollte und das, obwohl man nahezu über 10 000 Gästebetten verfügen kann. Dem Gotthardtunnel verdankt das Tessin einen neuen Gästeansturm. 1980 verzeichneten Lugano und Umgebung rund 1,29 Millionen Übernachtungen, und Lugano allein steigerte seine Übernachtungszahl gegenüber dem Vorjahr um 23%.

Rund um die PIAZZA DELLA RIFORMA

Unvorstellbar: Lugano *ohne* die Piazza! Sie ist, das muß jeder Fremde sofort erkennen, der Nabel der Welt. Kein Tag, an dem die Luganesi nicht ihr Pflaster überqueren, neugierig, wer wann wo mit wem seinen Espresso trinkt, oder um einander schnell das Wichtigste zu erzählen oder sich nur zuzuwinken. Wichtig ist vor allem das Gefühl, dabei zu sein und mit ihr, der Stadt, zu leben. Und das heißt: auf der **Piazza della Riforma** gewesen zu sein!

Dazu das Sprachengewirr und Menschengetümmel, der **Palazzo Civico** (das Rathaus von 1844), eindrucksvoll durch sein mächtiges Marmorwerk, die schmalen Schlünde kleiner Gassen und Passagen, aus denen Ströme emsiger Touristen quellen — ein Bild, das faszinieren muß.

Suchen Sie hier, in der Reihe der Arkaden- und Freiluftcafés einen Platz? Vergebens. Doch staunen Sie weiter. In welche Himmelsrichtung Ihr Auge auch blickt, es irrt sich nicht: Banca di Depositi e di Gestione, Banco dello Stato, Schweizerische Kreditanstalt, Unione di Banche Svizzere! Der Kommentar eines Innerschweizer Besuchers: »Banken hat's in Lugano, das ist nicht zum glauben!«

Nur an *einer* Stelle öffnet sich der Platz zum See, dort, wo die **Piazza A. Manzoni** mit dem *Ristorante Olimpia,* das einst Treffpunkt vornehmer Luganesi war, beginnt. Unmöglich, die lebhafte, verkehrsreiche Uferstraße zu überqueren, es bleibt nur, sie zu unterlaufen, um jenseits, direkt am Seeufer (nahe der Schifflände) wieder aufzutauchen. Heinrich Zschokke sah vor 140 Jahren, was sich bis heute nicht verändert hat: ». . . Lugano, das schönste Städtchen des Landes, schon mit ganz italienischer Physiognomie« — und er fährt fort ». . . während westwärts, gleich einem erloschenen Vulkan, der San Salvatore den Gipfel seiner Pyramide zu den Wolken streckt . . ., das niedlichste Kleinbild von Neapel!« Der Weltreisende unserer Zeit, der seine Ziele natürlich viel, viel weiter steckt, zieht Vergleiche — Verzeihung! — mit Hongkong oder spricht vom ›Zuckerhut‹ der Schweiz.

Doch nur einige hundert Meter weiter, an der fontänen- und blumengeschmückten **Piazza Alessandro Manzoni,** ein mächtiges, düsteres Gebäude: der **Palazzo Riva** aus dem 18. Jahrhundert (heute Banca della Svizzera Italiana). Die Luganesi beachten seine strenge Schönheit kaum, und die Fremden eilen vorbei, um sich durch den flutenden Verkehr zu zwängen, der hier so dicht und laut ist wie — eben in Neapel oder Hongkong. Auf diesen drei Plätzen nun treffen sich Einheimische wie Fremde immer wieder, denn hinter ihnen liegt, vom motorisierten Verkehr ausgeschlossen, die winkelige Altstadt.

Am meisten Spaß macht es, sich treiben zu lassen, mal rechts, mal links einzubiegen in die gepflegten, Wohlhabenheit ausstrahlenden und von Arkaden gesäumten Gassen, sich von den verlockenden Geschäftsauslagen anziehen und, sobald man müde wird, in einer kleinen Bar oder in einem Café niederzulassen. Allenthalben schlängelt sich eine offene Mini-Bahn die schmalen Straßenzüge entlang: ein rollendes Reklameband.

Wer die Sehenswürdigkeiten der Stadt aber systematisch entdecken will, biegt von der **Piazza Manzoni** in die **Via Canova** ein. Rechter Hand erhebt sich die **Casa Albertolli** (heute Sitz der Nationalbank), ein neoklassizistisches Bauwunder. Doch schon viel früher, nämlich seit Ende des 16. Jahrhunderts, behauptet sich, schräg gegenüber, die Kirche **San Rocco,** deren schöne, schwungvolle Barockfassade jeder bewundert. Auf dem Wege zur **Piazza Indipendenza,** dem Unabhängigkeitsplatz (der Obelisk symbolisiert die Angliederung des Tessins als freier Kanton an die Schweiz, 1803), lernt man den **Kursaal** kennen. Er verfügt über Restaurant, Kino, Spielsalon und im ersten Stock über einen Night-Club. Unmittelbar gegenüber erstreckt sich, immer wieder mit überraschenden Durchblicken auf den See, der schön angelegte **Parco Civico** (Stadtpark), in dem stets viel Volk spaziert und flaniert — schon ganz wie in Italien. Doch Lugano hat noch mehr bewundernswerte Parkanlagen, z. B. die am **Belvedere** (Quai Riva Caccia), gleichsam ein Skulpturen-Freilichtmuseum mit Werken von Zadkine, Arp und bedeutenden Tessiner Künstlern, oder als jüngste Attraktion, den **Parco Tassino,** den »größten Strauchrosenhügel der Schweiz« (Eingang Via Tassino oder Via Basilea), dessen Aussicht wunderschön und bezaubernd ist.

Im Parco Civico gibt es aber außer Natur auch Kultur, zunächst das **Museo di Belle Arti** (Kunstmuseum), in der reizvollen **Villa Ciani** untergebracht. Selbst wer keine Lust verspürt, sich den Bildern der Schweizer und vor allem der Tessiner Maler des 17. bis 20. Jahrhunderts zu widmen, wird sich dem anmutigen, intimen Charakter im Inneren nicht verschließen.

Nur wenige Schritte entfernt behauptet sich das 1975 als reiner Zweckbau errichtete **Kongreßhaus** mit einem Theatersaal für 1130 Personen. Im hintersten Winkel, also in der entgegengesetzten Ecke des Parkes mit Zugang vom Viale Carlo Cattaneo 4 liegt, versteckt im modernen Schulhausbau, das neu etablierte **Kantonale Naturhistorische Museum,** ein Tip nicht nur für Regentage, denn hier treten die Tiere des Waldes und der Hochgebirge auf riesigen gläsernen Schaubühnen auf.

Wieder auf der Piazza Indipendenza folgen wir nun dem **Corso Pestalozzi.** Bleiben Sie auf der rechten Seite, so stoßen Sie nach den **Alhambra-Kolonnaden** auf das originellste Haus Luganos, **La Piccionaia,** den ›Taubenschlag‹. Im schönen Außendekor tobte sich die reiche Phantasie von Renaissancekünstlern aus. Nach wenigen Metern kreuzt den Corso die **Via Pretorio.** Wir biegen linker Hand ein und begegnen in Nr. 7 einer weiteren Sehenswürdigkeit, dem **Palazzo Riva,** dem zweiten von drei barocken Patrizierhäusern dieser Familie.

Auf der **Piazza Dante** mit der Barockkirche **Sant'Antonio** machen wir endlich halt. Hier trifft sich über Mittag oder am frühen Abend die Luganeser Jugend, nach den Unmengen an Zweirädern zu urteilen ein Heer von ›Velo‹- und ›Töfflifahrern‹. Das große Kaufhaus *Innovazione* übt vermutlich die entscheidende Anziehungskraft aus. In seinem Restaurant kann auch der ›kleine‹ Kunde mit zivilen Preisen rechnen. Ungeniert wird von den Jungen das aktuelle Kaufhausangebot studiert oder kennerisch ausprobiert. Wer will, hockt draußen auf dem Boden, schweigt oder diskutiert, schmust oder fixiert Passanten.

Ein paar Schritte durch die wunderhübsche ›italienische‹ **Via Pessina** und schon stehen Sie auf der schiefen **Piazza Cioccaro.** Wer von hier zum Bahnhof will, geht nicht zu Fuß, sondern fährt Seilbahn (Funicolare, sie verkehrt täglich von 5.30 bis 23.50 Uhr).

Auch wenn es Ihnen schwerfällt, sich jetzt von diesen Altstadtwinkeln zu trennen und Sie vielleicht hofften, doch noch einen Blick hinter die herrliche Fassade des dritten **Riva-Palazzos** auf der Piazza Cioccaro werfen zu können, glauben Sie mir, den Weg die berühmte Treppenleiter **Via alla Cattedrale** empor werden Sie nicht bereuen. Rechts und links säumen einladende kleine Geschäfte den Weg, und die Souvenirläden halten sogar sonntags offen! Oben auf der großzügigen Terrasse vor der Kathedrale **San Lorenzo** (mit ihrer weißen Renaissancefassade) wird Sie eine bezaubernde Landschaft und ein reizvolles Dächeridyll entschädigen. Aber kehren Sie diesem Aussichtsplateau nicht den Rücken, ohne wenigstens einen Blick in die Kathedrale und auf die Chorfresken geworfen zu haben. Sie stammen von denselben Malern, den beiden Torricelli, die auch in Luzern die berühmte Jesuitenkirche mit Fresken ausgemalt haben.

Nun geht's zurück zum See, hinab bis zur **Piazza B. Luini.** Und wenn Sie hier noch etwas Geduld für die romanische Fassade der Kirche **Santa Maria degli Angioli** und ihr weltberühmtes Fresko der Passion Christi aufbringen (direkt dem Eingang gegenüber an der Lettnerwand), zwischen 1520—30 vom bedeutendsten Schüler Leonardo da Vincis, Bernardino Luini, gemalt, dann haben Sie Lugano im Sturmschritt genommen.

Auf die Frage »was nun?« läßt sich mit verschiedenen Vorschlägen antworten. Haben Sie von Kunst und Kultur noch nicht genug, dann besuchen Sie (fünf Minuten von hier) die **Villa Malpensata** (Riva Caccia 5, nationale und internationale Kunstausstellungen) oder steigen zur Kirche **Madonna di Loreto** (von 1524 mit schönem Arkadenvorhof und wunderbarer Aussicht) hinauf, oder Sie gehen, ebenfalls nicht weit von hier, im See baden, mieten ein Ruderboot oder treten ein Pedalo. Was leidenschaftliche Sportler wissen müssen: Segeln, Golf, Windsurfing und Tennis werden in Lugano groß geschrieben. Im Winter kann man stattdessen Eislaufen und Skifahren. Beim Fußballstadion **Cornaredo,** wo sich auch spurtfreudige Velofahrer und Leichtathleten austoben können, wurde ein neuer, 2 km langer Trimm-dich-Pfad (mehr als 20 Übungsstellen mit komfortablen Umkleidekabinen und Duschen) angelegt. Dort, wo der Cassarate in den See mündet, soll es eines Tages ein besonderes Wassersport-Zentrum geben.

«Il Salone di Lugano» — Der SALON von Lugano

Vom ›Salon von Lugano‹ sprechen die Luganesi, wenn sie *ihre* Einkaufsstraße, die zugleich die schönste, eleganteste und natürlich auch teuerste von Lugano ist, meinen: die **Via Nassa.** Sie zieht sich ein beträchtliches Stück zwischen Piazza Luini und Piazza Dante hin, die schmale Via Pessina eingeschlossen. Ein Bummel kann nicht nur viel Zeit, sondern auch bare Münze kosten.

Ob Sie nun von kostbaren Lederwaren, ausgefallenen Handtaschen, raffinierten Schuhmodellen schwärmen, ob Sie lieber glücklich behängt aus einem Juwelierladen treten oder sich in einer der bewundernswert schicken Boutiquen vom ›dernier cri‹ Italiens oder Frankreichs bezaubern lassen wollen — der Erfüllung Ihrer Wünsche stehen, jedenfalls von Seiten der Via Nassa, alle Möglichkeiten offen. Dabei, das sei verraten, reisen Damen aus anderen Schweizer Kantonen herbei, um City- oder Abendkreationen aus der Boutique *La Tavolozza* beispielsweise nach Zürich zu holen, wobei, auch das sei Ihnen unter dem Siegel der Verschwiegenheit anvertraut, die Preise der Via Nassa diejenigen der Zürcher Bahnhofstraße *noch* nicht übertroffen haben.

Die Via Nassa ist, der Name ›il Salone‹ sagt es, eine noble Luxusstraße, auf der sich auch exquisite Antiquitätengeschäfte etabliert haben, die keineswegs der Platz für zweitrangige Kioskware oder fragwürdigen Andenkenkitsch ist. Hierher verirren sich auch nicht die Fans von Disco-Rollern, die am Seeufer um Bäume und Bänke rollen und die ohnehin lebhafte Touristenszene noch zusätzlich in Atem halten. Hier flaniert ein anderes Publikum, zu dem einst Chateaubriand, der in seinen *Mémoires d'Outretombe* von den ›portiques riantes‹ am Ufer des Ceresio schwärmte, sowie Madame de Staël, die Gräfin Marie d'Agoult, Franz Liszt, später Jacob Burckhardt und Friedrich Nietzsche gehörten.

Nur einmal pro Woche verändert die Via Nassa ihr Gesicht, wenn am Samstag von 8 bis 17 Uhr Flohmarkt ist. Dann zieht das kurze Straßenstück von der Piazzetta Maraini bis zur Piazetta San Carlo ein buntgemischtes Fußvolk an.

In der kleinen Via Pessina ißt der Tourist je nach Gelüst, denn da hängen unter den Bögen der *Macelleria-Salumeria D. Gabbani Charcuterie* Riesensalami, meterlang. Darunter, am Stand, werden diverse Kostproben für zwei und mehr Franken angeboten. Um das Menü perfekt zu machen, kauft man gleich gegenüber, in der *Bottega del Formaggio* Käse und unmittelbar daneben Obst ein. Nur zwei Schritte weiter, in der *Bottega del Vino,* gibt's den typischen Merlot del Ticino. So ist es kein Wunder, daß an dieser Ecke das Staunen und der Hunger immer besonders groß sind. Nur ab 12 Uhr wird es plötzlich still und leer, denn auch in Lugano schließen über Mittag die Geschäfte. Dann schaue man von den zierlichen Bogengängen zu den schönen Palastfassaden mit ihren schmiedeeisernen Balkongittern hinauf, und plötzlich hat man dann das Gefühl, als sei Siesta in einem Dorf der Lombardei.

Was isst man wo?

Seit der Inbetriebnahme der Gotthardbahn wuchs nicht nur die Zahl unternehmungslustiger Reisender, sondern auch die Neugier auf fremde Gerichte und damit das gastronomische Gewissen der Tessiner Köche. Was taten sie? Sie fingen an zu reisen! Dabei bevorzugten sie den kleinen Grenzverkehr. Von ihren lombardischen Nachbarn ließen sie sich nicht nur auf künstlerischem Gebiet beraten, sondern sie erstanden vor allem Naturalien und erlernten die Art ihrer Zubereitung. Trotzdem wäre es falsch, die Tessiner Küche rundweg mit der italienischen gleichzusetzen.

Die Tessiner Kochkunst verfügt nämlich durchaus über eine eigenständige Note, sei es in der Wahl der Zutaten, der Gewürze, sei es in der Zubereitung der Speisen. Stadt und Land, Nord und Süd, ja fast jedes Tal grenzt sich voneinander ab. Zum Beispiel die Polenta (Maisbrei): Die ›polenta grassa‹ war heimisch in Sonogno, ›polenta taragna‹ im Veltlin und in Bergamo, die ›polenta negra‹, die schwarze Polenta, im Mendrisiotto und in der Lombardei. Sie wurde aus

Buchweizenmehl zubereitet, um an Allerheiligen, dem Tag der Trauer, schwarz auszusehen. Auch ›Riso‹ und ›Risotto‹ sind zwei grundverschiedene Speisen, und die Tessiner Mortadella verbindet nichts mit der gleichnamigen Riesenwurst aus Bologna.

Mit Beginn unseres Jahrhunderts zerfiel die traditionelle Tessiner Küche, fremde Einflüsse spielten eine immer größere Rolle. Das originelle Frühstück — im Norden aß man Polenta, im Süden Suppe oder kalte Minestrone — opferte man harmlosem Milchkaffee. Noch heute gilt Kaffee als Getränk, das vornehmlich Frauen und angesehenen Personen serviert wird, während der Tessiner einem männlichen Gast Wein oder Grappa (klarer Branntwein) anbietet, in bürgerlichen Kreisen sogar Likör. Eine Tasse Tee sollte man selbst heute älteren Leuten keineswegs offerieren, da sie Tee sehr gering einstufen.

Der Risotto (Reisgericht), ursprünglich ein reines Weihnachtsessen, dann ein Festtagsessen — es gibt noch heute im Mendrisiotto Familien, für die ein Sonntag ohne Risotto kein richtiger Sonntag ist — wurde erst in unserem Jahrhundert zum Alltagsgericht.

Zu den Speisen, die man stets in Tessiner Restaurants findet, gehören zunächst einmal Suppen, nahr- und schmackhaft. Die bekannteste ist die ›Minestrone‹ (Gemüsesuppe), deren Zutaten variieren, allgemein wird aber immer geriebener Käse dazu gereicht. ›Busecca‹ sind Kutteln, suppenartig mit Gemüse zubereitet. Unter ›Carpione‹ versteht man Fische oder gekochtes Gemüse, in würzigem Essig mariniert. ›Cotecchino‹ nennt man eine große, halbfeste Wurst aus Schweine- und Rindfleisch, die gekocht gegessen wird. Vorwiegend im Winter stellt man ›Formagella‹ (kleine Käse von maximal 2 kg) bei tiefer Temperatur her, damit er schnell reift. ›Gnocchi‹ sind Klöße aus Kartoffeln, Eiern und Mehl, die manchmal aber auch mit Leber oder Spinat zubereitet werden. ›Luganiga‹ (kleine halbfeste Würstchen) serviert man in der Regel kalt und nur selten getrocknet. ›Luganighetta‹ dagegen ist eine dicke, meterlange Wurst aus Schweine- oder Rindfleisch, stark gewürzt, die sich auch zum Grillen eignet oder zusammen mit Risotto gekocht wird. *Der* Salami und nicht *die* Salami: eine kräftige Wurst, gehört zu jeder Tessiner kalten Platte. Die Tessiner Küche bereichern außerdem schmackhafte Pilzgerichte, Lamm, Kaninchen, ›Ossobuco‹ (Kalbshaxe), ›Piccata Ticinese‹ (Kalbsschnitzel), ›Tagliatelle‹ nach Tessiner Art (breite Nudeln mit Kalbshirn und zartem Fleisch vom Hals, Kalbsmilken), Kastanien auf verschiedene Weise zurecht gemacht — im Herbst und Winter ißt man sie auch geröstet auf der Straße.

In vielen Ortschaften vermischten sich die alten Unterschiede mit der Zeit, aber in ländlicheren Gegenden und in den abgelegenen Tälern wird noch immer genau unterschieden zwischen einer einfachen *Osteria,* in der man nur einen kleinen, kalten Imbiß zu sich nimmt, oder, werden tatsächlich zwei, drei warme Speisen angeboten, so darf man sicher sein, hier einfache, aber gut gekochte Tessiner Hausmannskost vorgesetzt zu bekommen. Besucht man ein *Ristorante,* so tut man damit kund, daß man ein komplettes Menü zu bestellen gedenkt. In einem First-class-Restaurant kann man selbstverständlich zwischen ausgezeichneter einheimischer und internationaler Küche wählen. Grundsätzlich darf der Tessinreisende stets mit reichlichen Portionen rechnen.

»Cosa beviamo« — Was trinken wir? Zum gepflegten Essen Wein. Früher war es ein guter Roter, der Nostrano, doch seine Produktion ist so stark zurückgegangen, daß seine Stelle der Merlot eingenommen hat. Um für seine Qualität zu bürgen, schuf der Tessiner Regierungsrat 1948 das Markenzeichen VITI, das von einer besonderen Weinprüfungs-Kommission verliehen wird. Darum sei dem Weinkenner empfohlen, stets auf die VITI-Etikette auf der Flasche zu achten, sie bürgt für Qualität. Merlot läßt sich gut lagern und entfaltet sein Bouquet am besten bei einer Temperierung von 18°. Im Tessin wird auch eine beschränkte Produktion Weißwein mit Chasselastrauben gepflegt, doch unterscheidet sich dieser Wein von den übrigen Schweizer Chasselas.

Eine typische Tessiner Spezialität lohnt zu kosten: der Grappa. Das ist ein klarer Branntwein, der aus Trester von blauen Trauben destilliert wird und nicht mit dem italienischen Grappa zu verwechseln ist.

Es gibt zwar noch immer Tessiner, die für den Eigenbedarf Nostrano-Reben züchten. Und für den selbstgebrannten Grappa eignet sich noch immer die süße ›Americana‹, die einst den Tessiner Trauben den unfeinen Spitznamen ›Chatzeseicherli‹ einbrachte, besser als edlere Sorten. Doch die Mehrheit der Tessiner Weinbauern hat auf Merlot umgestellt. Dennoch haben die Weinbauern eine Sorge: Die Bauspekulation frißt ihnen das Rebland weg. In den letzten 100 Jahren ging die Weinbaufläche im Tessin von 8000 auf 800 Hektar zurück.

«Buon appetito» in Lugano

Zum Beispiel in einer der schönsten Altstadtgassen, Via Pessina 3: *Ristorante Bianchi.* Nicht gerade der Blick durchs Schlüsselloch, doch durch den Fensterspalt belehrt, ob man in dieser Atmosphäre altehrwürdiger Eßkultur mit getäfelten Wänden und wohlsituiertem älterem Publikum richtig aufgehoben ist. Zufriedene Mienen vor duftenden Leckerbissen — nun, die Entscheidung liegt bei Ihnen. Ohne Zögern darf man sich aber auch den Köchen des Restaurants *Galeria* (Via Vegezzi) anvertrauen und das vielleicht nur, um ein Mal die Spezialität ›Risotto au saumon‹ zu probieren, oder Sie dürfen ebenso erwartungsvoll ins *Al Portone* (Viale Cassarate) gehen, wo es wiederum rare Spezialitäten aus Großmutters Zeiten zu kosten gibt, und was das Schöne dabei ist, daß auch dem jugendlichen Gast mit schmalerer Börse Verständnis entgegengebracht wird. Amüsant und unterhaltend ist das Speisen vor allem im Keller-Restaurant *La Tinera* (Via dei Gorini) und seine Atmosphäre unverwechselbar. Hier sorgt der Küchenchef für eine breite regionale Skala, und wer für sein Leben gern ›Zabaglione‹ ißt (übrigens keine Tessiner Erfindung) wird schon wegen dieser zarten Crème so bald wie möglich wiederkommen.

Wollen Sie beste Grillgerichte probieren, steigen die Luganesi zum Abendessen die Treppen zum *Riviera* (Grillrestaurant des Hotels Excelsior) empor. Sie können es von der Via Nassa 15 oder von der Riva Vela 4 betreten.

Sollte Ihnen auch *nur* an einer guten Pizza liegen, so brauchen Sie keinesfalls lange durch Lugano zu irren. Biegen Sie in die Via Francesco Soave — mitten im Altstadtkern — ein, dann heißt es nur noch zu überlegen, ob Sie drinnen oder draußen sitzen wollen: im *Ristorante Pizzeria Sayonara.* Wer weder das eine noch das andere mag, ist möglicherweise im *Ristorante Petrarca* (Via Petrarca) richtig aufgehoben. Was ihn hier erwartet, ist so etwas wie der gutbürgerliche Mittagstisch auf ›Tessiner Art‹. Hierher eilen die Berufstätigen zur Mittagsmahlzeit, die einen kurz vor 12 Uhr, die anderen knapp gegen 14 Uhr, wenn die ersten gesättigt und zufrieden den zweiten ihren Platz überlassen.

Selbstverständlich gibt es in Lugano auch eine Reihe sehr guter bis ausgezeichneter Hotel-Restaurants, die man ohne Bedenken spontan empfehlen kann: *Bellevue au Lac* oder *Restaurant Grill L'Oasis* im Hotel Eden. Kaum einem Besucher Luganos wird das *Restaurant-Café Huguenin au Lac,* gegenüber vom Quai (Riva Albertolli) in der Galleria entgehen, wo man vor Regen oder brütender Sonnenhitze geschützt unter Arkadenbögen sitzt. Überm Holzkohlenfeuer gegrillte Fische lernt der Besucher der *Locanda del Boschetto* (Via Cassarinetta 40) zu genießen, während der Gast im *Il Barilotto* (Lugano-Paradiso) neben dem gepflegten Essen auch die musikalische Untermalung schätzt.

«Grotti» muss man suchen!

Manchmal liest man zufällig, meistens muß man geduldig nach dem ›Via al grotto‹ — dem Weg zum ›Grotto‹ — suchen. Der Tessiner liebt seinen Grotto, den einfachen, gleichmäßig temperierten und gut durchlüfteten Felsenkeller, der ursprünglich nur dazu diente, Wein und selbstgemachten Käse zu lagern und aus dem im Laufe der Zeit eine volkstümliche Begegnungsstätte wurde. Hier treffen sich Familien an Sonntagen oder warmen Sommerabenden, sei es drinnen vor dem gewaltigen Kamin oder draußen unter schattigem Kastaniendach, um einen kräftigen Schluck Roten zu nehmen, Karten oder eine Partie Boccia zu spielen.

Hier liebt man die ländlich-rustikale, heiter-herzliche Atmosphäre, das zwanglose Beisammensein. Man verschmäht den Luxus, sitzt an Granittischen und -bänken, weiß Salami zu schätzen und ist nur traurig darüber, daß es immer weniger ›Grotti Ticinesi‹ gibt — die großen Sammelkellereien; der Siegeszug des Kühlschranks machen sie überflüssig. Einige Grotti konnten sich inzwischen zu richtigen Restaurants mit Saison- und Jahresbetrieb mausern, doch die meisten sind vom Verfall bedroht. Leider, denn nirgends sonst erlebt man den Tessiner ungezwungener und aufgeschlossener als in einem Grotto. Ruft man vorher an, so kann man gewiß sein, köstlich zubereitete Tessiner Gerichte serviert zu bekommen, die in keinem Restaurant sonst je zu finden sind. Die Luganesi wissen bestens Bescheid, welche Gerichte sie in welchem Grotto speziell gut zubereitet essen können! Denn schließlich, auch das muß man wissen, hat das Luganese wie jede Tessiner Region ›seine‹ Grotti, und die muß man kennen!

Schmuggler-Trick: Im U-Boot nach Italien

Vorausgesetzt, Sie sind der anständigste Mensch der Welt — vorausgesetzt, Sie haben noch nie daran gedacht, einen begehrenswerten Gegenstand illegal über eine unserer vielen Grenzen zu transportieren — dann, ja dann dürfte es Sie weniger interessieren, mit welchen Einfällen und Tricks eines der ältesten Gewerbe hienieden versuchte, die Obrigkeit an der Nase herumzuführen. Sollten Sie aber nicht zu jener seltenen Spezies Mensch gehören, dann werden Sie vom ›**Museo doganale**‹ (Zollmuseum) begeistert sein!

An seinen Besuch ist allerdings eine Bedingung geknüpft, man kann es nur per Schiff erreichen. Aber das hat den Vorteil, daß man die Fahrt auf dem See mit einer Art Fortbildungskurs verbinden kann. Für einen Minimalbetrag bringt Sie das Ausflugsschiff (Abfahrt von Lugano-Paradiso oder Lugano Centrale Giardino) in einer knappen Stunde zum Museum ans andere Ufer, vis-à-vis von Gandria. Die Schiffsreise führt an verschiedenen Ausflugszielen vorbei, darunter **Castagnola** und **Campione** oder Grotto Elvezia oder Grotto Pescatori, wo man jeweils aussteigen und die Fahrt unterbrechen kann. Doch Vorsicht ist insofern geboten als die im Fahrplan separat aufgeführten Stationen Cantine di Gandria und Museo doganale in Wirklichkeit zusammengelegt sind, man also schon in **Cantine di Gandria** am Ziel ist.

Das Museum ist im renovierten Zollhaus untergebracht. Höhepunkt: der dritte Stock. Vom U-Boot auf dem Luganersee — womit eine Tonne Salami durchs Wasser gezogen wurde — bis zum ferngesteuerten Torpedo hat man auf dem Seeweg alles verwendet, was listige Schmuggler erdachten, um die Zollgebühren von und nach Italien zu umgehen: hohe Schuhabsätze, ausgehöhlte Bücher (für Gold- und Schmuck), Feldflaschen mit doppelter Wand, Koffer mit zweifachem Boden, ausgehöhlte Brote usw., usw. Anläßlich der Einweihung des wiedereröffneten Museums 1978 sprach Bundesrat Chevallaz voller Bedauern: »Zwar bringt der Zoll nicht mehr so viele Milliarden ein, aber doch gebührt den Schmugglern eine Ehrerbietung«. Anders ausgedrückt: Hoch lebe der Schmuggler, denn ohne ihn kann auch der Schweizer Zoll nicht leben!

Wenn es NACHT wird in Lugano

. . .vollzieht sich am romantisch verzweigten See, bewacht von den drei hohen Kegeln rechts, links und gegenüber ein faszinierendes Schauspiel: Tausende Lichter schimmern von den Gestaden auf der dunklen Wasserfläche, spiegeln, verdoppeln und verklären sich darin. Die Luft steht still, und die Geräusche der Autos und Menschen klingen wie aus weiter Ferne — ein unvergeßlicher Eindruck, wenn man praktische Schuhe an den Füßen und mit Taschenlampe bewaffnet, bei Anbruch einer Sommernacht vom Monte Brè zum See hinabsteigt. Das ist kein tollkühnes Unterfangen, sondern bei geruhsamem Schritt ohne weiteres durchführbar, denn die Wege sind sehr gut markiert und bei Tage viel begangen.

Für den aber, der gänzlich untrainiert und ängstlich ist, wäre dieser Abstieg kein empfehlenswertes Unternehmen. Er flaniert sicher lieber auf der Seepromenade, beobachtet von hier aus das nächtliche Lichtermeer oder plaudert mit seinem Gegenüber in einem hübschen Straßencafé. Hat er die Bekanntschaft einer jungen Luganesin gemacht, wird sie ihn vielleicht überreden, in der Disco *Pegasus* (Via Trevano 56) vorbeizuschauen oder, sollte es dort zu laut und turbulent sein, vielleicht einmal ins *La Piccionaia* (Via Pioda) zu gehen. Falls Sie motorisiert und an einer kleinen nächtlichen Spritztour interessiert sind, wäre ein heißer Tip das *Scaramouche* in Morcote (12 km von Lugano). Als charmante Disco und elegante Cocktailbar des Hotel-Restaurants *Carina* zieht es nicht nur Sommer- und Feriengäste, sondern auch die unternehmungslustige Jugend der näheren und weiteren Umgebung an.

Will man sich aber vor allem in Lugano des Nachts vergnügen, so schlendert man am besten das Seeufer in Richtung Paradiso entlang. Guten Gewissens können Sie eine Dame ins Dancing *Cecil* (mit Cabaret und Show) führen. Der weiträumige Saal, weniger für intime Zweisamkeit geschaffen, ist meistens voll oder gut besetzt, weil rassige Rhythmen unweigerlich zum Tanzen verlocken. Nachtbetrieb gibt's aber auch im Dancing *Capo San Martino*. Vielleicht geheimnisvoller und vielversprechender angepriesen als es dann schließlich wirklich zu sehen und zu erleben gibt, wird das *Europa 1001 Nacht*. Wer's ruhig und behaglich mag, nimmt einen Drink im *Moby Club*.

Wollen Sie sich aber einen gewissen Überblick über das nächtliche Amüsement im Luganese verschaffen, dann dürfen Sie den kleinen Abstecher nach Melide (6 km in Richtung Chiasso) ins Dancing *La Romantica* nicht auslassen — und endlich, um Luganos Spielcasino nicht zu vergessen, werfen Sie auch hier einen Blick hinein. Im Eintrittspreis (knapp Fr. 20.—) ist Konsumation inbegriffen, doch Höhepunkte werden nicht geboten. Aber wenn Sie Kenner nächtlichen Show-Business nach ihren speziellen Revieren fragen, dann wird wie aus der Pistole geschossen kommen: Auf nach Campione d'Italia!

In Campione d'Italia

Die italienische Enklave (10 km von Lugano) erreichen Sie über den Damm von Melide (Autobahn in Richtung Chiasso) ohne jede Grenzformalität (Bahnstationen nur in Lugano und Melide; Schiffsverbindungen und Autobusse verkehren zwischen Campione und Lugano. Autobus ›Überlanddienst‹ Milano—Campione fährt über Como—Ponte Chiasso, 72 km).

Das nur vier Quadratkilometer große Gebiet liegt auf Schweizer Boden, gehört aber politisch zu Italien. Post und Telegraphie arbeiten jedoch unabhängig von beiden Staaten. Als Währung gilt der Schweizer Franken, und die Einwohner sind auf helvetische Bankverbindungen angewiesen. Aufgrund uralter

Verträge aber darf sich in Campione weder eine Bank noch eine Wechselstube etablieren.

Die Einfahrt nach Campione markiert ein mächtiger Triumphbogen, hinter ihm beginnt das legendäre Tessiner-Lebe-Dorf. Benötigen Sie bis hierher nur 10 Autominuten, müssen Sie nun, um einen Parkplatz zu finden, das Doppelte oder Mehrfache rechnen. Darum parkt man weniger im Zentrum, wo sich seit Anbruch des Abends eine nicht endenwollende Wallfahrt exklusiver Besucher und mondäner Besucherinnen ins *Casino Municipale* ergießt. In seinen berühmten Spielsalons scheint geradezu verpönt, was in Helvetien das Gesetz befiehlt: Maximaleinsatz fünf Franken! In Campione wird mit wesentlich höheren Einsätzen gespielt und dementsprechend auch mehr gewonnen als in der Schweiz erlaubt ist. Zu bestimmten Jahreszeiten werden hier die höchsten Umsätze der Welt pro Spieltag ausgezahlt. Kein Wunder, denn nicht selten wird der Maximalbetrag von Fr. 20 000.— auf eine einzige Zahl gesetzt!

Nach Campione kommt, wenn auch nur für einen nächtlichen Sprung, wer spielen und natürlich gewinnen möchte, wer Bekanntschaften machen oder Bekannte treffen will, denn es gibt nur noch wenige Plätze in Europa, die als ›anonymes Domizil‹ so gut geeignet sind wie jenes Stückchen italienische Erde inmitten Schweizer Territoriums, das Fremde so gern als »italienische Insel im Schweizer Meer« bezeichnen. Doch in den letzten Jahren ist es in und um Campione stiller geworden, als man sich das noch vor knapp einem Jahrzehnt träumen ließ, damals als sich noch zwielichtige Geschäftemacher hier zu wichtigen Besprechungen trafen oder der internationale Jet-Set mit seinen ›Erlebnissen‹ regelmäßig das Illustrierten-Geschäft belieferte. Der Grund? Am ›Paradies für Steuerflüchtlinge‹ hat sich manches geändert. Auch den deutschen Bundesbürgern nahm das Außensteuerrecht die ungetrübte Freude an der Auswanderung. Kürzlich verhängten die italienischen Behörden ihrerseits einen strengen Baustopp, so daß die Bodenspekulation, den Wind aus den Segeln genommen, nur noch Flaute melden kann.

Oberitaliener bilden heute die Mehrzahl der Gäste. Auch das Spielcasino befindet sich in fester Hand wohlbegüterter Herren aus Mailand. Sie scheinen perfekte Finanzgenies zu sein, die trotz strengster Devisenbewirtschaftung immer noch über genügend Überschuß an Schweizer Franken verfügen, um hier Nacht für Nacht erstaunliche Summen dem Glücksspiel der Croupiers anzuvertrauen.

Campiones High-life-Szene erwacht erst nachts zum Leben. Tagsüber lohnt der Besuch der Enklave kaum. Verträumt döst sie dann am Ostabhang des Luganer Sees vor sich hin, und die Campionesen leben zurückgezogen in ihren versteckten Nobelhütten. Denn da Campiones Steueramt Como noch nach der Sitte Alt-Roms nicht nach Einkommen, sondern nach Aufwand besteuert, gibt sich der kluge Millionär möglichst unauffällig. Hier fährt er im kleinen Auto vor, das große läßt er in Lugano stehen. Die Einheimischen stört das alles kaum, sie bauen auf das, was einmal war — schließlich hat selbst ein Napoleon ihnen ihre Freiheit garantieren müssen.

Ausflüge ins Luganese

Die Reise nach Lugano beschränkt sich für gewöhnlich nicht nur auf den Besuch der Stadt, sondern schließt weite Teile des Tessins ein. Wenn Sie viel Zeit und Unternehmungsgeist haben, besuchen Sie Locarno, Ascona und die Brissago-Inseln, fahren weiter direkt nach Brissago, um im Spitzenrestaurant *Giardino* (vorbestellen nicht vergessen) zu essen, besuchen Stresa und die Isola Bella, lassen sich zum Markt nach Luino übersetzen, entdecken eines der schönen herben Tessiner Täler, beispielsweise das Verzascatal. Lugano als Standquartier zu wählen und so viel Ausflüge wie möglich zu machen, das bedeutet zunächst einmal: Wer die Wahl hat, hat die Qual! Um das reiche und äußerst vielgestaltige Angebot wenigstens so weit zu erfassen, daß weder die Erkundung des Sees, noch der Berge, noch die der Kulturdenkmäler zu kurz kommt, lassen sich verschiedene Vorschläge machen:

Ausflüge für seefahrende Nationen:

Einer Fahrt auf dem See, der sich »wunderlich durch das Gebürg windet«, kann kaum ein Besucher widerstehen. Das Angebot ist von entsprechender Vielfalt (Abfahrt der Schiffe jeweils von Lugano-Castagnola, Lugano Centrale Giardino und Lugano-Paradiso).

Eine Vormittags-Seerundfahrt (Abfahrt 10 Uhr, Rückkehr 11.50 Uhr) läßt sich angenehm in jedes Tagesprogramm einplanen (Preis Fr. 13.—), sie führt über Melide—Morcote—Gandria nach Lugano zurück.

Für den Nachmittag stehen vier verschiedene Kreuzfahrten zur Auswahl. Die große Tour schließt Gandria—Morcote—Agno (Preis Fr. 16.—) ein, Abfahrt Lugano 14.25, Rückkehr 17.30 Uhr. Eine andere geht via Castagnola—Gandria—Oria—San Mamete—Osteno—Porlezza (Riviera) und kostet Fr. 13.80 (Abfahrt Lugano 14.30, Rückkehr 18.10 Uhr).

Romantiker schwärmen von einer nächtlichen Seereise, zu der man sich täglich etwa Mitte Juni bis Mitte September spontan entschließen kann (Abfahrt Lugano 21.00, Rückkehr 22.30 Uhr, Preis Fr. 10.—). Besonders beliebt ist die Samstagsreise, weil dann zu Tessiner Musik das Tanzbein geschwungen werden kann. (Auskünfte für alle kleineren und grösseren Rund- und Kreuzfahrten, für Abfahrtszeiten, Preisermäßigungen, Spezialbilletts: Schiffahrtsgesellschaft auf dem Luganersee, Tel. 091 51 52 23).

Als besonders hübsche Halbtags-Tour bietet sich die Reise per Schiff nach **Gandria** an. Vor allem vom See her entfaltet dieses malerisch gelegene Fischerdörfchen seine Reize. Vielbesucht steht es heute voll im Dienste seiner Kunden, deshalb kürze man den Aufenthalt in einem seiner Restaurants ab und durchsteige (mit bequemem Schuhwerk) seine winzigen, schmalen Gäßchen mit ihren hübschen Torbögen, die sich oft in stille kleine Höfe öffnen. Beherzigen Sie den Tip, und laufen Sie den lauschigen Fußpfad (etwa 3 km) unmittelbar am Seeufer entlang nach Lugano zurück. Dann haben Sie stets ein wunderschönes Panorama mit dem mächtigen San Salvatore vor sich. Nach etwa 60 Minuten erreichen Sie San Domenico (ebenfalls Schiffsanlegestation) in Lugano-Castagnola, wo Sie bequem mit dem Autobus (Linie 2) das letzte Stück nach Lugano zurücklegen können.

Ein Wort zu **Morcote,** das Sie ebenfalls am bequemsten auf einer Kreuzfahrt anpeilen, um vor allem im Sommer dem lästigen Parkplatzproblem zu entgehen. Das altertümliche Städtchen dehnt sich unter Wein- und Obstterrassen am Fusse des Monte Arbostora aus. Auch hier sei Ihnen ein Landgang wärmstens empfohlen, um die schönen Palazzi des 16. Jahrhunderts geruhsam betrachten zu können und, wenn möglich, auch die Stufen zur berühmten Kirche Santa Maria del Sasso zu erklimmen. Vielleicht begegnet Ihnen auf ihrem Friedhof jenes verschrobene Paar, das nicht etwa nach den Gräbern der berühmten Eugene d'Albert, Alexander Moissi oder Baklanoff suchte, sondern nach einem Grabstein mit dem deutschen Spruch »Hier ruhen meine Gebeine, ich wollt' es wären Deine!«

Die Villa Favorita (Lugano-Castagnola)

Ausflüge für Bergfreunde:

Wen reizt es nicht, einen oder alle drei ›Hausberge‹ Luganos (Monte Brè, San Salvatore, Monte Generoso) zu besteigen? Das kann, muß aber nicht unbedingt auf eigenen Füßen sein, schließlich erfand man dafür ja die Drahtseilbahnen! Und wenn Sie hören, daß ihr Benutzen im Luganese weitaus billiger als in der Zentralschweiz ist, so fördert schon allein dieser Gedanke den Entschluß zum Lösen einer Fahrkarte.

Kenner streiten darüber, welcher Gipfel die schönste Aussicht liefert, aber zum Glück wechselt sie je nach Sicht und Wetter. Die längste Sonnenscheindauer *aller* Schweizer Berge haben Sie auf dem **Monte Brè** (933 m). Per Bus oder eigenem Auto erreichen Sie die Drahtseilbahnstation Cassarate. Die Bahn verkehrt etwa alle 30 Minuten und gelangt in 15 Minuten zur Gipfelstation (Preis Fr. 9.—). Die Sicht von der Aussichtsterrasse hinab auf den buchtenreichen See und in die Ferne bis zu den Walliser und den Berner Alpen ist phantastisch. Mühelos können Sie von hier aus nämlich das alte Dorf Brè erkunden (20 Minuten) oder auf den Monte Boglia, die Alpe della Bolla oder sogar bis zu den Denti della Vecchia wandern. Lugano erreichen Sie, indem Sie zur Seilbahnstation zurückgehen. Dort löscht Ihren Durst ein Boccalino (das typisch tessinerische, irdene Trinkkännchen mit Henkel) bei Silvano *(Osteria Funicolare),* wo es kommt, wie es kommen muss: Silvano spielt zum Tänzchen auf, man trinkt und verbrüdert sich, schließlich spielen Sie selbst auf jenem fabulösen Instrument, in das Silvano heimlich Kassetten klemmt. Dann bestaunt man ihn als Super-Barman, wenn er davon erzählt, wie er im Winter in Gunther Sachs Dracula-Club in St. Moritz seine Drinks mixt. Nach dem soundsovielten Grappa umarmt man ihn wie einst Horst Tappert, sein Freund, auf der an der Wand hängenden Fotografie.

Ob Sie nun mit der Drahtseilbahn auf den **Monte San Salvatore** (912 m), der Aufstieg zu Fuß ist für Ungeübte leicht strapaziös, oder mit der Zahnradbahn den **Monte Generoso** (1704 m) erklimmen, man wird von beiden Aussichtspanoramen schwärmen müssen. Gibt der Monte San Salvatore den Blick bis zum Monte Rosa und zum Matterhorn, zu den Berner und Savoyer Alpen und in die lombardische Tiefebene frei, wird Sie auf dem Monte Generoso die Sicht bis zum Ortler und zum Apennin überraschen. Gelten auf dem Monte Generoso die Sonnenauf- und Sonnenuntergänge als *die* großen Bergerlebnisse (Übernachtungen im Gipfelrestaurant, 350 Plätze), sind es auf dem Monte San Salvatore die herrlichen Fußtouren, die sich nach Carona, Morcote, Figino, Melide und Paradiso durchführen lassen (Auskünfte über Anfahrt, Buchungen, Fahrzeiten beim Verkehrsverein Lugano, Tel. 091 21 46 64).

Ausflüge für Wanderer:

»Die liebliche Landschaft rund um Lugano ist so reich an Naturschönheiten, wie man sie kaum auf der Welt wiederfindet«, steht als erster Satz in einem praktischen handlichen Wanderführer, den der Verkehrsverein Lugano in eigener Regie und nach eigener Erprobung der 100 beschriebenen Tourenvorschläge 1981 herausgebracht hat. Dieses Büchlein, dem auch eine Karte mit vielen praktischen Hinweisen beiliegt, sei allen Wandervögeln in die Hand gedrückt. Mit seiner Hilfe werden Sie am besten die für Sie geeigneten Wanderungen ausfindig machen: *Lugano und Sottoceneri,* 100 Tourenvorschläge, Wanderkarte 1:50 000. Der Ausflug in eines der herrlichen Tessiner Täler (Val Verzasca, Centovalli) und der Besuch des kleinen Städtchens **Ascona** sind unbedingt zu empfehlen.

Ausflüge für Kinder:

Nur 6 km entfernt von Lugano am großen Seedamm liegt der kleine Ferienort **Melide.** Auf einem Gelände von 14 000 Quadratmetern finden Kinder hier eine schweizerische ›Spielzeugwiese‹, die Modellanlage *Swissminiatur.* Ob es sich um das Schloß Chillon, um Stein am Rhein, um die Kathedrale St-Pierre von Genf oder um den ›Roten Pfeil‹ handelt, die schönsten und interessantesten Bauwerke, Städte und Dörfer, selbst Verkehrsmittel der Schweiz, sehen Sie hier in 25facher Verkleinerung originalgetreu nachgebaut, von Bäumchen, Flüssen und Seen sauber und korrekt belebt (Öffnungszeiten: 15. 3.—4. 11. von 7.30—18.00 Uhr, Juli und August von 7.30—22.00 Uhr).

Ausflüge für Kunstfreunde:

Zu einem großartigen Kunsterlebnis wird der Besuch der **Villa Favorita** in Lugano-Castagnola, die eine der berühmtesten und zugleich größten privaten Kunstsammlungen Europas (des Barons Heinrich von Thyssen-Bornemisza) beherbergt (Anfahrt mit eigenem Pkw, geringe Parkmöglichkeit, oder mit dem Bus Nr. 2). Meisterwerke der frühen italienischen Kunst bis zu Tizian und Tintoretto, der niederländischen Kunst (wie Jan van Eyck, Rembrandt, van Dyck), der deutschen Kunst (Dürer), der spanischen (Velasquez, El Greco) und der französischen Malerei ziehen Besucher aus aller Welt an. (Geöffnet: Ab Karfreitag bis 2. Sonntag im Oktober: Freitag und Samstag von 10 bis 12 und 14 bis 17 Uhr; Sonntag von 14 bis 17 Uhr, Tel. 51 61 73/51 66 21).

Nur über den Damm von Melide bis zum kleinen sehenswerten Fischerdorf **Bissone** braucht zu fahren (auch per Schiff, Autobus und Bahn von Lugano aus erreichbar), wer das **Museum Tencalla,** das Wohnhaus einer Tessiner Patrizierfamilie, besuchen möchte. Mit originalem Hausrat der Zeit ausgestattet, vermittelt es einen lebendigen Eindruck alter Tessiner Lebenskultur (Öffnungszeiten: täglich von 14.00—18.00 Uhr).

Jedem Liebhaber ausgefallener Ideen und kurioser Einfälle sei der Besuch des **Parco Scherrer** und seiner Gebäude in Morcote (der Eingang befindet sich etwa 300 m vom Schiffslandesteg in Richtung Figino) ans Herz gelegt. Hier schuf sich Arthur Scherrer, gelernter Landschaftsgärtner, später bekannter Münchner Herrenausstatter, eine Welt für sich: Bauten (nach historischem Vorbild, für die er die Pläne selbst entwarf), umgeben von seltenen Pflanzen.

So stehen u. a. ein siamesisches Teehaus neben einem ägyptischen Tempel, ein Tessiner Haus neben dem Erechtheion von Athen. Das Ganze aber nicht trokken nebeneinander aufgereiht, sondern mit leuchtenden weißen Pergolen, Bassins und Springbrunnen phantasievoll in die Landschaft des Monte Arbostora eingebettet (Öffnungszeiten: täglich außer Dienstag 9—17 Uhr; Dienstag und Donnerstag Führungen: 10.00, 13.30 und 15.30 Uhr oder nach telefonischer Anmeldung, Tel. 091 69 21 25).

Blick auf Gandria

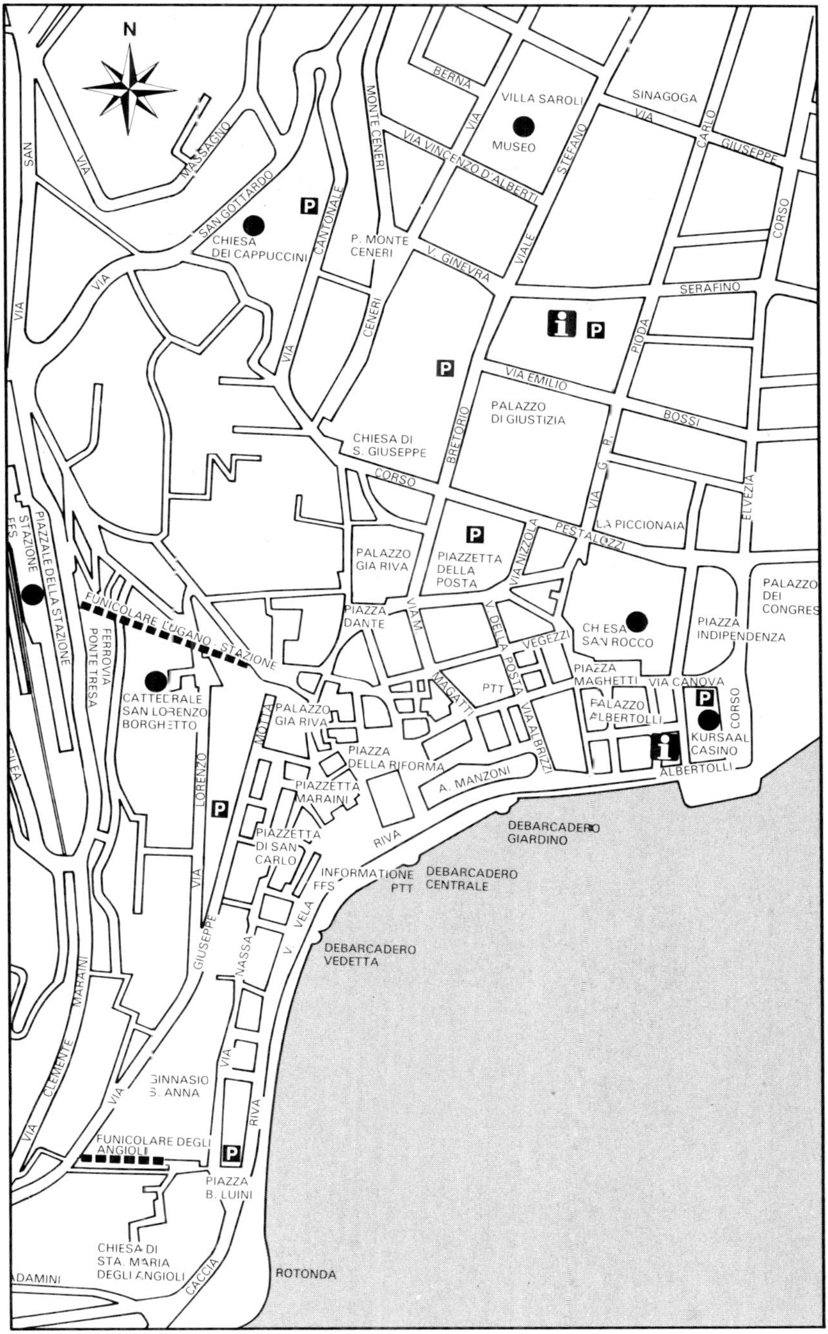
N
BERNA
VILLA SAROLI
SINAGOGA
MUSEO
MONTE CENERI
VIA VINCENZO D'ALBERTI
VIA
STEFANO
VIA
CARLO
GIUSEPPE
CORSO
SAN
VIA
MASSAGNO
SAN GOTTARDO
CHIESA
DEI CAPPUCCINI
CANTONALE
P. MONTE
CENERI
V. GINEVRA
VIALE
SERAFINO
VIA
VIA
CENERI
VIA
PIODA
VIA EMILIO
PALAZZO
DI GIUSTIZIA
BOSSI
BRETORIO
CHIESA DI
S. GIUSEPPE
CORSO
VIA
G.
B.
ELVEZIA
PESTALOZZI
LA PICCIONAIA
STAZIONE
FFS
PIAZZALE DELLA STAZIONE
PALAZZO
GIA RIVA
PIAZZETTA
DELLA
POSTA
VIA NIZZOLA
PALAZZO
DEI
CONGRES
FUNICOLARE LUGANO - STAZIONE
FERROVIA
PONTE TRESA
PIAZZA
DANTE
VIA M.
V. DELLA POSTA
VEGEZZI
CHIESA
SAN ROCCO
PIAZZA
INDIPENDENZA
CATTEDRALE
SAN LORENZO
BORGHETTO
MAGATTI
PTT
PIAZZA
MAGHETTI
VIA CANOVA
MOLTA
PALAZZO
GIA RIVA
PALAZZO
ALBERTOLLI
VIA ALBRIZZI
CORSO
KURSAAL
CASINO
PIAZZA
DELLA RIFORMA
A. MANZONI
ALBERTOLLI
LORENZO
PIAZZETTA
MARAINI
DEBARCADERO
GIARDINO
PIAZZETTA
DI SAN
CARLO
RIVA
VIA
INFORMATIONE
FFS
PTT
DEBARCADERO
CENTRALE
VELA
V.
GIUSEPPE
NASSA
DEBARCADERO
VEDETTA
MARAINI
CLEMENTE
VIA
VIA
GINNASIO
S. ANNA
VIA
RIVA
FUNICOLARE DEGLI
ANGIOLI
PIAZZA
B. LUINI
CHIESA DI
STA. MARIA
DEGLI ANGIOLI
ADAMINI
CACCIA
ROTONDA

Schweiz — Information

Reiseroute Bündnerland

Die Vielfalt der Schweiz, landschaftlich wie kulturell, ist unerschöpflich. Den besten Eindruck von der Schweiz erhält, wer von Nord nach Süd und von West nach Ost (oder umgekehrt) das Land bereist, wer Berge und Seen, Alpen und Täler, Großstädte und kleine Weiler und möglichst viele Kantone zu Gesicht bekommen hat.

Die Mehrzahl der Schweizbesucher reist, ob im Sommer oder Winter, noch immer im eigenen Wagen. Ihnen, den Individualtouristen, begegnet man denn auch vom Frühjahr bis zum Spätherbst auf den großen **Durchgangsrouten** durch das **Bündnerland** und durch das **Wallis.** Welches Ihr Reiseziel auch sein möge, in den Hochsommermonaten (Juli/August) oder im Winter (Weihnachten/Neujahr) und zu den Wintersportwochen (Ende Januar bis Ende Februar), in denen eine große Zahl Schweizer selbst ihre Ferien in diesen Kantonen verbringt, sollte der Reisende sein Quartier vorbestellen. Nur so kann er vermeiden, in den beliebtesten Ferienorten vergeblich von einem Hotel zum anderen zu laufen. Selbst in einfachen Pensionen wird er Mühe haben, unterzukommen.

Mit 7109 km^2 ist **Graubünden** der größte Kanton der Schweiz und nimmt den südöstlichen Teil des Landes ein. Seine verzweigte Flußgeographie speist drei weit auseinander liegende Meere: Der Rhein die Nordsee, der Inn und die Zuflüsse der Donau das Schwarze Meer und die Wasser der «ennetbirgischen» Täler (Münstertal, Puschlav, Bergell, Misox und Calancatal) schließlich das Adriatische Meer.

Graubünden wird oft das «Alpenland der 150 Täler» genannt. Ob 150 oder mehr — sie prägen auf unverwechselbare Weise den Charakter einer großartigen hochalpinen Berglandschaft, durchsetzt vom strahlenden Blau der Oberengadiner Seen, vom lichten Grün der Bergwälder, dunklen, engen Schluchten (Via Mala), trutzigen Adelssitzen (Rhäzüns, Tarasp, Mesocco), wunderschönen vorromanischen Kirchen (Mistail, Müstair, Zillis) und kulturell ganz eigenständigen Talschaften.

Chur, Kantonshauptstadt Graubündens (alter Bischofssitz, Kathedrale des 12./13. Jahrhunderts, sehenswerte Altstadt mit Patrizierhäusern und der Kirche St. Luzi [karolingische Ringkrypta], Rhätisches Museum und Kunsthaus) ist Verkehrsknotenpunkt für Autofahrer und Bahnreisende (Ende der Autobahn von Zürich und St. Gallen kurz vor Reichenau, Ausgangsstation der Rhätischen Bahn nach Arosa, dem traditionellen Klimakurort). Chur bildet zugleich neben dem San-Bernardino-Straßentunnel (Verbindung zwischen Tessin und Graubünden) einen der beiden Hauptzugänge ins Bündnerland. Seiner zentralen Verkehrslage (Zufahrt zu sämtlichen Bündner Pässen) und seiner weiten, tiefliegenden Talschaft zufolge siedelte sich im Churer Rheintal die einzig bedeutende Industrie Graubündens an.

Über **Landquart** erreicht der Reisende auf gut ausgebauter Straße das liebliche **Prättigau,** den heimeligen Winter- und Sommerkurort **Klosters** und, höher gelegen, das weltberühmte **Davos** (mit zwei der längsten und schönsten Abfahrtspisten Europas im Parsenngebiet). Chur ist nicht nur Ausgangspunkt für das wild zerklüftete Schanfigg, sondern auch für das Albulatal **(Valbella/Lenzerheide)** und ins Oberhalbstein **(Savognin).** Albula- und Julierpaß geben im Sommer den Zugang ins Oberengadin frei.

Von **Reichenau** aus lassen sich mit Abstecher nach **Flims** (neu erschlossenes Winter- und Sommerskigebiet Vorab 3000) das sonnige Vorderrheintal oder die verschiedenen Talschaften des Hinterrheins erschließen. Ein landschaftlich wie kulturgeschichtlich besonders lohnender Tagesausflug bietet die Strecke über **Thusis** (Eingang zur Via Mala) nach **Zillis,** dessen karolingische Kirche durch ihre wundervoll bemalte Holzdekke weltberühmt ist. Wer den kunstbeflissenen Besuchern von Zillis den Rücken kehren und auf weitere Entdeckungsreisen, abseits des Touristenstroms, gehen will, möge nach **Andeer** mit dem schönsten Sgraffitihaus Graubündens, dem Haus Pedrun, und noch weiter bis hoch hinauf zum höchstgelegenen Dorf Europas, nach **Juf** (2126 m), reisen. Hier wäre die Welt dann allerdings zu Ende, und die Rückfahrt müßte wieder bis zur Rofla-Schlucht erfolgen, um dann entweder den Splügenpaß (Verbindung nach Italien), den San-Bernardino-Paß (Verbindung ins Tessin) oder das reizvolle Misox oder das Calancatal zu erreichen. Durchquert der Reisende eines dieser beiden Täler, wird er vom Wechsel der hochalpinen zur mittelmeerischen Vegetation auf so kurzer Distanz überrascht sein. Das Safier- und das Walser-Tal mit dem Volksstamm der Walser, die ihr Walserdeutsch bis auf den heutigen Tag bewahrt haben (in Graubünden wird deutsch, rätoromanisch und italienisch gesprochen), lassen sich jedoch nur über die Hauptroute, den Vorderrhein entlang, erreichen.

Wer dem Rhein folgt, dem empfiehlt sich ein kurzer Besuch des **Klosters Disentis** (Gründung im 8. Jahrhundert, Kloster und Kirche barock), das sich in dominierender Lage hoch über dem Rheintal erhebt. In Disentis stellt sich zugleich die Frage, ob man die Weiterreise über den erhabenen, abwechslungsreichen Lukmanier (ins Tessin) oder über den Oberalppaß (in den Kanton Uri) fortsetzen möchte.

Wer aber auf umgekehrtem Wege bereits über den einen der beiden Pässe ins Bündnerland kam, der wird vermutlich das Juwel Graubündens, das Hochtal des Inns, das **Engadin** aufsuchen wollen. Es ist weder eine weite Hochebene, noch ein abgeschiedenes Bergtal, sondern ein Durchgangsland par excellence. Was der Fremde hier spürt, sind Alpengipfel, die erhebend, befreiend wirken. Kein Mensch empfände je hier, was er in den Walliser Alpen verspürt: bedrängende, bedrohende Berge.

Die einen nun kommen um zu sehen, die anderen, um gesehen zu werden, zumindest, wenn das Ziel **St. Moritz** heißt. Geographisch betrachtet 1800 m hoch liegt der berühmteste und luxuriöseste Wintersportplatz der Schweiz, jedoch in der Vorstellung seiner Anhänger hoch über den Wolken — ein Olymp der Fürsten, Millionäre, Künstler und Lebenskünstler. Aber das hat sich gebessert, seit die Kurdirektion Pauschalarrangements zum erschwinglichen Preis an Durchschnittsbürger verkauft, die seither auch Teil haben an einem einzigartig schönen Stück Schweiz mit den Nachbarorten **Pontresina** und **Celerina,** Teil haben an den Majestäten Bernina, Diavolezza oder Piz Palü, Piz Nair, Bellavista, ewigem Schnee (Sommerski am Piz Corvatsch) und Gletscher-Eis, Wiesen, Blumen, Wäldern, gleißendem Licht und extremer Höhenlage. Was den Skifan an St. Moritz besticht, ist die Versuchung angesichts eines buckelfreien, idealen Schneeteppichs zu behaupten, an ihm sei ein Medaillengewinner verlorengegangen! Doch vergessen bleibe über allem Wintersportvergnügen nicht das größte europäische Wild- und Pflanzenreservat, der **Schweizerische Nationalpark** (169 km^2, zwischen 1400 m und 3171 m Höhe. Der einzige Straßendurchgang führt dem Spöl entlang über den Paß dal Fuorn nach Italien. Nationalparkhaus mit Informationsstelle: Zernez, geöffnet Montag bis Samstag, 9—12 und 14—18.30 Uhr. Personen unter 15 Jahren haben nur in Begleitung Erwachsener Zutritt, Hunde dürfen nicht mitgeführt werden. Tiere: 1100 Gemsen, 1500 Murmeltiere, 50 Rehe, 1600 Rothirsche, 175 Steinböcke, 1 Adler).

Reiseroute Rhonetal

Das Wallis wird, auch von den Schweizern selbst, als landschaftlich eindrucksvoller, klimatisch bevorzugter und in seiner baulichen und kulturhistorischen Eigenart noch weitgehend intakter Ferienkanton besonders geschätzt. Kein Wunder, denn die Berner Alpen im Norden und die Walliser Alpen im Süden umschließen den tiefeingesenkten Talkessel so fest und dicht, daß die Rhone, die sich als einziger mächtiger Fluß durch das große breite Tal zieht, sich gerade noch durch Dent du Midi und Dent de Morcles den Zugang zum Genfersee sichern kann.

Das Rhonetal ist nicht nur das größte Tal der Alpen, sondern auch eine der markantesten Durchgangsrouten, die sich vom Genferseegebiet, von Chamonix (Frankreich) oder dem Aostatal (Italien) bis zu Grimsel-, Furka- oder Nufenenpaß erstreckt und entweder den Kanton Bern, den Kanton Uri oder das Tessin erschließt. Die Entfernung von Grimsel oder Furka bis zu den Ufern des Genfersees beträgt gute, im Unterwallis stückweise schon zur Autobahn ausgebaute 150 Straßenkilometer. Die höchsten Gipfel der Schweiz, die Kette der Viertausender sowie der schönste und höchste Gletscher der Alpen, der **Aletschgletscher,** bilden faszinierende Naturschönheiten. Beiderseits des Haupttales greifen Seitentäler (der Name Wallis bedeutet nichts anderes als «Tal») tief in die Flanken der Randgebirge ein. Auf der Südseite präsentieren sie sich großzügig, Ausnahmen bilden nur das **Lötschental** und die Mulde von **Leukerbad** (seit alters bekannter Bade- und Winterkurort mit bis zu 51° C heißen Quellen). Den sonderlichen Landschaftsstil und den eigenen Charakter der Bewohner dieser Seitentäler aufzuspüren, lohnt einen Abstecher.

Ob sie Rhein- oder Rhonetal heißen, beide Durchgangsrouten sind im Grunde so schön und bieten soviel Sehenswertes, daß man sich die Zeit nehmen und hier oder dort eine Pause oder einen bis einen halben Tag als Zwischenstation einschieben sollte.

Gelangen Sie von der Grimsel- oder Furkahöhe ins Goms hinab, stellt sich Ihnen die typische Gommer Landschaft mit ihren satten grünen Wiesen, goldgelben Getreidefeldern, den von der Sonne fast schwarz verbrannten Häusern und Stadeln und den schattigen Waldgründen schon bei **Münster** vor. Der Eindruck dieses Landschaftscharakters verdichtet sich, wenn Sie von der Hauptstraße nach **Ernen,** einem Oberwalliser Dorf-Juwel, abbiegen. **Brig,** wo die Bahnlinien vom Simplon, von der Oberalp, vom Lötschberg und von Sitten zusammentreffen, verführt zunächst nicht zu einem Verweilen. Und doch erhebt sich hier eines der mächtigsten und bedeutendsten Bauwerke des Wallis, der barocke **Stockalperpalast** mit einem bezaubernd schönen Innenhof. **Visp** ermöglicht die Zufahrt zu zwei der bekanntesten Oberwalliser Seitentälern, dem Saastal mit **Saas-Fee** und dem Matter-Tal mit der Perle des Wallis, **Zermatt** und seinem weltberühmten **Matterhorn.** (Dem Autotouristen wird in Täsch allerdings Einhalt geboten, denn Zermatt ist autofrei und nur per Bahn von Täsch aus erreichbar.) Zermatt aber gibt den Blick frei auf die Gipfelkette vom Monte Rosa zur Dent Blanche, auf die Mischabelgruppe mit dem Dom, dem höchsten Berg, der ganz auf Schweizer Boden steht, und auf die Viertausender ums Zermatter Weißhorn. Zermatt ist Bergsteigerzentrum und noch vor Saas-Fee, Grächen, Crans-Montana, Anzère und Verbier das internationale Walliser Skiparadies. Neueste Attraktion ist das Sommerskigebiet am **Kleinen Matterhorn** mit der 1980 eingeweihten höchsten Luftseilbahn Europas.

Hauptstadt des Kantons Wallis ist **Sion** (deutsch Sitten) mit sehenswerter Altstadt (Rathaus, Kathedrale, Bischöflichem Palais, Hexenturm), malerisch überragt von den beiden Burgen **Valeria** und **Tourbillon.** Westlich von Sion dehnt sich der Pfynwald aus, der die Sprachgrenze zwischen Walliserdeutsch und Französisch bildet. (Im Wallis sprechen 65% Französisch und 35% Deutsch, und nur in Gondo am Simplon spricht die Bevölkerung Italienisch.)

Ähnlich wie bei Brig/Naters macht auch die Landschaft bei **Sitten** und **Martigny** einen stark zersiedelten und industrialisierten Eindruck. Doch versöhnen vor allem hier im Unterwallis die ansteigenden Rebhänge (berühmte Rotweine stammen aus Salgesch) mit diesem Anblick oder ein Besuch der romanischen Kirche (mit achteckigem Turm) von **St-Pierre-de-Clages,** die zu den bedeutendsten Bauwerken der Schweiz gehört. Schließlich vermögen auch so berühmte Walliser Weinlagen wie Fendant, Dôle und Amigne zu trösten.

Wer auf dem Weg zum Genfersee ist, sollte nicht versäumen, einen Blick auf den bedeutendsten Schweizer **Klosterschatz** von **St-Maurice** zu werfen, aufbewahrt im ältesten Kloster der Schweiz, in der um 515 gegründeten Augustinerabtei. St-Maurice liegt an der Stelle des keltischen Agaunum, wo der Legende nach der heilige Mauritius mit seiner Thebäischen Legion um 300 n. Chr. durch römische Soldaten den Märtyrertod fand. Am Rhoneknie treffen Sie auf das alte römische Octodurum oder, wie es heute heißt, **Martigny** (deutsch Martinach), Ausgangs- oder Endstation des Durchgangsverkehrs vom Genfersee zum Simplon oder zum Großen St. Bernhard und zum Col de la Forclaz (Chamonix-Montblanc-Tunnel). Außer der hübschen Place Centrale mit dem Rathaus lohnt ein Besuch des neuen Museums.

Schweizer Geschichte in Zahlen

Um 100 v. Chr.: Einwanderung keltischer Helvetier. **58 v. Chr.:** Cäsar unterwirft Helvetier bei Bibracte. **15 v. Chr.:** Unterwerfung der Rhäter durch Rom. **Um 450:** Alamanneneinwanderung. **455:** Gründung des Königreichs Burgund. **534:** Die Franken unterwerfen Burgund. **538:** Die Franken unterwerfen die Alamannen. **843:** Teilung des Karolingerreiches. Die Schweiz wird dem lotharingischen Mittelreich zugeschlagen. **888:** Gründung des 2. Königreichs Burgund. **917:** Das alamannische Herzogtum Schwaben wird gegründet, auf dessen Gebiet die Schweiz liegt. **920:** kommen beide an das mittelalterliche Kaiserreich (Heiliges Römisches Reich). **Um 1100:** Die Zähringer übernehmen die Vormacht südlich des Rheins. **1218:** Aussterben der Zähringer in der Schweiz. **1291:** Die Eidgenossenschaft wird durch den «Ewigen Bund» der drei Waldstätte Uri, Schwyz und Unterwalden gegründet. **1315:** Sieg der Eidgenossen über Herzog Leopold I. vor Österreich (Schlacht bei Morgarten). **1332:** Luzern tritt als 1. Stadt dem Bund bei **1351–1353:** Beitritt von Zürich, Glarus, Zug und Bern zum Bund. **1370:** Erstes Bundesgesetz des «Pfaffenbriefes». **1386:** Schlacht bei Sempach, Sieg über Leopold III. von Österreich. **1388:** Siegreiche Schlacht bei Näfels. **1393:** Zweites Bundesgesetz des «Sempacherbriefes». **Um 1400:** Graubünden und Wallis verbünden sich mit den Eidgenossen. **1436–1450:** Der Alte Zürichkrieg. **1476:** Die Schlachten bei Grandson und Murten enden mit dem Sieg der Eidgenossen über Heere Karls des Kühnen von Burgund. **1481:** «Stanser Verkommnis», Aussöhnung zwischen Länder- und Städteorten. **1499:** Faktische Trennung der Eidgenossenschaft vom Reich (Schwabenkrieg). **1515:** Schlacht von Marignano,

Niederlage der Eidgenossen und Verzicht auf Expansionspolitik gegen Mailand. **1516:** Ewiger Friede mit Frankreich. **1523:** Die Reformation nimmt von Zürich (Zwingli) aus ihren Anfang. **1528/29:** Reformation in Bern und Basel. **1530:** Reformation in Schaffhausen und Glarus. **1541:** Kalvinistische Reformation in Genf. **1586:** Borromäischer (Goldener) Bund der katholischen Orte. **1648:** Der Westfälische Frieden besiegelt staatsrechtlich die Trennung der Schweiz vom Reich. **1798:** Die Franzosen erobern die ganze Schweiz, Ende der alten Eidgenossenschaft. Gründung der Helvetischen Republik als Einheitsstaat mit 19 Kantonen als Verwaltungsbezirken. Zu den 13 alten Orten kommen hinzu: Aargau, St. Gallen, Graubünden, Tessin, Thurgau, Waadt. Genf und Wallis bleiben französisch. **1803:** Die Mediationsakte macht die Schweiz wieder zu einem Staatenbund und verleiht den Kantonen Selbständigkeit. **1814/15:** Mediationszeit durch Bundesvertrag der 22 Souveränen Kantone (neu dazu Genf, Wallis, Neuenburg) beendet. **1815:** Der 2. Pariser Frieden erkennt die immerwährende Neutralität der Schweiz an. Genf werden an seinen Grenzen zollfreie Zonen zugesichert. **1845:** Gründung des Sonderbunds durch die katholischen Kantone Uri, Schwyz, Unterwalden, Zug, Luzern, Freiburg und Wallis. **1847:** Tagsatzung hebt Sonderbund auf und beschließt eine Bundesreform und Ausweisung der Jesuiten. Sieg des Bundesheeres (General Dufour) über Truppen des Sonderbunds. **1848:** Neue Bundesverfassung. Aus dem Staatenbund wird ein Bundesstaat. Bern wird Hauptstadt. Im Fürstentum Neuenburg (unter preußischer Oberhoheit) kommen die Republikaner an die Macht. **1857:** König Friedrich Wilhelm IV. von Preußen verzichtet auf seine Rechte in Neuenburg. **1864:** 1. Genfer Konvention, Gründung des Roten Kreuzes. **1870/71:** Deutsch-Französischer Krieg. Internierung der französischen Ostarmee unter General Bourbaki. **1873:** Abbruch der diplomatischen Beziehungen zum Vatikan. **1874:** Revision der Bundesverfassung. **1888:** Gründung der Sozialdemokratischen Partei. **1914—1918:** Im Ersten Weltkrieg Mobilisierung der Armee; Wahrung der Neutralität; Spannungen zwischen der französisch- und deutschsprachigen Bevölkerung. **1918:** Generalstreik (Landesstreik). **1919:** Einführung des Verhältniswahlrechtes und der 48-Stunden-Woche. **1920:** Beitritt zum Völkerbund. Differenzierung der Neutralitätspolitik, Wiederaufnahme der Beziehungen zum Vatikan. **1939—1945:** Im Zweiten Weltkrieg Mobilisierung der Armee unter General Guisan, Grenzbesetzung, doch Wahrung der Neutralität. **1940:** Internierung französischer Truppen. **1944:** Irrtümlicher Luftangriff der Alliierten auf Schaffhausen. **1945:** Demobilisierung der Armee. **1947:** Einführung der Alters- und Hinterbliebenenversicherung (AHV). **1948:** Aufnahme der Schweiz in die UNESCO. **1950:** Beitritt zur Organisation für europäische wirtschaftliche Zusammenarbeit (OEEC). **1959/60:** Einführung des Frauenstimmrechts in den Kantonen Waadt, Genf und Neuenburg. **1960:** Beitritt zur EFTA. **1963:** Beitritt zum Europarat. **1970:** Verwerfung der Schwarzenbach-Initiative. **1971:** Einführung des Frauenstimmrechts. Einzig die Kantone Appenzell Außerrhoden und Appenzell Innerrhoden lehnen das Frauenstimmrecht noch ab. **1972:** Abschluß eines Freihandelsabkommens mit der EG. 24. September **1978:** Anerkennung des Kantons Jura. **1979:** Diskussion um Totalrevision der Bundesverfassung und Entwurf einer neuen.

CH im Überblick

Das Land

Lage: Die Schweiz liegt zwischen dem 45. und 48. Grad nördlicher und dem 5. und 11. Grad östlicher Breite. Die Landesgrenzen stoßen an die Bundesrepublik Deutschland (346 km), an Frankreich (572 km), Italien (734 km), Österreich (165 km) und Liechtenstein (41 km).

Fläche: Umfaßt 41 293 km^2, davon sind 30 715 km^2 produktives Land (11 685 km^2 Wiesen- und Ackerland, Obst- und Rebbau, 8 510 km^2 Weiden und 10 520 km^2 Wald).

Höchster Punkt: Dufourspitze des Monte Rosa mit 4634 m ü. M.

Tiefster Punkt: Ufer des Lago Maggiore mit 193 m ü. M.

Das Klima

Die Alpen bilden eine deutliche Klima- und Wetterscheide. Da die Winde an den hohen Gebirgsketten gestaut werden, weist der Alpenrand starke Niederschläge auf. Die Täler aber bleiben sowohl vor heftigen Windeinfällen als auch vor übermäßigen Niederschlägen geschützt, wie das Tessin und das als besonders sonnig und trocken bekannte Wallis.

Herrscht im Norden der Alpen ein Tiefdruckgebiet und im Süden ein ausgeprägtes Hoch, so kommt es zur charakteristischen Föhnwetterlage. Über dem Bergkamm bildet sich eine Wolkenwand, die sich beim Abstieg auflöst: Der Föhn fegt als warmer Fallwind zu Tal. Von ihm werden besonders die nördlichen Alpentäler betroffen. Der Föhn kann mitunter das Wohlbefinden beeinträchtigen, da unter seinem Einfluß die Lufttemperatur plötzlich bis um mehr als 10° C ansteigen kann. An Föhntagen erscheint die Alpenlandschaft besonders klar und nimmt südliche Farbstimmungen an. Im Frühjahr bewirkt der Föhn oft eine starke Schneeschmelze, die Bäche und Flüsse anschwellen läßt. Eine typische Föhngasse bildet das Rheintal.

In den Hochtälern im Inneren der Gebirge herrschen ein besonders intensives Strahlungsklima, staubfreie Luft, geringe Luftfeuchtigkeit und kühle Temperaturen. Ihre ausgesprochen günstige heilklimatische Wirkung wurde denn auch bald erkannt, so daß vor allem im Engadin zahlreiche Sanatorien errichtet wurden. Dieser klimatische Vorrang kommt vor allem im Winter zur Geltung, wenn in tieferen Lagen ein feuchtes und unfreundliches Klima herrscht.

Bevölkerung und Wirtschaft

Die Schweizer stellen zwei Promille der Erdbevölkerung, mehr nicht. Unter den etwa 6 300 000 Einwohnern, die 1978 geschätzt wurden, lebt etwa eine Million Ausländer. Der Lebensstandard der Schweizer gilt als hoch, und die Schweiz ist, bezogen auf ihr Bruttosozialprodukt, nach Kuwait das zweitreichste Land der Erde. Der Schweizer ist der meistversicherte Bewohner des Erdballs.

Die Schweiz besitzt keine Rohstoffe. So gab es, da sie mehr Waren einführen als ausführen kann, immer nur eins: Fremdenverkehr, Anlagen im Ausland, Dienstleistungen, Lizenzen, Transit und Warenexport, und zwar stets unter dem Gütesiegel Qualität und Präzision. Dazu kam das Kapital. Die Schweizer Banken genießen Weltruf. Auf etwa 1400 Einwohner kommt ein Geldinstitut. Der Goldschatz der Nationalbank beträgt 10 Milliarden Franken und deckt zum großen Teil die Banknoten, die sie ausgibt.

Auch in der Schweiz entvölkern sich die Städte. Die größten **Agglomerationen** (1978) sind Zürich (707 500), Basel (367 000), Genf (322 900), Bern (283 600), Lausanne (227 200), Luzern (156 500), Winterthur (106 600).

Landessprachen: Deutsch (65%), Französisch (18%), Italienisch (12%) und Rätoromanisch (1%). Mit Ausnahme des Rätoromanischen sind alle Amtssprachen, d. h. auch amtliche Erlasse werden in diesen Sprachen verfaßt.

In der deutschsprachigen Schweiz bedient man sich im Alltag der alamannischen Mundarten. Die Welschschweizer oder Romands benutzen das Schriftfranzösische als Umgangssprache, Mundarten aber werden noch im italienischsprachigen Tessin und in den südlichen Tälern von Graubünden (Misox, Calanca, Bergell, Puschlav) gesprochen. Wenig bekannt ist, daß das Rätoromanische drei Schriftsprachen kennt: Das Surselvische im Vorderrheintal, das Sutselvische (Mittelbündnerisch) an Hinterrhein, Albula und Julier und das Ladinische, das im Engadin und im Münstertal gesprochen wird, wobei noch zwei weitere Formen unterschieden werden

47,8% der Bevölkerung sind evangelisch, 49,4% katholisch.

Schweizerische Eidgenossenschaft

So lautet die amtliche Bezeichnung des schweizerischen Bundesstaates, französisch: Confédération Suisse, italienisch: Confederazione Svizzera, lateinisch: Confoederatio Helvetica, kurz Helvetia.

Die Bezeichnung «Eidgenossen» trat zum ersten Mal im deutschgeschriebenen Bundesbrief von 1315 auf. Die Verwendung der lat. Bezeichnung «Confoederatio Helvetica» auf Münzen, Briefmarken, die Abkürzung CH auf Autoschildern und im internationalen Postverkehr wurde gewählt, um keine der Landessprachen zu bevorzugen.

Der Name «Helvetia» leitet sich von den keltischen Helvetiern ab, die um 100 v. Chr. aus Süddeutschland in das schweizerische Mittelland vordrangen. Seit 1850 taucht die «Mutter Helvetia» als Symbol auf Münzen, von 1854—1940 auch auf Briefmarken auf.

Die Schweizerische Eidgenossenschaft besteht aus 26 **Kantonen,** 23 «souveräne» Kantone und drei Kantone, die in **Halbkantone** unterteilt sind: Obwalden (OW), Nidwalden (NW), Basel-Stadt (BS), Basel-Land (BL), Außerrhoden (AR) und Innerrhoden (IR). Die Halbkantone gelten jedoch als vollwertige selbständige Staatsglieder, dürfen aber nur einen Ständerat entsenden, und ihre Stimme zählt nur halb bei Verfassungsänderungen. Die Kantone spielen im Bewußtsein der Bürger eine außerordentlich bedeutende Rolle und zwar auf Grund der Tradition, im politischen Alltag, als politische Zentren und als Kulturträger.

Die Schweiz stellt also einen Bund von Demokratien (Kantone) dar. Der Bund an oberster Stelle, dann Kantone und schließlich die Gemeinden bilden den Staat. Die **Gemeinde** ist autonom, sie hat eine Verfassung, die Gemeindeordnung. Sie untersteht dem Kanton. Auch der **Kanton** ist selbständig, verfügt über eine eigene Verfassung und kann bei bestimmten Bundesabstimmungen seine Stimme abgeben. Die höchste Ebene im Staat verkörpert der **Bund** (Monopole für Zoll, Post, Telefon und Herausgabe von Banknoten).

Die **Bundesversammlung** setzt sich aus zwei Kammern zusammen, dem **Nationalrat** (200 Volksvertreter) und dem **Ständerat** (46 Abgeordnete der Kantone). Die oberste ausführende Behörde ist der **Bundesrat,** die richterliche das **Bundesgericht.**

Die **Regierungen** bilden die Gemeinderäte, Stadträte, Regierungsräte und Bundesräte. Sie sind Mitglieder der verschiedenen Parteien. Sie fassen ihre Entschlüsse gemeinsam und vertreten sie nach außen. Die Regierungsweise ist kollegial und pragmatisch. Wenn der Bundesrat im Parlament eine Niederlage erfährt, wird ihm das Vertrauen nicht entzogen. Die Regierung kann nicht gestürzt werden, sie wird periodisch neu gewählt.

Das **Wappen** der CH: weißes Kreuz auf rotem Grund. Das **Bundesheer** der CH ist ein Milizheer, dessen allgemeine Wehrpflicht alle Wehrtüchtigen vom 20. bis 50. Lebensjahr erfaßt. (Der Wehrpflichtige versorgt seine Ausrüstung in seinem privaten Domizil).

Feste und Bräuche

Die Schweiz ist reich an schönen und eigenartigen Festen und Bräuchen, von denen heute noch viele ihre Ursprünglichkeit bewahrt haben. Ihre Zahl ist deshalb so groß, weil viele Kantone oder einzelne Ortschaften ihre eigenen Feste feiern. Die offiziellen Feiertage unterscheiden sich jedoch kaum von denen in Deutschland, doch kommen in den katholischen Gebieten noch die von Lokalheiligen hinzu. Nationalfeiertag ist der 1. August eingedenk des Rütlischwurs 1291 («Bundesfeier»). In einigen Orten der Kantone Appenzell, Nidwalden und Glarus wird noch immer die **Landsgemeinde** unter freiem Himmel abgehalten, die Abstimmung erfolgt durch Handzeichen. Zu den allgemein verbreiteten Festen zählen vor allem die **Schützen-** und **Älplerfeste** mit Jodeln, Fahnenschwingen und Alphornblasen. Diese Anlässe vereinen vielfach sportliche und musikalische Veranstaltungen. Hin und wieder, wie im Wallis oder in Greyerz, werden dazu noch die typischen Trachten getragen.

In den Bergkantonen begeht man noch immer **Alpauf-** und **Alpabtrieb** mit feierlichen Zügen, und die Beteiligten erscheinen im traditionellen Älplerkleid. Mit der herbstlichen Alpabfahrt verbunden ist aber auch der Brauch der **Kästeilete,** z. B. im Justital oberhalb Meilingen. Dort wird der im Sommer gewonnene Ertrag an Käselaiben den Bergrechtsbesitzern durch Los zugeteilt. Im Kanton Wallis spielen die **Kuhkämpfe,** aus denen das Leittier für die Alpzeit hervorgeht, eine große Rolle. Zur Weinlese veranstalten viele Weinanbaugebiete am letzten Sonntag im September oder dem ersten im Oktober **Winzerfeste,** die zum Teil mit großem Aufwand begangen werden, wie das nur alle 25 Jahre stattfindende Fest von Vevey. Bekannt ist aber auch die Weinlese von Russin (Kanton Genf), das Weinfest von Lugano (Kanton Tessin) oder Sierre / Siders (Kanton Wallis).

Weit verbreitet sind noch immer die **Fasnachtsbräuche.** Die «Rölli» im Kanton Schwyz toben sich in wilden Tänzen aus und verteilen Eierringe an die Jugend, ein Symbol auf die bevorstehende Fastenzeit. Ihr breiter Gurt ist dicht mit «Rollen» (Schellen) besetzt. Im Tal von Schwyz treten die sogenannten «Rotten» auf, zu denen die «Nüssler» gehören, die Brötchen und Orangen verschenken. Sie tragen ein dezentes einheitliches und harmonisches Kostüm. Wild und ungebärdet erscheinen dagegen die holzgeschnitzten Masken der «Roitschäggättä» im Walliser Lötschental. Sie ziehen in kleinen Gruppen umher und erschrecken durch ihre mit Ruß geschwärzte Erscheinung die Bevölkerung.

Vielfältig und weit verbreitet sind aber auch **Vorweihnachtsbräuche.** In Fribourg reitet der heilige Niklaus, der zugleich Patron des Münsters ist, durch die Straßen der Altstadt. In anderen Kantonen besucht der Samichlaus (Nikolaus) als würdige Erscheinung mit Mitra und Abtstab die kleinen Kinder zu Hause, begleitet von 4 bis 6 «Schmutzlis», in schwarze Kleider gehüllte und mit Ruß verschmierte Gestalten, die den Ungehorsamen mit ihrer Rute noch schnell eine milde Züchtigung erteilen. In Oberägeri (Kanton Zug) gehört zum Brauch des Chlauselns, daß der heilige Nikolaus nicht nur von einer Rotte, sondern auch vom «Chlausesel» begleitet wird. An einer langen Stange befestigt man einen Eselskopf mit einem roten Säckchen statt der Zunge, in welches eine Spende geworfen wird. Andernorts sind «Klausjagen» und «Geisslechlöpfe» verbreitet. Zum «alten Silvester» (13. Januar) bekennen sich die phantastisch geschmückten **Appenzeller Silvesterkläuse.** Ihre Gewänder aus Reisig und Laub, Moos, Baumästen, Hobelspänen und Tannen stellen Lebenssymbole uralter Zeit dar.

Zu den religiösen Festanlässen gehören aber auch die **Fronleichnamsprozessionen.** Berühmt ist die prächtige Prozession von Beromünster unter Teilnahme von Reitern, und im Wallis legt man weitgehend das Trachtenkleid an.

Das Engadin feiert seinen «Chalanda Marz» (Märzbeginn). Die Schuljugend verjagt mit Kuhschellen und Peitschen die Dämonen des Winters.

Historischen Ursprungs dagegen ist das Fest der **Genfer Escalade,** während die im Kanton Tessin übliche Risottata auf einen alten sozialen Brauch zurückgeht. Zur Fasnacht wird auf öffentlichem Platz in überdimensionalen Kesseln Risotto zubereitet und an die Bevölkerung verteilt.

CH Reisevorbereitung

Bei der Planung eines Schweiz-Urlaubs empfiehlt es sich in jedem Fall, die Schweizerische Verkehrszentrale (SVB) in Zürich oder ihre Vertretung in Frankfurt oder München anzuschreiben und seine Wünsche mitzuteilen.

Alle drei stellen mehr als 130 Reiseführer, Wanderbücher, Kunst- und Gastronomieführer, Landkarten, detailliertes Informationsmaterial über jeden gewünschten Ferienort oder bestimmte Schweizer Landschaften kostenlos zur Verfügung. Sie erfahren alles Wissenswerte über Sommersportmöglichkeiten, Pauschalarrangements, über 20 schweizerische Heilbäder, über Erziehungsinstitute, Pensionate, Kinderheime, Handels- und Haushaltungsschulen, Ferien- und Sprachkurse, Ferienlager, Kinderbetreuung am Ferienort, kinderfreundliche Hotels, Ferien im Sattel, 28 Golfplätze, 12 Kunsteisbahnen mit Sommerbetrieb, Sommerskigebiete, 180 Hotels mit eigenen Tennisplätzen, 13 Bergsteigerschulen, über Fischen in Seen und Flüssen, über 2000 Sommerveranstaltungen, über 250 Vita-Parcours, Fallschirmspringerschule, Segelkurse und Eselsafari im Wallis.

Ebenso gründlich wie ausführlich informiert man Sie über die Winterangebote: über 1500 Bergbahnen, Skilifte und Sessellifte, rund 850 verschiedene Skipässe, 83 Kunsteisbahnen und rund 300 weitere Eislaufplätze, über Skiakrobatik, Curling in 75 Orten, Rodeln in 100 Orten, über 180 Skischulen und spezielle Skiwochen, Skibobfahren in 100 Orten, Kinderhütedienst, über Reitmöglichkeiten im Winter in 15 Orten, über Tennishallen in 34 Feriendörfern. Das kulturelle und sportliche Winterprogramm bietet über 1500 Veranstaltungen.

Es ist am einfachsten, Sie bestellen die kostenlose Übersicht «Reiseliteratur Schweiz» bei einer der drei Informationsstellen.

Auskünfte/Informationen

Schweizer Verkehrsbüro, Kaiserstr. 23, 6000 Frankfurt/M 1, Tel. 23 60 61.
Schweizer Verkehrsbüro, Leopoldstr. 33, 8000 München 40, Tel. 34 74 09.
Schweizerische Verkehrszentrale (SVZ)
Bellariastraße 38, CH-8027 Zürich,
Tel. 202 37 37, Telex 53 115
Amtliche Vertretung des SVB und der Schweizerischen Bundesbahnen (SBB): 6000 Frankfurt a.M. 1, Kaiserstr. 23,
Tel. 23 60 61, Telegr. Swisturist, Telex 412 021, oder: 2000 Hamburg 1, Speersort 8, Tel. 33 70 72 oder: 4000 Düsseldorf, Graf-Adolf-Str. 100, Tel. 36 43 22 oder: in Österreich: 1010 Wien, Kärntner Str. 20,
Tel. 52 74 05.
Außerdem unterhält die SVB Agenturen in sämtlichen Hauptstädten der europäischen und außereuropäischen Länder. Für die Information einzelner Gebiete oder Ortschaften empfiehlt sich, die jeweiligen Fremdenverkehrsbüros direkt anzuschreiben.

Deutsche Konsulate in der Schweiz

3000 Bern, Willadingweg 78 und 83 (Botschaft), Tel. 44 08 31. 4000 Basel, Steinenring 40 (Generalkonsulat), Tel. 39 08 15. 1200 Genf, 49, ch. Petit-Saconnex 28 C (Generalkonsulat), Telefon 33 50 00. 6900 Lugano, via Ariosto 1 (Konsulat), Tel. 22 78 82. 8001 Zürich, Kirchgasse 48 (Generalkonsulat), Tel. 32 69 36.

CH Reiseinformationen

Einreise

Staatsbürger der Bundesrepublik Deutschland benötigen einen gültigen Reisepaß oder Personalausweis bzw. deutsche Staatsangehörige aus West-Berlin einen gültigen «Behelfsmäßigen Personalausweis».
Für Kinder bis 10 Jahre: Kinderausweis ohne Foto; bis 16 Jahre: Kinderausweis mit Foto oder Eintragung im Familienpaß bzw. für West-Berliner Kinder: Bescheinigung des Polizeipräsidenten in Berlin mit Personalien und Foto.

Die Mitnahme von Hunden und Katzen erfordert ein tierärztliches und ein Tollwutimpfzeugnis. Letzteres ist erst 30 Tage nach der Impfung und nur für 1 Jahr gültig.

Devisen

Bei Ein- und Ausreise dürfen ausländische Banknoten nur im Gegenwert von 20 000 Franken pro Person und Quartal mitgeführt werden.

Währung

Ein Schweizer Franken (sFr.) =
100 Rappen (Rp.)

Das Schweizer Geld besteht aus **Münzen** zu 5, 10, 20 und 50 Rappen sowie zu 1, 2 und 5 Franken. **Noten** zu 10, 20, 50, 100, 500 und 1000 Franken.

Geldwechsel

Sämtliche ausländischen Zahlungsmittel sowie Reiseschecks werden von Banken, Wechselstuben, in Reisebüros und Hotels, auf Bahnhöfen und Flughäfen umgetauscht.

Mit dem deutschen Postsparbuch können Schweizer Franken bis höchstens 2000 DM (je Postsparbuch) innerhalb von 30 Tagen abgehoben werden. Euroschecks nehmen die meisten Banken entgegen. Auch in Hotels, Geschäften, Kaufhäusern und Restaurants kann mit Euroschecks bezahlt werden.

Zoll

Über die Zollbestimmungen sollte sich jeder Einreisende informieren. Seit Besserstellung des Franken- zum DM-Kurs prüft der Schweizer Zoll bei persönlichen Besuchsreisenden genauer, da Fleisch- und Wurstwaren und Alkoholika in der Bundesrepublik günstiger als in der Schweiz angeboten werden. Außer den persönlichen Gegenständen darf Reiseproviant für den Tagesbedarf je einer Person, alkoholische Getränke bis 25 Grad je 2 Liter, über 25 Grad je 1 Liter, an Tabakwaren 200 Zigaretten oder 50 Zigarren oder 250 Gramm Tabak zollfrei eingeführt werden. Alkohol- und Tabakmengen gelten nur für Personen über 17 Jahre. Für Fleisch- und Wurstwaren gelten besondere Bestimmungen, Butter darf nur bis 125 g, und Geschenke dürfen bis zum Wert von 100 sFr. pro Person mitgeführt werden. Benzin: der volle Tank und 10 Liter Reserve.

CH für Autotouristen

Der Autoreisende benötigt zur Einreise neben dem Paß oder dem Personalausweis seinen Kraftfahrzeugschein und den nationalen Führerschein. Die grüne Versicherungskarte ist nicht erforderlich.

Bei **Unfällen** hilft die «Zürich», Allgemeine Unfall- und Haftpflichtversicherungs-AG, Zürich, Mythenquai 2, Tel. 205 21 21.

Erlaubt ist auf allen Landstraßen die Höchstgeschwindigkeit von 100 km/h, auf Autobahnen (grün ausgeschildert) 130 km/h, innerhalb der Ortschaften 60 km/h.

Das Fahren mit Spikes-Reifen ist nur bis Ende März/Anfang April, je nach Wetterverhältnissen, zulässig. Auskunft erteilen die Automobilklubs. Für Spikes-Reifen beträgt die Höchstgeschwindigkeit 80 km/h, das Benutzen von Autobahnen und besonders gekennzeichneten Autostraßen ist nicht erlaubt. Kindern bis zum vollendeten 12. Lebensjahr ist das Mitfahren auf Vordersitzen untersagt.

Für Motorräder, Mopeds und Wohnwagen gelten dieselben Bestimmungen. Anschnallpflicht (Gurtenobligatorium) gilt in der ganzen Schweiz.

Auf blaugekennzeichneten Zonen vieler Ortschaften darf nur mit Parkscheibe (bei Tankstellen, Hotels, Kiosken, Verkehrsbüros erhältlich) geparkt werden.

Die **Verkehrsvorschriften** entsprechen im allgemeinen den in Deutschland üblichen. Zu beachten ist, daß die Straßenbahn generell Vorfahrt hat. Auch im Kreisverkehr hat stets der von rechts Kommende Vortritt. Nebelscheinwerfer dürfen nur zusammen mit dem Standlicht eingeschaltet werden. Parken ist nur in Fahrtrichtung erlaubt; auf durchgezogenen gelben Linien am Straßenrand gilt Halteverbot, für unterbrochene Parkverbot.

Beim Überqueren von **Alpenpässen** ist trotz gut ausgebauter Paßstraßen noch immer Achtung und vor allem Disziplin geboten, man halte sich vor allem in unübersichtlichen Kurven rechts am Straßenrand. Dem bergaufwärts fahrenden Fahrzeug ist der Vorrang einzuräumen, und auf den mit einem Posthorn signalisierten Strecken hat der Postautobus Vorfahrt.

Überraschungen unliebsamer Art kann der Autofahrer immer wieder bei Paßfahrten erleben, denn auch in den Sommermonaten macht die Witterung es mitunter erforderlich, kurzfristig einen Paß zu schließen. Darum ist es stets ratsam, sich vor Fahrtantritt über den jeweiligen **Straßenzustand** zu informieren: Tel. 163 (gilt für die ganze Schweiz, Vorwahl aus der BRD: 0041/1). Über das **Wetter** gibt Auskunft: Tel. 162.

Wer im Winter in die Schweiz reist, sollte auf Schneeketten nicht verzichten. Den entsprechenden Hinweisschildern am Straßenrand dürfen Sie Glauben schenken. Auf verschiedenen Bergstrecken unterhält der ACS und der TCS einen «SOS-Hilfsdienst» mit Streckentelephon und Wasserstellen: Tel. 111.

Notrufzentrale: TCS Genf, Tel. 35 80 00
Automobil-Club der Schweiz (ACS)
Zentralsitz: Wasserwerkgasse 39,
3000 Bern 13, Tel. 22 47 22
Touring-Club der Schweiz (TCS)
Zentralsitz: 9, rue Pierre Fatio,
1211 Genf 3, Tel. 36 60 00.

ACS und TCS unterhalten Geschäftsstellen in allen größeren Schweizer Städten.

Alpenpässe

Ganzjährig geöffnete Pässe sind: Bernina, Brünig, Forclaz, Jaun, Pillon.

Die Schweizer Reisepost verkehrt auch in den Wintermonaten über Julier, Maloja, Mosses, Ofen und Simplon. Die Überquerung des Flüela kostet von 1. 11. bis 30. 4. eine geringe Gebühr (1979/80 fünf Franken), wenn der Paß geräumt werden muß. Alle übrigen Pässe sind normalerweise von Mai/Juni bis in den Spätherbst offen.

Alpentunnel — Autoverladung

Das ganze Jahr über können Autos durch die Alpentunnel Simplon, Lötschberg und Albula befördert werden.
Simplon: Verladestation Brig und Iselle. Verladung und Verzollung müssen 10 Minuten vor Abfahrt des Zuges beendet sein. (Gebühren Brig—Iselle 37.—).
Lötschberg: Verladestationen Kandersteg, Goppenstein und Brig (Iselle). (Gebühren Kandersteg — Iselle 67.—, Kandersteg—Goppenstein 28.—, Kandersteg—Brig 40.—).
Albula: Verladestationen Thusis, Tiefencastel und Samedan. Voranmeldung 1 Stunde. (Gebühren Thusis—Samedan 67.—; Mitreisende extra: 14.80). Die Kosten entsprechen dem Stand von 1981.

Alpen-Straßen-Tunnel

Großer St. Bernhard (Wallis), San Bernardino (Graubünden), Gotthard (Uri), Seelisberg (Uri).

Autoreisezüge

Zwischen der Schweiz und Deutschland verkehren folgende Züge:
Bremen/Hamburg/Hannover—Lörrach (bei Basel)
Hamburg/Hannover/Neu Isenburg—Chur/Samedan (Engadin)
Hamburg/Hannover—Chiasso
Düsseldorf/Köln—Lindau (Bodensee)
Düsseldorf/Köln/Neu Isenburg—Domodossola/Mailand
Düsseldorf/Köln—Lörrach (Basel) Berlin—Lörrach (Basel)

Autofähren

Bodensee: Romanshorn—Friedrichshafen. Fahrtdauer 50 Minuten
Meersburg—Staad/Konstanz. Fahrtdauer 20 Minuten
Vierwaldstätter See:
Gersau—Beckenried. Fahrtdauer 15 Minuten
Zürichsee: Meilen—Horgen. Fahrtdauer 10 Minuten.

Pannendienst

Hilfe erlangen ausländische Autotouristen über die einheitliche Telefonnummer 140.

Gratishilfe wird Besitzern von Automobilclub-Schutzbriefen durch die TCS-Straßenwachtfahrer zuteil. Notruftelefone befinden sich auf den Autobahnen auf allen 1,6 km. Auf Paßstraßen oder abgelegenen Routen befinden sich ACS- und TCS-Notruftelefone.

Bei Unfällen mit Personenschäden muß die **Polizei** gerufen werden. Über Telefon 117 erreichen Sie die Polizei in der ganzen Schweiz.

Telefon 144 alarmiert Rettungsfahrzeuge (Sanitätsnotdienst).

Camping und Caravaning

Campieren ist nur auf Campingplätzen erlaubt. Rund 475 von insgesamt 624 sind durch Organisationen klassifiziert. 75% liegen an See- oder Flußufern. Die Hälfte aller Campingplätze ist nur für Touristen reserviert. 59 Plätze sind auch im Winter geöffnet. Nähere Auskünfte gibt das Verzeichnis «Campingferien in der Schweiz», kostenlos erhältlich beim SVB oder dem Schweizerischen Camping- und Caravaning-Verband, Habsburgerstr. 35, 6000 Luzern, Tel. 23 48 22.

Für Wohnanhänger bestehen folgende Vorschriften: maximale Breite 2 m, maximale Länge 6 m. Das Totalgewicht des Wohnwagens darf nicht höher sein als das des leeren Zugfahrzeuges, anderenfalls muß ein spezielles Bremssystem vorhanden sein. Ausnahmebewilligungen erteilen die Zollämter.

Tankstellen

Die meisten schließen um 20 Uhr; vor allem in abgelegenen Berggegenden sollte man rechtzeitig den Tank füllen. Am preisgünstigsten tankt man an Freien Tankstellen (Migrol).

CH für Bahnreisende

Die Schweizerischen Bundesbahnen (SBB) verfügen über ein ausgezeichnet ausgebautes und organisiertes Streckennetz. Es ist ratsam, sich bei der Wahl des günstigsten **Bahnbilletts** beraten zu lassen; die SBB bieten eine Fülle von Ermäßigungen und Möglichkeiten außer den verbilligten Rund- und Rückfahrkarten an. Für Kinder von 6 bis 16 Jahren wird die Hälfte des Fahrpreises erhoben.

Der Reisende kann wählen zwischen Familienermäßigung, Ferienbillett, Schweizer Ferienkarte (Netzkarte), Halbtaxabonnements (Reisen zu halben Preisen), Postauto-Ferienabonnement, Regionalem Ferienabonnement (Netzkarte), Seilbahnabonnement, Gesellschaftsermäßigungen.

Die **Intercity-Züge** oder die **Kurswagen** der verschiedenen Züge verbinden Deutschland und die Schweiz. Während in Zügen in die Schweiz Sitz-, Liege- oder Schlafwagenplätze reserviert werden können (2 bis 3 Monate vor Reiseantritt), sind Reservierungen im innerschweizer Verkehr nicht möglich, Ausnahme bilden einige TEE-Züge. Allerdings können verschiedene Kurs-Autobusse der Schweizer Reisepost nur mit Platzkarten benutzt werden (z. B. Busverbindung Visp — Saas-Fee). In jedem Postbüro der Schweiz kann die Reservation (kostenlos) erfolgen.

Eine Bahnreise innerhalb der Schweiz ist zu empfehlen. Die Züge verkehren pünktlich, sind sauber und gepflegt, und viele Ferienorte lassen sich einfacher mit der Bahn als mit dem eigenen Wagen erreichen, und dabei kann man den Reiz der malerischen Landschaft uneingeschränkt genießen.

Kein Problem bedeutet die Beförderung von **Reisegepäck.** Von allen größeren deutschen Bahnhöfen kann das Gepäck direkt aufgegeben werden. Haben Sie eine «Zollerklärung für Reisegepäck» ausgefüllt, verzichtet der Zoll weitgehend auf Kontrolle des Gepäcks.

CH für Flugpassagiere

Die Schweiz verfügt über drei Flughäfen: Zürich-Kloten, Genf-Cointrin und Basel-Mulhouse. Sie sind ans Weltflugnetz angeschlossen. Flughafengebühren werden nicht erhoben. Zwischen Zürich-Kloten und Bern sowie von Genf nach Lausanne verkehren Busse.

Am 1. Juni 1980 wurde die **Flughafenbahn** der SBB eröffnet, sie schließt den Flughafen Zürich direkt an das Netz der SBB an. Zugleich schuf sie eine neue Pendelzugverbindung zwischen dem Flughafen Zürich-Kloten und dem Hauptbahnhof Zürich, welche diese Strecke in knapp 10 Minuten zurücklegt, Züge verkehren ca. alle 30 Minuten.

CH für Wanderer/Bergsteiger

Die Schweiz bietet dem Naturfreund ideale Wandermöglichkeiten. Auf rund 50 000 km markierten Wanderwegen (Kennzeichnung: schwarze Schrift auf gelbem Grund,) erschließt sich das Land in alle Himmelsrichtungen: Die Alpenrandroute (vom Bodensee zum Genfersee entlang dem Alpennordfuß), die Alpenpaßroute (überwindet 14 Alpenpässe), die Rhein-Rhone-Route (durchquert die Längstäler Vorderrhein, Rhonetal, Genfersee) und Nord-Süd-Route (von Basel über den Gotthard nach Lugano).

Wer nur wenige Tage Zeit hat, ziehe den «reka Wanderpaß» zu Rate (Pauschalarrangement). Er bietet 2-Tages-, 4-Tages- und 7-Tagestouren an und führt durch typische Landschaftsregionen: Appenzell, Emmental, Jura, Kanton Schwyz und Toggenburg. Der Schweizer Juraverein markierte 600 km Jurahöhenwege. Verkaufsstellen und Informationen: Auskunfts- und Reisebüros der SBB: Baden, Basel SBB, Bern, Biel, Genf, Lausanne, Luzern, St. Gallen, Schaffhausen, Winterthur, Zürich.

Anregendes Informationsmaterial zum Wandern in der Schweiz stellen der SVB sowie die Arbeitsgemeinschaft für Wanderwege (SAW), Hirshalm 49, 4125 Riehen, kostenlos zur Verfügung.

Übernachtet werden kann in den rund 156 Hütten und Biwaks des Schweizerischen Alpenclubs (SAC) und den 95 Häusern der Organisation der «Naturfreunde». Besonders geeignete Jahreszeiten sind Frühsommer und Frühherbst (in jeder Buchhandlung zu bestellen: Klubhüttenverzeichnis des SAC-Verlages mit Adressen und Telefonnummern).

Immer größeren Zuspruch findet das winterliche Skiwandern, dem die Schweiz bisher mit zahlreichen Skiwanderloipen in 160 Orten und z. T. auch nachts beleuchteten Strecken gerecht wird.

Auch dem Winterwanderer stehen in keinem anderen Land so viele geräumte Winterwanderwege zur Verfügung wie in der Schweiz, gut 3000 km Wanderwege werden in 200 Orten geräumt.

Bei Bergunfällen hilft sofort:
Die Schweizerische Rettungsflugwacht (SRFW) Zürich: Tel. 47 47 47.

Reisen mit Bergbahnen und Schiffen

In der Schweiz gibt es rund 400 Zahnrad-, Luftseil- oder andere Bergbahnen, mit denen Gipfel von über 3000 m ü. M. erreicht werden.

Jungfraubahn, 3457 m (Interlaken/ Kleine Scheidegg—Jungfraujoch), Gornergratbahn, 3407 m (Zermatt—Gornergrat).

Auf fast 20 Schweizer Seen gibt es, namentlich im Sommer, fahrplanmäßigen Schiffsverkehr. Auch bestimmte Flußstrekken werden regelmäßig befahren (Rhein, Aare u. a.).

CH Bankschalter

9 Uhr bis 12 Uhr, 13.30 bis 16.30 Uhr, samstags geschlossen. Geldwechsel ist auch an den Bahnhöfen größerer Städte außerhalb der Bankzeiten möglich.

CH Bargeldlose Ferienorte

In Savognin, in Flims und Engelberg kann der Gast bargeldlose Ferien machen. Das einzige was er braucht, ist eine Kreditkarte des American Express, und dann genügt eine Unterschrift, um im Hotel, in Restaurants, in Geschäften, im Hallenbad, beim Friseur oder der Skischule Rechnungen zu begleichen.

CH Fahrradvermietung an Bahnhöfen

1200 Fahrräder können an 600 Bahnhöfen gemietet werden.
Kosten (Stand 1981:)

Für Personen	mit Bahnbillett	ohne Bahnbillett
bis 4 Stunden	5.—	6.—
bis 12 Stunden	7.—	9.—
bis 24 Stunden	9.—	12.—
je weitere 24 Stunden	7.—	9.—

Ferien-Radlerei ist seit 1979 auch in klassischen Urlaubsgebieten der Schweiz möglich. Mehrere Orte zwischen der Ostschweiz und dem Wallis bieten z. T. für das ganze Jahr Radler-Arrangements an, wie Lausanne, Lenzerheide—Valbella (Graubünden), Weggis und Zug/Walchwil in der Zentralschweiz, Frauenfeld im Kanton Thurgau. Informationen durch die SVB oder durch das Schweizer Verkehrsbüro in Frankfurt, Kaiserstraße 23.

Darüber hinaus hat der Schweizerische Touring-Club (TCS) verschiedene Radfahrzentren eröffnet. Die Routen liegen abseits des großen Verkehrs. Fahrräder können an jedem Radfahrzentrum des TCS für Fr. 6.—/4 Stunden und Fr. 10.— pro Tag (Stand 1981) gemietet werden. Jedes Zentrum verfügt über eine Broschüre mit allen Radfahrwegen und -routen.
Cyclo-Centre Yens: Garage de la Gare, (Tel. 77 39 06).
Fahrrad-Zentrum Kallnach: Tankstelle Total (Tel. 82 16 25). Cyclo-Centre Yens: Garage de la Gare, (Tel. 77 39 06). Fahrrad-Zentrum Kallnach: Tankstelle Total (Tel. 82 16 25). Cyclo-Centre Jura Saignelégier: Tankstelle Esso, Rte des Rangiers (Tel. 51 17 61). Fahrrad-Zentrum Rebstein SG: Hans Rebstein (Tel. 77 14 35). Fahrrad-Zentrum Oberägeri: Rothens Fahrrad-Shop (Tel. 72 23 17). Grosswangen LU: Velos Mehri (Tel. 71 18 51). Contone TI: Cicli U. Haab (Tel. 62 16 58). Mendrisio TI: Cicli Tettamenti (Tel. 46 15 39). Mettmenstetten ZH: Sportartikel Winteler (Tel. 67 03 70). Sion VS: Cyclesstation Ph. Ferrero (Tel. 22 18 72).

CH Gastronomie und Hotellerie

Beide genießen einen ausgezeichneten Ruf. In der Schweiz gibt es rund 8000 Hotels,

Motels, Pensionen, Höhensanatorien und Kurhäuser mit mehr als 280 000 Betten. In etwa 30 000 Chalets werden außerdem 200 000 Betten angeboten. Angaben über Preise, Vergünstigungen und Sonderleistungen in Hotels bietet der «Schweizer Hotelführer», (in Reisebüros oder beim SVB erhältlich). Taxen und Bedienungsgelder sind in den Beherbergungs- und Restaurationspreisen auch bei Coiffeuren bereits enthalten.

«Ferien für Kinder und Familien in der Schweiz» heißt u. a. ein ausführliches Angebotsverzeichnis mit Hobby-Kursen für Kinder und Erwachsene. Kostenlos zu beziehen durch den SVB. Hotel- und sonstige Unterkünfte bieten die regionalen oder örtlichen Verkehrsbüros an. Über ein reiches Angebot an Ferienwohnungen und Chalets (Ferienhäuser) verfügt «Swiss Chalet», Elsastr. 6, 8040 Zürich.

CH Jugendherbergen

Schweizerischer Bund für Jugendherbergen, Postfach 132, Hochhaus 9, 8958 Spreitenbach,
Tel. 71 40 46, Telex 55 244 sjh ch, Bürozeit 08.00—12.00, 13.00—17.00 Uhr. Samstag geschlossen.
Die über 119 Schweizerischen Jugendherbergen mit 8824 Betten stehen allen Mitgliedern offen, die eine gültige Mitgliedskarte besitzen, auch Jugendlichen über 25 Jahren und selbst Familien, sofern Platz vorhanden ist. Ein komplettes Jugendherbergsverzeichnis erhalten Sie vom SJH oder SVB. Voranmeldungen sind vor allem für die Ferienwochen zu empfehlen.
Internationale Jugendherbergsausweise benötigen alle Ausländer, sie sind nur bei den Kreisgeschäftsstellen erhältlich, ihre Adressen vermittelt der SJH.

CH Museen

Die Schweiz besitzt bedeutende und großartige Museen und Sammlungen. Ihre Öffnungszeiten sind jedoch nicht einheitlich geregelt. Die meisten Museen bleiben am Montag geschlossen, manche am Mittwoch. Es ist ratsam, sich vor dem Besuch eines bestimmten Museums telefonisch zu erkundigen. Einmal pro Woche sind die Museen von 20—22 Uhr geöffnet. Vielfach ist Mittwochnachmittag oder Sonntag der Eintritt frei.

CH Post und Porto

Öffnungszeiten: Montag—Freitag 7.30—12.00 Uhr, 13.45—18.30 Uhr, samstags nur bis 11.00 Uhr.
Posttarife: Inland: normaler Brief Fr. 0,40, Postkarte Fr. 0.40, Ausland: normaler Brief Fr. 0.80, DDR Fr. 0.90, Postkarte Fr. 0.70, (inkl. DDR).

CH Souvenirs und Shopping

Der Reisende liebt Souvenirs, und gerade in der Schweiz lebt eine ganze Industrie von kauffreudigen Touristen. Das Angebot der «Gift-Shops» reicht von der schellenden Kuhglocke über Mini- und Maxi-Tells bis hin zur Schweizer Luxus-Uhr. Zum beliebten Mitbringsel gehört das klingenreiche Schweizer Militär- oder Offiziersmesser. Wer gutes Kunsthandwerk schätzt, findet eine gediegene Auswahl an Holzgeschnitztem, schönen Keramikgegenständen, Schmuckwaren aus Halbedelsteinen, Handgewebtem, Mineralien und Spielsachen in den «Schweizer Heimatwerk»-Geschäften, aber auch Textilien aus Leinen, St. Galler Spitzen sowie eßbare Souvenirs (Käse, die typischen Hartwürste).

Geschäftszeiten: 8 oder 9 Uhr bis 12 Uhr, 13.30 Uhr bis 18.30 Uhr (außer Montagvormittag oder Mittwochnachmittag). Samstags sind die Geschäfte bis 16.00/17.00 Uhr geöffnet. In größeren Städten halten Kaufhäuser auch über die Mittagszeit offen. In vielen Großstädten sind an einem Tag pro Woche (meistens donnerstags oder freitags) die Geschäfte der Innenstädte bis 21 Uhr geöffnet.

CH Sport

Sportanlagen:
Sporthallen 26 × 45 m, 45; Fluß- und Seebäder, 168; Freibäder 25 m, 154; Freibäder 50 m, 227; Hallenbäder 25 m, 194; Hallenbäder 50 m, 7; Kunsteisbahnen 30 × 60 m, 83; Tennisanlagen im Freien, 262; Tennisfelder in Hallen, 89; Fitness-Parcours, 413. **Curling:** Der Schweizerische Curling-Verband, 9658 Wildhaus, veröffentlicht eine Liste von rund 100 Orten mit Curlingrinks.
Curlingschulen stehen offen in: Adelboden, Basel, Bern, Biel, Flims, Genf, Langnau, Lausanne, Luzern, Olten, Schaffhausen, Urdorf, Uzwil, Wallisellen, Wildhaus, Zermatt, Zürich-Dolder. Die Schulen werden von zugelassenen Instruktoren geleitet. Nähere Auskünfte: Heinz Beyeler, Morillon-

straße 8, 3006 Bern. **Golf:** Association Suisse de Golf: Daniel Pfister, Sekretär, Baslerstr. 120, 8048 Zürich, erteilt Auskünfte über die Golfplätze von: Aigle, Arosa, Ascona, Bad Ragaz, Basel, Blumisberg, Breitenloo, Bürgenstock, Crans, Davos, Dietschiberg (Luzern), Engadin, Genf, Hittnau, Interlaken (Unterseen), Lausanne, Lenzerheide, Maglasio, Neuchâtel, Niederbüren, Saanenmöser, Schinznach-Bad, Schönenberg, Villars, Vulpera, Zürich-Zumikon, Zürich-Dolder.
Reiten: An 320 verschiedenen Orten können Pferde gemietet werden, Auskünfte durch die SVB, Zürich.
Skisport: Seilbahnen und Skilifte (1980): Skilifte, 1115; kleine Skilifte, 400; Schrägaufzüge, 118; Seilbahnen, 199;
Informationen und Auskünfte über Skiorte und Skigebiete erteilen die SVB, Zürich, oder die regionalen und örtlichen Verkehrsbüros. **Skischulen:** Der schweizerische Skischulverband unterhält 185 Schulen mit 3000 Lehrern. **Tele-Check:** Im Frühjahr 1980 ersetzte der Tele-Check das schweizerische Seilbahn-Abonnement. Tele-Check ist ein unpersönliches, übertragbares, 3 Jahre gültiges Abonnement, bestehend aus 8 Gutscheinen à 2 Franken, die zum Bezug von gewöhnlichen Fahrkarten berechtigen. Ermäßigung rund 20%.

CH Tourist Information

Dieses Signet, weiße Schrift auf farbigem Grund, kennzeichnet in jeder größeren Stadt den Weg zum örtlichen Verkehrsbüro.

Was man sonst noch wissen sollte

Die **Netzspannung** in der Schweiz ist überall 220 Volt, Wechselstrom.

Die Schweiz kennt **Groß-** und **Kleintaxis.** Die kleineren sind billiger, befördern aber höchstens drei Personen. Wenn das Trinkgeld nicht im Fahrpreis enthalten ist, zahlt man zusätzlich 15%.

Allgemein sind **Trinkgelder** heute bei den meisten Dienstleistungen enthalten. Wenn nicht, gibt man noch 15%. Benzin- und Tankstellenbedienung etwa 5%.

Telefonieren kann man in der Schweiz bei allen Postämtern oder in öffentlichen Telefonkabinen, aber auch in Restaurants und Cafés. Die Gebrauchsanleitung ist an den Telefon-Automaten angeschlagen. Taxauskünfte gibt Nr. 115. Innerhalb der Schweiz kann jede Verbindung direkt gewählt werden, das gilt auch für europäische Staaten, mit Ausnahme der Ostblockstaaten. Anderweitige Verbindungen stellt das Fernamt, Tel. 114, her.

Einige Schweizer Städte geben während der Sommerferien an jugendliche Besucher sogenannte **Jugendpässe** (Paßfoto erforderlich) mit besonderen Vergünstigungen aus, z. B. Zürich, Luzern (Informationen bei der Schweizerischen Verkehrszentrale in Zürich).

Wichtige Adressen in der Schweiz:

Biga, Bundesamt für Industrie, Gewerbe und Arbeit, Abteilung Arbeitskraft und Auswanderung: 3003 Bern, Bundesgasse 8, Tel. 61 21 11

Schweizerische Kaufmännische Stellenvermittlung, Abteilung Sprachendienst, 8023 Zürich, Löwenstraße 17, Tel. 221 21 11

Schweiz. Kommission für den Austausch von Stagiaires, c/o Biga, Bundesgasse 8, 3003 Bern, Tel. 61 28 85 oder 61 29 03 oder 61 29 05

SSR Schweizerischer Studentenreisedienst, 8001 Zürich, Leonhardstraße 10, Tel. 47 29 55

Schweizerische Zentralstelle für Hochschulwesen, 8032 Zürich, Sophienstraße 2, Tel. 47 02 32

Verband Schweizerischer Privatschulen, 1211 Genf, rue des Vollandes 40, Tel. 35 57 06

Au-pair-Stellenvermittlung

Schweizerischer Verein der Freundinnen junger Mädchen.

Für Inlandstellen: 8001 Zürich, Zähringerstraße 36, Tel. 252 38 40

Für Auslandstellen: 8032 Zürich, Kapfsteig 44, Tel. 53 65 07

Schweizerischer Verband Pro Filia, Büros zur Vermittlung von Stellen im In- und Ausland: 4054 Basel, Weiherweg 22, Tel. 23 58 07

6430 Schwyz, Steinerstraße 9, Tel. 21 17 95 und 21 16 50

8006 Zürich, Beckenhofstraße 16, Inlandstellen: Tel. 363 55 00, Auslandstellen: Tel. 363 55 01, Kath. Jugendamt Olten, Auslandstellenvermittlung, 4600 Olten, Hammerallee 19, Tel. 32 65 40

Landeskirchliche Stellenvermittlung für Jugendliche, 3007 Bern, Bürenstraße 12, Tel. 45 33 92

Welche Vorwahl hat die Schweiz?

Wer vom Ausland in die Schweiz telefonieren will, hat zuerst die internationale Vorwahlnummer einzustellen, danach die nationale Vorwahl ohne die Null und schließlich die gewünschte Teilnehmernummer.

Die internationale Vorwahlnummer der Schweiz ist nicht überall dieselbe. Am häufigsten aber gilt die Zahlengruppe 0041 (aus der Bundesrepublik Deutschland, Italien, Belgien, Luxemburg, Griechenland, Zypern, Ungarn und Israel), aus Spanien und Portugal erreicht man die Schweiz unter 0741, aus Frankreich unter 1941, aus Jugoslawien unter 9941, aus den Niederlanden unter 0941, aus Großbritannien unter 01041, aus Österreich unter 050.

Wichtige Telefonnummern der CH:

110 Telegrammaufgabe
114 Internationaler Dienst
117 Polizeinotruf
118 Feuermeldestelle
120 Schneebericht und Touristikbulletin
140 Pannenhilfe
145 Auftragsdienst
150 Automatischer Weckdienst
160 Devisenkurse
161 Genaue Zeit
162 Wetterbericht
163 Straßenzustand
164 Sportresultate, Sport-, Toto- und Zahlenlotto
165 Fernsehprogramm
166 Börsenberichte
167
168 Nachrichten (deutsch)
169
180 regionale Mitteilungen
188 Informationen über Ausstellungen
191 Internationaler Auskunftsdienst
47 47 47 Rettungsflugwacht, Zürich

Kantone und Sprachen

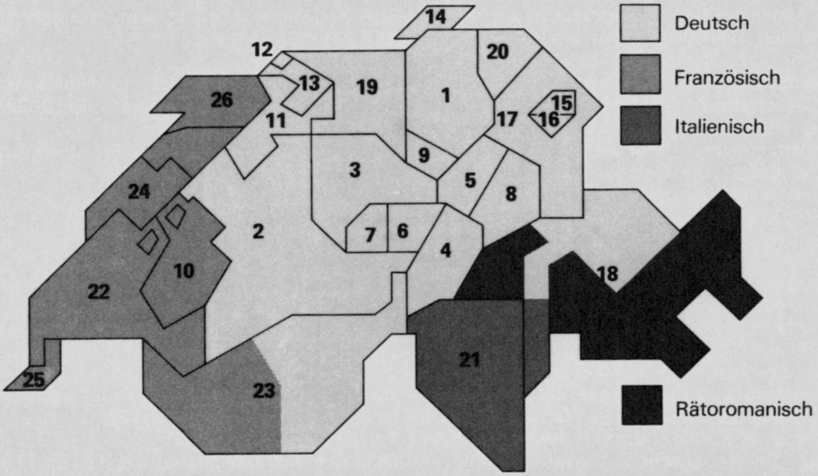

1 Zürich
2 Bern
3 Luzern
4 Uri
5 Schwyz
6 Nidwalden
7 Obwalden
8 Glarus
9 Zug
10 Freiburg
11 Solothurn
12 Basel-Stadt
13 Basel-Land
14 Schaffhausen
15 Appenzell Ausserrhoden
16 Appenzell Innerrhoden
17 St. Gallen
18 Graubünden
19 Aargau
20 Thurgau
21 Tessin
22 Waadt
23 Wallis
24 Neuenburg
25 Genf
26 Jura

Basel - Information

Ankunft

Angenommen, Sie sind in Basels **Bahnhof SBB** angekommen und wollen sich zunächst um eine Unterkunft bemühen. Für diesen Zweck wäre der **Zentrale Logierdienst** (Unterführung) zu empfehlen: geöffnet Mo bis Fr 8 — 12 Uhr und 13.30 — 18 Uhr. Samstag und Sonntag geschl., Tel. 22 36 84. Zugleich mit dem Basler Wochenbulletin — einer kleinen handlichen Broschüre zum Thema «Basel aktuell» — versehen, werden Sie mit Hilfe des winzigen City-Planes auch Basels wichtigste Informationsstelle finden, das **Verkehrsbüro, Blumenrain 2, 4001 Basel, geöffnet Mo bis Fr 8 — 12 Uhr und 13.30 — 18 Uhr, Sa 8 — 12 Uhr, So geschl., Tel. 25 38 11.**
Vom Bahnhof SBB, Hotel Victoria starten täglich mit Führung):
Stadtrundfahrten: Abfahrt 10.00. Dauer: 1 3/4 Std. Preis: Erwachsene Fr. 12.—, Kinder Fr. 6.—. Billetts: im Hotel und im Bus.
Am Bahnhof SBB und wenige Minuten später an der Mustermesse Rôtisserie de l'Horloge trifft sich, wer an einer der organisierten **Ausflugsfahrten** in die Umgebung (z. B. Schwarzwald, Elsaß, Jura, Kaiserstuhl und Dreiländerfahrt), teilnehmen möchte. Auskünfte erteilt das Verkehrsbüro, Billetts sind dort, im Hotel oder direkt im Bus erhältlich (Identitätskarte oder Reisepaß nicht vergessen). Die Abfahrt erfolgt meistens gegen Mittag, die Rückkehr am frühen Abend.
Zu den **Altstadtrundgängen** (Montag, Mittwoch, Freitag) trifft man sich um 15 Uhr vor dem Basler Münster (Ende gegen 17 Uhr). Preis: Erwachsene Fr. 5.—, Kinder (6—16 Jahre) Fr. 2.—. Billetts: beim Stadtführer.
Über die **Personenschiffahrt** auf dem Rhein (Dreiländerfahrt, Stadtrundfahrten, Fahrten nach Augst/ Rheinfelden, Basel-Breisach) gibt Auskunft Tel. 65 33 75 zu den offiziellen Bürostunden, Billettvorverkauf: Sonntags 8.30 — 11 Uhr, übrige Zeit eine halbe Stunde vor Abfahrt des Schiffes am Billettschalter Schifflände, Tel. 25 56 42.
Ankunft mit dem Flugzeug:
Air-Terminal im Bahnhof SBB, Tel. 22 55 22.
Ankunft mit dem Auto:
Gutgemeinter Rat: Stellen Sie Ihr Auto so bald wie möglich in einem der Parkhäuser ab. Bei jedem Polizeiposten, an den offiziellen Informationsstellen sowie im Verkehrsbüro an der Schifflände erhalten Sie spezielle **Auto-Stadtpläne.**
Parkhäuser:
City-Parking, Klingelbergstr.;
Storchen-Parking,
Schanzenstr./Fischmarkt;
Steinen-Parking,
Steinenschanze;
Elisabethen-Parking,
Steinentorberg;
Aeschen-Parking,
Aeschengraben;
Hilton-Parking,
Aeschengraben;
St. Jakob-Parking,
Gartenstr.;
Anfos-Parking,
Henric-Petri Str.;
Jelmoli-Parking, Rebgasse;
Europe-Parking,
Hammerstr.;
Muba-Parking, Dornacherstr.;
Parking Sportzentrum,
St. Jakob
Autohilfe
Pannen- und Unfallhilfe, Tag und Nacht, auch an Sonn- und Feiertagen: AZB Autohilfs-Zentrale, Tel. 22 22 20, Margarethenstr. 79.
Cortellini & Marchand,
Tel. 42 01 17 und 42 40 40, Birsfelden. TCS-Hilfe, Tel. 140.
Bei **zuviel Alkohol** hilft ein zweiter Chauffeur, Taxi-Zentrale, «Lotsendienst»,
Tel. 22 22 22.
Benzin bei Nacht s. Nachtservice.
Automobil-Club der Schweiz (ACS), Birsigstr. 4,
Tel. 23 39 33.
Touring-Club der Schweiz (TCS), Steinentorstr. 13,
Tel. 23 19 55.
Autovermietung: Avis AG, Steinengraben 42,
Tel. 22 33 77. Budget Rent A Car, Türkheimerstr. 17, Tel. 38 38 00. Hertz Rent A Car, Gartenstr. 120, Tel. 22 58 22.

Bahnhöfe

Deutsche Bundesbahn DB: Badischer Bahnhof. Auskunftbüro Tel 33 76 76. Fundsachen Tel. 26 33 02. Güterabfertigung Tel. 32 40 48. Schweizerische Bundesbahnen SBB: Bahnhof SBB. Telefonzentrale, Auskünfte (6 — 22 Uhr),
Tel. 22 50 11.
Société nationale des chemins de fer français SNCF: Französischer Bahnhof im Bahnhof SBB. Die wichtigsten Auskünfte Tel. 22 50 33.
Bahnhofhilfswerk im Bahnhof SBB. Beistand für Reisende, Mütter mit Kindern, Schulkinder usw., Tel. 22 37 23.

Basler Börse

Marktgasse 8. Basler Börsen-Informations AG, Tel. 25 10 06. Börsenkammer des Kantons Basel-Stadt, Tel. 25 11 50.

Bus- und Tramfahren

Bus und Tram (Straßenbahn) verkehren ohne Schaffner. Billett-Automaten (grün) stehen an jeder Haltestelle, der niedrigste Tarif beträgt 60 Rappen, der höchste Fr. 1.60. Bitte beachten Sie die Bedienungsanleitung.
Tageskarten
kosten Fr. 4.— für Erwachsene und Fr. 2.50 für Kinder (Zonengruppe B), sie gelten für 24 Stunden mit Bus und Tram. Sie können an allen großen Automaten der wichtigsten Haltestellen bezogen werden (Bahnhof SBB, Aeschenplatz, Barfüsserplatz, Marktplatz, Schifflände, Claraplatz) sowie an den meisten Kiosken. Vor der ersten Fahrt sind sie jedoch im Automatenschlitz zu entwerten.
Basels **Hotelgäste** erhalten an der Reception ihres Hotels **Zwei-** und **Dreitageskarten,** die auf dem gesamten Streckennetz der Basler Verkehrsbetriebe gelten.
Basler Regio-Billett
empfiehlt sich für einen mehrtägigen Aufenthalt. Es gilt für 677 km mit Tram, Bahn, Bus, Rheinschiff oder Luftseilbahn und kostet Fr. 13.—, für Kinder

Fr. 6.50. Zu lösen bei: Basler Verkehrsbetriebe, Schweizer Bundesbahnen, an allen Postschaltern, Basler Personenschiffahrts-Gesellschaft, Baselland Transport AG und Waldenburger Bahn.

Basler Alternativen

Für jene Gäste, die sich zu den Alternativlern zählen, hält die Stadt Basel verschiedene Möglichkeiten bereit. Für alle, die weitere Tips, Hinweise, individuelle Anstrengungen oder Alternativ-Institutionen suchen, bietet sich das «Adressbuch zur Selbsthilfe» an, zu beziehen durch «BIKU, Beratungs-, Informations- und Koordinationsstelle für Umweltfragen und Alternativen», M. Klurfeld, Alte Mühle, CH-3045 Schüpfen.

Ernährung
Biologisch-dynamisch erzeugtes Obst und Gemüse verkaufen einige Stände auf dem Basler Wochenmarkt.
Naturprodukte verkauft und Anleitungen zum Bio-Landbau vermittelt: Paradieshof, Oberwil BL, Tel. 38 48 91 oder das Forschungsinstitut für biologischen Landbau, Bottmingerstr. 31, Oberwil BL, Tel. 30 42 22.
Neben den **Reformhäusern,** die sehr spezielle Nahrungsmittel anbieten, kann koscheres Fleisch in der jüdischen Metzgerei, Leimenstr. 41, Tel. 23 88 35/44 76 28 gekauft werden.

Alternativ-Restaurants
«Kornkämmerli», St. Johanns Vorstadt 62; «Gleich», Steinenvorstadt 23, vegetarisches Restaurant.

Freizeitgestaltung
Institutionalisierte alternative Freizeitangebote gibt es noch kaum, Ansätze und verschiedene Möglichkeiten einer Alternativszene bieten die Jugend-Treffpunkte s. Jugend-Tips. Als empfehlenswerte Unterhaltungsangebote wären die Studiokinos «ABC», «Camera» und «Central» zu nennen, die sehenswerte Reprisen und bisweilen überraschende Neuerscheinungen bringen.

Frauentreffpunkt
im «Frauenzimmer» (Gaststätte), Davidsbodenstr. 25, Tel. 43 66 69, unterschiedliche Öffnungszeiten (Männern ist der Zutritt nicht gestattet).

Homosexuelle
finden Kontakte, Beratung und Information bei den Homosexuellen Arbeitsgruppen Basel (HABS), Totentanz 17, Tel. 25 05 75.

Junge Linke
treffen sich in «zer Alte Schmitti», Untere Rheingasse 12.

Notschlafstellen
für Jugendliche, die so gut wie keinen Rappen für eine Unterkunft ausgeben wollen, bietet die Notschlafstelle am Mühlegraben 3, Tram 3: St. Alban-Tor, Tel. 23 43 23.

Occasionsgegenstände aller Art lassen sich, außer auf dem Flohmarkt, in den **Brockenhäusern** finden. Hierher gelangt aller kostenlos abgegebene, aber noch brauchbare Hausrat, der in den Brockenhäusern gesammelt und zu äußerst niedrigen Preisen abgegeben wird. Adressen im Telefonbuch unter Brockenhaus, Brockenstube/Brockenbude.

Camping

Campingplatz Waldhort in der Reinacherheide, Reinach, geöffnet März—Oktober, Auskunft Tel. 76 64 29.

Feiertage

Neujahr, Karfreitag, Ostermontag, Himmelfahrt, 1. Mai, Pfingstmontag, 1. August (Nationalfeiertag), 25. und 26. Dezember (Stephanstag), Festtage: Fasnacht.

Flughafen

Basel-Mulhouse. Internationale Expreßstr., blaue Wegweiser. Ab Air-Terminal Bahnhof SBB mit Swissair-Bus oder mit Bus Nr. 50 der BVB ab Kannenfeldplatz.
Flughafeninformation und -direktion Tel. 44 32 40.
Flugscheinverkauf über Swissair Flughafen, Tel. 44 22 00; Air Terminal Bahnhof SBB, Tel. 22 55 22.

Fundbüro

Städtisch, Tel. 21 70 34
Fundbüro SBB, Tel. 21 26 17
Fundbüro BVB, Tel. 21 89 90

Geldwechsel

In allen Banken und in den meisten Reisebüros sowie in der Wechselstube des **Bahnhofs SBB,** geöffnet Mo — So 6 — 23.15 Uhr; Bad. Bahnhof Mo — So 6.30 — 20.30 Uhr; Flughafen Mo — So 6 — 19.30 Uhr.

Hotels und Hotelreservationen

über Zentraler Logierdienst, Tel. 26 77 00 und 22 36 84 oder Hotelier-Verein, Sekretariat, Tel. 22 02 88.

Informationen — Auskunftstellen

Tel. 111.
(Telefon Vorwahl 061/ . . .)

Invaliden-Hilfe

Schweiz. Invalidenverband, Sektion Basel, Beratungsstelle: Südquaistr. 2, Tel. 65 04 80 oder 49 05 39.

Jugend-Tips

Alkohol- und Drogenberatung, Nonnenweg 36, Tel. 25 70 80. Hilfe und Informationen erhalten Sie Mo bis Fr 8 — 12 und 14 — 18.30 Uhr.
«Band», Kinder- und Jugendhilfe, Viaduktstr. 60, Tel. 22 06 26/33 61 93.
Basler Freizeitaktion (BFA) unterhält verschiedene Jugendtreffpunkte. Im Jugendcafé «Schlappe» (Klybeckstr. 1b) befindet sich außerdem eine Informations- und Beratungsstelle, Tel. 25 10 10. Ohne Förmlichkeiten (keine Anmeldung) können sich Jugendliche aussprechen.
Drogenberatung des Jugendamtes, Neubadstr. 7, Tel. 39 70 07.
Drop-In. Kontakt- und Beratungsstelle der Arbeitsgemeinschaft für aktuelle Jugendfragen, Glockengasse 4, Tel. 25 35 86.
Freunde des jungen Mannes, Bäumleingasse 15, Tel. 23 36 11, Sprechstunden tägl. 8.30 — 11 Uhr, Mo und Do 17 — 19 Uhr.
Freundinnen junger Mädchen, Bahnhofhelferinnen SBB, Tel. 22 37 23.
Jugendcafé «Zum Schlappe», Klybeckstr. 1b, Tram: 14 Kaserne, Tel. 25 10 10. Geöffnet Di bis Fr 12 — 22, Sa 14 — 20 Uhr. Geschätzt, weil gemütlich, trotz billiger Verpflegung kein

Konsumationszwang, kontaktreich, Beratung möglich.
Jugend-Disco «Trämli» (im Jugendhaus Sommercasino), geöffnet Do 20 — 23 Uhr, Sa 20 — 24 Uhr, So 20 — 23 Uhr. Nachmittagsdisco: Mi 15 — 18 Uhr.
«On», Birsfelderstr. 93b, Muttenz, Jugendclub und Disco, geöffnet: Fr und Sa 20 — 23.45 Uhr, So 14.30 — 19 Uhr.
Jugend Dancing Fairytale-Club, Steinentorstr. 35, äußerst beliebt, kommerziell geführt, geöffnet Mi, Do, Fr 20 — 24 Uhr, Sa 20 — 01, So 14 — 18 Uhr.
Jugendhaus Sommercasino, Münchensteinerstr. 1, Tel. 34 89 44, Treffpunkt mit Teestube, Abendessen, Möglichkeit zum Töpfern, Malen, Basteln, Diskussionen, Musizieren, Theaterspielen, Tanzgruppen. Geöffnet: Mi 15 — 23, Do, Fr 17 — 23, Sa 14 — 24, So 15 — 23 Uhr.
Jugendtreffpunkt St. Johann, Elsässerstr. 56, Tel. 44 42 98, vergleichbar Sommercasino. Geöffnet: Mo 17 — 22, Mi 14 — 18, Do 17 — 22, Fr 14 — 22 Uhr.
Meet-in, Zentrum Pfaffenloh, Äußere Baselstr. 170, bietet ebenfalls Tanz, Unterhaltung, Aktivitäten. Geöffnet: Mi 20 — 22.30 Uhr.
Musiklokal Atlantis, Klosterberg 13, Tel. 23 20 38.
Filmclub Le Bon Film, Vorstellungen im Kino «Camera», Rebgasse 2, Tel. 32 03 29/32 03 45.
Filmstudio Borromäum (Kino «Borri»), Byfangweg 6, Tel. 22 58 80.
Folk Club Basel, 14tägig finden jeweils Do Folk-Music-Abende in der «Katakombe» am Totentanz statt.
Jugendherberge: Elisabethenstr. 51, Tram: Bahnhof SBB, Tel. 23 05 72, Mitgliederausweis erforderlich. Geöffnet: 1. Februar bis 15. Dezember 7 — 9.30 und 16.30 — 23 Uhr. Sekretariat: Schützengraben 42, Tel. 25 58 14.
Studentenhaus «Bursa» (Evangelisch-reformierte Kirche), Maiengasse 64, Tel. 43 22 77.
Studentenhaus (der kathol. Kirche), Herbergsgasse 7, Tel. 25 45 90. (Weitere Studentenhäuser und -heime siehe Telefonbuch).
Verband Studentenschaft Basel, Sekretariat im Kollegiengebäude, Tel. 25 35 66.
Mensa der Universität Basel, Bernoullistr. 12, Verpflegung auch während der Semesterferien.

Kinder-Service

Babysitting — Kinderhütedienst
Gratis im **Warenhaus Rheinbrücke.** Außer Mo tägl. 14 — 18, Sa 15 — 17 Uhr, Greifengasse 22, Tel. 26 01 01.
Kinderhütedienst Gygampfi: halbtags oder ganztags, Drahtzugstr. 55, Tel. 33 79 51. Kinderstube Haigumper, ganztags, Farnsburgerstr. 22, Tel. 42 55 92.
Kinderspital Basel, Römergasse 8, Tel. 26 26 26.
Kinderverkehrsgarten, Wasgenring 158, Tel. 38 09 73.
Selbsthilfevereinigung für Kinderbetreuung: **Kinderhuus,** Bernoullistr. 22, Tel. 25 64 86.
Wickeltisch und **Schoppenwärmer** gratis im Sanitätszimmer Bahnhof SBB (Gleis 1).

Kirchen/Gottesdienste

Reformierte:
Münster: 10.00. Jeden Freitag von 19.30 bis 20.00. — Elisabethen: letzter Sonntag im Monat: 11.00 Gottesdienst. — St. Matthäus: 9.30. — St. Theodor: 9.35. — St. Peter: 9.45. — St. Leonhard: 11 Uhr. — Übrige Gottesdienste siehe Freitags-Zeitungen.
Synagoge: Leimen-/Eulerstr. Täglich Gottesdienst, Tel. 23 98 50.
Synagoge: Ahornstr. 14. Täglich Gottesdienst, Tel. 38 02 74/38 29 16.
Römisch-katholische:
St. Marien: 18.00 (Vorabend), 7.30, 9.30, 11.30, 18.00, 19.15. — St. Clara: 17.30 (Vorabend) Messfeier: 9.30, 11.00, 20.00. — Heiliggeist. 18.15 (Vorabend), 7.45, 9.00, 10.15, 11.15, 19.00. — Übrige Gottesdienste siehe Freitags-Zeitungen.

Konsulate

s. Telefonbuch

Museen/Sammlungen

An folgenden Tagen bleiben alle Museen und Sammlungen geschlossen: Neujahr, Fasnachtsmontag und -mittwoch nachmittags und abends, Karfreitag, Ostersonntag, 1. Mai, Pfingstsonntag, 1. August nachmittags, 24., 25. und 31. Dezember.
Die bekanntesten Museen:
Öffnungszeiten: Di — So 10 — 12, 14 — 17 Uhr, Montag geschlossen.
Eintritt Fr. 2.—, Eintritt frei: Mittwoch nachmittag, Sa und So.
Kunstmuseum, St. Alban-Graben 16 (Juni — September, auch Di — So 12 — 14 Uhr geöffnet).
Kupferstichkabinett und **Bibliothek** im Kunstmuseum (geöffnet: Di — Fr 9 — 12, 14 — 18 Uhr, Sa 9 — 12, 14 — 17 Uhr, Eintritt frei).
Museum für Gegenwartskunst, St. Alban-Tal.
Antikenmuseum, St. Alban-Graben 5.
Historisches Museum Barfüsserkirche, Barfüsserplatz.
Kirschgarten, Elisabethenstr. 27.
Museum für Völkerkunde, Augustinergasse 2.
Naturhistorisches Museum, Augustinergasse 2.
Schweizerisches Museum für Volkskunde, Münsterplatz 20.
Basler Papiermühle, Papier- und Buchmuseum, St. Alban-Tal 37 (geöffnet Mo — Sa 14 — 17 Uhr, So 10 — 12 und 14 — 17 Uhr).
Kleinere Spezialmuseen:
Sammlung alter Musikinstrumente, Leonhardsstr. 8, (geöffnet So 10 — 12 und 14 — 17 Uhr, Eintritt frei).
Stadt- und Münstermuseum im Kleinen Klingental, Unterer Rheinweg 26, (geöffnet Di — Sa 14 — 17 Uhr, So 10 — 12 Uhr).
Gewerbemuseum, Spalenvorstadt 2. Wechselausstellungen, geöffnet tägl. 10 — 12 und 14 — 17 Uhr.
Schweizerisches Sportmuseum, Missionsstr. 28 (geöffnet tägl. 14 — 17 Uhr, So 10 — 12 und 14 — 17 Uhr, Eintritt frei).
Schweizer Pharmaziehistorisches Museum, Totengäßlein 3 (geöffnet Mo — Fr 9 — 12 und 14 — 17 Uhr, Eintritt frei).
Anatomische Sammlung, Pestalozzistr. 20 (geöffnet So 10 — 12 Uhr).

Spielzeugmuseum im Wettsteinhaus, Baselstr. 34, Riehen; Rebbaumuseum (geöffnet Mi 14 — 17 Uhr, Sa 14 — 17 Uhr, So 10 — 12 und 14 — 17 Uhr, Eintritt frei).
Jüdisches Museum der Schweiz, Kornhausgasse 8 (geöffnet Mo und Mi 15 — 17 Uhr, So 10 — 12 und 15 — 17 Uhr, Eintritt frei).
Feuerwehrmuseum, Kornhausgasse 18 (geöffnet So 14 — 17 Uhr, Eintritt frei).
Rheinschiffahrtsausstellung «Unser Weg zum Meer», Rheinhafen Kleinhüningen (geöffnet tägl. 10 — 12, 14 — 17 Uhr, November bis Februar nur Sa und So 10 — 12, 14 — 17 Uhr).
Museum des Films, Blauenstr. 49 (geöffnet Mi, Fr, Sa 14.30 — 17.30 Uhr, April und Juli geschlossen, Eintritt frei).
Römerhaus und Museum, Augst bei Basel, Mo vormittag geschlossen, sonst 10 — 12, 13.30 — 18 Uhr, (Oktober bis März 17 Uhr).

Messen

Muba/Schweizer Mustermesse, Auskünfte: Tel. 32 38 50 oder über alle anderen Veranstaltungen in der Mustermesse Tel. 26 20 20 oder schriftlich: Schweizer Mustermesse, Postfach, 4021 Basel.

Nachtservice

Benzin bei Nacht. Tankstellen mit Bedienung: Margarethenstr. 79, Viaduktstr. 40, Tankmöglichkeiten an Automaten gibt es häufig in Basel selbst, aber auch in den Vororten.
Lebensmittel-Automaten in der Unterführung unter dem Centralbahnplatz.
Change s. Geldwechsel.

Notschlafstellen

für **Jugendliche,** Mühlegraben 3, Tram 3: St. Alban-Tor, Tel. 23 43 23.
Staatliche Notschlafstelle, Theodorschulhaus, Kirchgasse 6, Tram 2: Wettsteinplatz, Tel. 33 18 19.
Heilsarmee. Für Frauen: Frauenheim, Frobenstr. 20, Tram 16: Unterführung, Tel. 23 38 70. Für Männer: Rheinblick, Hospiz der Heilsarmee, Oberer Rheinweg, Tram 2: Wettsteinplatz, Tel. 33 69 26.

Notrufe

Polizei: Tel. 117 (nur in dringenden Fällen, sonst Tel. 25 17 17).
Ärztlicher Notfalldienst: Tel. 25 15 15.
Sanitätsdienst (Ambulanz, Krankentransport bei Unfall): Tel. 25 11 44.
Apotheken: Notfalldienst Tel. 22 22 18 (erteilt auch Auskunft über diensthabende Apotheken).
Giftinspektorat: Kannenfeldstr. 2, Tel. 43 06 00.
Telefonseelsorge Basel: Anonyme Aussprache: Tel. 143: «Frauen helfen Frauen», Tel. 22 11 77.
Tierspital: Rheinacherstr. 20, Münchenstein, Tel. 50 15 15.
Vermißtenmeldung: (Personen) Polizeidepartement, Tel. 25 17 17.
Zahnärztlicher Notfalldienst: Tel. 25 53 22.

Post

Öffnungszeiten (Schalterstunden): Mo — Fr 7.30 — 12 und 13.45 — 18.30 Uhr, Sa 7.30 — 11 Uhr. **Nachtdienste** leisten die Postämter Basel 1 (Hauptpost, Rüdengasse) und Basel 2 (Centralbahnstr.). **Dringlichkeitsschalter** im Postamt Basel 2: Mo — Sa 6 — 23, So 9 — 12 und 15 — 23 Uhr. Telefonische **Telegrammaufgabe** Tag und Nacht: Tel. 110.

Reisebüro / Reiseinformationen

beim Verkehrsverein Basel, Blumenrain 2, Tel. 25 28 11; Tram: Schifflände, Tel. 25 38 11, oder beim Reisebüro der SBB, Tel. 22 50 11.

Rheinhafen und Dreiländereck

Ein Pylon symbolisiert die drei Grenzen von Frankreich, Deutschland und der Schweiz. Aussichtsterrasse auf dem Turm (55 m, Lift). Geöffnet tägl. 10 — 12, 14 — 17 Uhr (Nov. bis Febr. nur samstags und sonntags 10 — 12, 14 — 17 Uhr).

Sport — Sportanlagen

Sportamt/Sporthalle, Auskunft über öffentliche Sportanlagen, -anlässe, -kurse, St. Jakobs-Str. 390, Tel. 42 88 96. Auskünfte über «Sport für Alle» erteilt Tel. 22 70 00 als Informationsstelle für Sport und Präventivmedizin, Steinenvorstadt 8. Sie verteilt auch die Broschüre «Sportbüchlein Region Basel» mit Angaben über allgemein zugängliche Sporteinrichtungen (kostenlos).
Billard-Club, St. Alban-Vorstadt 10, geöffnet ab 15 Uhr, Tel. 23 31 77.
Curling, Kunsteisbahn Margarethenpark, Binningen.
Fußballstadien, Landhof, St. Jacob,. St. Jacob-Straße (Bus und Tram: St. Jacob); Satus-Grund, Grenzacherstr.; Rankhof, Grenzacherstr., Landauer, Landauerstr.
Golf, Golfplatz-Geisberg bei Hagenthal-le-Bas (Frankreich).
Handball, Sporthalle St. Jacob.
Leichtathletik, Stadion St. Jacob (Tel. 42 88 96), Sportplatz Schützenmatte.
Kunsteisbahn, Margarethenpark, Binningen, Betrieb: Oktober bis März.
Reiten, Reitzentrum Bättwil (Tel. 75 17 81), Reiterparadies Mariastein (Tel. 75 15 06).
Rudern, Ruderclub Basel, Bootshaus Grenzacherstr. 542.
Schwimmen
Freibäder: Bachgraben (Bus 38); Eglisee (Tram 6); St. Jacob (geheizt, Tram 14); Rheinbad Breite; Rheinbad St. Johann, Betrieb Anfang Mai bis Ende September.
Luft- und Sonnenbad: Margarethenhügel, Binningen.
Hallenbäder:
Aesch:
Schützenmatte / Dornacherstraße, Tel. 78 12 13.
Allschwil:
Hallenbad Schulzentrum, Muesmattweg 2, Tel. 63 17 89.
Binningen:
Sport- und Schwimmhalle, Spiegelfeld, Wassergrabenstr., Tel. 47 97 94.
Bottmingen:
Burggartenstr., Tel. 47 61 06.
Dornach:
Gwändweg, Tel. 72 25 25.
Frenkendorf:
Realschulhaus, Tel. 94 18 18.
Liestal:
Hallenbad Gitterli, Tel. 91 33 23.
Muttenz:
Baselstr. 89, Tel. 61 61 80.
Tennis,
Tennis-Center (Tel. 35 95 95),

Margarethenpark, geöffnet tägl. 6 — 22 Uhr; Tennishalle Mustermesse (Tel. 26 00 44), geöffnet 7 — 23 Uhr; Sporthalle St. Jacob (Tel. 42 88 96), geöffnet 7 — 22 Uhr.
Schach, Basler Schachgesellschaft, Klublokal Dornacherstr. 86, tägl. geöffnet (Tel. 35 84 04).
Vitaparcours
Basel: Lange Erlen/Freiburgerstraße. Aesch: Schwanggebiet/Klusstraße. Binningen: Holeeholz/Nähe Tramendstation 18. Birsfelden: Hardwald/Nähe Tramendstation 3. Münchenstein: Auwald/Heiligholzstraße/Schützenhaus. Muttenz: Rüttihard/Fröscheneckweg/Nähe Hallenbad. Liestal: Sichtern/Links vom Sichternhof. Pratteln, Erli/400 m links Erlimatt-Schulhaus. Reinach/Therwil: Käppeli, Verbindungsstraße, Reinach/Therwil.

Taxi

Taxi-Zentrale, Tag- und Nachtservice, Trinkgeld inbegriffen, Tel. 22 22 22;
Blitz-Taxi AG, Tel. 25 03 03;
Stern-Taxi, Tel. 33 11 33;
Taxiphon-Genossenschaft, Tel. 44 44 44;
33er Taxi AG, Tel. 33 33 33.

Theater/Kleinbühnen

Stadttheater/Komödie: Vorverkauf für beide: Theaterstrasse 7, Tel. 22 11 33, werktags: 10 — 12.30 und 15 — 18.45 Uhr, sonntags nur telefonische Bestellung bis 17 Uhr.
Abendkasse: 45 Minuten vor der Vorstellung.
Komödie: Steinenvorstadt 63, Vorverkauf nur 14 Tage vor der Vorstellung.
Basler Kindertheater: Schützengraben 9, Tel. 25 28 87.
Basler Marionettentheater, Münsterplatz 8, Auskunft und Abendkasse: Tel. 25 06 12, Auskunft Kindervorstellungen: Tel. 23 15 12.
Spilkischte:
Auskunft Tel. 38 05 42 oder bei der Theatergenossenschaft für Kinder, Tel. 25 16 93.
Piccolo und **Piccolissimo,** 2 Theater in einem Haus, Ramsteinerstr. 30, Vorverkauf für beide Mo bis Sa 15 — 18 Uhr, Tel. 42 64 20; Abendkasse/Theatereingang 19.30 — 20 Uhr.
Fauteuil und **Tabourettli,** Kleintheater, Spalenberg 12, Vorverkauf für beide tägl. ab 15 Uhr, Tel. 25 26 10.
Kellertheater Baseldytschi Bihni, Leonhardstr. 7, Billettverkauf Mi — Fr 15 — 18 Uhr, Abendkasse ab 19.30 Uhr, Tel. 25 33 12.

Zollverwaltung

Schweiz. Zollkreisdirektion 1, Elisabethenstr. 31, Tel. 23 98 00.

Zoologischer Garten

Zolli, mitten in der Stadt, 5 Minuten vom Bahnhof SBB, besondere Attraktion: Kinderzoo. Öffnungszeiten im Sommer: 8 — 18.30 Uhr, Winter: 8 — 17 Uhr. Die Ergänzung zum Zoo bildet der **Tierpark Lange Erlen** (an der Wiese), geöffnet Juni — August 7 — 20 Uhr.

Zürich - Information

Ankunft

Der Züricher Hauptbahnhof ist auf internationalen Reiseverkehr eingestellt. Im Bahnhofsgebäude und seiner per Rolltreppen zugänglichen unterirdischen Shopville findet der Reisende sämtliche Informations- und Auskunftsstellen sowie Wasch-, Dusch- und Einkaufsmöglichkeiten, Kioske für den schnellen Imbiß, Zeitungen, Banken, Geschenke, Souvenirs.

Hauptbahnhofsauskunft
(Fahrplaninformationen usw.)
Tel. 211 50 10.
Bahnhof-Fundbüro:
Tel. 211 88 11, geöffnet: täglich 6.45 — 20.45 Uhr.
Bahnhof-Buffet:
Tel. 211 15 10.
Zürcher Quartierbahnhöfe:
Affoltern, Altstetten, Enge, Giesshübel SZU, Leimbach SZU, Letten, Oerlikon, Rehalp FB, Seebach, Selnau SZU, Stadelhofen, Tiefenbrunnen, Uetliberg SZU, Wiedikon, Wollishofen.
Bahnhofshilfswerk im Hauptbahnhof, hilft Reisenden, Müttern mit Kindern, Behinderten (Rollstühle), Aufenthaltsraum, geöffnet: 7 — 21.15 Uhr, So 11 — 19 Uhr, Tel. 23 91 77.
Air-Terminal im Hauptbahnhof, Tel. 32 96 31.
Hotelzimmervermittlung (Automatenverbindung) in der Schalterhalle, gegenüber den Bahngeleisen.
Informationsstelle für alle ersten Auskünfte direkt im Bahnhofsgebäude: Verkehrsverein der Stadt Zürich,
Offizielles Verkehrsbüro, Bahnhofplatz 15, 8001 Zürich, Tel. 211 40 00, Telex 813744.
Öffnungszeiten März bis Oktober: Mo — Fr 8.00 — 22.00 Uhr, Sa/So 8.00 — 20.30 Uhr; Nov. — Febr.: Mo — Do 8.00 — 20.00 Uhr, Fr 8.00 — 22.00 Uhr, Sa/So 9.00 — 18.00 Uhr.
Informationen über Zürich und Umgebung, Hotelzimmervermittlung, Stadtrundfahrten, Altstadtbummel und Exkursionen, Pauschalarrangements, Vermittlung von Ferienwohnungen in der Schweiz, Prospekte von Zürich und anderen Orten der Schweiz, Mietwagen, Fremdenführer und Hostessen.
Flughafen Zürich,
Tel. 814 05 65, ganzes Jahr: Mo — So 09.00 — 20.00 Uhr.
Die gründlichsten und besten (auch gedruckten) Informationen und Auskünfte über die ganze Schweiz in allen nur erdenklichen Belangen gibt die **Schweizerische Verkehrszentrale (SVZ),** Bellariastr. 38, 8027 Zürich, Tel. 202 37 37. Sie kann auch vom Ausland her angeschrieben oder angerufen werden.

Mit dem Auto

Wer mit dem eigenen Wagen in Zürich eintrifft hat keine Probleme, da die Ausschilderung über Parkhäuser innerhalb der City recht gut ist, schonen Sie also Ihre Nerven und nehmen Sie die erste sich Ihnen bietende Chance wahr; günstig für eine freie Parkuhr sind die Mittagsstunden (ab 12.30 Uhr).
Parken: Die Parktaxe auf öffentlichen Parkplätzen in der

City beträgt 50 Rp. pro Stunde, in den Außenquartieren 20 Rp. (50 Rp.- bzw. 20-Rp.-Stücke verwenden); Parkhäuser im Stadtgebiet sind im Plan mit P eingezeichnet. Die Stadtpolizei Zürich gibt eine Orientierungsschrift für motorisierte Besucher heraus, die im Offiziellen Verkehrsbüro bezogen werden kann und sämtliche Parkhäuser aufzeigt.

Benzin bei Nacht (Nachtservice). Bei **zuviel Alkohol** empfiehlt sich ein zweiter Chauffeur, Taxi-Zentrale Tel. 44 44 41 «Tandem»-Service.

Automobil-Club der Schweiz (ACS), Waisenhausstr. 2, Tel. 23 87 44.

Touring-Club der Schweiz (TCS), Alfred-Escher-Str., Tel. 36 25 36.

Autopanne: Touring-Hilfe, Tel. 140.

Automiete: Avis, Stampfenbachstr. 60, Tel. 26 67 80; Budget, Tödistr. 9, Tel. 201 26 70; Eurocar, Josefstr. 53, Tel. 44 95 96; Hertz, Lagerstr. 33, Tel. 242 56 56.

Mit dem Flugzeug

Zürich Airport, 11 km vom Stadtzentrum entfernt, gehört zu den zehn größten Flughäfen Europas, Hinweise und Informationen in seinen Hallen (Terminal A und B) sind vorbildlich.

Informationen Terminal A und B, Ankunft.
Telefoninformation über Ankünfte und Abflüge 812 71 11. Bahninformation 814 28 22.

Autoservice Parkhaus B, Geschoß 5, Abholdienst, Service, Reparaturen.

Bahn/SBB Bahnhof SBB, im Untergeschoß Parkhaus B. Billettschalter, Informations- und Reisebüro, Change, Gepäckaufgabeschalter, Informations- und Gepäckaufgabestelle auch Terminal A und B, Ankunft.

Bank/Change Terminal A und B, Parkhaus B.

Bus Regionalbus nach Winterthur, Zürich (Linie 68), Kloten, Bülach, Embrach.

Fundbüro Terminal A und B, Ankunft (Zollhalle), Abholen von Fundgegenständen im Fundbüro Terminal A, Ankunft.

Gepäckdepot Terminal A und B, Abflug; Bahnhof — auch Schließfächer.

Hotels Reservationen und Auskünfte: Terminal A und B, Ankunft — Tourist Office (Verkehrs-/Hotelierverein).

Invalide Besondere Parkplätze im Parkhaus B, Geschoß 4. Rollstühle gratis. Invalidentoiletten: Terminal B, Transit und Parkhaus B, Geschoß 2.

Mietwagen Parkhaus B, Geschoß 5.

Nursery (mit Kinderschwestern) im Terminal A und B, Transit.

Parken Terminal A — Parkhaus F; Terminal B — Parkhaus B.
Parkgebühren (bitte vor Abholen des Wagens an der Kasse bezahlen):
bis 6 Stunden = 1 Franken je Stunde, nach 6 Stunden = 1 Franken je 3 Stunden, 2. und folgende Tage = 8 Franken je Tag. Besucher: weitere zusätzliche signalisierte Parkgelegenheiten.
Auf den Vorfahrten «Abflug» und «Ankunft» ist nur Ein- und Aussteigenlassen gestattet.

Rundfahrten/Rundflüge
Rundfahrten: Fr. 1.50 für Erwachsene, 50 Rp. für Kinder. Auskünfte: Rundfahrten Tel. 816 21 56, Rundflüge Tel. 814 26 20

Erste Hilfe Tel. 816 21 21

Taxi Ab Flughafen: Vorfahrt Ankunft; zum Flughafen: Vorfahrt Abflug. Fahrpreis nach Zürich City: ca. Fr. 26.—.
Wenn Sie zum Flughafen wollen, von der Stadt Zürich: Swissair-Bus, Abfahrt vom Hauptbahnhof (Seite Landesmuseum) alle 10 bis 15 Minuten. Fahrpreis Fr. 5.—. Abfahrt ab Bahnhofquai, mit Tramlinie 14 bis Seebach (Endstation) und weiter mit Bus 68. Mit der **Flughafenlinie** besorgen die Schweizerischen Bundesbahnen (SBB) den Zubringerdienst zum Hauptbahnhof Zürich. Während des Flugbetriebes verkehren alle 20—30 Minuten Züge zwischen dem Hauptbahnhof und dem unterirdischen Bahnhof im Flughafen. Die Fahrt dauert ca. 10 Minuten.
Wenn Sie mit dem Auto kommen, achten Sie bitte auf die Signalisierung! Vermeiden Sie als Besucher die Fahrbahn «Vorfahrten». Dort finden Sie nämlich keine Parkfelder, weil nur Ein- und Aussteigenlassen gestattet ist. Platz finden Sie immer in den Parkhäusern (Fr. 1.— je Stunde). Folgen Sie den Wegweisern «Terminal A» oder «Terminal B». Und erschrecken Sie nicht, wenn Sie plötzlich in einem Parkhaus landen.

Flugscheinverkauf: Swissair Flughafen, Tel. 812 12 12, Büro auch im Hauptbahnhof und Bahnhofstr. 27, Tel. 32 96 31 und Reservationen Tel. 32 96 41.

Swissair Information: Tel. 812 71 11.

Swissair Flugscheine und Reservation: Tel. 251 34 34.

Banken

geöffnet: Mo 8.15 — 18 Uhr, Di — Fr 8.15 — 16.30 Uhr, Sa geschl.; einige Banken im Zentrum auch Do bis 19 Uhr.

Beratungsstelle

für Behinderte und Invalide:
Pro Infirmis, Feldeggstr. 71, Tram 4 (Richtung Tiefenbrunnen), Tel. 34 00 32.

Bus- und Tramfahren

Die Verkehrsbetriebe der Stadt Zürich («VBZ Züri-Linie») verfügen über ein modernes, sehr gut ausgebautes Netz. Die Fahrzeuge verkehren täglich zwischen 05.30 Uhr und Mitternacht, in Stoßzeiten alle sechs Minuten.

Mit Tram und Bus durch Zürich . . . Sämtliche VBZ-Linien sind für Selbstbedienung eingerichtet; die Fahrscheine (Tageskarten, Einzelbilletts für Kurz- und Langstrecken) müssen vor der Fahrt an den bei allen Haltestellen angebrachten Automaten bezogen werden.
Mehrfahrtenkarten für Kurz- (gelb) oder Langstrecken (violett) sind zu entwerten (erhältlich an den Informationsstellen oder speziellen Automaten).
Für Gäste besonders empfehlenswert: Tageskarten für unbeschränkte Fahrten während 24 Stunden im Stadtnetz (innerhalb des gelben und violetten Bereiches des Automatenplanes).
In den Wagen sind keine Fahrscheine erhältlich. Mitfahrt ohne gültigen Fahrschein kostet einen Zuschlag von Fr. 20.—. Billetts können bezogen werden bei den Informations-

stellen auf allen wichtigen Zürcher Plätzen, dort werden auch Linienpläne gratis abgegeben.

Camping

Seebucht, Seestr. 559, geöffnet: Mai — Sept., 2 km ab Bellevueplatz, Tel. 45 16 12. Verlangen Sie auch im Offiziellen Verkehrsbüro im Hauptbahnhof den Prospekt über Campingplätze des Kantons Zürich. Weitere Anlagen: Maur am Greifensee (Tel. 95 02 66); Sihlwald im Sihltal (Tel. 720 69 79); Kehlhof in Stäfa (Zürichsee, Tel. 926 18 41).

Fahrradmiete

an jedem Bahnhof.

Feiertage und Feste

Neujahr, Berchtoldstag (2. Januar), Karfreitag, Ostermontag, Himmelfahrt (Auffahrt), 1. Mai, Pfingstmontag, 1. August, Stephanstag (26. Dezember); Sechseläuten-Fest (Frühlingsfest der Zürcher 3. Montag im April), Knabenschießen, ältester Zürcher Brauch (2. Wochenende im September).

Fundbüro

Städtisches Fundbüro (Stadtpolizei) Werdmühlestr. 10, Tel. 216 71 11, geöffnet: 7.30 — 11.30 und 13.30 — 17.30 Uhr, Sa geschl., Verkehrsbetriebe: Öffnungszeiten wie oben, Tel. 221 03 55.

Geldwechsel

Außer in allen Reisebüros und Banken zu den normalen Öffnungszeiten im Hauptbahnhof täglich von 6.30 — 23.30 Uhr und im Flughafen 6.30 — 22.30 Uhr.

Zürich Informationen

(Telefon Vorwahl 01/. . .)

Internationale Juni-Festwochen

Sekretariate: Künstlerisches Sekretariat: Präsidialabteilung der Stadt Zürich, Stadthaus, Tel. 216 31 11,
Administratives Sekretariat: Verkehrsverein Zürich, Bahnhofbrücke 1, Tel. 211 12 56.
Vorverkauf: Billett-Zentrale Zürich im Kulturpavillon am Werdmühleplatz, Postfach, CH-8023 Zürich, Tel. 221 22 83.
Hotelreservationen (Pauschalarrangements) durch das Offizielle Verkehrsbüro Zürich, Bahnhofplatz 15, Postfach, CH-8023 Zürich, Tel. 211 40 00.

Jugend — Tips

Jugendherberge: Mutschellenstr. 114, Tram 7/10 (Richtung Wollishofen) bis Morgental, geöffnet: 7 — 9 und 14 — 22 Uhr, von Juni bis Oktober Vorbestellung zu empfehlen, Tel. 482 45 61.
Jugendhilfe und Beratung: Auffangstation Wollishofen, Übernachtungsmöglichkeiten für Notfälle, Kilchbergstr. 21, Bus 61 ab Bürkliplatz,
Tel. 43 97 17.

Drogenprobleme:

Psychiatrische Beratungsstelle Drop-in, geöffnet: 8 — 20 Uhr, Tel. 55 53 11, Dufourstr. 181, Tram 2/4: Fröhlichstr.
Jugendberatungsstelle für Jugendliche in Schwierigkeiten, Tel. 36 13 53, Sihlamtsstr. 15, Tram 8: Selnau.
Jugendcafé: Limmatquai 112, Tel. 34 76 00, geöffnet: Di — Sa 16 — 23 Uhr, billige Verpflegung, zwangloses Beisammensein.
Jugendfoyer: persönliche Atmosphäre, kleine Räumlichkeiten, Möglichkeit zu günstigem Essen und kunsthandwerklichen Tätigkeiten, Zweierstr. 50, Tram 3/14: Stauffacherplatz, Tel. 39 88 15, geöffnet: Di, Fr, Sa, So 13 — 23 Uhr, Mi und Do 17 — 23 Uhr, Mo geschl.
Jugendhaus Drahtschmidli: Cafeteria, Kurse und Veranstaltungen, Disco-Treffpunkt, Wasserwerkstr. 17, Tel. 26 66 80, geöffnet: Di — Fr, 10 — 23.30 Uhr, Sa 14 — 23.30 Uhr, So 14 — 20 Uhr.
Jugendtreff Sihlquai 240, geöffnet: Di — Do 17.30 — 23 Uhr, Fr 17.30 — 23.30 Uhr, Sa 19 — 23.30 Uhr, So 14 — 21 Uhr.
Atelier 33 (Jugendtreff), Bekkenhofstr. 64, jeden Abend Veranstaltungen oder Kurse (Malen, Zeichnen).
Pop- und Jazz-Treffs:
Bazzillus-Musikrestaurant (Clubcharakter) Albisriederplatz 6 (Hinterhaus),
Tel. 54 31 22.
Limmatquai 82, Abendveranstaltungen.
Rote Fabrik, Seestr. 395, Fabrikjazz.

Kinder-Service

Kinderhüten/Babysitting:
Jugendherberge im «Schäggehüsli», Mutschellenstr. 114, Tel. 45 30 20, stundenweise oder ganzer Tag, auch mit Verpflegung, Mo — Fr 8 — 17 Uhr.
In den **Kaufhäusern** (Bahnhofstr.): Globus, Jelmoli, Oscar Weber (Kinderparadies Pinocchio) für 2 — 6jährige während der Ladenöffnungszeiten.
Kady vermittelt Babysitter auch stundenweise,
Tel. 211 37 86.
Kinderspital: Steinwiesstr. 75, Tel. 47 90 90.

Kinos

Zürich ist **die** Schweizer Stadt der Kinos. Es gibt allein 34 Kinotheater. Die meisten Filme werden in Originalversion gebracht mit deutschen, französischen, englischen oder italienischen Untertiteln. Über Programme — in den Tageszeitungen oder im Zürcher Wochen-Bulletin.

Kirchen- und Gottesdienste

(Auswahl im Stadtzentrum)
Evangelisch-reformiert: Großmünster, Zwingliplatz; Fraumünster, Münsterhof; St. Peter, St. Peterhofstatt: Sommer und Winter 10 Uhr. Predigerk., Predigerplatz: Sommer 10 Uhr, Winter 9.30 Uhr.
Römisch-katholisch: Liebfrauen, Weinbergstr. 34: Sommer 6, 8.30, 11.15 Uhr; Winter 7.30, 9.30, 16, 20 Uhr.
Christkatholisch: Augustinerkirche, Münzplatz: Sommer und Winter 9.30 Uhr.

Konsulate

s Telefonbuch.

Märkte

Gemüse- und Obstmärkte Di und Fr 6 — 11 Uhr: Bürkliplatz, Helvetiaplatz, Milchbuck. Mi und Sa: Marktplatz Oerlikon,

Lindenplatz Altstetten; Sa (nur vom Frühling bis Oktober): Limmatquai beim Central. Jahrmarktatmosphäre mit allem Drum und Dran jeweils am letzten Donnerstag der Monate April, Juni, August und Oktober auf dem Helvetiaplatz.
Kuriositätenmarkt auf dem Rosenhof (Frühling bis Herbst) jeden Do 9 — 21 Uhr;
Trödelmarkt auf dem Bürkliplatz (Mai bis Oktober) jeden Sa 7 — 16 Uhr.

Museen und Sammlungen

(Auswahl)
Indianer-Museum (Sammlung Hotz), Schulhaus Feldstraße 89, Tel. 241 00 50 — offen Sa 14 — 17, So 10 — 12 Uhr. (Während der Schulferien auf Anfrage).
Johanna-Spyri-Archiv (Feldeggstr. 32). Johanna Spyris Leben und Werk. Mi 14 — 18 Uhr.
Johanna-Spyri-Museum auf dem Hirzel (½ Autostunde von Zürich), geöffnet: Mo 15.30 — 17 und 19 — 20 Uhr, So 14 — 16 Uhr. (Voranmeldung: Tel. 47 90 44).
Keramikabteilung im Zunfthaus zur Meisen, Münsterhof 20: 10 — 12 und 14 — 17, montags 14 — 17 Uhr.
Kulturama, Zentralstraße 153, Tel.: 241 34 35: Die Entwicklung des Menschen. Mo — Fr 10 — 17 Uhr. 1. Sonntag im Monat 10 — 17 Uhr. Schulen und Gruppen auch nach telefonischer Vereinbarung.
Kunstgewerbemuseum der Stadt Zürich — (Ausstellungsstr. 60) — Nur geöffnet während Wechselausstellungen (in der Regel Di — Fr 10 — 12 und 14 — 18, Mi bis 21, Sa/So 10 — 12 und 14 — 17 Uhr, Mo geschlossen).
Kunsthaus — (am Heimplatz). Di — Fr 10 — 21, Sa/So 10 — 17 Uhr, Mo 14 — 17 Uhr.
Museum Bellerive (Höschgasse 3): Di — So 10 — 12, 14 — 17 Uhr. Wechselausstellungen.
Museum Helmhaus (Limmatquai 31) — Wechselnde Ausstellungen. Di — So 10 — 18, Do auch 20 — 22 Uhr.
Museum Rietberg — (Gablerstraße 15, Rieterpark): Offen täglich, außer Montag, 10 — 17, Mi auch 20 — 22 Uhr. Museum Rietberg am Hirschengraben 20. Offen: Di — Fr 14 — 19, Do auch 19 — 21; Sa/So 14 — 17 Uhr. Montags geschlossen.
Museum der Zeitmessung Beyer (Bahnhofstr. 31, Tel. 221 10 80) — Antike Uhren des 16.—20. Jahrhunderts. Mo — Fr 10 — 12, 14 — 16; Sa 10 — 12 Uhr.
Paradies der Alpenbahnen Ein Wunderwerk der Technik und Modellbaukunst — Beim Zoo, Allmend Fluntern. Geöffnet täglich 10.30 — 18 Uhr.
Schweizerisches Landesmuseum (beim Hauptbahnhof) — Di — So 10 — 12, 14 — 17, Mo 14 — 17 Uhr.
Stiftung Sammlung E.G. Bührle (Zollikerstraße 172). Geöffnet Dienstag und Freitag 14 — 17 Uhr. Jeden ersten Freitag im Monat 14 — 20 Uhr.
Thomas-Mann-Archiv der ETH (Schönberggasse 15, neben Universität) — Mi und Sa 14 — 16 Uhr geöffnet.
Wohnmuseum Bärengasse (Zürcher Wohnkultur des 18. Jahrhunderts), Bärengasse 22: Di — So 10 — 12, 14 — 17, Mo 14 — 17 Uhr.
Zoologischer Garten (Allmend Fluntern) — Täglich 8 — 17 Uhr.

Nachtservice

Benzin bei Nacht im Stadtzentrum: Kreuzstr. 53 (Automat), Steinmühleplatz (Automat), Uraniastr./Parkhaus bis 02.00 Uhr, Utoquai 47 (Automat). Weitere Auskünfte: Tel. 140. Lebensmittelautomat: Hauptbahnhof Shopville.

Notrufe

Polizeinotruf Tel. 117 (nur in dringenden Notfällen) oder Tel. 216 71 11 (auch bei Vermißtmeldung von Personen).
Ärztlicher und zahnärztlicher Notfalldienst Tel. 47 47 00 oder Städtische Sanität:
Tel. 361 61 61 (Erste Hilfe, Kranken- und Unfalltransporte usw).
Vergiftungen Tel. 251 51 51 (Toxikologisches Informationszentrum für die Behandlung von Notfällen, telefonisch rund um die Uhr erreichbar), Klosbachstraße 107.
Unfallstation Universitätsspital, Schmelzbergstraße 8,
Tel. 255 11 11.
Tierärztlicher Notfalldienst des Kantonalen Tierspitals, Winterthurerstraße 260,
Tel. 365 11 11.
Radiosuchdienst TCS Genf, Tel. 35 80 00 (für Personenrückruf).
«Die dargebotene Hand». Telefonseelsorge rund um die Uhr, Tel. 143.
Apotheke rund um die Uhr am Bellevue, Theaterstraße 14, Tel. 252 44 11.
Autopanne. Touring-Hilfe, Tel. 140.
Pikett-Dienst der Arbeitsgemeinschaft für Alleinstehende und Obdachlose: Tel. 47 13 41, an Sa und allgemeinen Sonn- und Feiertagen 18 — 20 Uhr.
Schlüsselservice (Tag und Nacht), Tel. 23 62 41.

Notschlafstellen

Städtische Herberge, Rieterstr. 7, Tram 13: Waffenplatz, geöffnet: 17 — 0.30 Uhr, Sa und So ganzer Tag,
Tel. 36 57 52.
Nur für Frauen: Foyer Hottingen, Hottingerstr. 31, ganzer Tag geöffnet bis 24 Uhr, Tel. 47 93 15.
Heilsarmee, Molkenstr. 6, ganzer Tag geöffnet bis 22 Uhr, Tel. 39 48 00.
Martahaus (Freundinnen junger Mädchen), Zähringerstr. 36, ganzer Tag geöffnet bis 23.30 Uhr, Tel. 32 45 50.
Nur für Männer: Caritas-Hospiz, Konradstr. 79,
Tel. 42 63 39, geöffnet: 5 — 11 und 16 — 23.30 Uhr.
Heilsarmee Magnusstr. 14, Tel. 39 48 11, geöffnet: 8 — 11 Uhr (Türschluß 22.15 Uhr).
Herberge zur Heimat, Geigergasse 5, Tel. 251 15 68 und 252 13 47, geöffnet: Mo — Fr (Türschluß 22.30 Uhr, Sa 11.15 Uhr).
Männerhaus Reblaube, Triemlistr. 5, Tel. 52 15 51, ganzer Tag geöffnet bis 23 Uhr.

Öffnungszeiten

Geschäfte: Mo bis Fr 8 — 18.30 Uhr; Sa 8 — 16 Uhr. Do in der City teilweise Abendverkauf bis 21 Uhr. Mo teilweise geschlossen.

Partnermiete

Wer in Zürich allein ist und einen Partner für Theater, Konzert, Tennis usw. sucht, wende sich an Life-Partner, Tel. 55 05 22.

Post

Fraumünsterpost, Haupt-Bahnhof HB, Sihlpost: Normale Schalterstunden Mo bis Fr 7.30 — 18.30; Sa 7.30 — 11 Uhr, So geschlossen. Alle übrigen Postämter sind über Mittag geschlossen.
Dringlichkeitsschalter: Fraumünsterpost, Fraumünsterstraße/Kappelergasse: Mo bis Fr 18.30 — 20; Sa 11 — 12 Uhr; HB-Post: Mo bis Fr 18.30 — 21, Sa 11 — 12 Uhr.
Sihlpost (Hauptpost), Kasernenstraße 96 — 99: Mo bis Fr 6.30 — 7.30, 18.30 — 23 Uhr; Sa 6.30 — 7.30 und 11 — 23 Uhr; So 9 — 23 Uhr.
Telefon, Telegramm und Telex. Fraumünsterpost, (Telegramm und Telex rund um die Uhr) Telefonzentrale: 6.45 — 21 Uhr, Sa bis 16 Uhr, So geschlossen; Im Haupt-Bahnhof: 7 — 22.30 Uhr. Sihlpost: 05.00 — 01.00 Uhr (Adresse siehe «Post»); Füßlistraße 6: 8 — 19.30 Uhr (außer Sa und So). Flughafen-Postamt: 6.30 — 22.15 Uhr.
Wertzeichenverkaufsstelle: Post Fraumünsterstr. 16, Tel. 221 20 90.

Reisebüros und Reise-Informationen

beim Offiziellen Verkehrsbüro im Hauptbahnhof, Tel. 211 40 00, Bahnhofplatz 15.

Sekretärin

(stundenweise) u. a. Adia Interim, Tel. 211 41 41.

Sport und Sportanlagen

Sport treiben gehört zu den Lieblingsfreizeitbeschäftigungen der Schweizer. So ist der Montagabend fast durchweg für sportliche Betätigung reserviert. Entsprechend groß ist das Angebot an Möglichkeiten und Sportanlagen in Zürich, und zwar so vielgestaltig, daß eine sinnvolle Übersicht nur die 38seitige Broschüre «Sport für alle» gibt, herausgegeben und gratis zu beziehen vom Sportamt der Stadt Zürich, Postfach, 8039 Zürich, (Schalter: Selnaustr. 13, Tel. 202 12 50 oder 211 56 34).

Studenten

ISC International Students Club sorgt für internationale Kontakte, Gemeinsamkeiten, Veranstaltungen, Studentenausweis nur für männl. Mitglieder. Augustinerhof 1, geöffnet: tägl. ab 21 Uhr außer Do und So.
Studentenschaft der Universität Zürich, Rämistr. 66, Tel. 32 92 87.
Verband der Schweizerischen Studentenschaften, Auslandamt, Tel. 34 44 00, Leonhardstr. 19.
Verband der Studierenden an der Eidgenössischen Technischen Hochschule (VSETH), Sekretariat: Leonhardstr. 19, Tel. 34 24 31, geöffnet: 14 — 17 Uhr.

Taxi

Taxi-Zentrale. Tel. 44 44 41 (Trinkgeld im Fahrpreis inbegriffen); andere Taxi-Unternehmen s. Telefonbuch; Rollstuhl-Taxi: Tel. 44 99 44 (Voranmeldung erwünscht, kein Zuschlag).

Theater, Oper, Konzerte

Schauspielhaus, Rämistr. 34, Tel. 251 11 11.
Theater bel(l)etage Hottingerstraße 30, Tel. 69 05 69.
Bernhard-Theater, Pelikanplatz, Tel. 252 60 55/251 21 45.
Kammertheater Stok, Hirschengraben 42, Tel. 251 22 80.
Theater 11, im Volkshaus, Stauffacherstr. 58, Tel. 216 31 11.
Theater am Hechtplatz, Hechtplatz, Tel. 252 32 34.
Theater am Neumarkt, Neumarkt 5, Tel. 251 44 88.
Theater Heddy Maria Wettstein, Winkelwiese 4 (3. Stock), Tel. 47 07 22/53 48 17 oder 251 59 00.
Theater an der Winkelwiese, Winkelwiese 4, Tel. 252 10 01.
Theater im Seefeld, Seefeldstr. 91 (Kirchgemeindehaus).
Zürcher Kammerorchester Kreuzstr. 55, Tel. 252 17 37.
Tonhalle Gotthardstraße 1, Tel. 201 15 80.
Opernhaus Schillerstr. 1, Tel. 251 69 22/23.
Musikpodium, Stadthaus, Tel. 252 32 34.
Vorverkaufsstellen: BZZ, Kulturpavillon, Werdmühleplatz, Billettzentrale, Tel. 221 22 83, Kultur-Informationen, Tel. 211 91 91.
Musik Hug, Limmatquai 26 — 28, Tel. 47 16 00.
Jecklin, Pfauen, Tel. 251 59 00.
Jelmoli City, Tel. 211 97 97.
Ex Libris, St. Peterstraße, Tel. 221 16 71.

Touristenlager

Limmatstr. 111, geöffnet: Mai — September, Tel. 42 38 00; Reservation: Quartieramt, P.O.B. 8027 Zürich.

«Träffpunkt am Wuchenänd»

geeignet für Leute, die Leute kennenlernen möchten, Helferei Großmünster, Sa ab 15 Uhr, Kirchgasse 13.

Zürichsee-Schiffahrtsgesellschaft

Direktion Mythenquai 33, Tel. 45 10 33, Hauptlandungssteg: Bürkliplatz.

Zürcher Stadt- und Bergbahnen

Entdecken Sie die nähere Umgebung von Zürich! Verschiedene Bahnen führen Sie direkt vom Stadtzentrum aus auf die nahegelegenen Aussichtspunkte:
Polybahn: Abfahrten: Central bei der Bahnhofbrücke beim Limmatquai. Führt alle drei Minuten zur Aussichtsterrasse der Eidgenössischen Technischen Hochschule (ETH) im Herzen der Stadt mit Blick auf die Alpen. Die Bahn besteht seit 1889. Die einfache Fahrt kostet 40 Rappen pro Person.
Dolderbahn: Abfahrten: ab Römerhofplatz (Tram 3, 8 und 15) alle zehn Minuten ins Dolder-Erholungsgebiet (606 m) mit Kunsteisbahn, Wellenbad, Minigolf, Golf. Schöne Waldspaziergänge auf gepflegten Wegen. Zoologischer Garten in zehn Minuten zu Fuß erreichbar. Einzelfahrt Fr. 1.—.
Forchbahn: Bahnhof Stadelhofen. Die Bahn führt zum Stadtrand hinauf und dann hinaus ins Grüne. Spazier- und Wandergebiet an bevorzugter

Aussichtslage auf der Forch. Retourfahrt Fr. 5.20.
Uetlibergbahnen: Abfahrten: Bahnhof Selnau. Der Uetliberg ist Zürichs Aussichtsberg, in 25minütiger Fahrt mit der steilsten Adhäsionsbahn Europas erreichbar. In zehn Bummelminuten erreichen Sie den höchsten Punkt, den Uto-Kulm (871 m), mit überwältigender Rundsicht auf Stadt, See und Alpen.

Tageskarte für Hin- und Rückfahrt Fr. 6.40.
Felseneggbahn: Abfahrten: Bahnhof Selnau. Zuerst mit der Sihltalbahn nach Adliswil und von da mit der Luftseilbahn hinauf zur Felsenegg (804 m). Bummel- und Wanderpfade führen hinaus in die Natur, zum idyllisch gelegenen Bergrestaurant. Tageskarte für Hin- und Rückfahrt Fr. 9.–.

Zürich unter 10 Franken

Im Verkehrsbüro im Zürcher Hauptbahnhof wird kostenlos ein Faltprospekt abgegeben, der über 132 Restaurants, Imbißstuben in Warenhäusern und Kioske aufführt, die Mahlzeiten unter 10 Schweizer Franken anbieten.

Luzern - Information

Ankunft

Bei der Ankunft auf Luzerns Bahnhof wird es in den nächsten Jahren einige Überraschungen geben, denn die Luzerner haben hochfliegende Bahnhof-Neubaupläne. Darum tut man gut daran, ihm den Rücken zu kehren, die Pilatusstrasse entlang zu gehen und auf den Hinweis **i** zu achten, der den Fremden zur **Tourist-Information Verkehrsbüro,** Pilatusstr. 14, Tel. 23 52 52, geöffnet: Montag bis Freitag 08.00 – 12.00 und 14.00 – 18.00 Uhr, bringen wird. Hier kann er zunächst persönlich oder per Telefon alle wichtigen **Bahnhofs-**Auskünfte erledigen:
SBB - Auskunft: Tel. 23 21 33 (täglich 7 – 22 Uhr).
SBB - Reisedienst: Telefon 21 33 20/21 (Montag bis Freitag 8 – 12 und 14 – 18 Uhr).
Auskünfte über Fahrpreise, Rundreisen, begleitete Gesellschaftsreisen, Abonnements, Rundfahrten auf dem See und Wanderbilletts.
SBB - Platzreservation:
Tel. 23 21 33 (täglich 7 – 19.50 Uhr).
SBB - Fundbüro: Tel. 21 33 17 (täglich 8 – 12 und 15 – 19 Uhr).
Billettausgabe: Tel. 21 32 17 (täglich 4.30 – 24.00 Uhr).
Abonnemente: Tel. 21 32 33 (Mo – Fr 7.30 – 12.00 und 13.30 – 19.00 Uhr, Sa 7.30 – 12.00 und 13.30 – 16.00 Uhr).
Logierbüro SBB:
Telefon 23 52 44.
Reise- und Fluggepäck/Aufgabe: Tel. 21 32 61 (täglich 6.40 – 21.00 Uhr).
Reisegepäck/Ausgabe:
Telefon 21 32 68 (täglich 4.30 – 23.30 Uhr).

Ob man etwas über städtische Institutionen, Sehenswürdigkeiten, Ausflüge oder Exkursionen in die Umgebung, Eisenbahn- oder Schiffsverbindungen, Fasnacht (3-Tage-Arrangements), Hotels, Pensionen, Fußtouren, Bergbahnen wissen möchte, man wird freundlich Antwort erhalten. Als Willkommensgruß lassen Sie sich «Luzerner Treff» (Schweizerische Zeitung für Information + Tourismus) gleich mitgeben.

Stadtbummel werden unter fachkundiger Leitung organisiert (vom 1. Mai bis 30. September), jeweils von Mo bis Sa. Treffpunkt: Verkehrsverein, Pilatusstr. 14, Zeit: 09.45 Uhr, Preis: Fr. 9. – (eine Überraschung im Preis inbegriffen). Dauer: etwa 1 ½ Std.

Ankunft mit dem Auto
Luzerns Innenstadt ist autofrei. Darum stelle man seinen Pkw nach Möglichkeit in Luzerns Neustadt ab, denn auch auf Straßen und Plätzen im Bereich des Zentrums können Fahrzeuge nur für beschränkte Zeit geparkt werden, Überwachung durch Parkuhren oder Parkscheiben (blaue Zonen), doch Luzerns Ordnungshüter verdienen ein Lob für verständnisvolles Entgegenkommen. Ein Tip: Parken Sie Ihren Pkw bei der Festhalle Allmend, für Autocars sind spezielle Parkplätze am Stadtrand reserviert.

Autohilfe

Hammer Auto Center, Abschleppdienst Tag und Nacht, Emmenbrücke, Tel. 53 22 77, **Willy Th. AG,** Obergrundstr. 109, Tel. 40 22 22, **Windlin Josef,** Reussbühl, Tel. 22 41 41.

Auto-Klubs

Automobil-Club der Schweiz (ACS), Morgartenstr. 3, Tel. 23 13 03, geöffnet: 8 – 12, 14 – 18, Sa 8 – 12 Uhr, Pannendienst: Tel. 23 13 03.
Touring-Club der Schweiz (TCS), Burgerstr. 22, Tel. 23 78 33, geöffnet: Mo – Fr 8 – 12 und 13.30 – 18.30 Uhr, Sa geschlossen. Mi 9 – 12 und 13.30 – 18.30 Uhr. Touring-Hilfe: Tel. 140.

Autovermietung

Avis, Rent a Car, City-Parking, Zürichstr, Tel. 51 32 51.
Hertz Licensee, Autovermietung Epper AG, Horwerstr. 81, Tel. 41 11 23.
Inter-Rent, Auto Koch AG, Löwenstr. 20, Tel. 51 44 44.
National, Europcar, Auto Koch AG, Löwenstr. 20, Tel. 51 44 44. **Miecar,** Miecar AG, Neuweg 4, Tel. 23 00 44.

(Berg)Bahnen

Pilatusbahn-Gesellschaft und **Kriensereggbahn AG,** Grendelstr. 2, Tel. 51 50 66. **Anmeldung Reisegesellschaften:** Alpnachstad, Telefon 96 11 30 und 96 11 31. **Wetter- und Schneeverhältnisse,** Tel. 45 24 44.

Bus- und Trolleybusse

verkehren ohne Billeteur, grüne Billettautomaten stehen an jeder Haltestelle. Mehrfahrausweise, Abonnements und Auskünfte erteilt die **Abonnementsausgabestelle** der Verkehrsbetriebe, Bahnhofsplatz Unterführung, Tel. 23 82 80.
Benutzen Sie die Buslinien 9 –

11 und 14 — 24, so können Billetts direkt im Wagen gelöst werden.
Gratis verkehrt der orangefarbene **Mini-City-Bus** durch die Altstadt. Seine Haltestellen sind jedoch nur schwer erkennbar, achten Sie daher auf die transportablen Schilder auf dem Trottoir.

Camping- und Caravanning-Club

Internationaler-Campingplatz Lido (beim Verkehrshaus), Tel. 31 45 43, TCS-Camping und Zeltplatz, Horw, Tel. 47 35 58.

Drogen Forum Innerschweiz:

St. Karliquai 12, Tel. 51 62 43,
Beratung: Moosmattstr. 4, Tel. 41 04 33 oder Ebikon Tel. 36 88 23.

Feiertage

Luzern als **katholische Stadt** feiert außer den üblichen Kirchenfesttagen den Tag des heiligen St. Leodegar am 2. Oktober, 1. August nachmittags (Bundesfeier).

Fundbüro

Verkehrsbetriebe (VBL) und städtisches Fundbüro, Winkelriedstr. 12, Tel. 21 78 20.

Geldwechsel

In allen Banken (Mo bis Fr 8.30 — 12.15 und 13.15 — 16.30, Do bis 18.30 Uhr) sowie in den meisten Reisebüros und in der Wechselstube des Bahnhofs, Tel. 21 36 46, geöffnet: Mo bis Fr 7.30 — 21.00, Sa 7.30 — 19.30, So 8.00 — 18.00.

Gottesdienste:

Römisch-katholisch: St. Leodegar, Tel. 51 52 41, Sa 17.15, So 06.00, 06.30, 07.15, 08.30, 10.00, 11.30, 18.00, 20.00 Uhr; St. Peter, Sa 20.00, So 08.00, 09.00, 10.00, 19.00, 20.15 Uhr; Mariahilf, So 09.15 10.15, 11.15 Uhr, Johannes, Würzenbach, Sa 19.00, So 09.30, 11.00, 19.00 Uhr; Jesuitenkirche, Tel. 23 84 52, Sa 18.00, So 06.30, 07.30, 10.00, 15.00, 17.00 Uhr; Franziskaner, Tel. 23 14 67, Sa 15.15, So 08.00, 09.00, 10.00, 11.30, 16.00, 17.15 Uhr.
Evangelisch-Reformiert: Matthäuskirche, Tel. 51 32 78, So 11.00 Uhr; Kirchgemeindezentrum Würzenbachmatte 2, 1. Sonntag im Monat 10.00 Uhr; Lukaskirche, Gottesdienst So 10.00 Uhr.
Übrige Bekenntnisse (Christkatholisch, St. Mark's English Church, Jüdische Gemeinde, Christian Science, United Methodist Church, Mormonen, Advent-Mission, Pfingstmission Freitagausgabe der Tageszeitungen und Telefonbuch).
Gastgewerbe- und Touristenseelsorge, Furrengasse 9, Tel. 51 21 26.
Telebibel: Tel. 23 36 37.
Telefonseelsorge: Tel. 143 und 23 76 75.

Heilsarmee

Dufourstr. 25, Tel. 22 77 22.

Hostessen-Service

Tel. 23 52 52.

Hotels und Hotelreservationen

über Hotelierverein Luzern, Sekretariat: Pilatusstr. 14, Tel. 23 68 18 oder Verkehrsbüro, Pilatusstr. 14, Tel. 23 52 52.

Internationale Musikfestwochen

Direktion und Sekretaiat; Pilatusstr. 14, Tel. 23 35 62, Vorverkauf (nur im Sommer): Tel. 23 52 72, Künstler. Direktion und Sekretariat: Tel. 23 26 88. Programme und Billetts können bei den Internationalen Musikfestwochen, Postfach 424, 6002 Luzern, bezogen werden. Vorverkaufsstellen im Ausland: Deutsches Reisebüro GmbH (DER), Eschersheimer Landstraße 25, Postfach 3621, D-6000 Frankfurt a.M. (und alle Filialen); Reisebüro Cosmos, Kärntnerring 15, A-1010 Wien; American Express Co., 65 Broadway, New York, N.Y. 10019 (und alle Filialen); Dailey-Thorp Travel, Inc., 654 Madison Ave., New York, N.Y. 10021; Specialised Travel P.A. Ltd., 83a Marylebone High Street, London W 1 M 4 A P; Voyages Transconti, 9, rue du 4 septembre, F-75002 Paris; Chiari Sommariva S.p.A., via Dante 8, I-20121 Milano (und alle Filialen).

Jugend — Tips

Folk- und Jazzclubs Innerschweiz, Postfach 1248, 6002 Luzern
Jugend und Gesellschaft, Beratungsdienst, Mühlenplatz 5, Tel. 51 68 91.
Jugend und Sport, Kantonale Verwaltung, Zentralstr. 28, Tel. 21 91 11.
Jugendberatung Contact, Sempacherstr. 15, Tel. 23 13 08.
Jugendhaus: Werkhof, Werkhofstr. 11, Tel. 44 14 88.
Jugendherberge:
Rotsee, eine der schönsten der Schweiz, Auskunft nur von 7 — 10 und 17 — 22 Uhr, Sedelstr. 12, Tel. 36 88 00.
Jugendsekretariat: Hirschengraben 17, Tel. 21 81 11.
Jugendtreff Klarahof St. Karlistr. 5, Tel. 22 56 03
San Francisco, Jazz mit Picadilly-Six, Haldenstr.
Stadtkeller, Sternenplatz 3, Tel. 51 47 33.

Kinderbetreuung

Kinderschwesternvermittlungsstelle, Leitung: H. Schnyder, Denkmalstr. 5, Tel. 51 10 54.
Kinderstube des Gemeinnützigen Frauenvereins, Frankenstr. 5, geöffnet: Mo bis Fr 14 — 17.30 Uhr, ohne Tel., in Ausnahmefällen Tel. 23 35 43.
Kinderstube Hubelmatt, Hubelmatt 704 d, Tel. 41 34 79.
Kinderbetreuung im Warenhaus Coop City, Hertensteinstr. 50, Tel. 50 22 88.
Kinderspital, Spitalstr., Tel. 25 11 25, Notfall-Anmeldung: Tel. 25 31 66.

Kinos

ABC, Hallwilerweg 12/14, Apollo, Hertensteinstr. 33, Atelier, Theaterstr. 5, Capitol, Zentralstr. 45, Ciné-Studio, Stadthofstr. 5, Ita, Zürichstr. 1, Madeleine, Baselstr. 15, Modern,

Pilatusstr. 21, Rex, Obergrundstr. 3.

Kongreßbüro Luzern

Pilatusstr. 14, Tel. 23 52 52.

Konsulate

s. Telefonbuch

Märkte

Di und Sa regelmäßig an beiden Ufern der Reuß: Gemüse- und Blumenmarkt, 7 — 12 Uhr; jeden 1. Mi im Monat auf dem Kapellplatz Handwerkermarkt, 8 — 12 Uhr, Sa Trödelmarkt am Reuß-Steg, 8 — 12 Uhr.

Museen und Sammlungen

Kunstmuseum, Bahnhofplatz, Tel. 23 92 42, geöffnet: Mo bis So 10 — 12, 14 — 17 Uhr, Mi 19.30 — 21.30 Uhr.
Am Rhyn-Haus, neben dem Rathaus, Eingang Furrengasse, Tel. 51 35 33, geöffnet: Mai bis Sept. Di bis Fr 10 — 12, 15 — 18 Uhr, Mo geschl., Okt. bis April Fr/So 11 — 12 und 15 — 17 Uhr. (Für Besichtigungen zu anderen Zeiten Tel. 51 17 73).
Naturmuseum, beim Kasernenplatz (Spreuerbrücke), Tel. 22 09 55, geöffnet: Di bis So 10 — 12, 14 — 17 Uhr.
Richard-Wagner-Museum, Landhaus Tribschen, Tel. 44 23 70, geöffnet: Mo bis Sa 9 — 12, 14 — 18 Uhr, So 10.30 — 12, 14 — 17 Uhr.
Trachtenmuseum Utenberg, beim Dietschiberg, von Mitte April bis 1. 11. täglich geöffnet: 9 — 17.30, Tel. 36 80 58.
Gletschergarten, beim Löwendenkmal, Tel. 51 43 40, geöffnet: täglich 8 — 18 Uhr.
Panorama, am Löwenplatz, Tel. 50 22 50, geöffnet: März—Nov.: 8 — 12, 13 — 18 Uhr, So 9.30 — 12, 13 — 18 Uhr. Juli—August: 8 — 11 Uhr, So geschl.
Verkehrshaus, Tel. 31 44 44, geöffnet: tägl. 9 — 18 Uhr.

Notfalldienste

Stadtpolizei Luzern: Tel. 21 77 11 oder 23 36 77 (Obergrundstr. 1) gibt Auskünfte über diensthabende Ärzte und Apotheken, sofern keine Tageszeitung (Samstag-Ausgabe) griffbereit ist (Luzerner Neueste Nachrichten, Tagblatt, Vaterland, Stadtanzeiger).
Fahrzeugfahndung Kanton Luzern: Tel. 21 77 11.
Wasserpolizei Kanton Luzern: Tel. 21 77 11.
Kantons- und Kriminalpolizei Luzern: Kasimir-Pfyffer-Str. 26, Tel. 28 11 17.
Kantonsspital, Spitalstr., Tel. 25 11 25.
Kantonspolizei Tel. 28 11 17.
Schlüssel-Center: Schloßöffnungsdienst Tag und Nacht, Tel. 22 22 74.

Parkhäuser

Bahnhof-Parking Bahnhofplatz **Parking Kesselturm** Burgerstr. 20, **City-Parking** Zürichstr., **Parking National** Haldenstr., **Parkhaus Kantonalbank** Pilatusstr.

Post

Hauptpost: geöffnet Mo — Fr 7.30 — 18.30, Sa 7.30 — 11 Uhr, Tel. 26 91 11.
Postfilialen: geöffnet Mo — Fr 7.20 — 12, 13.45 — 18.30 Uhr, Sa 7.30 — 11 Uhr.
Wertzeichenverkaufsstelle: Kauffmannweg 4, Tel. 26 90 42, geöffnet: Mo — Fr 8.30 — 11.30, 14 — 17.30 Uhr, Sa 8.30 — 11.30 Uhr.
Telefon + Telegraph: Tel. 111/110, geöffnet: Mo — Sa 7 — 22 Uhr, So 8 — 22 Uhr, ab 1. Nov. bis Ostern 8 — 21.30 Uhr.

Schiff-Fahrt

Auf dem Genfer-, Neuenburger-, Thuner-, Vierwaldstätter-, Zürich- und Brienzersee sowie auf Untersee und Rhein berechtigen die **Rundfahrtbillette,** soweit keine Einschränkungen darauf vorgesehen sind, in den entsprechenden Verbindungen zur Fahrt auf dem Schiff und mit der SBB.
Für den Vierwaldstättersee gültige Routen:
Luzern — Hochdorf — Beromünster — Hochdorf — Luzern oder Beromünster
Luzern — Wolhusen — Ruswil — Luzern
Luzern — Wolhusen — Willisau (im Sommer vor allem internationale Jazz-Konzerte) — Ettiswil — Ruswil — Luzern
Luzern — Sursee — Ettiswil — Ruswil — Luzern
Luzern — Hergiswil — Stansstadt — Luzern
Luzern — Hergiswil — Stans — Stanserhorn — Stans — Stansstad — Luzern
Luzern — Alpnachstad — Pilatus Kulm — Fräkmüntegg — Kriens — Luzern.
Wie in Schweizer Zügen fährt man auch auf Schweizer Schiffen 1. oder 2. Klasse. Wer eine Fahrt über den Vierwaldstättersee plant, parkt am besten im Bahnhofparking, denn das Vorweisen des Parking-Tickets beim Lösen der Schiffskarte verbilligt das Parken erheblich. Außer den Normal-Routen lassen sich spezielle Fahrten buchen: mittägliches Lunch-Schiff, Jass-Schiff, «Nostalgie-Dampfer», «Wanderschiffe», Schiffe für abendliche Fahrten mit Folklore und Tanz sowie das Fondue-Schiff oder per Schiff zum Wintersport (Nov. — April auf die Rigi oder die Klewenalp).
Informationen und Billetts: Billettschalter: Schiffsstation gegenüber vom Bahnhof, Tel. 23 05 15.
Schiffahrtsgesellschaft des Vierwaldstättersees, Werftstr. 5, Tel. 44 34 34.
Schiffsstation und Fundbüro, Tel. 23 47 64, Billettausgabe und Auskunft, Tel. 23 80 47, Güterexpedition, Tel. 23 05 15.
Schiffs-/Bootsvermietungen und -fahrten: Charles Bucher, Steg Luzernerhof, Tel. 51 20 55.
Markus Bucher, Hirschmattstr. 13, Tel. 23 55 72.
Herzog-Werft, Bootsstege Inseli und Nationalquai, Tel. 51 43 33.
Werft Alpnachstadt, Tel. 96 14 66.
Wer privat auf See geht sollte wissen, daß das Seebecken von der Seepolizei überwacht wird. Bei drohendem Sturm werden Blinkscheinwerfer als Vorwarnung eingesetzt. Wenn nach der Vorwarnung (40× Blinken pro Minute) die Sturmwarnung (90× Blinken pro Minute) folgt, müssen alle Sportboote sofort das Ufer anlaufen.

Sport und Sportanlagen

Bergsteigerschule, Tel. 22 12 12.

Flugplatz (Sport- und Segelflug): Beromünster, Tel. 51 18 66; Flugplatz-Kehrhof, Triengen, Tel. 74 12 75. **Delta-Fliegen:** Küssnacht a. R., Tel. 81 33 30.
Golfplatz Dietschiberg, 18 holes, offen für Gäste, Tel. 36 97 88.
Judo-Club, Geissensteinring 10, Tel. 44 24 64.
Karateschule, Senbukan, Dojo, Horwerstr. 6, Tel. 41 08 97.
Minigolf, Hotel Hermitage, Tel. 31 37 37.
Reitschule Allmend, Tel. 41 24 36, Reitschule Eichwald, Schäferweg 6, Tel. 41 45 33; Reiterzentrum Rotsee, Ebikon, Tel. 36 63 80.
Rudern auf dem Rotsee: Austragungsort von Weltmeisterschaften, Schweizer Meisterschaften und Internationalen Regatten. See-Club, Tel. 23 28 18, Regattaverein, Tel. 26 33 91.
Segelschule: Jacques Mueller, Bundesstr. 9, Tel. 22 33 37.
Schwimmen: Strandbad Lido, Lidostr., Tel. 31 38 06, Seebad Nationalquai, Tel. 51 18 12, Seebad Tribschen, Tel. 44 45 67, Öffentliches Hallenschwimmbad, Bireggstr., Tel. 44 60 66, Freibad Kriens, Horwerstr. 24, Tel. 42 28 43. Weitere Vierwaldstättersee-Bäder: Strandbad Meggen, Strandbad Küssnacht a. R., Seebad Horw, Strandbad Winkel, Horw, Strand- und Hallenbad Weggis, (das älteste am See), Strandbad Vitznau.
Surfen: Windsurfschule Luzern, Tel. 44 77 89; Vierwaldstättersee Strandbad Stansstad, Tel. 61 16 79, Alpnachersee und Urner See. **Surf-Lektionen** erteilt Kempf-Sport, Bahnhofstr. 24, Tel. 23 10 57, Bretter-Verleih; weitere Surf-Veranstalter: Joe Fassbind, Föhnhafen 1, 6440 Brunnen, Tel. 31 22 49, Segelschule Urnersee, Unterdorf, 6452 Sisikon, Tel. 31 30 23.
Sommerskifahren: Titlis bei Engelberg, 3020 m ü. M., Information: Tel. 94 15 24.
Tennis: Tennisclub Lido, Lidostr. 27, Tel. 31 28 15; Tennisclub Allmend, Stadion Allmend, Tel. 41 23 98; Carlton-Tivoli, Haldenstr., Tel. 31 31 37, Tennis Kunsteisbahn Tribschen (April — Sept.), Tel. 44 61 66, Tennisclub Meggen, Tel. 37 31 37.
Tennishallen: Allmend, Festhalle, Tel. 41 22 02, Tennishalle Pilatus (an der Autobahn Engelberg), Tel. 42 25 22, Tennishalle Adligenswil, Tel. 31 23 33.
Tennis Break: Festhalle Allmend, Tel. 41 22 02, Reußeggstr., Tel. 36 47 70, im City-Parking, Zürichstr., Tel. 51 11 51, Smash - Tennis + Fitness, Kreuzbuchstr., Tel. 31 14 04, Tenniscenter Emmen in Emmenbrücke.
Yacht-Club Luzern, Lidostr. 8, Tel. 31 43 98, **Yacht-Club Tivoli,** Carl Spittelerquai, Tel. 31 39 30, **Yoga-Schule** Wartegg, Matthofring 17, Tel. 44 24 01.
Vita Parcour: Bireggwald, Sonnenberg (Kriens), Gremliswald (Horw), Meggerwald (Meggen-Oberland), Hundsrücken (Ebikon), Riffigwald (Emmen), Zimmereggwald (Littau).

Swissair Information

über Offizielles Verkehrsbüro Luzern, Tel. 23 86 25

Taxi

ABC-Tax Ernst Hess, Tel. 41 41 41;
Tele-Taxi, Tel. 44 11 44;
BlitzTaxi, Tel. 53 66 00;
Albert Bucher, Tel. 44 11 77;
City- und Stern-Taxi, Tel. 22 88 88;
Dommen und Co. AG, Tel. 44 25 25;
Karl Hess, Tel. 22 77 55;
Anton Schumacher, Tel. 36 33 13;
Allgemeiner Taxistandplatz, Bahnhofplatz, Tel. 23 33 33.

Theater/Kleinbühne

Stadttheater Luzern, Theaterstr. 2, Billettkasse, Vorverkauf werktags von 9 — 12.15, 16 — 18.30 Uhr, So 10 — 12 Uhr, Tel. 23 66 18 und 23 66 19.
Kleintheater am Bundesplatz, Vorverkauf ab 15 — 18.30 Uhr, Tel. 23 33 50.
Mobiles Studio im Stadthaus, Hirschengraben 17, Billettkasse Stadttheater.

Wintersportstationen

der Umgebung Luzerns:

Alle Kurorte verfügen über ausgezeichnete alpine Möglichkeiten, und viele bieten günstige Pauschalwochen schon ab Fr. 240. —, Hotel, Halbpension, Skiliftkarten und teilweise auch Skischule inbegriffen: Andermatt, Engelberg, Hochybrig/Oberiberg, Hospental, Klewenalp, Lungern — Schönbühl, Melchsee-Frutt, Sörenberg, Stoos. Auskünfte und Informationen erteilen die örtlichen Verkehrsbüros oder das Verkehrsbüro Luzern, Pilatusstr. 14, Tel. 23 52 52.

Bern - Information

Ankunft

Bern trägt bereits im Bahnhofsgebäude dem Informationsbedürfnis Rechnung: Auf übersichtlichen Informationstafeln ist angezeigt, was sich in welchem Geschoß befindet, so daß der Fremde nicht lange suchen muß, um die Tourist Information, das **Offizielle Verkehrs- und Kongreßbüro der Stadt Bern, Tel. 22 76 76, geöffnet: Mo — Sa 8 — 18.30, So 10 — 17 Uhr (im Winter) und 8 — 20.30 Mo — Sa und So 10 — 20.30 Uhr (Sommer)** zu finden. Sämtliche Informationen, Hotelreservationen, Stadtrundfahrten, Exkursionen, Stadtführer, Hostessen und eine perfekte Kongreßorganisation werden hier abgewickelt.
Als weitere Informationsstellen (Auskünfte und Hotelreservationen) für Autofahrer unterhält Bern ganzjährig als **City-Informationen** an der Autobahn N1 (Zürich — Basel — Bern) in der **Raststätte Grauholz** und an der Autobahn N6 (Berner Oberland — Bern) in der **Raststätte Münsingen-Nord.**
Von Juni bis September befindet sich eine weitere **City-Information** (täglich geöffnet von 10 — 18 Uhr) in der Nähe der Innenstadt, **am Bärengraben.**

Stadtführer: (mehrsprachig), Begleitung zu Fuß, im eigenen Wagen oder Bus vermittelt das Offizielle Verkehrsbüro. Kosten einer Stadtbesichtigung bis zu 2 Std.: Fr. 35.—, auch Führungen über mehrere Stunden oder ganztägig sind möglich.
Stadthostessen: (für offizielle Empfänge, Kongresse, bestimmte Veranstaltungen) vermittelt ebenfalls das Verkehrsbüro. Kosten: Fr. 14.— pro Std., Minimum Fr. 20.— plus Vergütung von Spesen (Transport, Verköstigung).
Stadtrundfahrten: Per Bus, ganzjährig: Sa 14 Uhr. April bis Oktober tägl. 14 Uhr (ohne So), Mai bis Oktober zusätzlich 10 Uhr. Abfahrt: Vor dem Verkehrsbüro, Bus-Perron 3, Südseite Hauptbahnhof, Billetts: im Verkehrsbüro, Hotel, Reisebüro. Täglich sind halb- oder ganztägige **Exkursionen** mit Bus, Bahn oder Schiff möglich, Auskunft im Verkehrsbüro.
Alle Informationen und Auskünfte über Bahnverbindungen und Züge erhält man im Hauptbahnhof im **Büro der Schweizerischen Bundesbahnen SBB,** Tel. 22 24 04, geöffnet: tägl. 7.30 — 20.30 Uhr.
Ankunft mit dem Auto
Berns mittelalterlicher Stadtkern läßt kaum freie Parkzonen zu, und die ausgeprägte Einbahnstraßenregelung macht die Parkplatzsuche für den Fremden unerfreulich. Um so leichter ist die Einfahrt in Parkhäuser von sämtlichen Ausfallstraßen Berns.
Parkhäuser: Bahnhofparking (direkte Liftverbindung zum Bahnhof), Einfahrten: Schanzenbrücke, Stadtbachstr., Neubrückstr.
Bellevue-Parkhaus, Kochergasse
Parking City-West, Belpstr.
Metro-Garage, Waisenhausplatz
Rathaus-Garage, Schüttestr.
Stadtbach-West, Bühlstr.
Parkplätze für Busse (gebührenfrei, unbeschränkt): Schützenmatte, Helvetiaplatz, Klösterlistutz, Allmend.
Autohilfe: Touring-Hilfe (Pannendienst TCS/ACS), Tel. 140.
Automobil-Club der Schweiz (ACS), Theaterplatz 13, Tel. 22 38 13.
Touring-Club der Schweiz (TCS), Thunstr. 63, Tel. 44 22 22.

Ankunft oder Abflug auf dem **Flughafen Bern-Belpmoos:** 9 km südlich vom Stadtzentrum, Informationen und Auskünfte Tel. Alpar 54 34 11.
Direktflüge Bern Belpmoos-London Gatwick (Dan Air). Einfinden: Offizielles Verkehrsbüro 60 Min. vor Abflug, Flugplatz 30 Min. vor Abflug. **Reservationen:** Offizielles Verkehrsbüro, Reisebüro oder Alpar. Direktflüge Bern—Paris (Crossair). Zubringer-Bus: Bahnhof—Airport, Fahrpreis: Fr. 6.—; Zollformalitäten: Airport.
Train Service Bern—Zürich—Airport: Informationen und Auskünfte: Offizielles Verkehrsbüro.
Gepäck: Alle abfliegenden Passagiere können ihr Gepäck bereits in Bern einchecken. Alle ankommenden Passagiere können ihr Gepäck direkt in den Ankunftshallen nach Bern aufgeben. Preis pro Gepäckstück (bis 32 kg) Fr. 6.— Zollformalitäten im Flughafen Zürich.
Mindestumsteigezeiten Flug—Bahn: 40 Min.; Bahn—Flug: 60 Min.
Alpen- und Rundflüge, Taxiflüge: Auskünfte: Tel. Alpar 54 34 11.

Banken

Schalterstunden: Mo — Mi 8 — 16.30, Do 8 — 18, Fr 8 — 16.30 Uhr.

Bärengraben

geöffnet tägl. 7 — 18 Uhr (Okt. bis März 8.30 — 16 Uhr).

Botanischer Garten

Altenbergrain 21, Tel. 42 20 58, Bus 20, geöffnet Mo — Mi 7 — 19, Sa 7 — 17.30, So 8 — 18 Uhr.

Botschaften/ Gesandtschaften/ Konsulate

Ägypten, Elfenauweg 61, Tel. 44 80 12.
Algerien, Willadingweg 74, Tel. 44 69 61.
Argentinien, Jungfraustr. 1, Tel. 44 35 65.
Australien, Alpenstr. 29, Tel. 43 01 43.
Belgien, Weststr. 6, Tel. 43 04 62.
Brasilien, Habsburgstr. 6, Tel. 44 42 51.
Bulgarien, Bernastr. 4, Tel. 43 14 55.
Chile, Eigerplatz 5, Tel. 45 07 45.
China, Kalcheggweg 10, Tel. 44 73 33.
Costa Rica, Kramgasse 63, Tel. 22 84 38.
Dänemark, Thunstr. 95, Tel. 44 40 40.
Bundesrepublik Deutschland, Willadingweg 83, Tel. 44 08 31.
Deutsche Demokratische Republik, Brunnadernstr. 53, Tel. 44 83 46.
Ecuador, Helvetiastr. 19a, Tel. 43 17 55.
Elfenbeinküste, Eigerstr. 2, Tel. 45 65 11.
Finnland, Weltpoststr. 4, Tel. 43 30 31.
Frankreich, Schosshaldenstr. 46, Tel. 43 24 24.
Ghana, Belpstr. 11, Tel. 25 78 52.
Griechenland, Jungfraustr. 3, Tel. 44 16 37.
Großbritannien, Thunstr. 50, Tel. 44 50 21.
Haiti, Schönburgstr. 58, Tel. 42 58 48.
Indien, Weltpoststr. 17, Tel. 44 01 93.
Indonesien, Elfenauweg 51, Tel. 44 09 85.
Irak, Elfenstr. 6, Tel. 43 40 43.
Iran, Thunstr. 68, Tel. 43 08 01.
Irland, Eigerstr. 71, Tel. 46 23 53.
Israel, Marienstr. 27, Tel. 43 10 42.
Italien, Elfenstr. 14, Tel. 44 41 51.
Japan, Engestr. 43, Tel. 24 08 11.
Jordanien, Belpstr. 11, Tel. 25 41 46.
Jugoslawien, Seminarstr. 5, Tel. 44 63 53.
Kanada, Kirchenfeldstr. 88, Tel. 44 63 81.
Kolumbien, Weltpoststr. 4, Tel. 43 17 00.
Korea, Rep., Kalcheggweg 38, Tel. 43 10 81.
Korea, Volksdem. Rep., Mettlenhölzliweg 1, 3074 Muri, Tel. 52 66 21.
Kuba, Seminarstr. 29, Tel. 44 48 34.
Libanon, Alpenstr. 24, Tel. 44 41 11.
Libyen, Tavelweg 2, Tel. 43 30 76.
Liechtenstein, Willadingweg 65, Tel. 44 86 74.
Luxemburg, Kramgasse 45, Tel. 22 47 32.

Malaisia, Laupenstr. 37, Tel. 25 21 05.
Marokko, Helvetiastr. 42, Tel. 43 03 62.
Mexiko, Bernastr. 57, Tel. 43 40 60.
Niederlande, Kollerweg 11, Tel. 44 70 63.
Nigeria, Zieglerstr. 45, Tel. 26 07 26.
Norwegen, Dufourstr. 29, Tel. 44 46 76.
Österreich, Kirchenfeldstr. 28, Tel. 43 01 15.
Pakistan, Bernastr. 47, Tel. 44 29 92.
Peru, Spitalackerstr. 20a, Tel. 41 83 59.
Philippinen, Hallwylerstr. 34, Tel. 43 42 11.
Polen, Elfenstr. 20a, Tel. 44 54 57.
Portugal, Kollerweg 32, Tel. 43 17 73.
Rumänien, Kirchenfeldstr. 78, Tel. 44 35 21.
Saudi-Arabien, Kramburgstr. 12, Tel. 44 15 55.
Schweden, Jungfraustr. 1, Tel. 43 00 78.
Senegal, Monbijoustr. 10, Tel. 26 12 02.
Spanien, Brunnadernstr. 43, Tel. 44 04 12.
Südafrika, Jungfraustr. 1, Tel. 44 20 11.
Thailand, Eigerstr. 60, Tel. 46 22 81.
Tschechoslowakei, Muristr. 53, Tel. 44 36 45.
Tunesien, Kirchenfeldstr. 63, Tel. 44 82 26.
Türkei, Lombachweg 33, Tel. 43 16 91.
Ungarn, Muristr. 31, Tel. 44 85 72.
Uruguay, Kramgasse 63, Tel. 22 27 92.
USA, Jubiläumsstr. 93, Tel. 43 70 11.
UdSSR, Brunnadernrain 37, Tel. 44 05 66.
Vatikan-Stadt, Thunstr. 60, Tel. 44 60 40.
Venezuela, Eigerstr. 71, Tel. 45 32 82.
Zaire, Sulgenheimweg 21, Tel. 45 35 38.

Gesandtschaften
Monaco, Junkerngasse 28, Tel. 22 28 58.

Konsulate, *Generalkonsulate
Deutsche Demokratische Republik, Kirchenfeldstr. 68, Tel. 44 96 55.
Dominikanische Republik, Bollwerk 21, Tel. 22 61 47.
Ecuador, Mottastr. 1, Tel. 43 02 11.
Guatemala, Nordring 4, Tel. 42 31 31.
Island, Könizstr. 74, Tel. 45 22 11.
Italien, Belpstr. 11, Tel. 25 19 11.
Kanada, Belpstr. 11, Tel. 25 22 61.
*Monaco, Bundesgasse 30, Tel. 22 13 21.
Norwegen, Elfenstr. 19, Tel. 44 11 88.
*Paraguay, Münzgraben 6, Tel. 22 16 45.
Peru, Bollwerk 21, Tel. 22 61 47.
Spanien, Giacomettistr. 3, Tel. 44 41 42.
Trinidad Tobago, Elfenauweg 24, Tel. 44 19 35.
Tschechoslowakei, Muristr. 53, Tel. 44 56 78.
Ungarn, Eigerplatz 5, Tel. 45 13 56.
UdSSR, Elfenauweg 81, Tel. 44 05 67.

Protokolldienst des Eidgenössischen Politischen Departements, Tel. 61 21 11.

Bundeshaus

Regelmäßig Führungen, ausgenommen die Sitzungszeiten und offiziellen Feiertage: werktags 9, 10, 11, 14, 15, 16 Uhr, So ohne 16 Uhr.

Bus- und Tramfahren

Auf allen Linien der Städtischen Verkehrsbetriebe (SVB) gilt Selbstbedienung. Automaten befinden sich an allen Haltestellen. Linienpläne und Pläne mit Haltestellen sind am Bahnhof an den Verkaufsstellen der SVB erhältlich (Jurahaus, Bubenbergplatz 5, Tel. 22 14 44; Hauptbahnhof, Bahnunterführung, Tel. 22 62 04). Hier erhalten Sie auch die günstigen **Tageskarten** (gültig 24 Std.), Preis: Fr. 4.— für unbeschränkte Fahrten auf dem ganzen Netz der Städtischen Verkehrsbetriebe.

Camping und Caravaning

Eymatt: 5 km nordwestlich vom Stadtzentrum (Straße nach Wohlen), geöffnet: ganzjährig: Tel. 56 01 13.
Eichholz: 3,5 km südöstlich vom Stadtzentrum (Straße nach Belp), geöffnet: April bis Oktober, Tel. 54 26 02.

Feiertage

Neujahr, Berchtoldstag (2. Januar), Karfreitag, Ostersonntag, Ostermontag, Himmelfahrt, Pfingsten, Eidg. Bettag, Weihnachten, Stephanstag (26. Dezember).

Fundbüro

Zeughausgasse 18, Tel. 64 67 72, geöffnet: Mo — Fr 7.30 — 11.30, 13.45 — 17 Uhr.

Geldwechsel

Außer an Bankschaltern und in den meisten Reisebüros am Bahnhof, täglich von 6.10 — 22 Uhr.

Gottesdienste

Evangelisch Reformierte: Münster, jeden Sa Abendfeier 17.30 Uhr, Heiliggeistkirche: jeden Mi Feierabendandacht 18.15 Uhr. Sonntagspredigten: Münster, Heiliggeist-, Nydegg-, Friedens-, Johannes-, Markus-, Matthäus-, Paulus- und Petruskirche.
Römisch-Katholisch: Dreifaltigkeitskirche: Hl. Messen: 6.45 tägl. außer Sa, 7.30 tägl. außer Mi und Fr, 8.45 tägl. außer Mo, 18.20 Uhr Mi und Fr. Sonntagsmessen: Sa 19.15, So 7, 8, 9.30, 11, 20 Uhr. — Marienkirche Sa 18.00 Uhr, So 9.10, 18.30 Uhr.
Christkatholische Landeskirche St. Peter und Paul beim Rathaus: So 9.30, Mi 18.30.
Evangelisch-Lutherische: Antonier Kirche: So 9.30 Uhr, Abendgottesdienst: letzter So des Monats 19.30 Uhr.
Heilsarmee Bern, Gottesdienste: Laupenstr. 5, So 9.30, 20 Uhr; Hochfeldstr. 21: So 9.30, 20 Uhr.

Homosexuelle

Treffpunkte: Restaurant Glokke, Rathausgasse 75, Fifty-Fifty-Bar (von Werdt-Passage neben Kino Splendid) oder nachts im Park «Kleine Schanze» in der Nähe vom Bundeshaus. Ein Tip für Unternehmungslustige Homos: der Ursus-Club, Junkerngasse 1.

Hotel und Hotelreservationen

lassen sich am besten über das Offizielle Verkehrsbüro im Bahnhof, Tel. 22 76 76 vornehmen (Auskunft über 49 Hotels mit 2973 Betten) oder die City-Informationsstellen für Autofahrer.

Bern Informationen

(Telefon Vorwahl 031/ . . .)

Invalide/Behinderte

Ein Ort, wo man sich zu treffen und weiterzuhelfen pflegt: Club Behinderter und ihrer Freunde, Kontaktadresse: Ursula Eggli, Reichenbachstr. 122, 3004 Bern, Tel. 23 58 79 (Stammtischrunde, Wochenendveranstaltungen und Lager).

Jugendherberge

(ganzjährig geöffnet), Weihergasse 4, Tel. 22 63 16: Mo — Sa 7 — 10 und 17 — 22 Uhr, So 7 — 9 und 17.30 — 22 Uhr (Ende Februar/Anfang März geschl.)

Kinderbetreuung

Ryfflihof, Aarbergstr. 53, Tel. 22 67 57, Mo 14 — 18 Uhr, Di — Fr 9 — 11.30 und 13.30 — 18 Uhr, Sa 9 — 12 und 13.30 — 16.45 Uhr. Preis: Fr. 1.— (maximal Aufenthalt 2 Std.).
Loeb, Spitalgasse 47—51, Tel. 22 73 21, Mo 14 — 16, Di — Fr 9 — 18, Sa 9 — 16.30 Uhr (maximaler Aufenthalt 2 Std.) Preis: Fr. 2.— inkl. Verpflegung. Franz Carl Weber, Marktgasse 52, Tel. 22 78 71, Di — Fr 13.30 — 17.30 Uhr, Preis Fr. 2.—.

Kino

Bern verfügt über 21 Kinotheater, Programme siehe «Stadtanzeiger» und Tagespresse. Beginn normalerweise 14.30, 16.30, 18.30, 20.30 Uhr. Die Filme werden meistens in Originalversion mit deutsch/französischen Untertiteln gezeigt.

Kutschenfahrten

Bern bietet zwei Möglichkeiten, einmal kann man per Kutsche die wichtigsten Sehenswürdigkeiten der Stadt besichtigen (jeweils Mi und Fr vom 27. 5. — 9. 10.), Voranmeldung ist jedoch unbedingt notwendig (Informationen beim Öffentlichen Verkehrsbüro), Abfahrt am Bahnhof 10 und 14.30, Dauer 1½ Std., Preis: Fr. 15.—).
Außer der **Halbtagestour** läßt sich auch eine **Tagestour** nach Laupen organisieren, die jeweils So stattfindet (31. 5. — 27. 9.). Die Rundfahrt führt durch den schönen Forst-Wald und ermöglicht zugleich, die Besichtigung des kleinen Städtchens Laupen. Die An- oder Rückfahrt erfolgt per Bahn, das Billett ist im Fahrpreis (Fr. 20.—) inbegriffen. Informationen und Auskünfte im Offiziellen Verkehrsbüro.

LIB, Lesbische Initiative Bern

Postfach 4049, 3001 Bern. Aufklärung- und Öffentlichkeitsarbeit und Selbsterfahrungsgruppen. Näheres über den freitags, 20 Uhr stattfindenden «Stammtisch» und weitere Treffpunkte erfährt man im **Frauenbuchladen,** Münstergasse 41 (1. Stock), Tel. 22 82 18.

Märkte

Dienstag- und Samstagvormittag **Gemüse- und Blumenmarkt:** Bundesgasse, Gurtengasse, Schauplatzgasse, Bundes-, Bären- und Waisenhausplatz, Kramgasse, Gerechtigkeitsgasse. **Fleisch- und Milchprodukte:** Münstergasse. Donnerstagnachmittag: **Bären-Markt** auf dem Waisenhausplatz (Mai — Oktober). **Zwiebelmarkt:** jeweils letzter Montag im November.

Museen und Sammlungen

Kunsthalle, Helvetiaplatz 1, Tel. 43 00 31, befindet sich z. Z. im Umbau. Neueröffnung voraussichtlich 1984.
Kunstmuseum, Hodlerstr. 12, Tel. 22 09 44, geöffnet: Di — So 10 — 12, 14 — 17 Uhr, Do auch 20 — 22 Uhr.
Bernisches Historisches Museum, Helvetiaplatz 5, Tel. 43 18 11, geöffnet: Di — Sa 9 — 12, 14 — 17 Uhr, So 10 — 12 und 14 — 17 Uhr.
Schweiz. Gutenbergmuseum/Museum für Buchbinderei, Zeughausgasse 2, Tel. 22 31 61, geöffnet: Mo 14 — 17 Uhr, Di — Fr 10 — 12, 14 — 16 Uhr, Sa nach Vereinbarung.
Schweiz. Schützenmuseum, Bernastr. 5, Tel. 43 01 27 (Dokumentation über das Schießwesen der Schweiz), geöffnet: Mi — Fr 10 — 12 und 14 — 16 Uhr, Di und Sa 14 — 16 Uhr, So 10.30 — 16 Uhr.
Naturhistorisches Museum, Bernastr. 15, Tel. 43 18 39, geöffnet: Mo — Sa 9 — 12 und 14 — 17 Uhr, So 10 — 12 und 14 — 17 Uhr.
Schweiz. Alpines Museum, Helvetiaplatz 4, Tel. 43 04 34, geöffnet: Mo 14 — 17 Uhr, Di — Sa 9 — 12 und 14 — 17 Uhr, So 10 — 12 und 14 — 17 Uhr.
Einstein-Haus, Kramgasse 49, geöffnet: Di — Sa 10 — 17 Uhr.
Schweiz. PTT (Post) Museum, Helvetiaplatz 4, Tel. 44 92 88, geöffnet: Mo 14 — 17 Uhr, Di — Sa 9 — 12 und 14 — 17 Uhr. So 10 — 12 und 14 — 17 Uhr.

Notrufe

Polizei 117.
Stadtpolizei, Hauptwache, Waisenhausplatz 32, 22 55 51.
Sanität 144.
Ärztlicher Notfalldienst: Tel. 22 92 11 (ab 21 Uhr).
Vergiftungen: 01 251 51 51 und 01 251 66 66 für nicht dringliche Fälle.
Die **diensthabende Apotheke** erfährt man aus dem «Stadtanzeiger» oder (ab 21 Uhr) unter Tel. 22 92 11.
Rettungsflugwacht: Alarmzentrale Zürich, Tel. 47 47 47.
Drogenfälle: Contact Bern, Drogenberatungsstelle, Sulgeneckstr. 8, Tel. 25 28 25, hier wird stets geholfen, kostenlos. Geöffnet: 10 — 12 und 14 — 18 Uhr. Außerhalb der angegebenen Zeiten: Psychiatrische Poliklinik, Murtenstr. 21, Tel. 64 88 11.
Kranke Tiere werden im **Tierspital,** Klinik für Haustiere, Länggaßstr. 124 und 128 behandelt, Auskunft, Anmeldung 9 — 11 Uhr, Notfälle nur nach tel. Anmeldung, Tel. 23 83 83.

Notschlafstellen

Mitternachts-Mission, Turnweg 14, Tel. 42 13 43, trotz 24-Stunden-Betrieb sollte man (auch bei allen anderen angegebenen Stellen) vorher telefonisch nach Platz und Preis fragen.
Heilsarmee-Frauenheim: Lorrainestr. 34, Tel. 42 41 19; **Heilsarmee Männerheim,** Buchseeweg 15, 3098 Köniz (zu erreichen mit Bus Nr. 17). Tel. 53 02 11; **Herberge zur Heimat,** Passanten-Herberge, Gerechtigkeitsgasse 50, Tel. 22 04 36, nur für Männer, geöffnet: 6.15—23.30 Uhr.

Öffnungszeiten

Geschäfte im Stadtzentrum: Mo 14 — 18.30 Uhr, Di — Fr 8.15 — 18.30, Do Abendverkauf bis 21 Uhr, Sa 8.15 — 17 Uhr. (So Sonderregelung für einige Spezialbranchen).

Post

Hauptpost Schanzenpost: Mo — Fr 7.30 — 18.30 Uhr, Sa 7.30 — 11 Uhr, **Dringlichkeitsschalter:** Mo — Fr 6 — 7.30 und 18.30 — 23 Uhr, Sa 6 — 7.30 und 11 — 23 Uhr, So 10 — 12.15 und 16 — 23 Uhr.
Wertzeichenverkaufsstelle für Philatelisten: Zeughausgasse 19/21, geöffnet: Mo — Fr 8.30 — 18.30, Sa 8.30 — 12.00 Uhr.

Reisebüros

Ihre Öffnungszeiten weichen von denen der Geschäfte ab: Mo — Fr 8/8.30 — 12 Uhr und 13.30 — 18 Uhr, Sa 8/8.30 — 12 Uhr.
ACS Reisen AG, Theaterplatz 13, Tel. 22 38 13; American Express, Marktgasse 37, Tel. 22 94 01;
Danzas Reisen, Kramgasse 56, Tel. 22 81 51, Kuoni AG, Bärenplatz, Tel. 22 76 61; Wagon-lits Reisebüro, Bubenbergplatz 8, Tel. 22 35 45.

Sport und Sportanlagen

Curling-Bahn Allmend: Tel. 42 45 47. Geöffnet: Okt. — März; tägl. 11 — 22 Uhr, sonntags geschlossen.
Fischerei (in der näheren und weiteren Umgebung): Patente erhältlich im Amthaus Bern, Hodlerstraße 7.
Golf and Country Club Blumisberg, nur für Mitglieder eines Golfclubs. Ausweis erforderlich (Clubhaus mit Restaurant, Bar, Duschen und Schwimmbad): 18 km westl. Bern (Straße nach Fribourg), Tel. 037 36 13 80. 18 holes, 6068 m, 6636 yds. Green fees: pro Werktag Fr. 30.—, pro Samstag oder Sonntag je Fr. 40.—, pro Woche Fr. 150.—, pro 2 Wochen Fr. 300.—. Geöffnet Ende März bis Mitte November.
Jagdschießanlage Bergfeld (Wurftauben, Skeet u. a.): Auch für Nichtmitglieder geöffnet, ausgenommen Mo. Voranmeldung erforderlich. Tel. 36 25 35.
Kunsteisbahnen (Eintritt Fr. 3.—). Täglich: 9 — 12 und 12.30 — 17 und 18.30 — 22 Uhr.
Allmend, Mingerstr. 12, Tel. 42 49 33. Geöffnet: Ende Sept. — Anf. März. **KaWeDe,** Jubiläumsstraße 101, Tel. 43 01 75. Geöffnet: Nov. — Anf. März. **Weiermannshaus,** Tel. 25 10 76. Geöffnet Okt. — Anf. März.
Minigolf: Kursaal, Tel. 42 54 66. Geöffnet Anfang April — Anf. Okt., tägl. 10 — ca. 23 Uhr.
Innere Enge, Tel. 23 14 42, Geöffnet ab April — Anf. Okt., tägl. 10 — ca. 22 Uhr. **City-West,** Tel. 25 46 45, geöffnet ganzes Jahr, tägl. 10 — 22 Uhr.
Reitsportanlage Eldorado, Gurtentäli (5 Gehminuten ab Station Sandwürfi, Bus 17), Tel. 53 48 40. Geöffnet: Mo — Fr 8 — 21.30 Uhr, Sa 8 — 12 Uhr, So geschlossen.
Schwimmbäder: Hallenbad (Türkisch-Bad, Sauna): Maulbeerstr. 14, Tel. 25 36 56. Mo und Mi 8 — 18 Uhr; Di, Do und Fr 8 — 20.45 Uhr; Sa 8 — 18.15 Uhr. So 8 — 12 Uhr (1. Mai — 30. Sept. So geschl.). Eintritt Fr. 3.—. **Hallenbad Weyermannshaus,** Tel. 25 15 06, Eintritt Fr. 3.—. **Hallenbad Wyler,** Tel. 42 15 02, Eintritt Fr. 3.—. **KaWeDe** (Wellenbad): Jubiläumsstr. 101, Tel. 43 01 75. Geöffnet Mai — Sept., Öffnungszeiten: Mai und Sept. 8 — 19 Uhr (Sonntag bis 18 Uhr), Juni — Aug. 8 — 20 Uhr (Sonntag bis 19 Uhr). Eintritt Fr. 1.60. **Hot Whirl Pool und Solarium,** R. + W. Gloor, City-West, Effingerstr. 16, Tel. 25 55 00. **Städtische Schwimmbäder:** Geöffnet ab Anfang Mai — Ende Sept. Mo — Fr 8 — 20 Uhr, Sa/So bis 19 Uhr, Eintritt frei. Aarebad Eichholz, Tel. 54 26 01,
Aarebad Lorraine, Tel. 42 29 50,
Aarebad Marzili, Tel. 22 00 46,
Weyermannshaus, Tel. 25 15 06,
Wyler, Tel. 42 15 02.
Tennis: Beaumont, Bellevue, Bern-Lawn, Dählhölzli, Neufeld, Rot-Weiss, Sporting.
Hallentennis: Sagi, Bolligen; Bern-Thalmatt; Flamingo, Ostermundigen.
Squash: Kehrsatz.

Studenten-Informationen

Universität Bern, Kanzlei, Hochschulstr. 4, Tel. 65 81 11 (Auskünfte über Studienfragen, Immatrikulationsbedingungen usw.). Geöffnet: Mo — Fr 9 — 12 Uhr.
Mensa Bern: Gesellschaftsstr. 2, Tel. 23 04 31, geöffnet Mo — Fr 7.30 — 20.30 Uhr, Studententreff mit gedämpfter Geselligkeit.
SUB, Studentenschaft der Universität Bern, Erlacherstr. 9, Tel. 23 00 03.
ISC, Internationaler Studentenclub der Universität Bern, Neubrückstr. 10, Tel. 24 52 36 (Schwergewicht Geselligkeit und Discobetrieb), geöffnet: Fr 21.30 — 2.30 Uhr, Sa 21 — 2.30 Uhr.

Taxi

Öffentliche Standplätze: Casinoplatz, Tel. 22 05 40; Hauptbahnhof, Tel. 22 04 40; Kornhausplatz, Tel. 22 29 29; Hirschengraben, Tel. 22 40 22; Waisenhausplatz, Tel. 22 18 18.

Theater

Programme über alle Veranstaltungen, Konzerte und Orchester findet man im Berner Wochenbulletin (gratis im Offiziellen Verkehrsbüro).
Stadttheater, Kornhausplatz 20, Vorverkauf: Predigergass 3, Tel. 22 07 77, Mo — Sa 10 — 18.30 Uhr, So 10 — 12.30 Uhr.

Atelier-Theater, Effingerstr. 14, Vorverkauf: Effingerstr. 14, Tel. 25 21 21, Mo — Sa 10 — 20 Uhr.
Theater am Käfigturm, Spitalgasse 4, Vorverkauf: Theaterkasse Käfigturm, Spitalgasse 4, 2. Untergeschoss, Tel. 22 61 00. 15 — 18 Uhr.
Katakömbli, Kramgasse 25, Vorverkauf: Popularis Tours, Waisenhausplatz 10, Tel. 22 23 30.
Frühstückstheater, im «Guldige Boot», Münstergasse 39, Reservation Tel. 22 30 80, Buchhandlung Zytglogge.
Kleintheater, Kramgasse 6, Vorverkauf: Konzertkasse Casino, Herrengasse 25, Tel. 22 42 42/22 73 33.
Zähringer Refugium, Badgasse 1, Vorverkauf: Galerie Zähringer, Badgasse 1, Tel. 22 08 82, Di — Fr 16 — 19, Sa 15 — 18 Uhr.
Berner Puppentheater, Gerechtigkeitsgasse 31, Vorverkauf: Billettkasse 9 — 12 Uhr, Tel. 22 95 85/41 81 41.
Theater am Zytglogge, Kramgasse 70, Vorverkauf: Buchhandlung Zytglogge, Hotelgasse 1, Tel. 22 30 80.
Theater 1230, Kramgasse 4, Tel. Reserv. bei Tribe-Productions, Aarbergerg. 40, Tel. 22 27 11.
Kellerkino, Kramgasse 26, Vorverkauf: Kramgasse 26, Tel. 22 39 11.

Zoo/Tierpark Dählhölzli

Dalmaziquai 149, Tel. 43 06 16, Bus 18, geöffnet: jederzeit. Dabei: **Vivarium:** geöffnet (Sommer: Mo — So 8 — 18.30 Uhr).

Lausanne - Information

Ankunft

Als vielbesuchte Hauptstadt des Kantons Waadt kommt Lausanne seinen Besuchern mit mehreren Informationsstellen entgegen. Kommen Sie auf dem Bahnhof an, so finden Sie bereits im Hauptgebäude des **Bahnhofs** ein Filialbüro des **Office du tourisme** (Verkehrsbüro), Tel. 23 19 35, geöffnet: täglich von 14 — 20 Uhr (1. 5. — 30. 6.), von 14 — 22 Uhr (1. 7. — 30. 9.) und von 16 — 20 Uhr (1. 10. — 30. 4.).
SBB-CFF = Schweizerische Bundesbahnen, Verwaltung: 43, av. de la Gare, Tel. 42 11 11, Auskunft: Bahnhof, Tel. 20 50 31, geöffnet: 7 — 20.50 Uhr.
Überlandbahn Lausanne—Echallens—Bercher, Bahnhof Chauderon, Tel. 24 82 41.
Wer per Jet auf dem **Flughafen Genf-Cointrin** eintrifft, kann sich ebenfalls bereits im Ankunftsgebäude in einer **Zweigstelle** des Lausanner Verkehrsbüros beraten lassen: Tel. 022 98 45 73, geöffnet: täglich von 10 — 18 Uhr. In **Lausanne** befindet sich das Hauptbüro **Office du tourisme, 60, avenue d'Ouchy, Tel. 27 73 21, geöffnet: tägl. (ausgenommen 25. Dezember) von 8 — 19 Uhr (1. 6. — 30. 9.), von 8 — 18 Uhr (1. 10. — 30. 5.).** Eine weitere **Niederlassung** in der Stadt findet man an der Place St-François, Tel. 23 84 41, int. 21.
Alle Dienststellen geben sämtliche Auskünfte, beraten über und reservieren Hotel- und Pensionszimmer, auch Ferienwohnungen, möblierte Zimmer und Wohnungen informieren über Pauschalpreise, Stadtrundfahrten (mit Abstecher in die Weinberge, jeden Vormittag, außer So, Preis Fr. 16.—, Kinder Fr. 13.—; Abfahrt: Verkehrsbüro und Lausanne-Palace) und Ausflüge (mit Bussen in die Umgebung, Stadtrundflüge, Ausflüge per Bahn, per Schiff). **Hostessen** vermittelt nur das Hauptbüro.
Direktbusverbindung zum Flughafen Genf (50 Min.), Abfahrt in Lausanne: Office du tourisme, 60, av. d'Ouchy.
Ankunft mit dem Auto:
Wenn Sie im Privatwagen nach Lausanne kommen und sich nicht in der Innenstadt verirren wollen, sollten Sie eines der Parkhäuser ansteuern. Die für den Fremden am leichtesten zu findenden **Parkhäuser** sind:
Parking de Chauderon, 28, rue de Genève, (Tag- und Nacht-Betrieb),
Parking de Mon-Repos, 5, av. Mon Repos (Tag- und Nacht-Betrieb mit Tankstelle),
Parking de Montbenon, 36, ch. de Mornex und av. Jean-Jacques Mercier (Tag- und Nacht-Betrieb mit Tankstelle),
Parking de la Riponne, 12, pl. de la Riponne (Tag- und Nacht-Betrieb, Tanken bis 19 Uhr, danach Selbstservice),
Parking de Saint-François, 10, rue du Grand-Chêne, geöffnet von 7 — 24 Uhr, So geschlossen (Tanken während der Öffnungszeiten, nachts Selbstservice).
Wichtige Hinweise für den Autofahrer: In Lausanne kennt man 4 verschiedene Parkzonen. Die weiße Zone mit unbeschränkter Parkdauer, die rote Zone mit einer Maximaldauer von 15 Std., die blaue Zone mit einer Maximaldauer von 1½ Std. und die durch **Parkuhren** kontrollierte Zone mit unterschiedlichen Parkzeiten zwischen 15 Minuten (Postbüros) und 10 Std. (place de la Navigation in Ouchy). Parkscheiben werden auf jeder Polizeistelle kostenlos abgegeben, Stadtpläne sind ebenfalls dort, in Hotels und Banken gratis erhältlich.

Automobil-Club der Schweiz (ACS): av. de Rumine 9, Tel. 22 27 23.
Touring-Club der Schweiz (TCS): av. Juste-Olivier 10/12, Tel. 20 20 11.
Autovermietung: Garage Parking Ruchonnet Gare, av. Ruchonnet 2, Tel. 23 47 22—23. Weitere Agenturen s. im Telefonbuch unter Autolocation. Mietberechtigt sind Autofahrer aber erst ab 21. Lebensjahr sofern sie bereits ein Jahr den Führerschein besitzen.

Ausbildungsstätten und Organisationen

Universität in Dorigny, Tel. 46 11 11; Eidgenössische Technische Hochschule, 33, av. de Cour, Tel. 47 11 11; Hotelfachschule, Chalet-à-Gobet, Tel. 91 64 01; Beratungsdienst für Privatschulen, 10, av. de la Gare, Tel. 22 77 71.

IOK — Intern. Olympisches Komitee, Château de Vidy, 11, rte de Vidy, Tel. 25 32 71.
Europäisches Forschungszentrum und Jean Monnet-Stiftung für Europa, Dorigny, Tel. 46 40 17.

Banken

Öffnungszeiten: Mo — Do von 8.30 — 12.30 und von 13.30 — 16.30 Uhr, Fr 8.30 — 12.00 und von 13.30 — 17.30 Uhr.

Busfahren

Dem Benutzer öffentlicher Verkehrsmittel steht ein ausgedehntes Trolleybus- und Autobusnetz der TL (Transports publics de la région lausannoise) zur Verfügung. Der Fahrpreis von Fr. 1.10 gilt für die einfache Fahrt einer beliebig langen Strecke innerhalb von 45 Minuten auf den Linien 1 — 19 des städtischen TL-Netzes und der Metro Lausanne—Ouchy. Für kürzere Fahrten (Streckenpläne bei den Haltestellen) beträgt der Preis Fr. 0.70.
Fahrkartenautomaten finden sich an den meisten Haltestellen, wer im Bus löst, zahlt einen Zuschlag.

Camping und Caravaning

Campingplatz von Vidy, direkt am See, 3, ch. du Camping, Tel. 24 20 31; Logements des Pres-de-Vidy, 36, ch. du Bois-de-Vaux, Tel. 24 24 79. Weitere Plätze auf den Höhen von Lausanne: La Carillère, 1067 Vers-chez-les-Blanc, Tel. 91 65 05; Praz-Collet, 1067 Vers-chez-les-Blanc, Tel. 91 62 45.

Fahrradvermietung

SBB-Bahnhof Lausanne bei der Gepäckausgabe, Tel. 42 21 62.

Freizeitzentren

Cazrad, Foyer unioniste, 15, rue du Pré-du-Marché,
Tel. 20 52 61; Chailly, 87, av. de Béthusy, Tel. 33 28 83; Palud-Saint-Laurent — Us , 10, pl. de la Palud, 4, rue Saint-Laurent, Tel. 22 57 92; Pontaise 11, rue de la Pontaise, Tel. 36 22 01;Sallaz-Vennes, 17, ch. des Abeilles, Tel. 32 15 33.

Fundbüro

6, rue Saint-Laurent,
Tel. 20 70 64, werktags von 7.30 — 11.45 und von 13 — 17 Uhr, samstags von 7.30 — 11.30 Uhr.

Geldwechsel

außer in Banken und den meisten Reisebüros im SBB-Bahnhof: Mo — Fr von 6.30 — 20.50, So von 6.30 — 19.50 Uhr.

Gottesdienste

Ausführliche Informationen geben die Samstagsausgaben der Lokalzeitungen.
Evangelisch-reformierte Kirchen: Sekretariat: 31, rue de l'Ale, Tel. 23 71 35.
Römisch-katholische Kirchen: Sekretariat: 29, bd de Grancy, Tel. 26 27 51. Andere Gottesdienste (in deutscher Sprache), z. B. der Evangelisch-methodistischen Kirche, der Schweizerischen Orthodoxen Gemeinde, der Israelitischen Gemeinde, der Adventistenkirche, der Christkatholischen Kirche u. a. s. Angaben im Telefonbuch.

Heime

Foyer unioniste de Lausanne (FUL — Le Cazard, 15, rue Pré-du-Marché, Tel. 20 52 61; Foyer la Croisée, 15, av. Marc-Dufour, Tel. 20 42 31; Pension Bienvenue (für junge Mädchen), 2, rue du Simplon, Tel. 26 29 86.
Studentenheime, 64, av. de Rhodanie, Tel. 27 81 54 und 3, ch. des Falaises, Tel. 23 57 66; Katholisches Universitätszentrum, 29—31, bd de Grancy, Tel. 27 60 66.

Lausanne Informationen

(Telefon Vorwahl 021/ . . . .

Jugendherberge

In Lausanne informiert diesbezüglich das Verkehrsbüro, Tel. 26 57 82.

Kinos

ABC, 4, rue du Grand-Pont, Tel. 22 35 52.
Athénée, 11, rue Caroline, Tel. 23 24 12.
Atlantic, 1, rue Saint-Pierre, Tel. 22 11 44.
Bel-Air, 10, rue Mauborget, Tel. 23 53 12.
Bellevaux, 4, rte Aloys-Fauquex, Tel. 37 46 42.
Bourg, 51, rue de Bourg, Tel. 22 86 22.
Capitole, 6, av. du Théâtre, Tel. 22 51 32.
City-Pully, 36, av. de Lavaux, Tel. 28 69 69.
Colisée, 35, av. de La Sallaz, Tel. 32 51 25.
Eldorado, 5, pl. Chauderon, Tel. 22 16 12.
Georges V, 27, rue du Petit-Chêne, Tel. 23 43 31.
Lido, 17, rue de Bourg, Tel. 23 21 44.
Métropole, 3, rue des Terreaux, Tel. 23 62 22.
Moderne, 2, av. Fraisse, Tel. 26 28 77.
Montchoisi, 9, av. de Montchoisi, Tel. 26 05 87.
Palace, 7, rue du Grand-Chêne, Tel. 22 13 30.
Richemont, 18b, rue du Petit-Chêne, Tel. 22 57 10.
Romandie, 10, pl. de la Riponne, Tel. 23 47 64.

Konsulate

s. Telefonbuch

Ladenöffnungszeiten

Im Stadtzentrum, Warenhäuser von 8, 8.15 oder 8.30 Uhr bis 18.30 oder 18.45 Uhr (Montagsmorgen geschlossen, samstags bis 17 Uhr geöffnet). Übrige Geschäfte: von 7.30 oder 8 Uhr bis 12.30 und von 14 bis 18.30 oder 19 Uhr (samstags bis 17 Uhr). Einige Geschäfte, Friseure, Apotheken, können werktags einen ganzen Tag (Montag) oder einen halben Tag (montags, mittwochs oder donnerstags nachmittags) geschlossen sein. Während der Hochsaison sind die meisten Läden in Ouchy auch sonntags und abends geöffnet. Vor Weihnachten werden an zwei Abenden die Öffnungszeiten bis 22 Uhr verlängert.

Märkte

Auf den Plätzen Riponne und Palud und in den angrenzenden Straßen sowie in der rue de Bourg und der rue Saint-Fran-

çois ist mittwochs und samstags Markttag (Gemüse, Früchte und Blumen), 7.30 — 12.30 Uhr.
Saint-Louis-Markt
(Blumen, Honig, Produkte aus dem Garten) bei der promenade Derrière-Bourg, 26. und 27. August.
In den Straßen des Stadtzentrums mittwochs und samstags von 7.30 bis 12.30 Uhr. Am bd de Grancy montags und donnerstags von 7.30 bis 13 Uhr.

Miniatureisenbahn

(Vidy). Für Kinder und Erwachsene. März bis November. An Wochentagen (ausgenommen freitags) von 14 — 18 Uhr; sonntags ab 10 Uhr (außer bei schlechtem Wetter).
Tel. 27 91 53.

Museen und Gärten

Die Öffnungszeiten können sich durch Sonderausstellungen verschieben. Informieren Sie sich beim Verkehrsbüro, Tel. 27 73 21.
Kantonales Kunstmuseum, Palais de Rumine, 6, pl. de la Riponne, Tel. 22 83 32. Geöffnet: tägl. von 10 bis 12 Uhr und von 14 bis 18 Uhr; Mo morgens geschlossen.
Elysée-Museum, 18, av. de l'Elysée, Tel. 27 48 21. Geöffnet: tägl. (ausgenommen Mo) von 14 bis 18 Uhr.
Historisches Museum des Ancien-Evêché, 2, pl. de la Cathédrale, Tel. 22 13 68. Geöffnet: im Sommer, außer montags, von 10 — 12 Uhr und von 14 — 18 Uhr (Juli und August 10 — 18 Uhr); im Winter, Di—Fr 14 — 17 Uhr; Wochenende 10 — 12 Uhr und 14 — 17 Uhr; Do auch von 20 — 22 Uhr.
Museum der Kathedrale, Ancien-Evêché, 2, pl. de la Cathédrale, Tel. 22 13 68. Geöffnet wie im Museum des Ancien-Evêché.
Kunstgewerbe-Museum der Stadt Lausanne, 4, av. Villamont, Tel. 23 07 56. Geöffnet: tägl. von 10 — 12 Uhr und von 14 — 18 Uhr; Di auch von 20 — 22 Uhr.
Sammlung marginaler Kunst, «Art brut», Château de Beaulieu, 11, av. des Bergières, Tel. 37 54 35. Geöffnet: tägl. (ausgenommen Mo) von 14 — 18 Uhr; Do auch von 20 — 22 Uhr.
Kantonales Naturgeschichtliches Museum, Palais de Rumine, 6, pl. de la Riponne. Geöffnet: tägl. von 10 — 12 Uhr und von 14 — 17 Uhr.
Kantonales Museum für Archäologie und Geschichte, Palais de Rumine, 6, pl. de la Riponne, Tel. 22 83 34. Geöffnet: tägl. von 10 — 12 Uhr und von 14 — 17 Uhr.
Römisches Museum von Vidy, ch. du Bois-de-Vaux
Tel. 25 10 84. Geöffnet: Mi und Sa von 14 — 17 Uhr (16 Uhr im Winter); So von 10 — 12 Uhr und von 14 — 16 Uhr.
Stadthausforum, pl. de la Palud, temporäre Ausstellungen.
Botanischer Garten, 14bis, av. de Cour, Tel. 26 24 09. Geöffnet: vom 1. März bis 31. Oktober tägl. von 8 — 12 Uhr und von 13.30 — 17.30 Uhr. Treibhaus Di bis Fr von 14 — 16 Uhr.
Vivarium, 82, ch. de Boissonnet, Tel. 32 72 94. Geöffnet: Mo, Mi, Do und Fr von 13.30 — 18.30 Uhr; Sa und So von 9.30 — 18.30 Uhr.

Night-Clubs und Discotheken

Brummell, Rue du Grand-Chêne 7, Tel. 22 09 20, So geschlossen.
La Voile d'Or, Avenue Emile Jacques-Dalcroze 9, Tel. 27 80 11/12, täglich ab 21 Uhr.
Le Paddock, Hôtel Victoria, av. de la Gare 46, Tel. 20 57 75, außer Mo täglich geöffnet ab 21.30 Uhr bis morgens.
Scotch Whisky a Gogo, Ile St-Pierre, Tel. 23 40 41.
Funny Hell, Vis-à-vis gare CFF, Tel. 20 15 51, ab 21 Uhr bis morgens geöffnet. Di geschlossen.
Johnnie's, Rue Etraz 1,
Tel. 22 51 70, So geschlossen.
Tabaris, Place St-François, Tel. 22 09 33, So geschlossen.
La Tomate, au Châlet Suisse, Sauvabelin, Tel. 22 23 12.
Le Château d'Ouchy,
Tel. 26 74 51, geöffnet täglich von 21.30 Uhr bis morgens.
Cabaret Montparnasse, Place Bel-Air 1, Tel. 20 83 13, geöffnet abends ab 22.30 bis morgens, So geschlossen.
Vert-Bois, Chalet-à-Gobet,
Tel. 91 63 83.
Cécile, Place Bel-Air 1,
Tel. 20 83 14.
Geöffnet 20 Uhr bis morgens, Mo geschlossen.

Notfalldienste

Telefonzentrale der Ärzte für Notfälle und jegliche medizinische und zahnärztliche Behandlung, Tel. 32 99 32.
Tierärztliche Notfallstation, Lausanne und Umgebung, von samstags 18 Uhr bis montags 8 Uhr, donnerstags nachmittags: s. aut. Anrufbeantworter der Lausanner Tierärzte für die Telefonnummer des diensthabenden Veterinärs.
Ambulances Alpha,
Tel. 36 71 71.
Autoabschleppdienst/
Autohilfe
Touring-Hilfe, Tel. 140.

Post

Hauptpostgebäude: 15, place Saint-François, Tel. 40 38 30. Geöffnet: Mo — Fr von 7.30 bis 18.30 Uhr (Sa 7.30 — 11 Uhr).
Dringlichkeitsschalter im Hauptpostgebäude, geöffnet: während der Woche von 6.30 — 7.30 Uhr, von 12 — 13.30 Uhr und von 18.30 — 22 Uhr (Sa von 6.30 — bis 7.30 Uhr und von 11 — 20 Uhr; So von 9 — 12 Uhr und von 18 — 22 Uhr).
Telegraf
In sämtlichen Postbüros. Schalter TT (Telefon, Telegraf) Saint-François (15, pl. Saint-François, Tel. 40 24 16), Mo — Fr von 7 — 21.45 Uhr; Sa von 7 — 18 Uhr; So und an Feiertagen geschlossen; Nachtdienst jeden Tag von 22 — 7 Uhr (Eingang auf der Seite des Schweizerischen Bankvereins). Schalter TT Bahnhof (pl. de la Gare, Tel. 40 24 38), werktags von 6.45 — 21.45 Uhr; So und an Feiertagen von 7 — 21.45 Uhr.
Briefmarkenverkauf
Avenue d'Ouchy 4, 3. Stock, Tel. 40 31 49, geöffnet Montag — Freitag 8.30 — 11.30 Uhr, 14 — 17.30 Uhr, Sa 8.30 — 11.30 Uhr.

Schiffahrt

Meteorologische Dienststelle
Schlechtes Wetter mit voraussichtlich starkem Wind oder Sturm wird den Seefahrern durch Lichtsignale angezeigt, die an zahlreichen Stellen am Seeufer angebracht sind.
Privatboote
Plätze in den Bootshäfen, Aus-

kunft: Police de Lausanne, brigade du lac, Tel. 27 42 54

Vermietung von Ruderbooten und Wassertreträdern
Reede von Ouchy und Bootshafen von Vidy.

Schiffahrtsinformation Genfersee
Von April bis September regelmäßiger Linienverkehr auf dem ganzen See (42 Anlegestellen). Im Winter tägl. Fahrten Lausanne–Evian und am Sonntag Oberseerundfahrten.

Schiffsvermietung
für Kreuzfahrten anläßlich von Kongressen, Versammlungen aller Art, Hochzeiten und Tanzanlässen bis 500 Personen pro Schiff.
Information Verkehrsbüro oder Compagnie Générale de Navigation sur le Lac Léman, 17, av. de Rhodanie, Lausanne, Tel. 26 35 35.

Sport und Sportanlagen

Im Winter:

Schlittschuhlaufen: Patinoire de Montchoisi (gedeckte Kunsteisbahn), 30, av. du Servan, Tel. 26 10 62, Mitte Oktober bis Anfang März – Patinoire de la Pontaise (offene Kunsteisbahn), 11, Plaines-du-Loup, Tel. 36 81 63, anfragen.
Curling: Curling d'Ouchy, Haus La Nautique, neuer Hafen von Ouchy, Tel. 27 60 31 oder 29 66 77. 15. September bis 31. März, Tel. 24 81 51, 27 60 31 oder 29 66 77.
Skischulen: Schweizerische Skischule von Lausanne. Beleuchtete Skipiste, Mo – Fr bis 22 Uhr. Auskunft: M. Barbezat, Tel. 29 68 59. – Skischule Savigny, Tel. 91 65 69.
Langlauf: Oberhalb von Lausanne, beim Chalet-à-Gobet, 2 Loipen von je 3 und 8 km. Etwa 860 m ü. M. Beleuchtete Langlaufloipe von 3 km, Mo – Fr bis 22 Uhr. Start neben den öffentlichen Umkleideräumen von Mauvernay (Büro der Schweizerischen Skischule). Tel. 91 63 96 oder 43 42 92.
Pistenski: Nur wenige Autokilometer verbinden Sie mit den Skigebieten der Alpen und des Jura.
Schwimmen: Hallenschwimmbad Mon-Repos, 4, av. du Tribunal-Fédéral, Tel. 23 45 66, Hallenschwimmbad Pully, 13, av. des Collèges, Tel. 29 60 80. Jährlich von Juni bis September geschlossen.
Tennis: Tennisvereinigung von Lausanne. 6 überdachte Hartplätze in Vidy. Klubhaus Stade-Lausanne, Tel. 26 38 00 oder 26 26 87.

Vom Frühling an:

Golf: Oberhalb von Lausanne, En Marin, Tel. 91 63 16, 18 Löcher, April bis November, 853 m ü. M.
Schwimmen: Strandbad und Schwimmbassin Bellerive, 23, av. de Rhodanie, Tel. 27 81 31. Mai bis September.
Öffentliches Strandbad in Vidy. – Strandbad Voile-d'Or, Vidy, Tel. 27 80 11 (Mai bis September). – **In Pully,** Schwimmbassin im Strandbad der Gemeinde, chemin des Bains, Tel. 28 33 20. Mai bis September.
Segeln: In Ouchy. Klubhaus, Umkleideräume, Duschen. Société nautique d'Ouchy, Tel. 26 00 23, 26 08 39 oder 20 18 11. – **Segelschule Vidy,** Hafen von Vidy, Tel. 27 90 00.
Rudern (Sportzentrum Vidy): Rowing-Club Lausanne, Tel. 23 10 20. – Lausanne-Sports, Ruderklub, Tel. 27 50 47 oder 35 39 31.
Wasserski: Wasserfläche vor der Ouchy-Promenade (neben dem Turm Haldimand). 15. Mai bis 30. Oktober. Bei schönem Wetter. Tel. 35 23 41 oder 34 21 21, intern 32.
Unterwassersport: Unterwassersport-Zentrum, 3, ch. des Pêcheurs, Ouchy, Tel. 34 12 21.
Sommerskisport: Diablerets-Gletscher, 3000 m ü. M. (Kurort Les Diablerets: 60 km von Lausanne), Tel. 025 53 12 92.

Das ganze Jahr hindurch

Flugschule: Aeroclub der Schweiz – Sektion Waadt, Einführungskurse, Touristenflüge, 119, av. du Grey, Tel. 38 15 25.
Automobilclub der Schweiz – Sektion Waadt, 9, av. de Rumine, Tel. Sportdienst 22 27 88.
Badminton: Association Lémanique de Badminton, case postale 15, 1001 Lausanne, Tel. 22 21 73. – Badminton Club Lausanne, 2, rue du Petit-Rocher, Tel. 24 49 73.
Bergsteigen: Schweizer Alpen Club, Sektion Diablerets, Sekretariat Tel. 20 70 70 (morgens).
Billard-Club lausannois des amateurs de billard, 34F, av. Dapples, Tel. 26 35 40.
Bowling: de Richemont, 34, rue du Petit-Chêne, Tel. 22 23 04. Von 14 – 24 Uhr (So von 14 – 19 Uhr).
Budo (Karate, Aikido, Jiu-Jitsu): Sekretariat in Froideville, Tel. 81 32 38. Trainingshalle, 24, rue de la Borde, Tel. 37 91 34.
Fechten: Klub, 13, av. Jean-Jacques Mercier, Tel. 23 16 34. Während der Schulferien geschlossen.
Judo-Kwai: Judo Club Lausanne, Borde 30, Tel. 36 90 70.
Kanu-Kajak: Vidy (Clubhouse, Hafen von Vidy). Ausfahrten: samstags und sonntags. Anfängerkurse im Frühling. Eskimotierkurse im Bassin von Januar bis März. Slalomstrecke in Vidy.
Karting: ACS, Kart-Club vaudois, 9, av. de Rumine, Tel. 22 27 22.
Leichtathletik: Stade Pierre de Coubertin, Tel. 26 76 87.
Minigolf: 18, rue du Petit-Chêne, Tel. 22 57 10.
Motorflug: Aérodrome de la Blécherette, Tel. 36 15 51. Rasenpiste 800 m.
Radfahren: Sportzentrum Mauvernay, Chalet-à-Gobet, Tel. 91 63 96. Fünf markierte Pisten von 17 bis 42 km. Mietfahrräder, Auskünfte über Tel. 43 42 92.
Reiten: Centre équestre lausannois im Chalet-à-Gobet, Tel. 91 64 34. Reithalle von 24 × 60 m. Paddock mit Hindernissen und Dressurbahn.
Rollschuhlaufen: Roll rink – Rink disco roll skate, Palais de Beaulieu (neben dem «Rond-Point»), Tel. 21 36 06. Mo – Fr von 12 – 23 Uhr. Sa von 12 – 24 Uhr. So von 12 – 23 Uhr. 15. August bis 15. Oktober geschlossen.
Schwimmen: Hallenbad Mon-Repos, 4, av. du Tribunal-Fédéral, Tel. 23 45 66. Schwimmschule.
Skate board: (Für Ort und Öffnungszeiten Angabe unter Rollschuhlaufen).
Squash: 96, ch. de Boissonet, Sauvabelin (neben dem Vivarium). Für Reservationen Tel. 25 64 55/56 oder 27 57 61.
Tennis: Stade olympique, Tel. 23 58 76. 11 Plätze. Vom 1. Mai bis 31. Oktober.

Tennis-Club: Stade Lausanne-Vidy. Tel. 26 38 00. 12 Plätze — Association lausannois de tennis, Klubhaus Stade-Lausanne, Tel. 26 26 87 oder 26 38 00 (6 Hartplätze, im Winter überdacht).
Tennis-Club de Montchoisi, 15, av. de l'Elysée, Tel. 26 36 25, 8 Plätze, davon 6 Hartplätze und 2 «greenset» (synthetischer Belag).
Tischtennis: Lausanne CTT. Spielhalle, ch. de l'Usine-à-gaz (hinter dem Theater Kléber-Mélau). Sekretariat, Tel. 23 36 31.
Trimm-dich-Pfad: markierte Piste über etwa 2,5 km für das Fitnesstraining.
Turnen: Auskunft: Service des sports, Tel. 43 42 91 oder Union de gymnastique Lausanne, Tel. 37 81 85.
Windsurfing: Schule Surfing Kay in Vidy-Coubertin, Tel. 27 55 22. Unterricht in französischer, deutscher, englischer und italienischer Sprache durch diplomierte Instrukteure. Einführungskurse mit Diplomabschluß ASEW.
Andere Sportzentren und Klubs: Leichtathletik — Karate — Schießen — Bogen —, Kleinkaliber- oder Tontaubenschießen. Während der Spielsaison: Fußball, Basketball, Eis-, Feld- und Rollhockey, Handball, Volleyball. Für weitere Auskünfte wenden Sie sich an: Service des sports de la commune de Lausanne, Tel. 43 42 92.

Swissair / Reisebüros

Popularis Tours, 21, rue Saint-Laurent, Tel. 20 65 31.
Pully-Voyages, 10, Grand-Rue, Pulla, Tel. 28 88 88.
Raptim, 19, bd de Grancy, Tel. 27 49 27.
Swissair, 4, rue du Grand-Chêne, Tel. 20 50 21 (réservations Tel. 20 50 11).
Touring-Club Suisse, 10—12, av. Juste-Olivier, Tel. 20 20 10.
Tourisme pour tous TPT Inter, 15, rue Haldimand, Tel. 20 20 51. Wagons-lits Tourisme, 6, rue Centrale, Tel. 20 72 01; Gare CFF, Tel. 20 72 08.

Taxi

In Lausanne gibt es 45 Taxistände. Tel. 141 oder 23 11 11. Grundtaxe: Fr. 3.20; je km in der Stadt: Fr. 1.30 (Fr. 1.50 von 22 bis 6 Uhr, sowie sonntags und an Feiertagen; Fr. 2.20 außerorts). Auch Tel. 33 13 13. Taxi-Zentrale: Tel. 167.

Theater

Beaulieu 11, av. des Bergières, Tel. 21 32 11.
Boulimie pl. Arlaud, Tel. 22 97 00.
Les Faux-Nez (Chansons), 5, rue de Bourg, Tel. 22 31 73.
Kléber-Méleau ch. de l'Usine-à-Gaz, Renens, Tel. 25 84 00.
Le Lapin-Vert, 2, ruelle du Lapin-Vert, Tel. 22 13 17.
Municipal, 12, av. du Théâtre, Tel. 22 64 33.
Onze, 11, rue des Deux-Marchés, Tel. 23 91 72.
Les Trois-Coups, 10, pl. de la Palud, Tel. 22 57 92.
Vidy et La Passerelle, 5, av. Emile-Jacques-Dalcroze, Tel. 27 91 44.
L'Octogone, Pully, Tel. 29 44 98.

Université

Rectorat secrétariat, Centrale: Tel. 46 11 11 (Dorigny).

Wanderwege

Lausanne bietet zahlreiche Wanderwege. Folgen Sie den gelben Wegweisern, die durch rautenförmige, ebenfalls gelbe Merkzeichen auf Bäume und Felsen in mehr oder weniger regelmäßigen Abständen angebracht sind.
Oberhalb von Lausanne Grütli Lausanne — Vernand-Dessous (grüne Wegweiser). Wanderweg mit Abmarsch von Romanel oder Cheseaux (2,7 km). Sie können auch den See entlang wandern: Von Lausanne bis Saint Sulpice westwärts (etwa 2 Std.) und in entgegengesetzter Richtung nach Lutry (etwa 1 ½ Std.).
Für Liebhaber langer Märsche (300 km): die «Tour du Léman pédestre», rund um den Genfersee, mit einer langen Teilstrecke auf französischem Boden und einem Schweizer Parcours von 120 km (Seeufer, Wälder, Weinberge und in luftigen Höhen).
Winterrouten (gelbe Pfeile für die Wanderer, grüne für die Fahrzeuge).
La Côte (à l'ouest de Lausanne — westlich von Lausanne —): Rolle — Mont-Bugnaux — Rolle (8 km, 2 Std. 40 Min.). Perroy — Allaman — Perroy (5 km, 1 Std. 40 Min.). Aubonne — Féchy — Aubonne (5 km, 1 Std. 40 Min.). Morges — Echichens — Lonay — Morges — Saint Jean (6 km, 2 Std.).

Winzerkeller

Lausanne ist beidseits von Weinbergen umgeben: jene des Lavaux und des Chablais liegen östlich, jene von La Côte westlich. Die sogenannte «route du vignoble» gibt Ihnen Gelegenheit, die Rebberge zu entdecken. Sie wandern durch malerische Dörfer, und in einigen von ihnen finden Sie einladende Winzerkeller, die von Juni bis Oktober für Touristen geöffnet sind. Dort können Sie die Weine der Gegend probieren.

Zoo

Von Servion, bei Lausanne (mit Bussen der Lausanner Verkehrsbetriebe, ab pl. du Tunnel und mit Postautos), Tel. 93 16 71. Geöffnet: tägl. bei Tagesanbruch bis zum Einbruch der Dunkelheit, Eintritt Fr. 4.— (Fr. 6.— mit Besuch der Tropenvolieren). Kinder von 6 bis 16 Jahren zahlen die Hälfte. Reichhaltige Sammlung von Tieren aus aller Welt: Löwen, Ozelots, Bären, Luchse, Wölfe, Bisons, Affen usw. 350 Tiere, 80 Arten, Tropenvolieren.

Genf - Information

Ankunft

Als Ferienreisender kommen Sie, sofern Sie die Bahnreise wählen, auf dem Bahnhof **Gare de Cornavin** (Tel.-Sammelnummer 32 61 00) an. Für erste Auskünfte steht Ihnen im Bahnhof die **Information Gare CFF** zur Verfügung, Tel. 31 29 20. Ausführlicher beraten und mit reichlich Informationsmaterial über Genf und seine Umgebung versorgt werden Sie aber, wenn Sie die we-

nigen Minuten zu Fuß zum **Office du Tourisme, rue de la Tour-de-l'Ile 1, 1211 Genève 11, gehen oder telefonieren: Tel. 28 72 33, geöffnet: Mo — Fr 8.15 — 18 Uhr, Sa 9 — 17, So (Juli bis August) 10 — 12 und 14 — 17 Uhr.**
Hier wird man Ihnen bei der **Hotelreservation** ebenso behilflich sein wie bei der Tischbestellung in irgendeinem Restaurant. Sollten Sie an einer **Stadtführung** interessiert sein, so werden Sie hören, daß es eine Führung (zu Fuß) **durch die Altstadt** (1 Std.) gibt, Beginn um 17 Uhr (Montag, Mittwoch, Freitag auf Französisch und Englisch; Dienstag und Donnerstag auf Französisch und Deutsch) und eine andere, die **Genfs romantischer Epoche** gewidmet ist (jeden Mittwoch um 20.30 Uhr, in englischer und französischer Sprache). Treffpunkt: Hauptportal des Rathauses (die Führungen finden jeweils bis Ende September statt, Dauer bis 22.30 Uhr). Für Auskünfte: Office du Tourisme, rue des Moulins 2, Tel. 28 72 33.
Auskünfte über **Busreisen** (auch Abfahrt und Ankunft) erhält man am **Busbahnhof Gare routière,** place Dorcière Tel. 32 03 30. Für die **Benutzung der öffentlichen Verkehrsmittel** (Busse) muß man wissen, dass die Billets vor Antritt der Fahrt an den Automaten gelöst werden müssen, die an allen Haltestellen angebracht sind. Es werden verschiedene Fahrscheine angeboten, ein Billett für Fr. 1.— berechtigt zu einer freien Fahrt innerhalb 1 Stunde mit Rückfahrtmöglichkeit und beliebigem Wagenwechsel. Für eine Strecke über drei Haltestellen (ohne Wagenwechsel) sind Fr. 0.60 zu zahlen. Außerdem gibt es Streckenkarten von Fr. 5.50 und Fr. 4.—, Karten für ein spezielles Umgehungsnetz und verschiedene weitere Abonnements. Auskünfte und Billettkauf bei TPG (Transports publics genevois) am Bahnhof Cornavin und La Jonction, Tel. 21 08 44.
Alles, was Sie über **An- oder Abflug** wissen müssen, erfahren Sie über Tel. 98 11 22/ **Aéroport de Genève.**
Parking de l'aéroport, Cointrin, Tel. 98 11 22.

Mit dem Auto
Ehe Sie sich im Straßengewirr einer fremden Stadt verlieren, sollten Sie Ihren Wagen im nächstgelegenen Parkhaus abstellen. Die entsprechenden blauen Hinweisschilder werden Sie führen. Wer nur für Stunden seinen Wagen abstellen möchte, wird bei geduldigem Suchen auch in den Morgenstunden oder um die Mittagszeit in Zentrumsnähe eine Parkuhr finden.

Parkhäuser:
Parking des Alpes, rue Thalberg 12, Tel. 31 31 20. **Parking du Mont-Blanc,** Quai Général-Guisan, Tel. 28 01 30. **Parking de Balexert,** Centre commercial, av. Louis-Casaï 27, Tel. 96 00 44. **Parking du Casino,** Quai du Mont-Blanc, Tel. 31 98 11. **Parking de Cornavin Gare,** Place Cornavin, Tel. 36 66 30, **Parking Uni II,** Entrée rue Jacques-Balmat, Tel. 20 93 33 (int. 2604). **Parking David-Dufour,** Rue David-Dufour, Tel. 27 48 16. **Parking Rive-Centre,** Bd Helvétique 31, Tel. 36 17 50. **Parking Lombard,** Rue A.-Lombard, Tel. 27 48 16. **Parking Du Seujet,** Quai du Seujet, Tel. 31 10 17. **Parking de Plainpalais,** Bd Georges-Favon, Tel. 20 07 06. **Parking Eaux-Vives 2000,** rue Jargonnant 5, Tel. 31 00 02. **Parking des Nations,** Rue de Varembé, Tel. 33 01 33. **Parking Palais des Expositions,** Grand-Saconnex, Tel. 98 11 11.
Sollten Sie in einer blauen Parkzone parken wollen, so benötigen Sie eine Parkscheibe, die Sie in jedem Hotel, in Banken, Reisebüros, auf jeder Polizeidienststelle kostenlos erhalten, auch im Tourismusbüro oder beim **Automobil-Club der Schweiz** (ACS), bd du Théâtre 10, Tel. 28 07 66 oder beim **Touring-Club der Schweiz** (TCS), rue Pierre-Fatio 9, Tel. 36 60 00.

Autovermietung: interRent, rue de Lausanne 20, Tel. 31 91 60 oder InterRent, Airport Cointrin, Tel. 98 22 53.

Banken

Öffnungszeiten: Mo — Do 8.30 — 16.30 Uhr, Fr 8.30 — 16 Uhr, Sa geschlossen.

Camping und Caravaning

Camping Chêne-Bougeries, Camping des Jeunes, La Gradelle, Clos-du-Molan, Tel. 35 01 74. Geöffnet Mai bis Oktober.
CK Camping TCS, Vésenaz, Pointe à la Bise, Tel. 52 12 96. Geöffnet April bis Oktober.
Genève-Conches «Sylvabelle», chemin de Conches 10, 1231 Conches, Tel. 47 06 03, geöffnet: 1. 1. — 31. 12., auch für schlechtes Wetter geeignet, Bungalows verfügbar.
Genève-Vésenaz «Ponte à la Bise», am Genfersee, Camp., Tel. 52 12 96, geöffnet: 4. 4. — 11. 10.

Fahrradvermietung:

im Bahnhof Cornavin.

Fest der Escalade

Am 11.—12. Dezember feiern die Genfer ihren Sieg über die Truppen des Herzogs Karl-Emanuel, der 1602 versuchte, Genf zu besiegen (Fackelumzug in historischen Kostümen).

Fundbüro

Rue Ferdinand-Hodler 2, Tel. 27 21 11.

Geldwechsel

Zu den üblichen Öffnungszeiten in allen Reisebüros und Banken, auf dem Flughafen Cointrin (Tag und Nacht geöffnet), auf dem Bahnhof Cornavin (geöffnet von 7 bis 23 Uhr), im Einkaufszentrum Balexert.

Gottesdienste

Römisch-katholische Kirche: Notre Dame, place Cornavin, Tel. 32 31 57. Messen: Sa 18.30 Uhr, So 7.30, 9, 10, 11.30 Uhr. Wochentags: 7, 8, 18.30 Uhr, Do 12.10 Uhr, jeden 1. Do im Monat 15 Uhr.
Saint-Joseph, place des Eaux-Vives, Tel. 36 72 50. Messen: wochentags 7 Uhr, Di und Do 6.30, 8, 18.15 Uhr, Sa 18.15 Uhr, So 8, 9.30, 11, 12, 18 Uhr.
St. Bonifazius, Seelsorge für Deutschsprechende, av. du Mail 14, Tel. 21 88 44, Gottesdienste: Sa 18 Uhr, So 9.30, 20.30 Uhr.

Nationale protestantische Kirche: Temple de la Fusterie, place de la Fusterie, Tel. 20 37 86, Gottesdienst: So 10 Uhr. Kapelle der Macchabäer.

Genf-Informationen

(Telefon-Vorwahl 022/ . . .)

Internationale Organisationen

ONU — Office des Nations Unies, Palais des Nations, UNO — United Nations Office
Tel. 34 60 11.
AELE, Association Européenne de Libre Echange, rue de Varembé 9—11, EFTA — European Free Trade Association
Tel. 34 90 00.
BIT — Bureau International du Travail, rue des Morillons 4,
Tel. 99 61 11.
CEE — Commission Economique pour l'Europe, Palais des Nations
Tel. 34 60 11.
CERN — Organisation européenne pour la Recherche nucléaire (Meyrin)
Tel. 83 61 11.
CICR — Comité International de la Croix-Rouge, av. de la Paix 17
Tel. 34 60 01.
CIME — Comité Intergouvernemental pour les Migrations, av. J.-Tremblay 16, ICEM — Intergovernmental Committee for European Migration
Tel. 98 58 50.
GATT — Accord général sur les Tarifs douaniers et le commerce, Palais des Nations
Tel. 31 02 31.
OMM — Organisation Météorologique Mondiale, av. Giuseppe-Motta 41,
Tel. 34 64 00.
OMPI — Organisation Mondiale de la Propriété Intellectuelle, ch. des Colombettes 34, WIPO — World Intellectual Property Organization
Tel. 99 91 11.
OMS — Organisation Mondiale de la Santé, av. Appia, WHO — World Health Organization
Tel. 91 21 11.
UIT — Union Internationale des Télécommunications, Pl. des Nations,
Tel. 99 51 11.
Bureau International d'Education, Palais Wilson, Pl. Châteaubriand 2, Tel. 31 37 35.

Jugendherbergen

Maison Internationale des Etudiants, rue Daniel-Colladon 2, Tel. 20 42 74.
Maison des Jeunes du Lignon, Cité du Lignon, 1219 Le Lignon, Tel. 96 42 67.
Maison des Jeunes et de la Culture, rue Temple 5,
Tel. 32 20 60.

Kinderhorte und -gärten

La Placette, rue Rousseau, stundenweise Betreuung, Tel. 31 74 00, **Balexert,** av. Louis-Casaï 27, stundenweise Betreuung, Tel. 96 01 44, **Jardin Joyeux,** rue de l'Athénée 19, halb- oder ganztags,
Tel. 46 77 11, **Le Manoir,** av. de Champel 22, stundenweise, ganz- oder halbtags, Mahlzeiten, Tel. 47 72 77.

Kinos

ABC, rue du Rhône 42,
Tel. 28 20 18.
Alhambra, Rôtisserie 10,
Tel. 28 10 11.
Bio 72, place du Marché, Carouge, Tel. 42 08 67.
Broadway, rue du Cendrier 22, Tel. 31 15 80.
CAC-Voltaire, r. Voltaire 27, Tel. 44 94 44.
Camera 2000, rue de Berne 11, Tel. 32 51 22.
Central, Chantepoulet 23, Tel. 32 45 14.
Ciné 17, rue Corraterie 17, Tel. 28 22 92.
City, pl. des Eaux-Vives 3, Tel. 36 89 20.
Classic 1, perm. r. Alpes 22, Tel. 31 46 13.
Classic 2, rue des Alpes 22, Tel. 31 46 13.
Classic 3, rue des Alpes 22, Tel. 31 70 87.
Corso, rue de Carouge 20, Tel. 29 62 16.
Cosmos, Ctre com. Cité sat. Meyrin, Tel. 82 14 17.
L'Ecran, rue Bartholoni 6, Tel. 29 01 35.
Empire, rue de Carouge 72, Tel. 20 25 91.
Forum, Chêne-Bourgeries 38-40, Tel. 48 50 50.
Hollywood, perm. rue Rive, Tel. 28 65 32.
Lux, boulevard St-Georges 8, Tel. 29 45 02.
Molard, perm. Croix-d'Or, Tel. 28 15 86.
Nord-Sud, r. Servette 78, Tel. 33 19 00.
Le Paris, Ciné Disney, av. Mail 1, Tel. 21 22 55.
Le Plaza, Chantepoulet 1, Tel. 32 57 00.
Rialto, perm. Cornavin, J. Fazy, Tel. 32 70 50.
Scala, rue des Eaux Vives, Tel. 36 04 22.
Splendid, place Grenus 3, Tel. 32 73 73.
Studio 10, rue d'Italie,
Tel. 28 22 04.

Konsulate

Algerien, rue de Lausanne 42, Tel. 31 57 50.
Argentinien, rue Chantepoulet 1-3, Tel. 32 28 22.
Äthiopien, rue de Moillebeau 56, Tel. 34 40 80 / 33 07 50.
Australien, rue de Moillebeau 56-58, Tel. 34 62 00.
Belgien, rue de Moillebeau 58, Tel. 33 81 50.
Benin, Dahome, ch. de la Mousse 12, Tel. 48 11 66.
Brasilien, place Cornavin 12, Tel. 32 09 30.
Bundesrepublik Deutschland, ch. du Petit-Saconnex 28 C, Tel. 33 50 00.
China, ch. Surville 11, Pt-Lancy, Tel. 92 25 48.
Dänemark, rue du Stand 60, Tel. 20 66 40.
Dominikanische Republik, av. Dumas 2, Tel. 46 00 25.
Elfenbeinküste, ch. de l'Avanchet 33, Tel. 98 46 44.
Finnland, rue de la Cité 22, Tel. 21 90 21.
Frankreich, rue Imbert-Galloix 11, Tel. 29 62 11.
Ghana, rue de Moillebeau 56, Tel. 34 91 50.
Griechenland, rue Pedro-Meylan 1, Tel. 35 37 47 / 35 73 90.
Großbritannien, rue de Vermont 37-39, Tel. 34 38 00/ 33 23 85.
Indien, rue du Valais 9-11, Tel. 32 08 59.
Irak, ch. Petit-Saconnex 28 A, Tel. 34 03 39.
Iran, av. de Champel 24, Tel. 47 41 71.
Island, rue du Marché 16, Tel. 21 51 55.
Italien, rue Charles-Galland 14, Tel. 46 47 44 / 46 47 47.
Japan, av. de Budé 10, Tel. 34 84 00.
Jordanien, rue du Mt-Blanc 3, Tel. 31 71 35.
Jugoslawien, ch. de Beau-Soleil 3, Tel. 46 44 34.

Kanada, av. de Budé 8, Tel. 34 19 50.
Kuwait, rue du Rhône 23, Tel. 21 92 33.
Liberia, rue Bellot 6, Tel. 47 14 89 / 46 39 22.
Libyen, av. Blanc 44 B, Tel. 31 82 05.
Mexiko, place Cornavin 12, Tel. 32 38 36.
Monaco, rue du Rhône 78, Tel. 21 38 11.
Neuseeland, ch. du Pt-Saconnex 28 A, Tel. 34 95 30.
Nicaragua, rue Lamartine 8, Tel. 44 28 30.
Niederlande, av. Weber 34, Tel. 35 66 11 / 36 37 34.
Norwegen, rue du Rhône 92, Tel. 28 56 11.
Österreich, rue Bellot 6, Tel. 47 82 13.
Panama, rue de Lausanne 63, Tel. 32 20 38.
Peru, rue de Lausanne 63, Tel. 31 19 12.
Portugal, rue de Lausanne 39, Tel. 31 19 80.
Salvador, El, rue de Berne 32, Tel. 32 70 36.
Schweden, rue Pierre-Fatio 15, Tel. 35 19 46.
Spanien, rue Pestalozzi 7, Tel. 34 46 06.
Sri Lanka, rue de Moillebeau 56, Tel. 34 93 40.
Syrien, rue de Lausanne 72, Tel. 32 66 26.
Thailand, rue Sénebier 20, Tel. 29 47 33.
Türkei, rue Ferdinand-Hodler 17, Tel. 36 14 40.
Uruguay, rue de Lausanne 65, Tel. 31 50 13.
USA, Jubiläumstr. 93, Bern, Tel. 43 00 11.
Venezuela, rue de l'Athénée 22, Tel. 46 82 42.
Zypern, rue Schaub 25, Tel. 34 17 39.

Ladenöffnungszeiten

Alle Geschäfte in Genf sind geöffnet: 8.30 — 18.45, Mo geschlossen bis 13.30, Sa 8.30 — 17 Uhr.

Märkte

Mo und Do: plaine de Plainpalais, Sa: quai de l'Ile; Trödelmarkt: Mi und Sa: plaine de Plainpalais.

Museen/Sammlungen

Musée d'Art et d'Histoire. rue Charles Galland 2, geöffnet: 10 — 17 Uhr, Mo geschl.
Musée de l'horlogerie, rte de Malagnou 15, geöffnet: 10 — 12 und 14 — 18 Uhr, Mo vormittag geschl.
Musée Rath, place Neuve, geöffnet: 10 — 12 und 14 — 18 Uhr, Mi von 20 — 22 Uhr, Mo vormittag geschl.
Cabinet des Estampes, promenade du Pin 5, geöffnet: 10 — 12 und 14 — 18 Uhr, Mo vormittag geschl.
Musée d'Histoire naturelle, rte de Malagnou, geöffnet: 10 — 12 und 14 — 17 Uhr, Mo vormittag geschl.
Musée d'Ethnographie, bd Carl-Vogt 65—67, geöffnet: 10 — 12 und 14 — 17 Uhr, Mo geschl.
Dépendance: ch. Calandrini 7, gleiche Öffnungszeiten wie oben. Mo und Di geschl.
Institut et Musée Voltaire, rue des Délices 25, geöffnet: Mo — Fr 14 — 17 Uhr.
Musée d'Histoire des Sciences, Villa Bartholoni, rue de Lausanne 128, geöffnet: 1. 4. — 31. 10. tägl. 14 — 18 Uhr.
Musée d'instruments anciens de musique, rue Lefort 23, geöffnet: Di 15 — 18 Uhr, Do 10 — 12 und 15 — 18 Uhr, Fr 20 — 22 Uhr oder nach Vereinbarung.
Musée Barbier-Müller, rue de l'Ecole-de-Chimie 4, geöffnet: Di — Sa 14.30 — 17.30 Uhr.
Musée du Petit Palais, terrasse Saint-Victor 2, geöffnet: 10 — 12 und 14 — 18 Uhr, Mo vormittag geschl.
Bibliotheca Bodmeriana (Cologny), geöffnet: Do 14 — 18 Uhr.
Conservatoire et Jardin Botanique, rte. de Lausanne 192, geöffnet: tägl., im Sommer 7 — 18.30 Uhr, im Winter 8 — 17 Uhr, März bis Oktober 8 — 18 Uhr. Das Konservatorium ist geöffnet: Mo — Fr 7.45 — 12.30 Uhr und 13 — 17 Uhr.
Musée de l'Athénée, rue de l'Athénée 2, geöffnet: Mo — Sa 10 — 18 Uhr, So 10 — 12 Uhr, Di auch 20 — 22 Uhr, Mo vormittag geschl.
Collections Baur, rue Munier-Romilly 8, geöffnet: 14 — 18 Uhr, Mo geschl.
Musée des suisses a l'étranger, Château de Penthes, ch. de l'Impératrice 18, Pregny-Chambésy, geöffnet: 10 — 12 und 14 — 18 Uhr, Mo geschl.
Musée Ariana, av. de la Paix 10, z. Z. wegen Umbau geschl.

Night-Clubs, Dancings und Cabarets

Ba-Ta-Clan, rue de la Fontaine 15, Tel. 29 67 67.
Le Carnaval, ch. du Petit-Saconnex 9, Tel. 34 60 91.
Club 58, rue Glacis-de-Rive 15, Tel. 35 15 15.
La garçonnière, Place Bémont 22, Tel. 28 21 61.
Le Gentilhomme, rue Adhémar-Fabri 8-10, Tel. 31 14 00.
Le Grillon, passage Malbuisson 12 bis, Tel. 28 60 02.
Hit Club, rue du Marché 3, Tel. 21 28 31.
Chez Maxim's, place des Alpes, Tel. 32 99 00.
Méphisto, rue du Rhône 84, Tel. 23 45 26.
Chez Monique, rue Kléberg 4, Tel. 32 45 59.
Moulin Rouge, av. du Mail 1, Tel. 29 35 66.
New Bar a Whisky, rue du Prince 9-11, Tel. 28 14 28.
Piccadilly, rue de la Tour-Maîtresse 5, Tel. 28 17 30.
Pussy Cat Saloon, rue Glacis-de-Rive 15, Tel. 35 15 15.
La Tour, rue de la Tour-de-Boël 6, Tel. 21 00 33.

Notfalldienste

Pannenhilfe Tel. 140.
Ärztlicher Notfalldienst Tag und Nacht Tel. 20 25 11, gibt auch Auskunft über diensthabende Apotheken.
Weitere medizinische Hilfsstellen:
Arve, av. Card-Mermillod, Carouge, Tel. 43 00 50.
Cornavin, r. du Jura 1-3, Tel. 45 45 00.
Eaux-Vives, r. Nant 4 (D2), Tel. 35 55 50.
Meyrin, prom. des Artisans 24, Tel 82 66 22.
Médico-chirurg., r. Chantepoulet 21, Tel. 31 21 20.
Onex, rte de Loëx 3, Tel. 93 44 22.
Servette, r. J.-R.-Chouet 15 (prol. A2), Tel. 33 70 00.
Kantonsspital, rue Michel-du-Crest 24, Tel. 46 92 11.
Die **Polikliniken** sind für Notfälle von 8 — 19 Uhr geöffnet.
Telefonischer Seelsorgedienst, Tel. 143 und 28 28 28.
Bei **Erkrankungen eines Vierbeiners:** tierärztlicher Notdienst, 22, bd des Promenades, Carouge, Tel. 43 30 80.

Palais des Nations, Bâtiment E, Porte 39, Eingang Portal Pregny. Führungen tägl. 9.15 — 12 Uhr und 14 — 16.45 Uhr.

Post

Öffnungszeiten:
7.30 — 12 Uhr (Sa bis 11 Uhr) und 13.45 — 18.30 Uhr: Rue du Mont-Blanc 18, Rue du Stand 55, Rue du Vieux-Collège 3, Rue de Lausanne 11 (11 — 22.45, auch So).
Wertzeichenverkaufsstelle der PTT:
Rue du Mont-Blanc 18, Tel. 32 90 90, geöffnet Mo bis Fr 8.30 — 11.30 Uhr und 14 — 17.30 Uhr, Sa 8 — 11 Uhr.

Privatschulen

Services scolaires de la Fédération Suisse des écoles privées, Informationen: rue des Vollandes 40, Tel. 35 57 06.

Schiffsfahrten auf dem Genfersee

(Ostern bis Mitte Oktober)
1stündige Ausflugsfahrten (Fr. 7.— bis 12.50).
Halbtagstouren mit verschiedenen Zielen (Fr. 14.20 — 32.—).
Ganztagesfahrten (Montreux und Schloß Chillon) von Fr. 35.— bis 42.—.
Nächtliche Tanzfahrten:
Fr. 12.50.
Auskünfte und Informationen: Compagnie Générale de Navigation sur le Lac Léman, Jardin anglais, Tel. 21 25 21.
Für weitere Kreuzfahrten:
Swiss boat, 4, Quai du Mont-Blanc, gegenüber Hôtel Beau-Rivage, Tel. 32 47 47 oder 36 79 35 oder Mouettes Genevoises, Tel. 32 29 44.

Sport/Sportanlagen

Fliegen: Aéro-Club de Genève-Cointrin, Tel. 98 65 08.
Rudern und Segeln:
Société Nautique de Genève, Tel. 36 17 00.
Club genevois des amateurs de **billard,** rue Soubeyran 10, Tel. 45 43 42.
Bridge: (Club privé) Cercle de Genève, rue de Coutance 25, Tel. 32 44 55.
Bridge-Club Etoile, 9, av. Krieg, geöffnet: jeden Tag bis 16 Uhr, Tel. 47 57 47.
Reiten: Manège de Genève, La Pallanterie, rte de la Capite 249, Vésenaz, Tel. 52 38 44.
Manège de Meyrin, ch. de la Golette 36, Tel. 82 13 40.
Manège Onex-Lancy, rte de Chancy 111, Onex, Tel. 92 16 88.
Manège de Troinex, ch. Lullin 34-36, Tel. 42 24 93.
Fechten: Société d'Escrime, pavillon des Sports, stade de Champel, Tel. 47 73 14.
Golf-Club de Genève: rte de la Capite 70, Cologny, Tel. 35 75 40.
Wasserski: Société nautique de Genève, Tel. 36 17 00.
Eisbahn des Vernets:
Tel. 42 19 42 und 43 25 50.
Schwimmbäder:
— des Vernets (Hallenbad) Di 9 — 20 Uhr. Mi 9 — 21.30 Uhr. Do 9 — 17.30 Uhr. Fr 9 — 20 Uhr. Sa 9 — 19 Uhr. So 10 — 17 Uhr. Tel. 42 19 42.
— de Carouge, rte de Veyrier 53, Tel. 43 25 20.
— de Genève-Plage, Tel. 36 24 82.
— de Lancy, av. Eugène-Lance 30, Tel. 94 22 11.
— d'Onex, av. Bois-de-la-Chapelle 83 (Hallenbad), Mo — Mi 11 — 21 Uhr. Fr 11 — 18 Uhr, Sa/So 9 — 17 Uhr. Tel. 92 93 56.
— de Rieu, chemin Rieu 18, (Hallenbad) 9 — 22 Uhr, Sa 9 — 19 Uhr, So 10 — 18 Uhr Tel. 47 37 37 oder 47 37 38.
Massage, Gymnastik, Sauna, Tel. 47 64 55 oder 47 64 56.
— de Thônex, ch. de Marcelly Thônex 8, Hallen- und Freibad, Tel. 48 72 50.
— de Varembé, rue de Vermont 33, Tel. 33 80 93.
— municipale de Vernier, rte du Bois-des-Frères 30, Le Lignon, Tel. 96 62 96.
Tennis-Clubs:
— de Genève, Parc des Eaux-Vives, Tel. 35 53 50.
— de Carouge, ch. Vert-Pinchat, Tel. 42 14 23.
— Drizia, stade de Champel, Bout-du-Monde, Tel. 46 89 98.
— International, chemin Rigot, Tel. 34 83 86.
— de Genève-Champel, ch. de l'Usine de Vessy, Carouge (courts couverts), Tel. 43 31 33.
Für alle weiteren Auskünfte: Credis, Tel. 43 27 00 oder Service des Loisirs et des Sports, Tel. 27 21 11.

Taxi

Tel. 141

Theater und Kleinbühnen

Grand-Théâtre, Place Neuve, Tel. 21 23 18.
La Comédie de Genève, bd Philosophes 6, Tel. 20 50 00.
Théâtre de Carouge, Atelier de Genève, rue Ancienne-Carouge 39, Tel. 43 43 43.
Théâtre de Poche (au Théâtre Pitoëff), rue de Carouge 52, Tel. 28 37 59.
Théâtre Mobile au Grand Café du Grütli, av. Ste-Clotilde 5-7, Tel. 28 48 30.
Théâtre Am Stram Gram, av. Ste-Clotilde 18.
Théâtre des Marionettes, rue Constantin 4, Tel. 46 46 30.
Konzerte finden statt in:
Victoria Hall, **Sekretariat** der concours international d'exécution musicale: rue de l'Hôtel-de-Ville 12, Tel. 28 62 07.

Université

Rectorat, Administration Centrale, rue General-Dufour 24, Tel. 20 93 33.
Logement étudiants, rue Hugo-de-Senger 2, Tel. 29 20 33.

Variété-Bühnen

Chez Jean-Luc, rue de la Cité 9, Tel. 227 62.
La taverne de Salsamba, rue de la Cité 3, Tel. 28 87 21. Mo geschl.
New Bar la Cravache, Centre commercial Meyrin.
Petit Castel, rte de Thonon 271, Corsier, Tel. 51 23 36.
Funambule Jazz Club, av. de Miremont 31 ter, geöffnet ab 18 Uhr, So geschl.
Schmilblick, Bois-Galland, rte de Thonon 140, Vésenaz, jeden Abend Tanz, So und Mo geschl.
Au Baobab, rue de Lausanne 52. Do geschl.
Havana Club, La Chope, rue de Candolle 2, sous Landolt, Tel. 29 05 36. Mo geschl.
Calypso Bar, Pictet de Rochemont 18, Tel. 36 60 98. So geschl.
Au Roi Ubu, Grand-Rue, vieille ville 30. So geschl.
Piano-Bar, Hôtel Méditerranée, rue de Lausanne 41.

Lugano - Information

Ankunft

Erste Anlaufstellen:
Verkehrsverein Lugano, Riva Albertolli 5, 6901 Lugano, Tel. 21 46 64, geöffnet: wochentags 8 — 12 Uhr und 14 — 18 Uhr, April bis Oktober: auch Samstag 9 — 12 und 14 — 17 Uhr, Juli bis September auch Sonntag 10 — 12 Uhr. Freundlich und beim stärksten Andrang immer noch geduldig wird der Besucher in allen Fragen beraten. **Hotelinformationen** und **Hotel-Reservationen** lassen sich hier kundig vornehmen.

Stadtführungen und -rundfahrten organisiert nur Reisebüro Danzas, piazza Manzoni 8, (nahe beim Verkehrsverein) und piazza Dante 7, Tel. 22 77 82 und in Lugano-Paradiso, via S. Salvatore 3, Tel. 54 17 76.

Hauptbahnhof SBB,
Piazzale della Stazione.

Zollgepäckausgabe: Mo — Fr 8 — 12 und 14 — 18 Uhr. Sa — So 8 — 12 und 14.15 — 16 Uhr, Tel. 23 21 78.

Gepäckaufgabe: tägl. 5.20 — 24 Uhr, Tel. 23 66 91.

Bahn- und Reisedienstauskünfte: piazza Rezzonico, Tel. 23 75 01. Auskunft im Bahnhof SBB direkt, Tel. 23 93 26.

Kongreßdienst im Kongreßhaus, piazza Indipendenza 4, Tel. 21 46 64.

Postautobus-Station via S. Balestra, Auskünfte:
Tel. 21 95 28 und 21 95 22.

Parkhaus — Auskünfte, via Pioda 11, Tel. 23 23 71.

Flughafen Agno. Fluglinien mit Auslandanschluß, **Buchungsstelle:**
Swissair, Tel. 23 63 31.

Airtaxi Service: Tel. 59 19 33.

Schiff- und Bootsfahren, alle diesbezüglichen Informationen und Auskünfte erteilt die **Schiffahrtsgesellschaft auf dem Luganersee,**
Tel. 51 52 24.
Die Schiffe zwischen Lugano-Paradiso und umgekehrt verkehren werktags vom 1. 7. — 30. 9.

Ausflüge

Drahtseilbahnen: Monte Brè, 1933 m ü. M., Monte San Salvatore (912 m ü. M.).

Sesselbahn: Monte Lema (1624 m ü. M.).

Zahnradbahn: Monte Generoso (1704 m ü. M.).

Gondelbahnen: Melide—Carona (600 m ü. M.), Tamaro — Alpe Foppa (1530 m ü. M.).

Luftseilbahn: Brusino Arsizio—Serpiano (700 m ü. M.).

Schiffe: Gandria, Morcote, Melide, Campione, Ponte Tresa, Porlezza, Capolago, Porto Ceresio.

Autobus: Lugano—Tesserete/Lugano—Sonvico, Lugano—Campione.

Postauto: Morcote, Carona, Cademario, Agra, Astano, Tesserete, Maglio di Colla, Gola di Lago, Locarno-Stresa, St. Moritz, Luino, Varese.

Züge: Lugano—Chiasso, Lugano—Bellinzona—Locarno, Lugano—Ponte Tresa.
Reisebüros in Lugano organisieren **Autobus-Exkursionen** nach: Locarno—Ascona, Valle Verzasca, Lago Maggiore, Stresa, Isole Borromee, Lago di Como und Villa Carlotta, St. Moritz-Passo Julier, Ghiacciaio del Rodano und 4-Pässefahrt, Venedig.
Der Verband der Transportunternehmungen Lugano (AIT) bietet ein **Regionales Ferien-Abonnement** (in allen Reise- und Verkehrsbüros erhältlich) an, daß an 7 Tagen gültig ist für beliebige Fahrten.
Halbtagestouren von Lugano aus im eigenen PKW:
Cassarate — Castagnola - **Gandria** und zurück (10 km)
Castagnola - Ruvigliana - **Belvedere Monte Brè** - Aldesago - Albonago - Viganello - Lugano (21 km)
Massagno - Crocifisso - Savosa - Porza - Canobbio - Sureggio - **Tesserete** - Ponte Capriasca - **Origlio** - Cureglia - Lugano (22 km)
Cinque Vie - Breganzona - Bioggio - **Muzzano** - Agno - **Caslano** - Ponte Tresa - Lugano (30 km)
Tesserete - Bidogno - Corticiasca - Bogno - **Maglio di Colla** - Piandera - Sonvico - Dino -Pregassona - Lugano (37 km)
Paradiso - Gentilino - Montagnola - **Agra** - Barbergno - Noranco - Lugano (16 km)
Paradiso - Capa San Martino - **Melide - Morcote** - Figino - Agnuzzo - Lugano (27 km)
Paradiso - Pazzallo - Ciona - **Carona** - Vico Morcote - Melide Lugano (20 km)
Cinque Vie - Bioggio - **Cademario** - Breno - Miglieglia (Monte Lema) - Novaggio - Curio - Pura - Magliaso - Agno - Lugano (47 km)
Melide - Capolago - Riva San Vitale - Rancate - Ligornetto - Arzo - **Serpiano** - Meride - Mendrisio - Lugano (66 km)
Melide - Capolago - Mendrisio - **Bellavista Monte Generoso** (1200 m) und zurück (56 km)
Melide - Capolago - Mendrisio - Castel San Pietro - Morbio Superiore - **Muggio** - Caneggio - Sagno Morbio Superiore - Chiasso - Lugano (65 km)
Monte Ceneri - Cadenazzo - **Locarno** - Ascona - Bellinzona - Monte Ceneri - Lugano (85 km)
Gandria - Porlezza - Menaggio - **Tremezzo** - Villa Carlotta und zurück (60 km)
Capolago - Riva San Vitale - Brusino Arsizio - Porto Ceresio - **Varese** - Val Ganna - Ponte Tresa - Lugano (70 km)
Porlezza - Menaggio - **Como** - Chiasso - Lugano (92 km)
Ponte Tresa - **Luino** und zurück (46 km)

Tagestouren von Lugano aus im eigenen PKW:
Bellinzona - Biasca - Lukmanier (Paß) - Disentis - Oberalp (Paß) - **Andermatt** - St. Gotthard (Paß) - Airolo - Lugano (263 km)
Bellinzona - Biasca - Airolo - St. Gotthard (Paß) - Andermatt - **Furka** (Paß) - Rhonegletscher, zurück - Nufenen, zurück (286 km)
Menaggio - Chiavenna - Maloja (Pass-Col) - St. Moritz, zurück (264 km)
Ponte Tresa - Luino -Laveno - Fähre - Intra Pallanza -Stresa (Isole Borromee) - Brissago (Isole di Brissago) - Ascona - Locarno - Cadenazzo -Monte Ceneri - Lugano (148 km)

Chiasso - Como - **Milano** - Varese - Ponte Tresa - Lugano (166 km)
Chiasso - Como - Erba - **Bergamo** - Lecco - Bellano - Colico - Menaggio - Porlezza - Gandria - Lugano (218 km)
Bellinzona - Castione - Mesocco - **San Bernardino - Splügen** (Paß) - Chiavenna - Menaggio - Lugano (220 km).
Bitte denken Sie daran, sofern Sie bei einem Ihrer Ausflüge die Schweiz verlassen, Ihren Paß mitzunehmen.

Autobusfahren

Die Fahrten mit den blauen Stadtbussen kosten zwischen Fr. 0.60 und 1.20, Billetts sind vor der Fahrt an den blauen Automaten (an jeder Haltestelle) zu lösen.
Auskünfte: Direktion, via della Posta, Tel. 21 22 22.

Autofahren

Wer mit dem eigenen Pkw Lugano besucht, sollte sich nicht zusätzlich strapazieren, denn in der Hochsaison wird er kaum einen Parkplatz finden. Es ist einfacher, auf direktem Wege eines der ausgeschilderten **Parkhäuser** anzusteuern:
Autosilo Comunale Balestra, Fr. 1.— (1½ h), Fr. 2.— (3 h), 7 — 19 Uhr, Tageskarte Fr. 5.—, 7.30 — 24 Uhr.
Autosilo Bettydo, Fr. 1.— (1½ h), max. Fr. 4.— (6 h), 7 — 19 Uhr.
Autosilo Comunale Motta, Fr. 1.— (1 h), max. Fr. 2.— (2 h), 7 — 19 Uhr.
Autosilo Central Park, Fr. 1.— (1½ h), max. Fr. 4.— (6 h), 7 — 19 Uhr.
Automobil-Club der Schweiz (ACS), v. Dufour 1/p. Monte Ceneri, Tel. 22 01 21.
Touring-Club der Schweiz (TCS), riva G. Albertolli 5, Tel. 22 84 25.
Pannendienst: Tel. 140.

Banken

Öffnungszeiten: werktags 8.30 — 12.30 Uhr und 13.30 — 16 Uhr, Do 8.30 — 12.30 und 13.30 — 18 Uhr.

Camping und Caravaning

Lugano-Noranco «San Salvatore», auf der N2 (Autobahn) Ausfahrt Lugano-Süd, geöffnet: Ostern bis 15. Okt. Tel. 54 19 46.
Lugano — Agno «Eurocampo» (am Luganersee), geöffnet: 8. 4. — 31. 10., Tel. 59 21 14.
Lugano — Agno «Campeggio La Palma», auf der N2 (Autobahn) Ausfahrt Lugano Nord, Richtung Ponte Tresa, geöffnet: Ostern bis 31. 10., Tel. 59 25 61/59 22 83/59 23 38.
Lugano — Agno «Golfo del Sole», auf der N2 (Autobahn) Ausfahrt Lugano-Nord Richtung Ponte Tresa, geöffnet: Ostern bis 31. 10., Tel. 59 23 38/59 22 83.
Lugano — Agno «Molinazzo», (nahe beim Luganersee), geöffnet: Ostern bis 15. 10., Tel. 59 17 57.
Lugano — Agno «Tropical», geöffnet: 8. 4. — 15. 10., Tel. 59 27 72.

Fundbüro

Polizia comunale (Stadtpolizei), piazza Riforma, Tel. 23 23 71/72.
Fundbüro der Post, via della Posta 2, Tel. 21 90 11.

Geldwechsel

In allen Banken zu den angegebenen Schalterstunden und in der Wechselstube im Bahnhof, tägl. 5.30 — 23.30 Uhr, Tel. 23 93 26 oder bei der **Migros Bank,** via Pessina 16, Tel. 21 06 60, geöffnet: Mo und Do 8 — 18, Di, Mi und Fr 8 — 17, Sa 8 — 12 Uhr oder bei der Bank **Parini,** piazza Cioccaro, Tel. 22 76 42, geöffnet: Mo — Fr 8 — 12.30/13.30 — 18 Uhr, Sa 8 — 12 Uhr.

Gottesdienste

Katholische Sonntagsgottesdienste:
Cattedrale San Lorenzo, via Cattedrale, 7.15, 8.30, 10.15, 20.00, Sa 17.15 Uhr.
S. Antonio, piazza Dante, 9.00, 10.00 (deutsch) 11.30 Uhr.
S. Maria degli Angioli, piazza Luini, 11.00, 17.00, Sa 17.30 Uhr.
Basilica Sacro Cuore, corso Elvezia, 7.30, 9.30, 10.30, 18.00, Sa 18.00 Uhr.
San Carlo, via Nassa, 8.00, 16.00 Uhr.
Loreto, via Loreto, 8.00, 10.00, 11.30 Uhr.
Reformierte Kirche, viale Cattaneo 2, So 9.30 (deutsch).

Grotti

Um Ihnen ein wenig auf die Spur zu helfen, finden Sie hier einige typische Grotti aus der Umgebung Luganos aufgeführt (den Weg dorthin sollten Sie sich telefonisch beschreiben lassen):
Grotto da Teresa, Tel. 68 51 30, in Gandria.
Grotto Pescatori, Tel. 68 51 50, in Caprino.
Grotto Pierino, Tel. 51 87 07, in Cureggia.
Grotto Stremadone, Tel. 71 24 85, in Caslano.
Grotto Gola di Lago, Tel. 91 17 62, in Gola di Lago.
Grotto Posmonte, Tel. 54 17 58, in Agra.
Grotto des Bosco, Tel. 54 67 76, in Gentilino.
Circolo Sociale, Tel. 54 69 19, Grotto del Cavicc, Tel. 54 70 39; beide Montagnola.

Hotels und Hotelreservationen

s. Verkehrsverein.

Lugano — Informationen

Telefon Vorwahl 091/ . . .

Jugendherberge

s. Verkehrsverein.

Kinos

Kursaal, via Stauffacher, Tel. 23 32 22.
Corso, via G.B. Pioda, Tel. 22 96 62.
Rex, via Canova, Tel. 23 27 56.
Supercinema, via Marconi, Tel. 22 00 26.
Studio Super, via Marconi, Tel. 22 00 26.
Cittadella, corso Elvezia 35, Tel. 23 24 33.
Paradiso, via Geretta, Tel. 54 10 79.
LUX, Massagno, via Motta, Tel. 56 11 82.
Studio Iride, via Carducci, Tel. 22 96 53.

Konsulate

s. Telefonbuch

Märkte

In **Lugano:** piazza Riforma, (Gemüse und Blumen) Di und Fr 8 — 12 Uhr, via Nassa, Sa vormittag: Trödelmarkt.
In **Luino:** jeden Mi typisch italienischer Wochenmarkt.
In **Como:** dreimal wöchentlich (Di, Do und Sa) Markt, wobei die verschiedensten Waren angeboten werden.
In **Bellinzona:** jeden Sa einzigartiger Tessiner Markt mit lokalen Produkten.

Museen/Sammlungen

Gemäldesammlung Villa Favorita, Castagnola, geöffnet: ab Karfreitag bis 2. Sonntag im Oktober: Fr und Sa 10 — 12 und 14 — 17 Uhr, So 14 — 17 Uhr, Tel. 51 61 73/51 66 21.
Villa Ciani (im Stadtpark), geöffnet: 10 — 12 und 14 — 18 Uhr, Mo geschlossen, Tel. 23 61 62.
Villa Malpensata, riva Caccia 5, geöffnet: 10 — 12 und 14 — 18 Uhr, Mo geschlossen, Tel. 54 43 70 (Wechselausstellungen).
Kantonales Naturhistorisches Museum, viale Cattaneo 4, geöffnet: Di — Sa 9 — 12, 14 — 17 Uhr, Tel. 23 78 27.
Museen in der nahen Umgebung Luganos:
Casa Tencalla - Bissone: Tessiner Patrizierhaus: Möbel, Gemälde, Zeichnungen u. Skulpturen. Geöffnet: April — Okt., Tel. 68 73 42.
Zollmuseum - Cantine di Gandria, gegenüberliegende Seeseite von Gandria (mit Schiff): Geöffnet: April — Oktober jeden Nachmittag 14.30 — 16.30 Uhr, Tel. 23 98 43.
Swissminiatur - Melide (5 km von Lugano). Geöffnet: März — Nov. 7.30 — 18.00 Uhr/ Juli — August 7.30 — 22.00 Uhr, Tel. 68 79 51.
Gemäldegalerie Züst - Rancate: Sammlung von Tessiner Künstlern. Geöffnet: März — Nov. 9.30 — 12, 14 — 17 Uhr. (Mo geschl.), Tel. 46 45 65.
Museum Vela - Ligornetto: Sammlung der Bildhauer Vincenzo und Lorenzo Vela. Geöffnet: März — Nov. 9 — 12, 14 — 17 Uhr. (Mo geschl.), Tel. 47 28 50.
Paläontologisches Museum - Meride: Geöffnet: täglich 8 — 18 Uhr, Tel. 46 37 80.

Notrufe

Stadtpolizei Lugano, Tel. 23 23 72.
Kantonspolizei, Tel. 22 83 21
Stadtspital, via Tesserete, Tel. 58 61 11.
Erste Hilfe, piazza Independenza, Tel. 22 91 91.
Ärztlicher und zahnärztlicher Notfalldienst, Tel. 111.
Lebensrettungsgesellschaft, Tel. 23 23 71 - 2 - 3/51 91 21.

Öffnungszeiten

Die meisten Geschäfte sind von Mo — Fr geöffnet von 8 — 12 und 14 — 18.30 Uhr, Sa 8 — 12 und 14 — 17 Uhr.

Post

Informationen und Auskünfte, piazza Rezzonico, Tel. 21 95 66.
Öffnungszeiten: Mo — Fr 7.30 — 12 und 13.45 — 18.30 Uhr, Sa 7.30 — 11 Uhr, Tel. 21 90 11.
Telegraf: Mo — Sa 7 — 21.30, So und Feiertage 8 — 21 Uhr.

Reisebüros

ACS Viaggi, riva Caccia 1, Tel. 54 15 71.
Cornerviaggi, via della Posta 4, Tel. 22 72 45/6.
Globus Gateway, piazza B. Luini, Tel. 21 03 30.
Hotelplan, Autosilo, via S. Balestra, Tel. 23 10 84.
Viaggi Kuoni SA, Contrada di Sassello 5, Tel. 23 47 77.
Wagons-Lits Turismo, Central Park - riva Caccia 1C, Tel. 54 77 51.
TCS Viaggi, riva Albertolli 5, Tel. 22 84 25.
Alitalia, via Nassa 40, Tel. 23 45 65.

Sport und Sportanlagen

Aereo Club Svizzero, via Nassa 9, Tel. 23 36 51.
Bademöglichkeiten im See:
Lido - Strandbad, Mai — Sept., 9 — 18.45 Uhr, Juni — August 9 — 18 Uhr, Tel. 51 40 41.
Bagno pubblico, riva Caccia, 8— 18.15 Uhr, Tel. 54 20 35.
Lido Piscina Comunale, Paradiso, 9 — 18 Uhr, Tel. 54 75 62.
Lido San Domenico, Castagnola, 8 — 18.15 Uhr, 51 65 88.
Lido-Strandbad, v. alla Bola, Melide, 8—19 Uhr, Tel. 68 75 30.
Geheizte Freibäder:
Lido - Strandbad (siehe oben)
Piscina comunale, riva Paradiso, 9.30 — 18 Uhr, Tel. 54 75 62.
Piscina Club Paradiso: Hôtel du Lac, 8 — 20 Uhr, Tel. 54 19 21.
Centro sportivo, Carona, 9 — 19 Uhr. Tel. 68 93 25.
Piscina comunale, Bissone, 9 — 20 Uhr, Tel. 68 99 51.
Sporting Club Ristorante, Campione, 8 — 21 Uhr, Tel. 68 61 31.
Piscina Cincillà, Ponte Capriasca, 9 — 21 Uhr, Tel. 93 10 31.
Hôtel Colibrì, Aldesago, 8 — 19 Uhr, Tel. 51 42 42.
Motel Vezia, 10 — 16 Uhr, Tel. 56 36 31.
Hallenschwimmbäder:
Campo Marzio, viale Castagnola 4, Di — Fr 11.30 — 21.30 Uhr, Tel. 52 74 51.
Sa — So, Feiertage 10 — 19 Uhr. Mo geschl.
Damen: Di, Do, Sa. Herren: Mi, Fr, So.
Thermalschwimmbäder:
Hôtel Eden au Lac, Paradiso (34°), 8 — 21 Uhr, Tel. 54 26 12.
Hôtel Villa Margherita, Bosco-Luganese, 8 — 18 Uhr, Tel. 59 14 31.
Fußball: Stadio Cornaredo (Umkleideraum), Mo — Fr 8 — 12, 14 — 18 Uhr, Tel. 51 49 19.
Jogging: s. Fußball.
Minigolf:
Comano, Hotel Comanella, Tel. 51 65 71.
Carona, Centro sportivo, Tel. 68 93 25.
Motorbootsport: Club Nautico Lugano, Tel. 68 61 39.
Motoscafi Ambra, riva Cassarate, Bootsvermietung, Tel. 51 43 68/51 57 74/51 22 77.
Hotel Olivella, Morcote, Tel. 69 17 31.
Radsport:
s. Fußball.
Reiten:
Reiterhof San Giorgio, Sandro Pedretti, Origlio, Tel. 56 52 12.
Reiterhof Hubertus, Otto Nägeli, Origlio, Tel. 93 15 44.
Reiterhof San Salvatore, Carabbia, via Carona, Tel. 54 27 81
Reiterhof «Roby», Centro Quadri, Bedano, Tel. 93 25 72.
Centro Ippico Malcantonese, Curio, Tel. 71 10 74.
Reiterhof Pauzella, Novazzano, Tel. 47 24 21.
Rudern: Club Canottieri Lugano, Lido, Tel. 51 19 72.
Segeln: Saladin und Schneider

(Segelkurse), piazza B. Luini, Tel. 23 57 97.
Circolo velico, Luganersee, Foce Cassarate (Segelkurse), Tel. 52 66 26 und Tel. 56 50 05.
Squash: Club Intersport, Cadro, Tel. 91 20 32.
Tennis:
TC Lido, Cassarate, Tel. 51 56 36.
TC Lugano, Cassarate, Tel. 51 22 13.
TC Campo Marzio, Cassarate, Tel. 51 25 41.
TC Münger, Paradiso, Tel. 54 25 21.
TC Paradiso, via Sguancia, Tel. 54 24 53.
TC Greco Sport, via Ceresio 2, Massagno, Tel. 56 80 71.
TC Valgersa, Crocifisso, Tel. 56 78 48.
TC Country Club, Origlio, Tel. 93 19 21.
TC Cadro Panoramica, Cadro, Tel. 91 20 32.
TC Racchetta, Villa Luganese, Tel. 91 21 64.
TC Agno, Aeroporto, Tel. 59 22 32.
TC Campione, Tel. 68 63 60 - 68 82 64.
TC Terzerina, Pregassona, Tel. 51 04 81.
Tennis Coperto Lugano, Scairolo-Noranco, Tel. 54 39 69.
Trimm-Dich-Pfad (2 km): Start und Ziel beim Stadion Cornaredo (Umkleideräume, Duschen, WC).
Unterwassersport: Giuseppe Schnyder, via al Nido 10, Tel. 56 32 29 und Tel. 21 61 11.
Wasserski: Club Nautico, Lugano (Kurse), Tel. 68 61 39 und 54 12 56.
Wasserski-Club (mit Schule) Migros, (Club Nautico Lugano), Tel. 22 76 21.
Saladin & Schneider, piazza B. Luini (Kurse), Tel. 23 57 97.
Albergo Olivella, Morcote, Tel. 69 17 31.
Windsurfing:
Club Nautico, Lugano, Tel. 68 61 39/54 12 56.
Scuola Club Migros (Club Nautico Lugano), Tel. 22 76 21.
Albergo Du Lac, Paradiso, Tel. 54 19 21.
Albergo Lago di Lugano, Tel. 68 85 91.
Circolo velico, Lago di Lugano, Foce Cassarate, Tel. 52 66 26, 56 50 05.

Taxi

Tele-Taxi SA, Lugano, Tel. 51 21 21.
Rosso-Nero, Lugano-Paradiso, Tel. 54 34 44.

Schwyzerdütsch für Anfänger

Älperler — Alpbewohner
Anke — Butter
ausgelehnt — ausgeliehen
ausrädeln — Teigstücke abschneiden
Autocar — Autobus

Bätzi — Obstbranntwein
Baumnüsse — Walnüsse
Beignets — Küchlein
Beiz(li) — kleines Restaurant
Bhaltis — Mitbringsel zum Behalten
Bibeli — Mitesser
Biber — Gebäck
Binätsch — Spinat
Birä, Bire — Birne
blut — nackt
Böllen — Zwiebeln
Brät — Bratwurstmasse
Broote — Braten
Brösmeli — Semmelbrösel
Burehamme — Bauernschinken, gekocht
Bürli — vierteiliges Halbweißbrot
Büsi — Katze
Buße — Strafe

Car — Bus
Caquelon — Fonduetopf
Cheib — übler Kerl
Chämi — Räucherkamin
Chämifeger — Schornsteinfeger
Chäs — Käse
Cheschtene — Kastanien
Chilbi — Kirchweih
Chnobli — Knoblauch
Chriesi — Kirschen
Chrömli — Konfekt
Chuchi — Küche
Chueche — Kuchen
Chügeli — Kügelchen
Chümi — Kümmel
Chüngel — Kaninchen
chüschtig — aromatisch
Chüttene — Quitten

Dringlichkeitsschalter — Expressabfertigung
Dubel — Idiot
Dünkli — getrocknetes Brot

Eierschwämme — Pfifferlinge
einisch — einmal

Finken — Hausschuhe
Fladen — flache Kuchen
Flädli — in Streifen geschnittene Pfannkuchen
Fleischvögel — Rouladen
Fotzelschnitten — gebackene Brotschnitten
Fremde Fötzel — garstiger Ausländer
Füdli — Hintern
Füdlibürger — Spießbürger

Gitzi — Ziegenlamm
gluschtig — appetitlich
Gnagi — gepöckelte Schweinshaxe
Götti — Pate
gratinieren — im Ofen überbacken
Gräuchts — Rauchfleisch
Grind — Kopf
Geschnetzeltes — fein geschnittenes Fleisch
Gschwellti — Schalenkartoffeln (gekocht)
Guetzli — kleines Gebäck
Güggeli — Hähnchen
Gummeli — Kartoffeln
Gutsch — Guß, Schwall
Gütterli — kleine Flasche
Güx — Schnaps

Haber — Hafer
Häfeli — Schmortopf
Häfi — Nachttopf
Hamme — gekochter Schinken
Häppere — Kartoffeln
Härdöpfel — Kartoffeln
Höck — gemütliches Beisammensein
Hörnli — gebogene Makkaroni

Jass — Kartenspiel
Jupe — Halbrock

Kabis — Kohl
Kafi — Kaffee
Kanzlist — Kanzleibeamter
Kartoffelstock — Kartoffelbrei
Kessel — Eimer
Kille — Kirche
Knöpfli — Spätzle
Kommissionen machen — Einkäufe tätigen
köcheln — leicht kochen lassen
Kundentresorier — Betreuer von Kundentresorfächern

Lädeli — kleiner Laden
lädelen — Einkaufsbummel machen
Laffli — Schulterstück
Landammann — Bürgermeister
Leckerli — rechteckiges Honiggebäck
lismen — stricken
Lismete — Strickarbeit

Maul — Mund
Maroni — Kastanien
Meringue — Baiserschalen
Metzgete — Produkte vom Schlachtfest, Schlachtplatte
Mocken — Brocken
Mogge — Brocken
Möhli — Mahl
Müsli — Maus
Muni — Stier
Mutschli — kleines rundes Brötchen

Nabig — Guten Abend
Nägeli — Gewürznelken
Nidel, Nidle, Nytle — Sahne
Nidelzeltli — Sahnebonbon
Nüsslisalat — Feldsalat
ne Chischte ha — betrunken sein

Ofechüechli — Windbeutel
Öpfel — Äpfel

parkieren — parken
Pedaleure — Radfahrer
Peterli — Petersilie
Pfeiflein — Penis
Pflümli — Pflaumenschnaps
Plätzli — Schnitzel, Teigstück
Plausch — Freude
posten — einkaufen
Pöstler — Postbeamter

Räben — Kohlrüben
Rahm — Sahne
Randen — Rote Beete
räss — scharf
ringer — schneller
Rösti — Art Bratkartoffeln
rüdig — außerordentlich
Rüebli — Karotten
rüsten — Gemüse putzen

Sackgeld — privates Geld für die Frau
Samichlaus — hl. Nikolaus
Saucisson — dicke Schweinswürste
Sauser — junger, unvergorener Wein
Schabzieger — Kräuterkäse
Schleckstengel — Lutscher
Schnautz — Bart
Schnörrli — Schweinsschnauze
Schnurre — Maul (gemeint menschlicher Mund)
Schöfigs — Schaffleisch, Hamme
Schoggi — Schokolade
Schüblig — große Brühwurst
Schüfeli — geräucherte oder gesalzene Schulter
Schungge — Schinken
schutten — Fußball spielen
Schwabe — die Deutschen
Schwynigs — Schweinefleisch
Siech — Schimpfwort, Rindvieh
Siedfleisch — gekochtes Rindfleisch
Spunte — gräßliche Beiz
Stotzen — Keule
Strähl — Kamm
strählen — kämmen
Stutz — Geld
suur — sauer

Tätsch, Tatsch, Totsch — Brei
Taxerhöhung — Erhöhung von Pauschalen
Traiteur — Feinkostgeschäft
Tranche — Scheibe
Träsch — Gemisch aus Apfel- und Birnenschnaps
Tschingge — Italiener (Schimpfwort)
tuusig — tausend

übelzitig — kompliziert
Unterbruch — Unterbrechung
urchig — urig, typisch
Urkundsperson — Notar

Velo — Fahrrad
verdankenswert — dankenswert
verzeigen — anzeigen
Voressen — Ragout

Wähen — Früchtekuchen
währschaft — einfach, bäurisch
Weggli — Milchbrötchen
Wetterprognose — Wettervorhersage
Wybeeri — Weinbeeren

Zacke — Rausch
Zibeli — Zwiebeln
Zieger — Frischkäse
Zmorge — Frühstück
Zmittag — Mittagessen
Znacht — Nachtessen
Znüni — Vormittagsimbiß, zweites Frühstück
Zobig — Nachmittagsimbiß
zum Einte — zum Ersten
Züpfe — Hefezopf
Zvieri — Nachmittagsimbiß

»Richtig reisen«

«Richtig reisen»: Algerische Sahara
Reise-Handbuch
Von Ursula und Wolfgang Eckert. 330 Seiten mit 42 farbigen und 151 einfarbigen Abb.
«Richtig reisen»: Amsterdam
Von Eddy und Henriette Posthuma de Boer. 252 Seiten mit 50 farbigen und 142 einfarbigen Abbildungen
«Richtig reisen»: Bangkok
Von Stefan Loose und Renate Ramb. 326 Seiten mit etwa 59 farbigen und etwa 160 einfarbigen Abbildungen
«Richtig reisen»: Ferner Osten
Von Charlotte Peter und Margrit Sprecher. 302 Seiten mit 14 farbigen und 120 einfarbigen Abbildungen
«Richtig reisen»: Florida
Von Manfred Ph. Obst. Fotos von Werner Lengemann. 334 Seiten mit 45 farbigen und 170 einfarbigen Abbildungen
«Richtig reisen»: Griechenland
Delphi, Athen, Peloponnes und Inseln
Von Evi Melas. 344 Seiten mit 45 farbigen und 124 einfarbigen Abbildungen
«Richtig reisen»: Griechische Inseln
Reise-Handbuch
Von Dana Facaros. 344 Seiten mit 50 farbigen und 142 einfarbigen Abbildungen
«Richtig reisen»: Großbritannien
England, Wales, Schottland
Von Rolf Breitenstein. 284 Seiten mit 58 farbigen und 140 einfarbigen Abbildungen
«Richtig reisen»: Ibiza/Formentera
Von Ursula von Katdorff und Helga Sittl. 248 Seiten mit 52 farbigen und 153 einfarbigen Abbildungen
«Richtig reisen»: Istanbul
Von Klaus und Lissi Barisch. 257 Seiten mit 28 farbigen und 173 einfarbigen Abbildungen
«Richtig reisen»: Kalifornien
Von Horst Schmidt Brümmer und Gudrun Wasmuth. 408 Seiten mit 59 farbigen und 295 einfarbigen Abbildungen.
«Richtig reisen»: Kanada und Alaska
Von Ferdi Wenger. 325 Seiten mit 39 farbigen und 118 einfarbigen Abbildungen
«Richtig reisen»: Kopenhagen
Von Karl-Richard Könnecke. 200 Seiten mit 32 farbigen und 118 einfarbigen Abbildungen
«Richtig reisen»: London
Von Klaus Barisch und Peter Sahla. 251 Seiten mit 18 farbigen und 189 einfarbigen Abbildungen
«Richtig reisen»: Los Angeles
Hollywood, Venice, Santa Monica
Von Priscilla und Matthew Breindel. 344 Seiten mit 75 farbigen und 256 einfarbigen Abbildungen
«Richtig reisen»: Malediven
Reise-Handbuch
Von Norbert Schmidt. 207 Seiten mit 43 farbigen und 64 einfarbigen Abbildungen

«Richtig reisen»: Marokko. *Reise-Handbuch*
Von Michael Köhler. 387 Seiten mit 38 farbigen und 170 einfarbigen Abbildungen
«Richtig reisen»: Mexiko und Zentralamerika
Von Thomas Binder. 330 Seiten mit 32 farbigen und 119 einfarbigen Abbildungen
«Richtig reisen»: Moskau
Von Wolfgang Kuballa. 268 Seiten mit 36 farbigen und 150 einfarbigen Abbildungen
«Richtig reisen»: München
Von Hannelore Schütz-Doinet und Brigitte Zander. 365 Seiten mit 63 farbigen und 272 einfarbigen Abbildungen
«Richtig reisen»: Nepal
Kathmandu: Tor zum Nepal-Trecking
Von Dieter Bedenig. 288 Seiten mit 37 farbigen und 97 einfarbigen Abbildungen
«Richtig reisen»: New Mexico
Santa Fé — Rio Grande — Taos
Von Gudrun Wasmuth u. a. 320 Seiten mit 65 farbigen und 200 einfarbigen Abbildungen
«Richtig reisen»: New York
Von Gabriele von Arnim und Bruni Mayor. 312 Seiten mit 61 farbigen und 178 einfarbigen Abbildungen
«Richtig reisen»: Nord-Indien
Von Henriette Rouillard. 332 Seiten mit 36 farbigen und 121 einfarbigen Abbildungen
«Richtig reisen»: Paris
Von Ursula von Kardorff und Helga Sittl. 277 Seiten mit 34 farbigen und 178 einfarbigen Abbildungen
«Richtig reisen»: Peking und Shanghai
Von Uli Franz. 334 Seiten mit 46 farbigen und 138 einfarbigen Abbildungen
«Richtig reisen»: Rom
Von Birgit Kraatz. 360 Seiten mit 70 farbigen und 296 einfarbigen Abbildungen
«Richtig reisen»: San Francisco
Von Hartmut Gerdes. 248 Seiten mit 33 farbigen und 155 einfarbigen Abbildungen
«Richtig reisen»: Südamerika 1
Kolumbien, Ekuador, Peru, Bolivien
Von Thomas Binder. 252 Seiten mit 35 farbigen und 121 einfarbigen Abbildungen
«Richtig reisen»: Südamerika 2
Argentinien, Chile, Uruguay, Paraguay
Von Thomas Binder. 330 Seiten mit 37 farbigen und 110 einfarbigen Abbildungen
«Richtig reisen»: Südamerika 3
Brasilien, Venezuela, die Guayanas
Von Thomas Binder. 332 Seiten mit 38 farbigen und 117 einfarbigen Abbildungen
«Richtig reisen»: Tokio
Von Frank und Ceci Whitford. 270 Seiten mit 49 farbigen und 120 einfarbigen Abbildungen
«Richtig reisen»: Wien
Wachau, Wienerwald, Burgenland
Von Wolfgang Kuballa und Arno Mayer. 320 Seiten mit 66 farbigen und 172 einfarbigen Abbildungen

DuMont Kunst-Reiseführer

«Kunst- und kulturgeschichtlich Interessierten sind die DuMont Kunst-Reiseführer unentbehrliche Reisebegleiter geworden. Denn sie vermitteln, Text und Bild meist trefflich kombiniert, fundierte Einführungen in Geschichte und Kultur der jeweiligen Länder oder Städte, und sie erweisen sich gleichzeitig als praktische Führer.»

Süddeutsche Zeitung

Alle Titel in dieser Reihe:

- Ägypten
- Äthiopien
- Algerien

Arabien
- Reisen in Arabia Deserta
- Entdeckungsreisen in Südarabien

- Belgien

Bundesrepublik Deutschland
- Das Bergische Land
- Bodensee und Oberschwaben
- Franken
- Hessen
- Köln
- Münster und das Münsterland
- München
- Zwischen Neckar und Donau
- Der Niederrhein
- Oberbayern
- Oberpfalz, Bayerischer Wald, Niederbayern
- Ostfriesland
- Die Pfalz
- Der Rhein von Mainz bis Köln
- Schleswig-Holstein
- Sylt, Helgoland, Amrum, Föhr
- Der Westerwald

- DDR
- Dänemark

Frankreich
- Auvergne und Zentralmassiv
- Die Bretagne
- Burgund
- Côte d'Azur
- Das Elsaß
- Frankreich für Pferdefreunde
- Frankreichs gotische Kathedralen
- Korsika
- Languedoc-Roussillon
- Das Tal der Loire
- Die Normandie
- Paris und die Ile de France
- Périgord und Atlantikküste
- Die Provence
- Licht der Provence
- Savoyen
- Südwest-Frankreich

Griechenland
- Athen
- Die griechischen Inseln
- Alte Kirchen und Klöster Griechenlands
- Tempel und Stätten der Götter Griechenlands
- Kreta

Großbritannien
- Schottland
- Süd-England

- Guatemala
- Holland
- Indien
  - Ladakh und Zanskar
- Indonesien
- Iran
- Irland

Italien
- Apulien
- Elba
- Das etruskische Italien
- Florenz
- Ober-Italien
- Von Pavia nach Rom
- Rom
- Das antike Rom
- Sardinien
- Sizilien
- Südtirol
- Toscana
- Venedig

- Japan
  - Nippon
- Der Jemen
- Jugoslawien
- Kenya
- Marokko
- Mexiko
  - In den Städten der Maya
- Nepal

Österreich
- Kärnten und die Steiermark
- Salzburg, Salzkammergut, Oberösterreich
- Tirol
- Wien und Umgebung

- Portugal
- Rumänien
- Sahel: Senegal, Mauretanien, Mali, Niger
- Die Schweiz
- Skandinavien

Sowjetunion
- Kunst in Rußland
- Sowjetischer Orient

Spanien
- Die Kanarischen Inseln
- Katalonien
- Mallorca — Menorca
- Zentral-Spanien

- Südamerika
- Thailand und Burma
- Tunesien
- Türkei
- USA — Der Südwesten

«Diese Einführungen in Kunst, Kultur, Geschichte und Landschaft eines Landes gehören zum Besten, was man heute zur Vorbereitung einer Reise in die Hand nehmen kann. Der Informationswert liegt sehr hoch, die vielen Abbildungen geben Anregung und Erinnerung. Selbst auf einen Teil mit praktischen Hinweisen wurde nicht verzichtet.»

Literaturreport

Alle Bände mit vielen, zum Teil farbigen Abbildungen; dazu Zeichnungen, Karten, Grundrisse, praktische Reisehinweise.